Siegfried Jaag und Markus Schrenk

Naturgesetze

Grundthemen Philosophie

Herausgegeben von
Dieter Birnbacher
Pirmin Stekeler-Weithofer
Holm Tetens

Siegfried Jaag und Markus Schrenk

Naturgesetze

DE GRUYTER

ISBN 978-3-11-051678-4
e-ISBN (PDF) 978-3-11-051784-2
e-ISBN (EPUB) 978-3-11-051694-4
ISSN 1862-1244

Library of Congress Control Number: 2020938833

Bibliografische Information der Deutschen Nationalbibliothek
Die Deutsche Nationalbibliothek verzeichnet diese Publikation in der Deutschen Nationalbibliografie; detaillierte bibliografische Daten sind im Internet über http://dnb.dnb.de abrufbar.

Druck und Bindung: LSC Communications, United States

www.degruyter.com

Vorwort

Naturgesetze bilden einen integralen Bestandteil unserer wissenschaftlichen und philosophischen Konzeption der Realität. Der gesetzmäßige Charakter der Welt macht Naturvorgänge vorhersagbar, erklärbar und auf spezifische Weise manipulierbar. Dieses Buch vermittelt einen systematisch-historischen Überblick über die wichtigsten philosophischen Naturgesetzestheorien und präsentiert abschließend innovative Varianten der Beste Systeme Analyse.

Das vorliegende Buch ist das Ergebnis der engen Zusammenarbeit der beiden Autoren Siegfried Jaag und Markus Schrenk. Ersterer ist für die Kapitel 1.0 bis 1.5, 2.3, 2.4, 2.6 und 3.2 hauptverantwortlich, letzterer für die Kapitel 2.1, 2.2, 2.5 und 3.1.

Das Manuskript ist im Rahmen unserer Arbeit in der DFG-Forschungsgruppe *Induktive Metaphysik* entstanden. Wir wollen der DFG ganz herzlich für die finanzielle Unterstützung und unseren Kolleginnen und Kollegen der Forschungsgruppe für die Bereitstellung der hervorragenden Forschungsinfrastruktur danken.

Dem Metzler-Verlag möchten wir für die Erlaubnis unseren Dank ausdrücken, Material aus dem Eintrag ‚Naturgesetze' von Siegfried Jaag im *Handbuch Metaphysik* (Schrenk 2017) nutzen zu dürfen. In jenem Handbuch wird auch eine Vielzahl weiterer metaphysischer Begriffe thematisiert, die hier in unserem Buch vorkommen und dort nachgeschlagen werden können.

Ein weiterer großer Dank geht an unsere Kollegen Christian Feldbacher-Escamilla, Michael Hicks, Andreas Hüttemann, Julian Husmann und Christian Loew, die einzelne Kapitel gelesen und mit uns diskutiert haben und uns zahlreiche hilfreiche inhaltliche Kommentare geben konnten.

Zusätzlich möchten wir den Teilnehmerinnen und Teilnehmern des Naturgesetzes-Seminars an der Heinrich-Heine-Universität Düsseldorf im Sommersemester 2019 für viele wertvolle Anmerkungen und Diskussionen danken: Ayla Dönmez, Florian Gesthuysen, Lina Kolnsberg, Robby Küper, Nina Nicolin, Güney Alp Sapmaz, Frenzis Scheffels, Milan Schlembach und Sebastian Scholz.

Einen besonderen Dank möchten wir unseren studentischen Mitarbeiterinnen und Mitarbeitern aussprechen: An Güney Alp Sapmaz, der das komplette Manuskript redigiert und das Personen- und Sachregister erstellt hat; Florian Gesthuysen und Jessica Struchhold, die alle Seiten auf Formalia hin überprüft haben; Patrick Thoms für die Durchsicht und Korrektur des Literaturverzeichnisses; und Paul Hasselkuß für das Erstellen der Abbildungen.

Schließlich bedanken wir uns bei den Herausgebern Dieter Birnbacher, Pirmin Stekeler-Weithofer und Holm Tetens für die Möglichkeit, mit unserem

https://doi.org/10.1515/9783110517842-000

Buch zur Reihe Grundthemen Philosophie beitragen zu dürfen, und Tim Vogel und Antonia Mittelbach von De Gruyter für die stets hilfreiche und geduldige Betreuung.

Inhalt

Teil 3: **Eigene Ansätze**

Teil 1: **Systematisch-historische Vorbemerkungen**

1.0 Warum interessieren wir uns für Naturgesetze?

> Ein Gelehrter in seinem Laboratorium ist nicht nur ein Techniker;
> er steht auch vor den Naturgesetzen wie ein Kind vor der Märchenwelt.
>
> *Marie Curie*

Unser Universum weist bemerkenswerte Regelmäßigkeiten auf. Wir finden zahlreiche stabile Strukturen und regelhaft miteinander interagierende Systeme vor, die von Mikroobjekten wie Atomen, über die Gegenstände unserer alltäglichen Erfahrungswelt bis hin zu Makrostrukturen wie Sonnensystemen und Galaxien reichen. Diese Stabilität und Regelhaftigkeit erfährt ihren deutlichsten Ausdruck in den Naturgesetzen. Prominente historische Beispiele für physikalische Gesetze sind Keplers Gesetze und Newtons Bewegungsgleichungen. Bis in die Populärkultur vorgedrungen ist die einsteinsche Masse-Energie-Äquivalenz $E=mc^2$ aus der speziellen Relativitätstheorie. Der gesetzmäßige Charakter unserer Welt (oft auch als „nomischer" oder „nomologischer Charakter" bezeichnet; von griechisch *nómos* für ‚Gesetz') macht Naturvorgänge vorhersagbar und erlaubt uns, natürliche Systeme auf spezifische Weise zu manipulieren. Dies wiederum bildet die Grundlage für alle Formen der Technologie wie wir sie heute kennen. Naturgesetze spielen überdies eine wichtige Rolle in wissenschaftlichen Erklärungen und sind somit unverzichtbar für unser Verständnis der Natur. Vor diesem Hintergrund ist es kaum verwunderlich, dass die Entdeckung der Naturgesetze im Mittelpunkt (natur-)wissenschaftlicher Untersuchungen steht.

Neben Marie Curie würdigen andere berühmte Physikerinnen und Physiker die zentrale Bedeutung der Naturgesetze. So tragen Richard Feynmans berühmte populärwissenschaftliche *Messenger Lectures* aus dem Jahre 1967 den Titel *The Character of Physical Law* und in der Einleitung zu seinem dreibändigen monumentalen Standardwerk *Feynman Vorlesungen über Physik* urteilt er über das in den vorhergegangenen zwei Jahrhunderten massiv angewachsene physikalische Wissen:

> Überraschenderweise ist es trotz der gewaltigen Arbeit, die in dieser Zeit geleistet wurde, möglich, die enorme Menge von Ergebnissen weitgehend zu verdichten – das heißt, *Gesetze* zu finden, die all unser Wissen zusammenfassen (Feynman 1963: 1–1, unsere Übersetzung).

In dem 1982 unter anderem von Paul Dirac und Piotr Kapitza verfassten *Erice Statement*, einem auch heute wieder brandaktuellen Plädoyer für die Freiheit der Forschung und für nukleare Abrüstung, das von über 10.000 Wissenschaftlern

https://doi.org/10.1515/9783110517842-003

und Wissenschaftlerinnen und zahlreichen Regierungschefs unterzeichnet wurde, heißt es: „In der Tat ist die *Wissenschaft* das Studium der fundamentalen Naturgesetze". Deshalb sollten

> Wissenschaftler, die all ihre Zeit dem theoretischen oder experimentellen Studium der grundlegenden Naturgesetze widmen möchten, auf keinen Fall für diese freie Wahl, ausschließlich reine Wissenschaft zu betreiben, leiden. (Dirac, Kapitza, Zichichi 1982, unsere Übersetzung)

Roger Penrose schließlich eröffnet sein Werk *The Road to Reality – A Complete Guide to the Laws of the Universe* mit den folgenden Worten:

> Der Zweck dieses Buches ist es, den Lesern ein Gefühl dafür zu vermitteln, was zweifelsohne eine der wichtigsten und aufregendsten Entdeckungsreisen ist, die die Menschheit je unternommen hat: Die Suche nach den grundlegenden Prinzipien, die das Verhalten unseres Universums bestimmen. (Penrose 2004: xv, unsere Übersetzung)

Angesicht der großen Bedeutung der Naturgesetze für die (Natur-) Wissenschaften ist es unumgänglich, „dass die Natur eines Naturgesetzes ein zentrales ontologisches Anliegen der Wissenschaftsphilosophie sein muss" (Armstrong 1983: 4, unsere Übersetzung).

Die Erforschung der Naturgesetze ist jedoch nicht nur ein zentraler Bestandteil der (natur-)wissenschaftlichen Praxis und unseres (philosophischen) Verständnisses derselben. Der Begriff des Naturgesetzes ist aufs Engste mit den übrigen sogenannten ‚natürlichen Modalitäten' verbunden, zu denen die natürliche oder physikalische Notwendigkeit, die objektive Wahrscheinlichkeit, der Determinismus, kontrafaktische Konditionale, die Kausalität und die Dispositionalität oder Potenzialität zählen.

Veranschaulichen wir uns einige dieser Verbindungen anhand der folgenden Aussagen: Der Stift in meiner Hand wird nicht nur herunterfallen, wenn ich ihn loslasse, sondern in einem gewissen Sinne muss er dies auch (natürliche Notwendigkeit). Es ist überdies wahr, dass, wenn ich ihn losließe, er auch herunterfallen würde (kontrafaktisches Konditional) und dass er auf folgende Weise disponiert ist: zu fallen, wenn er losgelassen wird; und schließlich hat mein Loslassen verursacht, dass er heruntergefallen ist. Es ist schwer zu sehen, wie diese Aussagen ohne die Annahme entsprechender naturgesetzlicher Regularitäten wahr sein könnten (vgl. Carroll 2012). Dementsprechend spielen Naturgesetze auch eine zentrale Rolle in den wichtigsten philosophischen Analysen von natürlicher Möglichkeit und Notwendigkeit (Lewis 1973a: 5, Maudlin 2007: 21), objektiver Wahrscheinlichkeit (Lewis 1994),[1] kontrafaktischen Konditionalen (Chisholm 1946, Goodman 1947, 1955/1983, Lewis 1973a, Maudlin 2007: 21), Kausalität (Mackie 1974, Armstrong 1997: Kap. 14, Paul & Hall 2013),[2] und Dispositionen (Hochberg 1967).[3] Es ist jedoch zu beachten, dass die engen Verbindungen zwischen dem Begriff des Gesetzes, des kontrafaktischen Konditionals, der Verursachung und so weiter *per se* noch nichts über die Richtung und Art der zugrundeliegenden metaphysischen Abhängigkeiten implizieren (siehe Kap. 2 für unterschiedliche Positionen bezüglich dieser Abhängigkeiten).

Natürliche Modalitäten wiederum spielen in zahlreichen Debatten aus allen Bereichen der Philosophie bis hin zur praktischen Philosophie eine zentrale Rolle. In der Debatte um den freien Willen beispielsweise steht die folgende Frage im Mittelpunkt: Wenn unsere Handlungen kausal oder naturgesetzlich vollständig determiniert sind, hätte dann eine Person anders handeln können, wenn sie dies gewollt hätte? Diese Frage wiederum hat direkte Implikationen für die Moralphilosophie, da Freiheit eine notwendige Bedingung für moralische Verantwortung zu sein scheint.[4] Indem die Philosophie die Verbindung zwischen Naturgesetzen und den übrigen natürlichen Modalitäten erhellt, vermittelt sie also auch zwischen der wissenschaftlichen Konzeption der Realität und dem vortheoretischen Weltbild unserer alltäglichen Erfahrung: *Kurzum, Naturgesetze bilden einen integralen Bestandteil unserer wissenschaftlichen, philosophischen und alltäglichen Konzeption der Realität.*

Vor diesem Hintergrund erscheint die Behauptung einiger Philosophen sehr überraschend, dass es sich beim Naturgesetzesbegriff um ein überholtes Konzept aus dem 17. und 18. Jahrhundert handelt, welches in den aktuellen Wissenschaften keine substanzielle Rolle mehr spielt und deshalb eliminiert werden sollte (vgl. Schramm 1981, van Fraassen 1993: 432, Giere 1995).

Es ist sicherlich richtig, dass „[d]ie Rede von der Gesetzmäßigkeit der Natur zu Zeiten Descartes' und Newtons [...] in einem theologischen Kontext statt[fand], der für die Naturwissenschaft heute (zumindest offiziell) nicht mehr existiert" (Hampe 2007: 16; siehe unser Kap. 1.5 für eine sehr kurze Geschichte der Naturgesetze). Es scheint aber schlichtweg nicht zuzutreffen, dass er sich für die zeitgenössischen Wissenschaften als obsolet erweist, zumindest nicht, wenn man

---

1 Eine aktuelle Diskussion verschiedener philosophischer Wahrscheinlichkeitskonzeptionen findet sich in Schurz (2015).

2 Siehe Hüttemann (2013) für einen umfassenden Überblick über verschiedene philosophische Kausalitätstheorien und Bartels (2015) für eine kausale Theorie der Naturgesetze.

3 Siehe Göhner und Schrenk (2019) für eine kurze und Schrenk (2016) für eine detaillierte systematische Darstellung aller dieser Themen aus der Metaphysik der Wissenschaften.

4 Keil (2012) diskutiert das Problem des freien Willens ausführlich.

den Äußerungen namhafter Physiker nach urteilt. So stellt auch Stephen Hawking die Bedeutung der Naturgesetze heraus, wenn er in seinem Bestseller *Eine kurze Geschichte der Zeit* mutmaßt, dass „[...] wir Grund zu vorsichtigem Optimismus haben. Möglicherweise stehen wir jetzt wirklich kurz vor dem Abschluss der Suche nach den letzten Gesetzen der Natur“ (Hawking 1988: 196). Zwar mag Hawking, wie John Earman (1993: 418) bemerkt hat, hier etwas zu optimistisch gewesen sein. Allerdings sei es wenig plausibel, „eine [eliminativistische] Gesetzesauffassung zu vertreten, die impliziert, dass er [Hawking] falsch liegen muss“ (ebd., unsere Übersetzung). Dass die Elimination der Naturgesetze dem wissenschaftlichen Selbstverständnis führender Physiker widerspricht, lässt sich auch eindrücklich an einer Passage aus Steven Weinbergs *Dreams of a Final Theory: The Search for the Fundamental Laws of Nature* verdeutlichen. Hier entgegnet Weinberg Ludwig Wittgensteins Behauptung, dass „[d]er ganzen modernen Weltanschauung [...] die Täuschung zugrunde [liegt], dass die sogenannten Naturgesetze die Erklärungen der Naturerscheinungen seien“ (Wittgenstein 1921/2001: 6.371), mit den folgenden Worten: „Solche Warnungen lassen mich kalt. Einem Physiker mitzuteilen, dass die Naturgesetze keine Erklärungen für natürliche Phänomene sind, ist wie einem Beute auflauernden Tiger mitzuteilen, dass alles Fleisch Gras ist“ (Weinberg 1992: 28 f., unsere Übersetzung).

Man kann sich nur vorstellen, was Weinberg Philosophen entgegnen würde, die die Bedeutung und Existenz von Naturgesetzen schlichtweg leugneten. Es scheint also, dass die Elimination der Naturgesetze einer rationalen Rekonstruktion des wissenschaftlichen Tuns im Wege steht. Deshalb stimmen wir entgegen einem Gesetzeseliminativismus mit Jonathan Cohen und Craig Callender überein, „dass es sehr schwer wird, Sinn aus der tatsächlichen wissenschaftlichen Praxis und der Geschichte der Wissenschaften zu machen, ohne sich auf Naturgesetze zu berufen“ (Cohen & Callender 2009: 3, unsere Übersetzung).

Überdies ist ein Naturgesetzeseliminativismus aufgrund der eingangs erwähnten engen Verbindung zwischen Naturgesetzen und den übrigen natürlichen Modalitäten problematisch: Es ist schwer zu sehen, wie Naturgesetze eliminiert werden können, ohne dabei Gefahr zu laufen, auch kontrafaktische Konditionale, Kausalität, Dispositionalität und die übrigen natürlichen Modalitäten zu tilgen (vgl. Roberts 2008: 11, Carroll 2012).

Dementsprechend scheint die Elimination des Naturgesetzesbegriffs drastische Revisionen unserer wissenschaftlichen, philosophischen und alltäglichen Realitätskonzeption zu erfordern. Dies bedeutet natürlich nicht, dass ein Gesetzeseliminativismus als theoretische Option ausgeschlossen ist (siehe unsere Klassifikation in Kap. 2.0). Da wir es jedoch vorziehen, von Annahmen auszugehen, die vortheoretisch plausibler und weniger revisionistisch sind, halten wir im

Folgenden am Naturgesetzesbegriff fest und unterziehen ihn einer eingehenden Untersuchung.

Um uns mit unserem Untersuchungsgegenstand besser vertraut zu machen, wollen wir nun einige Beispiele für Kandidaten für Naturgesetze aus den Wissenschaften etwas genauer vorstellen.[5]

---

5 Wir sprechen manchmal bloß von ‚Kandidaten' für Naturgesetze, weil es im Fortschreiten der Wissenschaften zu Revisionen dieser Gesetzesanwärter kam oder noch kommen könnte. Es besteht außerdem keine Einigkeit darüber, ob die ausnahmeanfälligen Regularitäten aus den Spezialwissenschaften ‚Gesetze' genannt werden können. ‚Gesetz', ‚Gesetzesmäßigkeit' und ‚Naturgesetz' verwenden wir weitgehend synonym, wobei ‚Naturgesetz' die Konnotation ‚Gesetz aus den *Natur*wissenschaften' transportiert und ‚Gesetzesmäßigkeit' einen vorsichtigen Zweifel mitmeinen kann, ob es sich wirklich um ein Gesetz handelt.

1.1 Beispiele für Gesetze aus den Wissenschaften

Üblicherweise werden in wissenschaftlichen Gesetzen Eigenschaften oder Größen (engl. *quantities*) von natürlichen Systemen miteinander in Beziehung gesetzt. So besagt Newtons Gesetz der universellen Gravitation, in skalarer Form $F=Gm_1m_2/r^2$, dass der Betrag der Gravitationskraft F, die zwei Körper mit den Massen m_1 und m_2 aufeinander ausüben, proportional zum Massenprodukt m_1m_2 und umgekehrt proportional zum Quadrat ihres relativen Abstands r ist. Die Proportionalitätskonstante ist hierbei die Gravitationskonstante G. Nach Newtons zweitem Gesetz, in skalarer Form $F=ma$, ist die Beschleunigung oder Bewegungsänderung a eines Körpers mit der Masse m proportional zur Gesamtkraft F, die auf diesen Körper wirkt. Die Lösung dieser Bewegungsgleichung wiederum erlaubt es uns, die vollständige zeitliche Entwicklung eines physikalischen Systems aus Informationen über dessen Anfangsbedingungen vorherzusagen.

Naturgesetze scheinen allerdings keine Relikte längst überholter physikalischer Theorien zu sein (Newton formulierte seine Gesetze im Jahre 1687), denn auch in der modernen Physik mangelt es nicht an Kandidaten für Gesetze: In der (nichtrelativistischen) Quantenmechanik übernimmt die zeitabhängige Schrödingergleichung die Rolle des zentralen dynamischen Gesetzes.[6] Aus der allgemeinen Relativitätstheorie wären Einsteins Feldgleichungen zu nennen, die im Wesentlichen die Beziehung zwischen der Struktur der Raumzeit und der Masse-Energie-Verteilung beschreiben.

Nicht nur in der (fundamentalen) *Physik* spielen Gesetze eine zentrale Rolle, sondern auch in den Spezialwissenschaften gibt es Beispiele für mögliche Naturgesetze (siehe vor allem Kap. 3.1): Aus der *Chemie* wird oft das Gesetz der konstanten Proportionen genannt, nach dem chemische Elemente immer in bestimmten, gleichbleibenden Masseverhältnissen miteinander reagieren; oder Avogadros Gesetz, das besagt, dass gleiche Volumina verschiedener Gase bei gleichen Bedingungen die gleiche Anzahl von Teilchen (Molekülen) beinhalten. Ein Kandidat für ein Gesetz aus der *Biologie*, beziehungsweise der Populationsgenetik, ist das Hardy-Weinberg-Gleichgewicht, welches besagt, dass die Häufigkeit der Allele und Genotypen einer Population von Generation zu Generation konstant bleibt, insofern keine Evolution stattfindet. Falls man die Gesetzmäßigkeiten aus der *Ökonomie* auch als Gesetze bezeichnen möchte, wäre das Gesetz von Angebot und Nachfrage zu nennen, das sehr grob gesprochen besagt, dass ein Anstieg der Nachfrage nach einem Gut zu einer Erhöhung seines Preises führt.

6 Übrigens hat Erwin Schrödinger 1922 seine Antrittsvorlesung in Zürich zur Frage „Was ist ein Naturgesetz?“ gehalten (vgl. Schrödinger 2012: 9–17).

https://doi.org/10.1515/9783110517842-004

1.2 Unsere zentralen Fragestellungen

Spätestens seit Newton, der sich zwar selbst noch als Naturphilosoph verstand, haben sich die Naturwissenschaften, allen voran die Physik, von der Philosophie emanzipiert und zu einer eigenständigen Disziplin entwickelt mit einer distinkten auf Experimenten und genauen Naturbeobachtungen basierenden Methodologie. Da die Naturgesetze offenbar im Mittelpunkt der wissenschaftlichen Forschung stehen, stellt sich die Frage, welche (zusätzlichen) Einsichten eine philosophische Untersuchung derselben liefern kann. Die Antwort liegt darin, dass sich Naturwissenschaftlerinnen und Philosophen zwar ihren Untersuchungsgegenstand teilen, ihn allerdings unter einer unterschiedlichen Fragestellung beleuchten: Erstere zielen darauf, zu entdecken, *welche Naturgesetze es gibt*, aber sie kümmern sich üblicherweise nicht um die metaphysischen Fragen, *was Naturgesetze eigentlich sind* und *was die Naturgesetze letztlich zu Gesetzen macht*, oder, in Stephen Hawkings Worten, um die Frage, „was den Gleichungen Atem einhaucht" (Hawking & Sagan 1988: 174, unsere Übersetzung). Die Frage nach den ‚Gesetzesmachern' (engl.: *lawmakers*; vgl. Lewis 1983; Lange 2009a), die den Unterschied zwischen Gesetzen und Nicht-Gesetzen erklären, steht im Mittelpunkt der philosophischen Debatte über Naturgesetze: Was macht die Gesetze zu Gesetzen?

Die als Demarkationsproblem bekannte Herausforderung wird üblicherweise mittels des Unterschieds zwischen Gesetzen und sogenannten ‚bloß akzidentellen Generalisierungen' eingeführt (siehe Loewer 1996: 111, Lange 2009a: Kap. 1.1). Klassischerweise werden Naturgesetze als universelle wahre Generalisierungen der Form *alle Fs sind Gs* betrachtet (siehe Kapitel 2.1 und 2.2 zu Regularitätstheorien der Gesetze). Allerdings ist die Eigenschaft, eine universelle Generalisierung zu sein, im besten Falle notwendig (siehe Maudlin 2007: 11 f. und Albert 2015: 5 für Kritik daran, dass Gesetze Generalisierungen sein müssen), aber sicherlich nicht hinreichend dafür, ein Gesetz zu sein. Es kann sich nämlich herausstellen, dass „[...] zwei wahre Sätze gleichermaßen generell sind, aber einer ein Naturgesetz ist und der andere nicht" (Lewis 1973a: 74, unsere Übersetzung).

Das folgende Beispiel von Hans Reichenbachs Goldwürfel (1947: 368) macht diese wichtige Unterscheidung deutlich (siehe auch 2.1).[7] Er lädt uns ein, die beiden folgenden universellen Generalisierungen zu betrachten:

---

7 Es ist allerdings zu beachten, dass „bloß akzidentelle Regularitäten" nicht *absolut unerklärbare kosmische Koinzidenzen* meint, sondern, dass es sich bei einer bloß akzidentellen Regularität weder um ein fundamentales Gesetz noch um ein abgeleitetes Gesetz handelt. Eine bloß akzi-

https://doi.org/10.1515/9783110517842-005

(U) Alle (massiven) Würfel angereicherten Urans-235 sind kleiner als eine Kubikmeile.
(G) Alle (massiven) Reichenbachs Goldwürfel sind kleiner als eine Kubikmeile.

Zwar sind beide Aussagen generelle Wahrheiten über unsere Welt, aber bei (U) handelt es sich um eine gesetzliche Generalisierung – ein solcher Würfel ist, aufgrund der Gesetze über kritische Massen und nukleare Kettenreaktionen, schlichtweg nicht konstruierbar[8] – bei (G) jedoch nicht, denn die Reichen dieser Welt könnten sich zusammentun und einen solchen Goldwürfel anfertigen lassen, zumindest prinzipiell. Dieser metaphysische Unterschied hat auch eine epistemische Entsprechung. So bemerkt David Lewis, dass „wir durch erschöpfende Überprüfung ihrer Instanzen wissen können, dass eine Generalisierung – zum Beispiel Bodes Gesetz – wahr ist, aber dennoch nicht wissen, ob sie ein Gesetz ist" (Lewis 1973a: 74, unsere Übersetzung).[9]

Ein Hauptziel der vorliegenden Monographie besteht darin, einen Überblick über die wichtigsten Antworten auf das Demarkationsproblem zu geben und des Weiteren zu untersuchen, inwieweit die entsprechenden Naturgesetzeskonzeptionen die im Folgenden dargestellten Desiderata von Gesetzestheorien erfüllen. Obwohl also mit dem Demarkationsproblem eine metaphysische Fragestellung im Mittelpunkt steht, werden wir in der Diskussion der verschiedenen Naturgesetzestheorien immer wieder auch auf erkenntnistheoretische Fragen eingehen, die sich darauf beziehen, wie Naturgesetze entdeckt und bestätigt werden.[10]

---

dentelle Regularität könnte aber durchaus aus Gesetzen und kontingenten Anfangsbedingungen abgeleitet beziehungsweise durch diese vollständig erklärt werden.

8 Wie Lange (2009a: 6) richtigerweise bemerkt, machen diese Gesetze die Existenz eines solchen Würfels lediglich extrem unwahrscheinlich. Wir ignorieren diese Komplikation, da Reichenbachs Beispiel den intuitiven Punkt ausreichend illustriert.

9 Die Titius-Bode-Reihe (ca. 1766, nach Johann D. Titius und Johann E. Bode) beschreibt näherungsweise die mittleren Abstände der Planeten zur Sonne als Funktion ihrer Reihenfolge (beginnend beim Merkur). Da sie bis zur Entdeckung des Neptun 1846, die weithin als ihre Falsifizierung anerkannt wurde, durch astronomische Beobachtungen recht gut bestätigt war, war lange nicht klar, ob es sich hierbei um eine bloß akzidentelle Regularität oder ein Gesetz handelte.

10 Diejenigen, die sich hauptsächlich für die Epistemologie der Gesetze interessieren, wollen wir auf folgende Werke verweisen: Carl Gustav Hempels *Aspects of Scientific Explanation* (Hempel 1965, besonders die Teile I und IV) und Karl Poppers *Die Logik der Forschung* (Popper 1934/2002) sind zwei wichtige klassische Quellen. Eine momentan einflussreiche Theorie der Bestätigung der Gesetze ist der Bayesianismus (nach Thomas Bayes); siehe beispielsweise Howson und Urbach (1993). Ein weiterer zeitgenössischer origineller Ansatz ist Wolfgang Spohns ‚ranking theory' (Spohn 2012: 271–303). Empfehlenswerte Lehrbücher, die sich mit der Epistemologie der Wis-

Eine befriedigende Naturgesetzestheorie muss den Unterschied zwischen Gesetzen und Nicht-Gesetzen erklären können. Eine metaphysische Antwort auf die Frage, was die Gesetze zu Gesetzen macht, zeigt auf, aufgrund welcher ‚Bestandteile' der Struktur der Realität bestimmte Sachverhalte oder Wahrheiten Gesetzescharakter haben.

senschaften im Allgemeinen befassen, sind Bird (1998a: Teil II), Ladyman (2002: Teil I), und Schurz (2014).

1.3 Gesetzesaussagen, Gesetze, Gesetzesmacher

Wie wir in Teil 2 sehen werden, besteht zwischen Gesetzestheoretikern Uneinigkeit darüber, ob Gesetze mit *Entitäten in* der Welt (wie Tatsachen oder Fakten) oder mit *Aussagen über* die Welt (wahre Sätze oder Propositionen) identifiziert werden sollen. Zudem wird diese Unterscheidung von einigen Autorinnen nicht thematisiert. Dort, wo sie nicht zentral ist, verwenden wir den Ausdruck ‚Gesetz' neutral in Bezug auf diese Unterscheidung. Die Frage allerdings, was Gesetze zu Gesetzen macht, stellt sich, egal ob Gesetze bestimmte Entitäten in der Welt oder Wahrheiten über die Welt sind.

Wir wollen auf eine weitere subtile Unterscheidung aufmerksam machen, die in der einschlägigen Literatur leider nicht immer getroffen wird, trotzdem aber sehr wichtig ist. Wir folgen hier dem Beispiel Marc Langes (2009a, siehe unser Kap. 2.5).[11]

Betrachten wir einige Fakten: *dass Köln am Rhein liegt*, *dass alle Bundesländer mehr als zehn Einwohner haben*, *dass Metalle elektrischen Strom leiten* etc. Nur bei letzterem Faktum, *dass Metalle elektrischen Strom leiten*, handelt es sich um ein Naturgesetz, bei den anderen nicht. Dafür muss es einen Grund geben. Was auch immer dieser Grund ist, wir werden ihn mit Lange ‚Gesetzesmacher' nennen.

Wenn es nun einen solchen Gesetzesmacher gibt, besteht nicht bloß das einfache Faktum, *dass Metalle elektrischen Strom leiten*, sondern zusätzlich das Meta-Faktum, *dass es ein Naturgesetz ist, dass Metalle elektrischen Strom leiten.* Derartige Meta-Fakten, die explizit angeben, ob es sich bei einem einfachen Faktum um ein Gesetz handelt, nennen wir mit Lange (2009a: 113 f.) ‚nomische Fakten' (engl. *nomic facts*) beziehungsweise ‚Gesetzesfakten'.[12] Wir folgen ihm auch darin, jene einfachen Fakten, die nicht über den Gesetzesstatus sprechen, als ‚sub-nomische' Fakten (engl. *sub-nomic facts*) zu bezeichnen (siehe Lange 2009a: 17 f.).

Diese Benennung mag an folgender Stelle verwirrend sein: Es ist unter diesen Definitionen richtig zu sagen, dass einige sub-nomische Fakten, wie eben, *dass Metalle elektrischen Strom leiten*, Gesetze sind. Nomische Fakten sind nach dieser Terminologie hingegen Meta-Fakten über den Gesetzesstatus sub-nomischer Fakten.

11 Dabei nehmen wir hier an, dass es sich bei Gesetzen um Tatsachen handelt. Es gibt entsprechende Unterscheidungen, wenn angenommen wird, dass es sich bei Gesetzen um wahre Sätze oder Aussagen über die Welt handelt.

12 Miller (2015: 1330) nennt sie deshalb ‚*meta*nomologisch' (engl. *meta*nomological).

https://doi.org/10.1515/9783110517842-006

Richtig ist auch, zu sagen, dass die Gesetzesmacher sub-nomische Fakten zu Gesetzen machen und somit nomische Fakten erzeugen. Worum es sich bei den Gesetzesmachern genau handelt, variiert von Gesetzestheorie zu Gesetzestheorie mitunter drastisch (siehe Teil 2). Eine aristotelische essenzialistische Theorie (siehe Kap. 2.4), beispielsweise, würde den Gesetzesmacher für obiges Gesetz damit identifizieren, dass es in der Natur von Metallen liegt, elektrischen Strom zu leiten. Die folgende Tabelle soll diese wichtigen Unterscheidungen veranschaulichen:

Tab. 1

	Sub-nomisches Faktum	**Nomisches Faktum/ Gesetzesfaktum**	**Gesetzesmacher**
Form	*dass p*	*dass es ein Naturgesetz ist, dass p*	*je nach Gesetzestheorie verschieden*
Beispiel	*dass Metalle elektrischen Strom leiten*	*dass es ein Naturgesetz ist, dass Metalle elektrischen Strom leiten*	*die essenzielle Natur von Metallen, elektrischen Strom zu leiten*

An den Stellen, an denen diese Unterscheidung nicht zentral ist, werden wir uns, wie in der Literatur üblich, eine etwas laxere Sprechweise erlauben, nach der der Ausdruck ‚Gesetz' nicht zwischen diesen drei Bedeutungen differenziert.

1.4 Merkmale von Gesetzen und Desiderata von Gesetzestheorien

Im Folgenden wollen wir Attribute benennen, die teilweise aus der wissenschaftlichen Praxis kommen und teilweise aus Intuitionen stammen, die kompetente Sprecher mit Gesetzen assoziieren, um daraus Desiderata von Gesetzestheorien zu formulieren.[13] Trotzdem ist dieser Kriterienkatalog weder vollständig noch völlig unkontrovers. So werden wir im Folgenden sehen (siehe Teil 2), dass Verfechterinnen unterschiedlicher Naturgesetzestheorien darüber uneinig sind, welche dieser Merkmale Naturgesetze wirklich aufweisen. Dementsprechend sollen die folgenden Kriterien nicht als den Naturgesetzesbegriff definierend betrachtet werden, sondern vielmehr als fallible Anleitung fungieren, nach denen die verschiedenen Naturgesetzestheorien evaluiert werden können.

I. Objektivität. Naturgesetze werden entdeckt und bestehen unabhängig davon, ob wir sie erforschen oder nicht. Des Weiteren scheinen wir uns auch radikal darüber irren zu können, ob es sich bei einem Faktum um ein Gesetz handelt oder nicht, wie ein Blick in die Wissenschaftsgeschichte nahelegt. Dies spricht dafür, dass die Gesetze sowie ihr Gesetzescharakter geistunabhängig sind (siehe Dretske 1977: 272 und Ellis 2002: 91).

Wir wollen zwei wichtige Anmerkungen zum Objektivitätskriterium machen: Erstens, um als objektiv gelten zu können, muss ein Faktum nicht metaphysisch fundamental sein. Dementsprechend ist das Objektivitätskriterium vollkommen kompatibel damit, dass Naturgesetze und die entsprechenden Naturgesetzesfakten auf fundamentalere objektive Fakten reduzierbar sind (siehe Teil 2).

Zweitens, die Objektivität bezieht sich nicht nur auf die Gesetze selbst, sondern in erster Linie auf deren Gesetzesstatus. Antirealistische Positionen bezüglich Naturgesetzen bestreiten üblicherweise letzteres, also die Objektivität der Naturgesetzesfakten: Das Faktum beispielsweise, *dass alle Metalle elektrischen Strom leiten*, mag völlig unabhängig von Erkenntnissubjekten bestehen. Ob es sich hierbei aber um ein Naturgesetz handelt oder nicht, hängt dem Antirealismus zufolge üblicherweise jedoch in relevanter Weise von Erkenntnissubjekten ab (siehe Kap. 2.0 und 3.2).

---

13 Ähnliche Kriterienkataloge finden sich in Lewis (1973a: 74), Dretske (1977: 262 f.), Armstrong (1983: 99 – 107), van Fraassen (1989: Kap. 2.4), Loewer (1996: 111), Vollmer (2000: 210 – 219), Ellis (2002: 88 – 92), Mumford (2004: 70), Hüttemann (2007: 139 – 142), Jaag (2015: Kap. 4), Jaag (2017: 300 f.), Schrenk (2016: 128 ff.) und Fischer (2018).

https://doi.org/10.1515/9783110517842-007

II. Faktizität/Inferenz. Auch muss gelten: Wenn es der Fall ist, *dass p ein Naturgesetz ist*, dann ist es auch der Fall, *dass p*. Oder, umgekehrt gesagt, wenn *p* nicht der Fall ist, dann ist *p* auch kein Naturgesetz (siehe Loewer 1996: 111).

Dieses Inferenzprinzip regelt im Wesentlichen die Interaktion zwischen einem Naturgesetzesfaktum der Form, *dass es ein Gesetz ist, dass p* und dem entsprechenden sub-nomischen Faktum, *dass p*. Es besagt, dass ein Naturgesetzesfaktum ein entsprechendes sub-nomisches Faktum impliziert. Zum Beispiel scheint es eine Plattitüde zu sein, dass, wenn es *ein Naturgesetz ist, dass Massen, die einer Nettokraft ungleich Null ausgesetzt sind, beschleunigen*, es auch der Fall ist, *dass Massen, die einer Nettokraft ungleich Null ausgesetzt sind, beschleunigen.* (Die umgekehrte Implikation besteht allerdings im Allgemeinen nicht, wie Reichenbachs Beispiel aus dem vorigen Kapitel 1.2 zeigt). Dies unterscheidet die Naturgesetzesfakten auch von Fakten über juristische und moralische Gesetze (vgl. Zilsel 1942: 246). Die letzteren schreiben zwar ein bestimmtes Verhalten vor, implizieren aber nicht, dass die Vorschrift von allen tatsächlich befolgt wird. Es ist sogar plausibler Weise Teil ihrer Natur, dass solche Vorschriften gebrochen oder verletzt werden können. Dementsprechend bemerkt Beebee (2000: 581), dass „‚Du sollst nicht stehlen' keineswegs einem ‚Du sollst keine Signale mit Überlichtgeschwindigkeit senden' ähnlich ist" (unsere Übersetzung). Allerdings ist hiermit nicht ausgeschlossen, dass der Naturgesetzbegriff historisch „aus juristischer Metaphorik hervorgegangen ist" (Zilsel 1942: 246; siehe auch das Merkmal *VII. Steuerung und Unabhängigkeit* und das folgende Kapitel 1.5 zur Geschichte der Gesetze). Eine befriedigende Naturgesetzestheorie sollte erklären, warum die Inferenz von Naturgesetzesfakten zu den entsprechenden sub-nomischen Fakten besteht.

Es ist jedoch wichtig, Folgendes im Auge zu behalten: Das Inferenzprinzip mag eine begriffliche und damit notwendige Wahrheit darstellen. Der Gebrauch unserer Begriffe alleine verrät uns jedoch nicht, welche metaphysische Beziehung zwischen Naturgesetzesfakten und den entsprechenden sub-nomischen Fakten (üblicherweise bestimmte Regularitäten) besteht. So mag es begrifflich wahr sein, dass die Inferenz von *es ist ein Gesetz, dass alle Fs Gs sind* zu *alle Fs sind Gs* wahrheitserhaltend ist. Dadurch aber ist die Frage nach der explanatorischen oder metaphysischen Priorität noch nicht geklärt: Ist die Welt regelmäßig beziehungsweise geordnet, weil es Naturgesetze gibt, oder gibt es Gesetze, weil die Welt regelmäßig beziehungsweise geordnet ist? Oder ist die Welt vielleicht beides, gesetzmäßig und regelmäßig, aufgrund einer anderen Struktur, die beides erklärt? Wie wir in Teil 2 sehen werden, werden diese Fragen durch verschiedene Naturgesetzestheorien sehr unterschiedlich beantwortet. Um ein wenig vorwegzunehmen: Während humesche *Regularitätstheoretikerinnen* (siehe Kap. 2.1 und 2.2) die erste, ‚euthyphronische' Frage damit beantworten,[14] dass die Regelmäßigkeit der Welt ihrem Gesetzescharakter vorgeordnet ist, argumentieren beispielsweise Vertreter eines *Naturgesetzesfundamentalismus* wie Maudlin (2007, siehe Kap. 2.6) dafür, dass die metaphysische Hierarchie genau umgekehrt ist. Der *Dispositionale Essenzialismus* (Bird 2007, siehe Kap. 2.4) wiederum besagt, dass beides, der reguläre wie auch der gesetzmäßige Charakter der Welt, dadurch erklärt wird, dass die fundamentalen Eigenschaften dispositionale Naturen haben.

Obwohl die Annahme der Faktizität der Naturgesetze höchst plausibel erscheint, ist sie jedoch nicht völlig unkontrovers. So verneinen Anhänger eines *Inferenzialismus* bezüglich Naturgesetzen, dass es sich bei Naturgesetzen überhaupt um Fakten oder wahrheitsfähige Sätze beziehungsweise Aussagen handelt. Anstatt Wahrheiten über die Welt auszudrücken, hat der Gesetzesdiskurs dieser Position gemäß lediglich die Funktion, bestimmte materiale Ableitungsregeln zu formulieren (siehe Ryle 1949/2000, 116 f.; Schlick & Rynin 1961: 190; und Kap. 2.0 für mehr Details).

III. Invarianz/Universalität. Naturgesetze weisen eine charakteristische Invarianz oder Universalität auf (siehe van Fraassen 1989: 26). Diese Universalität drückt sich auch darin aus, dass Philosophen üblicherweise Naturgesetze als Generalisierungen der Form *alle Fs sind Gs* beschreiben oder etwas formaler: $\forall x(Fx \rightarrow Gx)$. Es sind jedoch mindestens vier verschiedene (nicht voneinander unabhängige) Sinne von Invarianz zu unterscheiden, die in der einschlägigen Literatur diskutiert werden (vgl. Hüttemann 2007, 139 ff.): Zumindest die fundamentalen physikalischen Gesetze scheinen, (i), *unter allen Umständen* – das heißt strikt, ohne Einschränkung auf bestimmte (Ideal-)Bedingungen – zu gelten. Somit wäre Galileis Fallgesetz $s=1/2gt^2$ kein Kandidat für ein fundamentales Gesetz, da es nur für Körper gilt, die sich im Vakuum befinden und auf die eine konstante Gravitationskraft einwirkt. Zweitens, (ii), sollen die Gesetze *an allen raumzeitlichen Positionen* gelten – das heißt überall im Universum und zu allen Zeiten (siehe Popper 1934/2002: Abschnitt 13). Dies schließt aus, dass es sich bei *alle Metalle, die sich jetzt gerade in meiner Tasse befinden, dehnen sich bei Erwärmung aus* um ein Gesetz handelt. Drittens, (iii), scheinen die Naturgesetze *für alle Systeme* zu gelten – das heißt sie beschränken sich nicht auf bestimmte partikuläre Systeme oder Systeme eines ganz bestimmten Typs, wie etwa den Kölner Dom, Massen

14 Diese Bezeichnung geht auf einen platonischen Dialog *Euthyphron* (ca. 390 v. Chr.) zurück, in dem es wesentlich um die Frage geht, ob eine Handlung deswegen fromm ist, weil die Götter diese schätzen, oder ob die Götter eine Handlung deshalb schätzen, weil sie fromm ist.

auf der Erde oder die Planeten in unserem Sonnensystem.[15] Im Falle, dass physikalische Größen in einem Naturgesetz miteinander in Beziehung gesetzt werden, wie beispielsweise in Newtons Bewegungsgesetz $F=ma$, besteht der postulierte Zusammenhang schließlich, (iv), *für alle (determinierten) Werte* der entsprechenden Größen – also zum Beispiel im Fall von Newtons Bewegungsgesetz nicht nur für kleine Massen unter einem Kilogramm, sondern für *alle* Massen. Es ist durchaus bemerkenswert, dass Wesen, die, nach kosmischen Maßstäben, seit bloß einem Augenblick einen winzigen Fleck des Universums bewohnen, zumindest annähernde Kenntnis von solchen universalen Prinzipien haben.

Allerdings ist keine dieser Universalitätsbedingungen völlig unumstritten: Einige Philosophinnen, allen voran Nancy Cartwright (1983), haben dafür argumentiert, dass kein Naturgesetz (nicht einmal ein fundamentales!) unter allen Umständen gilt, sondern die Gesetze ausschließlich *ceteris paribus* gelten, das heißt unter artifiziellen Idealbedingungen, die Wissenschaftler in kontrollierten experimentellen Anordnungen erzeugen. Allerdings haben beispielsweise Earman & Roberts (1999) überzeugend entgegnet, dass zumindest einige Kandidaten für fundamentale Gesetze ohne Einschränkung bestehen (siehe Reutlinger, Schurz, Hüttemann und Jaag (2019) für eine ausführliche Diskussion von *ceteris-paribus* Gesetzen und Kap. 3.1 für einen Überblick). Trotzdem ist es fraglich, ob alle fundamentalen Gesetze unter allen Umständen gelten müssen. Viele der Feldtheorien, die als gute Kandidaten für fundamentale Naturgesetze angesehen werden, sagen Singularitäten voraus. An solchen ‚Punkten' jedoch sind sie selbst verletzt beziehungsweise nicht mehr anwendbar (vgl. Schrenk 2007: 55). Marc Lange (2009a: 180) hat jedoch mit Verweis auf berühmte Physiker wie Einstein dafür argumentiert, dass das Auftreten von Singularitäten als Indikator dafür zu betrachten sei, dass es sich bei den vorgeblichen ‚Gesetzen' eben nicht um echte (fundamentale) Gesetze handelt.

Auch die raumzeitliche Invarianz von Naturgesetzen ist in Frage gestellt worden. Tooley (1977) hat mithilfe imaginärer Fälle dafür argumentiert, dass räumlich begrenzte Gesetze zumindest möglich sind (siehe unsere Diskussion in Kap. 2.3). Einige Physiker und Philosophen – wie Alfred N. Whitehead, Richard Feynman, dessen Doktorvater John Wheeler, Charles S. Peirce und aktuell Lee Smolin (1997) – gehen noch weiter und ziehen in Erwägung, dass sich unsere

15 Descartes' drei Regeln der Bewegung aus dem zweiten Teil seiner *Prinzipien der Philosophie* sind sehr frühe Beispiele für Gesetze, die universell in dem Sinne sind, dass sie für alle Körper gelten. Darin unterscheiden sie sich wesentlich von früheren Gesetzen wie den archimedischen Hebelgesetzen und den Keplerschen Gesetzen, die lediglich eingeschränkt auf Systeme einer bestimmten Art gelten (siehe Hattab 2018: 19).

aktualen Naturgesetze über die Zeit hinweg ändern und sich sogar in verschiedenen Raumregionen unterscheiden könnten. So bemerkt auch Paul Dirac:

> At the beginning of time the laws of Nature were probably very different from what they are now. Thus, we should consider the laws of Nature as continually changing with the epoch, instead of as holding uniformly throughout space-time. [...] As we already have the laws of Nature depending on the epoch, we should expect them also to depend on position in space, in order to preserve the beautiful idea of the theory of relativity that there is a fundamental similarity between space and time. (Dirac 1939: 128)

Ähnlich hat Tim Maudlin für die These argumentiert, dass „die Regularitäten, die aufgrund eines Gesetzes bestehen, nicht zu allen Zeiten oder überall bestehen müssen." (Maudlin 2007: 14, unsere Übersetzung; für eine physiknahe Diskussion der raumzeitlichen Invarianz der Gesetze siehe Mittelstaedt & Weingartner 2005: Kap. 6).

Zudem ist auch die Annahme, dass die Gesetze für beliebige Systeme gelten müssen, nicht unkontrovers. (Spezial-)Wissenschaftliche Gesetze, die nur für ganz bestimmte Typen von Systemen gelten, werden von Schurz (2014: Kap. 6.6.1) auch als „Systemgesetze" bezeichnet. Des Weiteren haben Albert (2000, 2015) und Loewer (2012) dafür argumentiert, dass auch eine ganz bestimmte partikuläre Tatsache über den frühen Zustand unseres Universums ein Naturgesetz ist. Genauer haben sie vorgeschlagen, dass die sogenannte Vergangenheitshypothese (engl. *Past Hypothesis*), die grob ausgedrückt besagt, dass unser Universum in einem bestimmten Zustand niedriger Entropie begonnen hat, ein fundamentales Naturgesetz ist (siehe Earman 2006 für Kritik).

Und schließlich ist es auch fraglich, ob die Gesetze wirklich für beliebige Werte, der in ihnen enthaltenen Variablen gelten müssen. So gelten beispielsweise die Gesetze der thermalen Expansion, die die Ausdehnungsrate von Stoffen mit ihrer Wärmeänderung in Beziehung setzen, nicht mehr im Falle extrem hoher Temperaturen; und auch die Maxwell-Gleichungen, um ein weiteres Beispiel zu nennen, „brechen unterhalb der Plank Skala zusammen, wo quantenmechanische Effekte übernehmen" (Psillos 2002: 186, unsere Übersetzung). Nach Woodward und Hitchcock (2003) zeichnen sich wissenschaftliche Generalisierungen dadurch aus, dass sie invariant sind in dem Sinne, dass sie für eine bestimmte Klasse von Werten, der in ihnen enthaltenen Variablen, gelten. Invarianz für alle Werte wird allerdings nicht gefordert.

Aber selbst wenn nicht alle Gesetze diese Universalitätskriterien vollständig erfüllen, weisen zumindest die meisten Gesetze ein sehr hohes Maß an Invarianz auf. Ohne diese Invarianz würden sie ihren unschätzbaren praktischen

Wert verlieren: Änderten sich die Gesetze beispielsweise von Ort zu Ort oder über die Zeit gravierend,[16] wären Naturwissenschaften und Technologie, wie wir sie kennen, wohl kaum möglich, da der Ausgang eines Experiments wesentlich von der Lokalisierung des Labors und vom Zeitpunkt des Experiments abhängen würde.

IV. Kontingenz. Es ist zumindest vorstellbar, dass beispielsweise die Gravitationskraft zwischen zwei Massen, entgegen Newtons Gravitationsgesetz, nicht invers proportional zu r^2, sondern zu r^3 ist; oder dass Kräfte benötigt werden, damit Gegenstände in ihrem Bewegungszustand verharren. So scheint es zum Beispiel möglich, dass anstatt Newtons $F_{Newton}=ma$ ein aristotelisches Kraftgesetz der Form $F_{Artistoteles}=mv$ besteht. Nach Newtons Bewegungsgesetz ist eine Kraft notwendig, um den Bewegungszustand einer Masse zu ändern, das heißt, diese zu beschleunigen. Nach Aristoteles' Bewegungsgesetz muss hingegen eine Kraft aufgewendet werden, um den Bewegungszustand einer Masse aufrechtzuerhalten.

Hierbei handelt es sich nicht nur um philosophische Gedankenspiele, sondern solche Erwägungen scheinen Teil der physikalischen Praxis zu sein. So untersuchen Physiker nicht selten Modelle, in denen beispielsweise die Werte der fundamentalen Konstanten, wie beispielsweise der Lichtgeschwindigkeit im Vakuum *c* oder der Gravitationskonstanten *G*, von ihren aktualen Werten abweichen.

Zudem scheint es auch vorstellbar, dass das Gesetz, dass Metalle elektrischen Strom leiten, lediglich eine Koinzidenz kosmischen Ausmaßes darstellen könnte (vgl. Lewis 1973a: 74). Das scheint dafür zu sprechen, dass die Gesetze sowie deren Gesetzescharakter, das heißt, die Gesetzesfakten, metaphysisch kontingente Fakten über unsere Welt sind: Die Gesetze(sfakten) hätten anders sein oder gar nicht bestehen können.

Schließlich unterscheiden sich Gesetze von ‚logisch notwendigen' Wahrheiten wie *alle Katzen sind Katzen* darin, dass sie informativ sind, das heißt, Naturgesetze haben empirischen Gehalt und sagen etwas Faktisches über die Welt aus. Auch dieses Merkmal der Gesetze scheint zumindest *prima facie* für deren Kontingenz zu sprechen (siehe aber Kripke 1980 und Bird 2007: Kap. 8).

Allerdings ist auch die Kontingenz der Gesetze(sfakten) nicht unumstritten, was in der Diskussion des Dispositionalen Essenzialismus deutlich werden wird (siehe Kap. 2.4).

16 Gesetze, die sich diesbezüglich nicht ändern, werden auch als ‚symmetrisch bezüglich räumlicher und zeitlicher Translationen' bezeichnet.

V. Nomologische Notwendigkeit und Stützung kontrafaktischer Konditionale. Obwohl, wie gerade erwähnt, Gesetze kontingente Fakten über unsere Welt zu sein scheinen, besitzen sie trotzdem eine eigentümliche modale Robustheit, die üblicherweise als ‚nomologische', ‚physikalische' oder manchmal auch ‚natürliche Notwendigkeit' bezeichnet wird (vgl. Loewer 1996: 111). Wenn es beispielsweise ein Gesetz ist, *dass Metalle elektrischen Strom leiten*, dann ist das Faktum, *dass Metalle elektrischen Strom leiten* nicht bloß eine Koinzidenz kosmischer Dimension, sondern es muss bestehen; oder anders ausgedrückt, es ist nomologisch notwendig (siehe Popper 1934/2002: 447). Wie wir in Teil 2 sehen werden, besteht eine der größten Herausforderungen einer Naturgesetzestheorie darin, die scheinbare Kontingenz und die charakteristische Notwendigkeit der Gesetze miteinander vereinbar zu machen.

In dieser modalen Hinsicht unterscheiden sich die Gesetze von bloß zufälligen Regularitäten, die keine Gesetze sind: dass das Volumen (massiver) Goldwürfel kleiner als eine Kubikmeile ist, ist zwar eine universelle Wahrheit über unsere Welt; trotzdem ist dieses Faktum in keiner Weise notwendig. Ein Goldwürfel der größer ist, scheint zumindest prinzipiell konstruierbar. Dies hingegen ist mit Uran nicht möglich: kein massiver Uran-Würfel dieser Größe kann Bestand haben (siehe Kap. 1.2 oben).

Bezüglich der nomologischen Notwendigkeit sind drei Dinge zu beachten: Erstens ist umstritten, wie ‚stark' die nomologische Notwendigkeit ist. Wie wir später sehen werden, behaupten manche, dass es sich hierbei um eine genuine Art von Notwendigkeit handelt, die stärker als bloße Kontingenz, aber schwächer als metaphysische oder logische Notwendigkeit ist (siehe unsere Diskussion der Dretske-Tooley-Armstrong Theorie in Kap. 2.3). Andere wiederum haben argumentiert, dass – entgegen der in *IV* postulierten Kontingenz der Gesetze – die nomologische Notwendigkeit von der stärksten Art und mit metaphysischer oder logischer Notwendigkeit gleichzusetzen ist (siehe Ellis 2001, Bird 2007 und unsere Diskussion in Kap. 2.4).

Zweitens, wie wir in der Diskussion der verschiedenen Gesetzestheorien erläutern werden, gibt es auch Uneinigkeit darüber, welche Fakten genau nomologisch notwendig sind. Nehmen wir an, *dass es ein Gesetz ist, dass p*. Während Maudlin (2007) und Lange (2009a) mit Bezug auf die wissenschaftliche Praxis argumentieren, dass in diesem Fall das Gesetzesfaktum, *dass es ein Gesetz ist, dass p* selbst nomologisch notwendig ist (siehe Kap. 2.5 und 2.6), behaupten Humeaner wie Lewis, dass die nomologische Notwendigkeit lediglich das subnomische Faktum, *dass p* betrifft (siehe Kap. 2.2). Etwas formaler ausgedrückt besteht die Kontroverse darin, ob das Faktum, dass Lp sogar $\Box_{nom}Lp$ impliziert oder lediglich das unkontroverse $\Box_{nom}p$. Hierbei symbolisiert L (kurz für engl. *law*) den Operator *es ist ein Gesetz, dass* und $\Box_{nom}$ steht für den Operator *es ist nomologisch notwendig, dass*. In Teil 2 werden wir erklären, warum diese Unterscheidung bedeutsam ist.

Drittens, obwohl die Annahme, dass Gesetze auf eine bestimmte Weise notwendig sind, relativ unkontrovers ist, ist die Frage nach der zugrundeliegenden metaphysischen Beziehung zwischen Gesetzen und nomologischer Notwendigkeit höchst umstritten. Ähnlich wie im Fall von Gesetzen und Regularitäten (vgl. unsere entsprechenden Anmerkungen zu *I. Inferenz/Faktizität* oben), stellen sich auch hier entsprechende *Euthyphron*-Fragen: Sind die Naturgesetze notwendig, weil sie Gesetze sind? Oder sind sie Gesetze, weil sie notwendig sind (vgl. Lange 2009a: 47)? Wir werden in Teil 2 sehen, dass der Humeanismus *à la* Lewis (siehe Kap. 2.2) und der Naturgesetzesprimitivismus *à la* Maudlin (siehe Kap. 2.6) besagen, dass die Gesetzlichkeit eines Gesetzes erklärt, warum es notwendig ist, während Lange (siehe Kap. 2.5) argumentiert, dass der Gesetzescharakter bestimmter Fakten durch ihre eigentümliche Notwendigkeit beziehungsweise modale Stabilität zu erklären ist. Aber auch hier gibt es eine dritte Möglichkeit: Dem Dispositionalismus zufolge ist sowohl die Gesetzlichkeit bestimmter Fakten als auch ihre charakteristische nomologische Notwendigkeit dadurch erklärt, dass die fundamentalen Eigenschaften wesentlich dispositional sind. Deren dispositionale Natur ist hier der gemeinsame metaphysische Grund für beides, Gesetzlichkeit und Notwendigkeit (siehe Kap. 2.4).

Die eigentümliche nomologische Notwendigkeit der Gesetze hängt auch eng damit zusammen, dass wir uns die Gesetze als unter kontrafaktischen Annahmen stabil denken. Viele Dinge wären beispielsweise radikal anders, wenn die Erde deutlich weiter von der Sonne entfernt wäre. So hätten die Autoren dieses Buches und seine Leserschaft wohl nicht existiert. Die Naturgesetze hingegen hätten unter dieser Annahme weiterhin gegolten und bestimmt, was unter diesen Umständen passiert wäre. Diese kontrafaktische Beständigkeit oder Resilienz der Gesetze erklärt auch, warum sie kontrafaktische Konditionale stützen (vgl. Loewer 1996: 111): Wenn es ein Naturgesetz ist, dass alle *F*s *G*s sind, gilt auch, dass wenn ein bestimmtes Objekt *a*, welches aktual kein *F* ist, ein *F* wäre, *a* dann auch ein *G* wäre (vgl. Ellis 2002: 90). Hierin unterscheiden sich die Gesetze ebenfalls von bloß zufälligen Regularitäten, die keine „kontrafaktischen" Konditionale stützen: Wenn es ein Gesetz ist, dass Metalle elektrischen Strom leiten, dann ist es auch der Fall, dass falls eine Spannung an den Metalllöffel in meiner Tasse angelegt würde (obwohl dem *de facto* nicht so ist), auch Strom fließen würde. Dass alle Dinge in meiner Tasse Löffel sind, stützt hingegen nicht, dass wenn ich einen Stift in meine Tasse gestellt hätte, er zu einem Löffel geworden wäre (vgl. Hempel 1966: 56).

VI. Erklärungskraft. Naturgesetze spielen eine zentrale Rolle in wissenschaftlichen Erklärungen. Eine angemessene Naturgesetzestheorie sollte diese Rolle erhellen.

Offenbar gibt es eine enge Verbindung zwischen Gesetzen und Erklärungen. Erstens wird üblicherweise angenommen, dass Gesetze nicht nur entsprechende Regularitäten implizieren (siehe *I. Faktizität/Inferenz* oben), sondern diese auch erklären. Beispielsweise impliziert das Gesetzesfaktum, *dass es ein Gesetz ist, dass sich gleichnamige Ladungen abstoßen* nicht nur, *dass sich alle gleichnamigen Ladungen abstoßen*, sondern es erklärt auch, warum diese sub-nomische Regularität besteht (siehe Dretske 1977: 262 und Bird 2007: 86). Zweitens erklären Gesetzesfakten nicht nur die entsprechenden Regularitäten, sondern sie treten auch in wissenschaftlichen *Erklärungen partikulärer (sub-nomischer) Fakten* auf: Warum wurde das Partikel *e* im Magnetfeld *B* abgelenkt? Die Antwort, dass *e* elektrisch geladen war und *dass es ein Gesetz ist, dass elektrisch geladene Partikel in Magnetfeldern abgelenkt werden*, scheint dies befriedigend zu erklären.

Bloß zufälligen Regularitäten dagegen fehlt diese Erklärungskraft: Dass alle Gegenstände in meiner Hosentasche Münzen sind und der Umstand, dass sich ein bestimmter Gegenstand in meiner Tasche befindet, erklärt nicht, warum es sich dabei um eine Münze handelt. Carl Gustav Hempel fasst dies treffend wie folgt zusammen: „Ein Gesetz kann als Basis einer Erklärung dienen, eine akzidentelle Generalisierung hingegen nicht." (Hempel 1966: 56, unsere Übersetzung).

Hempel und Oppenheim (1948) haben sogar eine generelle gesetzesbasierte Theorie wissenschaftlicher Erklärungen entwickelt, das sogenannte Deduktiv-Nomologische (DN) Modell der Erklärung, welches für mehr als zwei Jahrzehnte als Standardauffassung der wissenschaftlichen Erklärung galt. Grob gesprochen ist seine Grundidee, dass eine wissenschaftliche Erklärung darin besteht, dass das *Explanandum* (d.h., dasjenige, was zu erklären ist) aus Gesetzen und Anfangsbedingung abgleitet wird (siehe Ruben 1990: Kap. IV für eine Darstellung des DN-Modells und seiner wichtigsten Kritikpunkte).

Auch hier ist zu bemerken, dass die Erklärungskraft der Gesetze zwar weithin anerkannt wird, es aber große Uneinigkeit zwischen den Anhängerinnen verschiedener Gesetzestheorien über die ‚metaphysischen Details' solcher Erklärungen gibt. So haben die Kritiker humescher Gesetzestheorien wie Armstrong (1983) und Maudlin (2007) argumentiert, dass eine gesetzliche Erklärung eine metaphysische Unabhängigkeit der Gesetze von ihren Instanzen erfordere, diese aber im Falle humescher Gesetze fehle (siehe die Diskussionen des Erklärungsdesideratums in den Kap. 2.1 und 2.2). Dies führt uns direkt zum nächsten, wohl strittigsten Merkmal von Naturgesetzen.

VII. Steuerung und Unabhängigkeit. Oft wird intuitiv von Gesetzen oder den Gesetzesmachern verlangt, dass sie das Geschehen in der Welt steuern, lenken oder in Schranken weisen: „Die Gesetze *steuern* [*govern* im engl. Original] partikuläre Sachverhalte." (Armstrong 1983: 106, vgl., auch Dretske 1977 und unsere kurze Darstellung von Descartes' Gesetzestheorie in Kap. 1.5). Manche Befürworter (und Gegner) dieser Intuition vergleichen Naturgesetze gerne mit juristischen und normativen Gesetzen, die Gebote oder Verbote aussprechen, an die sich Subjekte halten sollen. Die steuernde Einwirkung der Gesetze auf das Geschehen kann aber auch so verstanden werden, dass sie produktiv die Ereignisse in der Welt generieren oder antreiben:

> The universe started out in some particular initial state. The laws of temporal evolution operate, whether deterministically or stochastically, from that initial state to generate or produce later states. (Maudlin 2007: 175)

Die Produktions-Idee bezieht sich insbesondere auf dynamische Gesetze, also solche, die die Dynamik beziehungsweise zeitliche Entwicklung von Systemen betreffen. Hier spielen vielleicht auch Assoziationen mit (newtonschen) Kräften eine Rolle, die eventuell einen solchen antreibenden Charakter haben.

Schließlich wird der Lenkungscharakter der Gesetze – ob juristisch oder produktiv motiviert – oft modal gedacht: Die Gesetze steuern das Geschehen insofern, als dass das, was sie sagen, unabwendbar ist, das heißt, es geschieht mit Notwendigkeit, es hätte sich nicht anders ereignen können.

> [T]he intuition that laws govern is precisely the intuition which leads one to postulate the necessary connections – as ontological grounds of the governing nature of laws – which the Humean refuses to allow into her ontology. (Beebee 2000: 573, siehe auch Roberts 2008: 5–6)

Es ist eine interessante Frage, ob der Lenkungscharakter nichts anderes als die Zwangsläufigkeit einer modalen Notwendigkeit (siehe Kriterium *V*) ist oder aber diese nur impliziert oder bloß nahelegt (siehe Schrenk 2016: 63, 268 ff).

Beide Varianten der Lenkungsidee – juristisch und produktiv – setzen voraus, dass Naturgesetze beziehungsweise deren Gesetzesmacher *metaphysisch unabhängig* von den Regularitäten beziehungsweise ihren partikulären Instanzen sind (Armstrong 1983: 106, siehe auch Beebee 2000: 585 und Maudlin 2007: 175): Sollen sie vorschreibend oder produktiv ins Weltgeschehen eingreifen, können die Gesetze selbst nicht von diesem Geschehen (konstitutiv) abhängen.

> [L]aws of nature govern particular states of affairs. Because of the imperfect analogy between social law and law of nature, it is clear that there must be an element of metaphor in this

> notion. [...] The laws do have a relative independence from the states which instantiate them. This explains the bite of the metaphor. (Armstrong 1983: 106)

Kritiker der Regularitätstheorie der Gesetze haben eingewendet (siehe Kap. 2.1 und 2.2), dass diese der Unabhängigkeit und somit dem Steuerungscharakter der Gesetze nicht Rechnung tragen kann, da sie Gesetze mit bestimmten Regularitäten identifiziert.

Um die *Unabhängigkeit der Gesetze* intuitiv zu plausibilisieren, werden oft hypothetische Fälle der folgenden Art angeführt: Stellen wir uns einige ziemlich langweilige Universen vor, in denen nur jeweils ein einziges gleichförmig bewegtes (d. h. unbeschleunigtes) Massepartikel existiert und sonst nichts (siehe Earman 1986: 100). Die Idee ist nun, dass diese Situation für sich genommen nicht determiniert, welche Gesetze jeweils in diesen Universen herrschen. Es scheint beispielsweise sowohl ein solches newtonsches Universum möglich als auch eines, in dem es ein Gesetz ist, dass sich schlichtweg alle Massen gleichförmig bewegen; und zahllose weitere einsame-Partikel-Universen scheinen intuitiv möglich, in denen vollkommen andere Gesetze gelten (vgl. Tooley 1977: 669, Carroll 1994: 57–67 und Maudlin 2007: 67–68; siehe Beebee 2000 und Schaffer 2008 für eine kritische Diskussion). Wenn diese Möglichkeiten wirklich bestehen, dann sind die Gesetze metaphysisch unabhängig von den sub-nomischen Fakten. Letztere legen nicht fest, welche Gesetze bestehen, oder, mit anderen Worten, die so genannte ‚Humesche Supervenienz' ist falsch (siehe Kap. 2.2 für ausführliche Erläuterungen).

Zur eventuellen Lenkungskraft von Gesetzen sei noch erwähnt, dass sie begründen könnte, warum eine Bezugnahme auf Gesetze für wissenschaftliche Erklärungen des Geschehens in der Welt dienlich ist (siehe unser vorheriges Desideratum *VI*): Das Bestehen des Gesetzes, dass alle *F*s *G*s sind, erklärt, dass ein bestimmtes *F* auch ein *G* ist, weil das Gesetz die Dinge so steuert oder sogar erzwingt, dass jedes *F* ein *G* sein muss.

Das Steuerungskriterium ist allerdings sehr umstritten (siehe Loewer 1996 und Beebee 2000). Die Kritiker der Lenkungs-Intuitionen diagnostizieren den Befürwortern unter anderem irregeleitete Anthropozentrismen: Der erste juristische Vergleich sei eine unzulässige Projektion von Normativität in die Welt, der zweite produktive Vergleich projiziere naiv das Akteursgefühl, das wir von unserem eigenen Eingreifen in die Welt kennen, in die Natur. Auch wird angeführt, dass gegebenenfalls latente archaische Referenzen auf die göttliche Ordnung für diese Intuition eine Rolle spielen: Vormals glaubte man, dass geschieht beziehungsweise geschehen muss, was Gott will; nun glaubt man säkularer, aber mit gleicher Grundidee, dass das, was die Naturgesetze vorschreiben, geschieht beziehungsweise geschehen muss. Kritiker betrachten dies als Indiz dafür, dass die

Steuerungsintuition auf fehlgeleiteten theistischen Vorannahmen basiert (siehe Kap. 1.5).

Schließlich mag hinter der Ablehnung der Lenkungsidee auch einfach eine Aversion gegen die oben beschriebene, gegebenenfalls implizite Notwendigkeit stecken. Opponenten der Lenkungsidee sind oft dem humeschen Lager zuzuordnen, die die Existenz von fundamentaler Naturnotwendigkeit verneinen und daher eine Version der Regularitätstheorie favorisieren (siehe Kap. 2.1 und 2.2).

VIII. Innere Verknüpfung. Insbesondere Vertreterinnen der Steuerungs- und Produktions-Intuitionen und verwandter Ideen (siehe oben) ergänzen oft, dass zwischen den konkreten Instanzen (z. B. *Fa* und *Ga*) eines Naturgesetzes (z. B. Alle *F*s sind *G*s) eine *innere Verknüpfung* bestehen muss, zum Beispiel eben eine kausal-produktive, die im Falle bloß akzidenteller Regularitäten fehlt. Entsprechend betont Armstrong, dass ein Gesetz „eine innere Verknüpfung der individuellen Instanzen des Gesetzes" liefert (Armstrong 1983: 102, unsere Übersetzung; vgl. auch Armstrong 1983: 40). Eine solche innere Verknüpfung wird oft als *primitiv* angesehen, das heißt, sie ist nicht auf etwas Fundamentaleres reduzierbar. Häufig wird auch betont, dass ihr Bestehen zwischen den konkreten Instanzen (z. B. *Fa* und *Ga*) unabhängig davon sein soll, was im Rest des Universums geschieht. Der gesetzliche Zusammenhang zwischen einer bestimmten Masse hier und jetzt und dem Gravitationsfeld, das sie umgibt, soll nicht davon abhängen, was in tausend Jahren in Alpha Centauri geschieht

Regularitätstheoretiker verneinen die Existenz einer derartigen primitiven inneren Verknüpfung. Sie können zwar durchaus der Intuition Rechnung tragen, dass die Instanzen eines Gesetzes kausal verknüpft sind. Allerdings verneinen sie, dass es sich hier um eine metaphysisch primitive (produktive) Relation zwischen den Instanzen handelt. Zusätzlich bestreiten sie auch die Lokalität dieser Verknüpfung: Ob zwei partikuläre Fakten in einem naturgesetzlichen oder kausalen Verhältnis stehen, ist letztlich auch davon abhängig, wie alle übrigen partikulären Fakten ‚angeordnet' sind (siehe Kap. 2.1 und 2.2). Regularitätstheorien müssen daher den Unterschied zwischen akzidentellen und gesetzlichen Regularitäten auch anders ausbuchstabieren als durch einen primitiven (kausalen) Nexus.

IX. Induktive Bestätigung und Stützung induktiver Schlüsse. Naturgesetze werden durch ihre positiven Instanzen induktiv bestätigt (siehe Loewer 1996: 111; siehe allerdings die einflussreiche Kritik dieser Annahme in Popper 1934). Wenn wir beobachten, dass ein elektrischer Strom durch ein bestimmtes Stück Metall fließt, wenn eine Spannung an ihm angelegt wird, dann erhöht sich unsere Zuversicht, dass auch durch andere Metalle, wenn nicht sogar alle, elektrischer

Strom fließen wird, wenn Spannungen an diese angelegt werden. Dies unterscheidet Gesetze von Nicht-Gesetzen, die nicht auf solche Weise bestätigt werden können. Die folgende Passage von Nelson Goodman illustriert diesen Punkt sehr anschaulich:

> That a given piece of copper conducts electricity increases the credibility of statements asserting that other pieces of copper conduct electricity, and thus confirms the hypothesis that all copper conducts electricity. But the fact that a given man now in this room is a third son does not increase the credibility of statements asserting that other men now in this room are third sons, and so does not confirm the hypothesis that all men now in this room are third sons. Yet in both cases our hypothesis is a generalization of the evidence statement. The difference is that in the former case the hypothesis is a lawlike statement; while in the latter case, the hypothesis is a merely contingent or accidental generality. (Goodman 1955/1983: 73)

Eine befriedigende Naturgesetzestheorie sollte der induktiven Bestätigbarkeit der Gesetze Rechnung tragen.

Des Weiteren spielen induktive Schlüsse (diachrone sowie enumerative) eine zentrale Rolle in der Praxis der empirischen Wissenschaften. Einige Philosophen haben jedoch argumentiert, dass nur ganz bestimmte Naturgesetzeskonzeptionen die Rationalität und den Erfolg solcher Schlüsse erklären und somit den humeschen Skeptizismus bezüglich induktiver Schlüsse entkräften können (siehe Kap. 2.1 und 2.2 für eine entsprechende Kritik der Regularitätstheorien und Kap. 2.3 für einen Vorschlag, Induktionen mithilfe nicht-humescher Gesetze zu rechtfertigen).

X. Bedeutung für die Wissenschaften. Die Entdeckung der Naturgesetze ist ein Hauptziel der Naturwissenschaften (siehe Kap. 1.0). Eine befriedigende Naturgesetzestheorie sollte erklären, warum die Naturgesetze, im Gegensatz zu anderen Fakten, diese zentrale Rolle in der wissenschaftlichen Praxis einnehmen (vgl. Hall 2015, Jaag & Loew 2020 und unsere Diskussion in Kap. 3.2). Auch haben wir Grund zur Annahme, dass es sich zumindest bei einigen wissenschaftlichen Gesetzeshypothesen auch um echte Naturgesetze handelt (Loewer 1996: 111). Deshalb sollte eine befriedigende philosophische Theorie der Naturgesetze ernstzunehmende Kandidaten für Gesetze aus unseren besten wissenschaftlichen Theorien auch als solche klassifizieren und nicht *a priori* ausschließen, dass es sich hierbei um Gesetze handeln kann.

So postulieren die Wissenschaften, allen voran die Physik, viele unterschiedliche Arten von Gesetzen. Die Physik postuliert beispielsweise dynamische (wie Newtons zweites Gesetz und die Schrödingergleichung) und nicht-dynamische Gesetze (wie Newtons Gravitationsgesetz und das Gesetz idealer Gase),[17] deterministische (wie Newtons zweites Gesetz und die Schrödingergleichung) und nicht-deterministische oder probabilistische (wie die Gesetze der statistischen Mechanik und die Born-Regel aus der Quantenmechanik), sowie Erhaltungsgesetze aus entsprechenden Symmetrien (wie die Impuls- und Energieerhaltung, die sich *via* Noether-Theorem aus den entsprechenden Symmetrien bezüglich räumlicher und zeitlicher Translationen ergeben). Des Weiteren scheinen zumindest einige Gesetze strikt zu sein (zumindest einige der fundamentalen physikalischen Gesetze sind hierfür Kandidaten), während einige andere klarerweise nicht-strikt sind beziehungsweise nur *ceteris paribus* gelten (die klarsten Fälle sind spezialwissenschaftliche Gesetze wie beispielsweise das ökonomische Gesetz des Angebots und der Nachfrage).

Bevor unsere (natur-)wissenschaftlichen Untersuchungen am Ende sind, wissen wir natürlich nicht, welche Arten von Gesetzen es wirklich gibt. So mag sich herausstellen, dass die fundamentalen dynamischen Gesetze letztlich allesamt deterministisch sind (siehe Albert 1992 für verschiedene Interpretationen der Quantenmechanik) oder dass sich die nicht-dynamischen Gesetze letztlich nur als Konsequenzen der dynamischen Gesetze herausstellen (vgl. Maudlin 2007: 13). Es ist überdies auch offen, ob und welche Symmetrien und entsprechende Erhaltungsgesetze unsere finale Physik postulieren wird. So scheint beispielsweise ein (beschleunigt) expandierendes relativistisches Universum das Prinzip der Energieerhaltung zu verletzen. Trotzdem ist es als Vorteil einer philosophischen Theorie der Naturgesetze zu werten, wenn sie zumindest prinzipiell Raum für diese verschiedenen Arten von Gesetzen einräumt. Wie wir in Teil 2 sehen werden, gelingt es jedoch kaum einer Naturgesetzestheorie, allen Arten von mutmaßlichen Gesetzen gleichermaßen Rechnung zu tragen.

Ein weiteres bemerkenswertes Merkmal wissenschaftlicher Gesetze aus allen Gebieten – Physik, Chemie, Biologie, Psychologie etc. – ist, dass sie mathematisch formuliert sind. Schon Immanuel Kant behauptete, dass „in jeder besonderen Naturlehre nur so viel *eigentliche* Wissenschaft angetroffen werden könne, als darin *Mathematik* anzutreffen ist" (Kant 1786/1977: 13; vgl. auch Galileis Ausführungen im anschließenden Kap. 1.5). Überraschenderweise spielt die Mathematisierbarkeit wissenschaftlicher Gesetze in kaum einer Naturgesetzestheorie eine zentrale Rolle, weswegen wir sie hier auch ausklammern wollen. Diese

---

17 Oft wird diese Unterscheidung auch als die zwischen sogenannten Gesetzen der (zeitlichen) Abfolge und Gesetzen der Koexistenz bezeichnet (siehe Hempel 1965: 352). Sie findet sich der Sache nach bereits bei John Stuart Mill: „Naturphänomene stehen in zwei verschiedenen Relationen zueinander; die der Gleichzeitigkeit und die der [zeitlichen] Abfolge" (Mill 1843/1967: III, v, § 1, unsere Übersetzung).

Diskurslücke zu schließen, wird eine zentrale Aufgabe der zukünftigen Naturgesetzesdebatte sein müssen.[18]

Wir haben zehn Merkmale und daraus abgeleitete Desiderata von Naturgesetzestheorien aufgeführt und diskutiert:

I. Objektivität
II. Faktizität/Inferenz
III. Invarianz/Universalität
IV. Kontingenz
V. Nomologische Notwendigkeit und Stützung kontrafaktischer Konditionale
VI. Erklärungskraft
VII. Steuerung und Unabhängigkeit
VIII. Innere Verknüpfung
IX. Induktive Bestätigung und Stützung induktiver Schlüsse
X. Bedeutung für die Wissenschaften

Diese Merkmale liefern im Übrigen auch Demarkationskriterien für Naturgesetze: Gesetze, nicht aber bloß zufällig wahre, allgemeine Aussagen, besitzen mindestens einen großen Teil dieser Merkmale (vgl. Reichenbachs Unterscheidung zwischen dem Uranwürfel-Satz und Goldwürfel-Satz aus Kap. 1.2).

Mit Hilfe dieses Kataloges werden wir in Teil 2 die verschiedenen Naturgesetzestheorien untersuchen. Es wird sich im Folgenden herausstellen, dass verschiedene Naturgesetzestheorien die Elemente dieser Liste unterschiedlich gewichten und sehr unterschiedliche Gesetzesmacher postulieren, die diese Merkmale erklären sollen. Diese Kriterien geben uns also eine hilfreiche Richtlinie zur Untersuchung der verschiedenen Naturgesetzestheorien an die Hand. Jedoch stellen sie nicht die einzigen Bewertungskriterien dar. So werden wir auch allgemeine theoretische Tugenden wie beispielsweise Einfachheit und ontologische Sparsamkeit bei der Bewertung der Gesetzestheorien berücksichtigen.

Bevor wir uns der Untersuchung der wichtigsten Naturgesetzestheorien widmen, möchten wir noch einige kurze Bemerkungen zur Geschichte des Naturgesetzesbegriffs machen.

18 Dorato (2005: Kap. 2) kann hier als Vorreiter erwähnt werden.

1.5 Eine kurze Geschichte des Naturgesetzesbegriffs

Es ist interessant, philosophiehistorisch zu erforschen, in welchen ideengeschichtlichen Zusammenhängen und zu welchem Zweck Naturwissenschaftler, Philosophinnen und Theologen den Begriff *Naturgesetz* verwendet und in welcher Bedeutung sie ihn durch die Jahrhunderte hinweg gebraucht haben. In diesem Buch konzentrieren wir uns allerdings vornehmlich auf die systematischen, semantischen und metaphysischen Untersuchungen, die in der Mitte des 19. Jahrhunderts, zum Beispiel bei John Stuart Mill (1806 – 1873) oder Ernst Mach (1838 – 1916), beginnen und die seit dem 20. Jahrhundert im Anschluss an die logischen Empiristen große Fortschritte erzielten (siehe Kap. 2.1). Deshalb wollen wir uns hier mit einem sehr kurzen Aufriss über die geschichtliche Genese des Naturgesetzbegriffs begnügen.[19]

In der *Antike* wurde der Begriff des Naturgesetzes nicht verwendet (vgl. Schütte 2006: 139). Die Begriffe *φύσις* (Natur) und *νόμος* (Gesetz) spielen zwar seit dem 5. Jahrhundert vor Christus eine zentrale Rolle im philosophischen Theoretisieren, bei den Sophisten jedoch stehen sie sich noch antithetisch gegenüber, da *νόμος* im Gegensatz zur *φύσις* ausschließlich normativ und meist als in Konventionen gegründet verstanden wurde (siehe Hampe 2007: 50 f.).[20] Auch später bei Platon (ca. 429 – 347 v. Chr.) kommt der Naturgesetzbegriff nur einmal im Dialog *Timaios* im Zusammenhang mit der Bewegung gesunder und kranker menschlicher Körper vor (siehe Zilsel 1942: 250). Aristoteles (384 – 322 v. Chr.), dessen Lehren die Naturphilosophie bis zur Entstehung der mechanistischen Philosophie in der Neuzeit dominierte, benutzt den Naturgesetzbegriff sogar überhaupt nicht (siehe ebenda und Schnepf 2006: 90). Sein Konzept der *δύναμις* (Kraft; siehe Metaphysik V, 12, 1020a4) jedoch bildet die historische Grundlage für scholastische (siehe unten) sowie aktuelle dispositionalistische Naturgesetzes-

---

19 Hier einige Literaturtipps, in denen sich zahlreiche weitere Referenzen für ein tiefergehendes Studium der Geschichte des Naturgesetzesbegriffs finden: Eine sehr zu empfehlende Sammlung historisch-systematischer Beiträge zu Naturgesetzen stellt Hartbecke und Schütte (2006) dar. Die ersten sechs Beiträge in Ott und Patton (2018) thematisieren historische Gesetzespositionen ebenfalls in systematischer Hinsicht. Hampe (2007) ist eine sehr gut zugängliche Monographie zur Geschichte des Naturgesetzesbegriffs. Milton (1998) bietet eine Darstellung über die Entwicklung des Gesetzesbegriffs mit Fokus auf das 17. Jahrhundert. Eiligere Leser seien zu dieser Thematik auf Hüttemann (2007: Kap. 2) verwiesen.

20 Allerdings geht der Begriff der *astronomia* (von den griechischen *ástron* für ‚Stern' und *nómos* für ‚Gesetz') mindestens bis auf das 5. Jahrhundert vor Christus zurück.

https://doi.org/10.1515/9783110517842-008

theorien (siehe Kap. 2.4). Nicht einmal Archimedes (287–212 v. Chr.), vielleicht der bedeutendste Physiker der Antike und Entdecker des archimedischen Prinzips, verwendete den Naturgesetzesbegriff, obwohl seine berühmten Hebelgesetze die Grundlage für die Entwicklung der Mechanik im 16. und 17. Jahrhundert schufen (siehe Zilsel 1942: 254, und Schnepf 2006: 91).

Erst die Stoiker brachen mit dieser Tradition und entwickelten ein Konzept oder treffender eine Metaphorik eines allumfassenden kosmologischen Gesetzes, das gleichzeitig ethisch und physikalisch, präskriptiv und deskriptiv war (siehe Kerferd 1981: Kap. 10, Ruby 1986: 354). Bei Cicero (106–43 v. Chr.) etwa ist mit *lex naturae*

> ein von einem Gott eingerichtetes Gesetz aller Dinge gemeint, das sich auch in der nichtmenschlichen Natur manifestiert, weil die Natur der einzelnen Dinge von Gott mit bestimmten Naturen ausgestattet worden sei, denen es sich verdanke, dass sie sich dem Gesetz gemäß verhielten. (Schnepf 2006: 90)

Im scholastischen *Mittelalter* wurde diese stoisch-theologische Naturgesetzeskonzeption basierend auf einer aristotelischen Formenlehre weiterentwickelt. Bei Thomas von Aquin (1225–1274) beispielsweise kommt der Begriff einer von Gott erlassen *lex naturale* beziehungsweise eines *jus naturale* zwar vor. Dieser bezieht sich allerdings ausschließlich auf verstandesbegabte Wesen. In seiner *Summa Theologica* jedoch entwickelt Aquin das auf Augustinus (354–430) zurückgehende Konzept der *lex aeterna*, welches aus der göttlichen Vernunft hervorgeht und den gesamten Kosmos ordnen soll. Die *lex aeterna* übersteigt also den Bereich der vernunftbegabten Kreaturen und betrifft sogar unbelebte Dinge: Demnach sind alle Bewegungen und Handlungen der gesamten Natur dem ewigen Gesetz unterstellt (vgl. Zilsel: 257).

Diese Gesetze gründen letztlich in den aktiven (aristotelischen) Naturen und den daraus resultierenden Kräften, mit denen Gott die natürlichen Dinge ausgestattet hat. So bemerkt Thomas von Aquin:

> We see indeed that a body follows the movements of the elements governing it. A stone, for example, is moved towards the center (of the earth) according to the property of earth dominant in it. Metals also have the power of cooling according to the property of water. Therefore all actions and movements whatsoever of bodies composed of elements take place according to the property and power of the elements of which such bodies are made. (*De operationibus occultis naturae ad quemdam militem ultramontanum*; Übersetzung von McAllister 1939)

Auch bei Francisco Suárez (1548–1617), einem der einflussreichsten Vertreter der spanischen oder zweiten Scholastik, findet sich die aristotelische Idee, dass die Aktivität der Materie in Dispositionen begründet ist, die von Eigenschaften, genauer, substanziellen Formen, herrühren. Suárez bemerkt in seinen *Disputationes Metaphysicae* dementsprechend: „In materiellen Dingen scheint es, dass die Form ein Prinzip des Wirkens (*principium operandi*) ist, das ein formales und *aktives* Prinzip ist" (zitiert nach Gnassounou & Kistler 2007: 9, Fn. 34; unsere Übersetzung). Als Beispiel führt Suárez an, dass die Erklärung dafür, dass sich Wasser abkühlt, wenn die Wärmequelle entfernt wird, darin besteht, dass es eine substanzielle Form gibt, die die aktive Quelle der Tendenz des Wassers ist, sich abzukühlen, anstatt ihre Temperatur beizubehalten (vgl. Gnassounou & Kistler 2007: 9). Demnach sind die Naturgesetze letztlich nur metaphorische Bezeichnungen für die in den substanziellen aktiven Formen begründeten Kräfte (vgl. Psillos 2018: 82).

Es ist allerdings zu bemerken, dass diese auf der aristotelischen Formenlehre basierenden scholastischen Versionen des Dispositionalismus theologische und teleologische Elemente beinhalten, die sich in späteren und aktuellen dispositionalistischen Auffassungen nicht mehr finden (siehe Kap. 2.4). So ist nach Thomas etwa die gesamte Naturordnung bereits in den Ideen in Gottes Geist angelegt und diese Ordnung ergibt sich daraus, dass alle erschaffenen Dinge auf einen Zweck ausgerichtet sind: Die individuellen Dinge streben nach dem Wohl des Ganzen und das Universum als Ganzes strebt letztlich nach Gottes Güte (siehe Zilsel 1942: 257 und Hattab 2018). Einige Autoren haben jedoch dafür argumentiert, dass bereits im Mittelalter, vor allem in Roger Bacon (ca. 1220–1292), die moderne säkularisierte Idee der Naturgesetze ohne Referenz auf Gott vorzufinden ist (siehe Schramm 1981, Ruby 1986; siehe Schnepf 2006 für eine kritische Diskussion von Rubys Argumentation).

Die Neuzeit gilt gemeinhin als die wichtigste Periode für die Entwicklung des modernen Naturgesetzesbegriffs. Galileo Galilei (1564–1642) begann die Physik in strenger mathematischer Form zu fassen, denn, wie er im *Saggiatore* bemerkt, das „großartige Buch" der Natur „ist nämlich in mathematischer Sprache geschrieben" (zitiert nach Bottin 2006: 77 f.). Es ist allerdings interessant, dass Galilei selbst in seinen Werken „vom Gesetzesbegriff keinen Gebrauch machte, obwohl sich dort einige physikalische Gesetze finden, zum Beispiel das Pendelgesetz" (Schütte 2006: 140 f.), das Hebelgesetz (Galilei 1638/2007) und das Fallgesetz (siehe hierzu Schrenk 2004). Zilsel (1942) hat unter anderem deshalb dafür argumentiert, dass „der Begriff des physikalischen Gesetzes vor dem siebzehnten Jahrhundert unbekannt war" (Zilsel 1942: 258, unsere Übersetzung; siehe allerdings Ruby 1986 für eine gegenläufige Auffassung). Dies liegt daran,

> dass sich der Gesetzesbegriff der biblischen Vorstellung eines göttlichen Gesetzgebers verdankt, eine Vorstellung, die deshalb im 17. Jahrhundert von einzelnen Gegenständen auf die

> Natur als Ganzes übertragen werden konnte, weil parallel dazu eine entscheidende politische Veränderung in der Welt stattfand. Der feudale Staat wurde durch den straffer organisierten absolutistischen Staat abgelöst. Das legte die Vorstellung von einem Netz von Naturgesetzen nahe, das sich auf die gesamte Natur erstreckt, so Zilsel. (Hüttemann 2006: 193)[21]

Nach Zilsel haben, neben Gott als Befehlsgeber, also auch juristische Gesetze, die das Zusammenleben in einer Gesellschaft regeln, die Grundlage dafür geschaffen, dass es Gesetze der Natur gibt, die das Geschehen in der Welt anleiten. Dementsprechend ist auch bei den bedeutendsten neuzeitlichen Naturgesetzeskonzeptionen aus dem 17. Jahrhundert, allen voran diejenigen von René Descartes (1596 – 1650), Robert Boyle (1627 – 1691) und Isaac Newton (1643 – 1727), der Bezug auf Gott keineswegs verschwunden.

Trotz des gemeinsamen theologischen Bezugs unterscheidet sich Descartes' Naturgesetzestheorie stark von den Gesetzesauffassungen Boyles und Newtons. Descartes' mechanistische Philosophie war wesentlich durch die Ablehnung aristotelischer Kräfte motiviert, auf der die mittelalterlichen Gesetzeskonzeptionen basierten. Descartes befand diese für okkult, da sie letztliche keine Erklärung der natürlichen Bewegungen lieferten (siehe Psillos 2018: Kap. 2 für eine ausführliche Diskussion weiterer kartesischer Einwände gegen aristotelische Kräfte). Stattdessen postuliert Descartes von Gott erlassene universale Gesetze, die unverzichtbar dafür waren, die beobachtbare und mathematisch beschreibbare Ordnung in der Welt zu erklären, die vollständig aus einer inhärent passiven Materie bestand.

> Denn Gott hat diese Gesetze so wunderbar eingerichtet und obgleich wir annehmen, dass er nicht mehr schafft, als ich gesagt habe und sogar weder Ordnung noch Maß hineinbringt, sondern das verwirrteste und unklarste Chaos bildet, das Dichter beschreiben konnten: reichen sie [die Naturgesetze] aus, um zu bewirken, dass die Teile dieses Chaos sich von selbst entwirren und in eine so gute Ordnung bringen, dass sie die Form einer höchst vollkommenen Welt besitzen werden, in der man nicht nur Licht wird sehen können, sondern auch all die anderen Dinge, allgemeine wie besondere, die in der wirklichen Welt erscheinen. (Descartes, *Die Welt*, 1677, zitiert nach Hüttemann 2002: 523)

Nach Descartes also sind die Naturgesetze von Gott erlassen und unabhängig von der passiven Materie. Dennoch, so bemerkt Descartes in seinen *Principa Philosophiae*, wirken sie als „sekundäre und besondere Ursachen für die unter-

---

21 Eine solche Übertragung von juristischen oder moralischen Gesetzen auf die Natur findet sich bereits im Alten Testament. So findet sich beispielsweise im Buch Hiob 38, 11 die folgende Passage, in der Gott das Meer in die Schranken weist: „Bis hierher sollst du kommen und nicht weiter; hier sollen sich legen deine stolzen Wellen!"

schiedlichen Bewegungen, [...] die wir an den einzelnen Körpern wahrnehmen" (zitiert aus Waschkies 2006: 182; vgl. auch *VII. Steuerung und Unabhängigkeit* in Kap. 1.4). Da sie sich direkt aus Gottes Unwandelbarkeit ergeben, sind sie überdies universell und notwendig (vgl. Psillos 2018: 89).

Ralph Cudworth (1617–1688) hat diese kartesische Gesetzeskonzeption problematisiert, indem er argumentiert, dass sich solche Gesetze nicht selbst ‚ausführen' könnten. Entweder müsse also Gott bei jeder kausalen Interaktion selbst tätig werden oder die physischen Körper müssten die Fähigkeit haben, den Gesetzen ‚zu gehorchen'. Descartes hatte wohl eher mit der ersteren, als ‚Okkasionalismus' bezeichneten Option sympathisiert (siehe Ott und Patton 2018: 5). Offensiv bezogen wurde eine okkasionalistische Position von Nicolas Malebranche (1638–1715): Wenn die Materie selbst gänzlich passiv ist, ist Gott die einzige Ursache.[22] Cudworth selbst wählte die letztere Option und stattete die Körper mit ‚plastischen Naturen' aus, die erklären sollen, wie die Materie den Gesetzen Folge leisten kann (siehe Hüttemann 2002 und Ott & Patton 2018: 4).

Die Probleme im Zusammenhang mit der Annahme einer inhärent passiven Materie hat in der Folge zu einem Bruch mit der kartesischen mechanistischen Philosophie und zu einem Wiederaufleben einer (aristotelischen) Kräfteontologie geführt. Robert Boyle beispielsweise gibt unabhängige Gesetze als Ursachen der Bewegung zugunsten von inhärenten (kausalen) Kräften auf. So bemerkt er:

> I look upon a Law as a Moral, not a Physical, Cause, as being indeed but a notional thing, according to which, an intelligent and free Agent is bound to regulate its Actions. But inanimate Bodies are utterly incapable of Understanding what a Law is, or what it injoyns, or when they act conformably or unconformably to it; and therefore the actions of inanimate Bodies, which cannot incite or moderate their own Actions, are produc'd by real Power, not by Laws... (Boyle 1690/1999–2000: 302)

Trotzdem benutzt auch Boyle später die Gesetzesmetaphorik, um Naturvorgänge zu beschreiben.

In *De ipsa natura* formuliert Gottfried Wilhelm Leibniz (1646–1716) eine ähnliche Position, indem er behauptet, dass

> das von Gott erlassene Gesetz eine in den Dingen sich ausdrückende Spur hinterlassen hat und die Dinge durch den Auftrag so gebildet worden sind, daß sie befähigt wurden, den Willen des Gebietenden zu erfüllen, so daß man zugeben muß, daß in den Dingen eine

22 Allerdings ergeben sich die Naturgesetze nach Malebranche nicht direkt aus der Unwandelbarkeit Gottes wie bei Descartes, sondern aus seinem Willen: Die Gesetze sind Gottes generelle Willensentscheidungen (siehe Psillos 2018: 91).

gewisse Wirksamkeit, Form oder Kraft eingepflanzt wurde [...]. (Leibniz 1677/1996: 282, siehe Hüttemann 2006: 200 f.)

Auch Newton vertritt in seinen *Opticks* die Auffassung, dass das naturgesetzliche Geschehen letztlich in Gott begründet ist. Allerdings sind auch bei ihm die Gesetze nicht unabhängig von der Materie wie bei Descartes, sondern sie ergeben sich, ähnlich wie bei Boyle und Leibniz, aus den inhärenten Kräften, mit denen Gott die Materie ausgestattet hat.

Immanuel Kant (1724 – 1804) schließlich geht sogar so weit, dass wir Materie nur insoweit erkennen können, als sie andere Körper anzieht oder abstößt. Er schreibt in der *Amphibolie der Reflexionsbegriffe:*

> Die Substanz im Raume kennen wir nur durch Kräfte, die in demselben wirksam sind, entweder andere dahin zu treiben (Anziehung), oder vom Eindringen in ihn abzuhalten (Zurückstoßung und Undurchdringlichkeit); andere Eigenschaften kennen wir nicht, die den Begriff von der Substanz, die im Raum erscheint, und die wir Materie nennen, ausmachen. (Kant 1787/1990: 313, B321)[23]

Diese fundamental unterschiedlichen Konzeptionen der Rolle von Naturgesetzen und der Verfasstheit der Materie findet eine Entsprechung in der zeitgenössischen Naturgesetzesdebatte: Während die Dretske-Tooley-Armstrong-Theorie (siehe Kap. 2.3) eine inhärent nicht-modale (sozusagen immanent passive) Konzeption der fundamentalen Realität postuliert, die von unabhängigen Gesetzen ‚gesteuert' oder produziert wird (siehe Kap. 2.3, auch 2.6), postulieren manche dispositionalistischen Auffassungen fundamentale Kräfte (siehe Kap. 2.4), um das gesetzliche Verhalten im Naturgeschehen zu erklären.

David Hume (1711 – 1776) brach mit beiden Annahmen. Er verneinte sowohl die Existenz aristotelischer Kräfte und jeglicher anderer notwendigen Verbindungen in der Natur als auch die Existenz steuernder oder kausal aktiver Naturgesetze. Allerdings leugnet er nicht, dass es Naturgesetze überhaupt gibt. Diese sind nach Hume jedoch lediglich als Regularitäten in der Natur aufzufassen, deren Notwendigkeit durch den menschlichen Geist in die Welt projiziert wird (siehe Psillos 2018).

> Our idea, therefore, of necessity and causation arises entirely from the uniformity, observable in the operations of nature; where similar objects are constantly conjoined together, and the mind is determined by custom to infer the one from the appearance of the other. These two circumstances form the whole of that necessity, which we ascribe to mat-

23 Für ausführliche Diskussionen von Kants Naturgesetzeskonzeption siehe die Beiträge in Massimi & Breitenbach (2017).

> ter. Beyond the constant conjunction of similar objects, and the consequent inference from one to the other, we have no notion of any necessity, or connexion. (Hume 1748/1998: Sect. VIII, Part I: 82)

Auch im beginnenden 19. Jahrhundert ist die Skepsis bezüglich Kräften vor allem unter Physikern weit verbreitet. So bemerkt Gustav Kirchhoff (1824 – 1887):

> Man pflegt die Mechanik als die Wissenschaft von den Kräften zu definieren, und die Kräfte als die Ursachen, welche Bewegungen hervorbringen oder hervorzubringen streben. Gewiss ist diese Definition bei der Entwicklung der Mechanik von dem größten Nutzen gewesen, und sie ist es auch noch bei dem Erlernen dieser Wissenschaft, wenn sie durch Beispiele von Kräften, die der gewöhnlichen Erfahrung entnommen sind, erläutert wird. Aber ihr haftet die Unklarheit an, von der sich der Begriff der Ursache und des Strebens nicht befreien lassen. [...] Aus diesem Grunde stelle ich es als die Aufgabe der Mechanik hin, die in der Natur vor sich gehenden Bewegungen zu beschreiben, und zwar vollständig und auf die einfachste Weise zu beschreiben. (Kirchhoff 1876: Vorrede)

Ideen dieser Art finden sich auch in den Gesetzestheorien der logischen Empiristen wieder, mit deren Diskussion unsere systematischen Untersuchungen in Kapitel 2.1 einsetzen.

Teil 2: **Philosophische Theorien der Naturgesetze**

2.0 Eine Taxonomie der verschiedenen Gesetzestheorien

In der rapide wachsenden philosophischen Forschungsliteratur zu Naturgesetzen wird eine große Zahl verschiedener Naturgesetzestheorien diskutiert. Bevor wir die wichtigsten Theorien im Detail untersuchen, ist es nützlich, uns einen Überblick über die Konturen der einschlägigen theoretischen Landschaft zu verschaffen (siehe unseren schematischen Überblick in Abb. 1 unten). In dieser Sektion wollen wir uns an einer groben Klassifikation der wichtigsten Naturgesetzestheorien versuchen. Da diese Übersicht in erster Linie expositorische Funktion hat, erhebt sie keinen Anspruch auf Vollständigkeit. Wir empfehlen unseren Leserinnen und Lesern, während und nach der Lektüre der folgenden Kapitel immer wieder zu dieser Übersicht zurückzukehren.

Ein angemessener Ausgangspunkt, um die Fülle der verschiedenen Theorien zu strukturieren, ist die Frage, *ob es überhaupt naturgesetzliche Fakten gibt.* Im Folgenden werden wir Naturgesetzeskonzeptionen, die diese Frage affirmativ beantworten, als *faktualistische* bezeichnen und diejenigen, die sie negativ beantworten, als *non-faktualistisch.* Diese beiden Lager des *Nomologischen Faktualismus* und *Nomologischen Non-Faktualismus* können jeweils weiter differenziert werden.

Die non-faktualistischen Positionen lassen sich in *eliminativistische* und *inferentialistische* unterteilen. Die eliminativistischen Positionen wiederum lassen sich wie folgt weiter differenzieren: Als *Modalistischen Eliminativismus* wollen wir solche Positionen bezeichnen, die zwar Naturgesetze eliminieren, aber eine modale metaphysische Struktur postulieren, die zumindest Teile der theoretischen Rolle von Gesetzen (siehe Kap. 1.4) erfüllen soll und deshalb Gesetzesfakten überflüssig macht. Nach Mumfords (2004) ‚gesetzesloser' Metaphysik zum Beispiel werden Naturgesetze durch fundamentale dispositionale Eigenschaften, sogenannte Kräfte (engl. *powers*) ersetzt. Obwohl diese Theorie eine Form des Gesetzeseliminativismus ist, ist sie dennoch eine realistische Position bezüglich anderer natürlicher Modalitäten, nämlich in Bezug auf Dispositionen oder Kräfte.[25] Der *Empiristische Eliminativismus* hingegen verzichtet komplett auf metaphysische Entitäten wie Dispositionen oder sonstige modale Strukturen. So wer-

25 Cartwright (1983) kann zumindest bezüglich fundamentaler Gesetze ebenfalls als Befürworterin eines modalistischen Eliminativismus interpretiert werden. Wir werden jedoch in Kürze sehen, dass ihre späteren Auffassungen zu Naturgesetzen auch anders klassifiziert werden können. Bird (2007) hingegen vertritt eine reduktionistische nicht-eliminativistische Version des Dispositionalismus (siehe Kap. 2.4).

https://doi.org/10.1515/9783110517842-009

den Gesetze durch vermeintlich empiristisch koscherere ‚Entitäten' wie Symmetrien (van Fraassen 1989) oder Modelle (Giere 1995) ersetzt.

Was aber bedeutet es für unseren Gesetzesdiskurs, also für unser Sprechen über Gesetze, wenn es eigentlich gar keine Gesetze gibt? Für den Eliminativismus scheinen zumindest zwei Optionen verfügbar. Die erste besteht darin, eine sogenannte *Fehler-Theorie* bezüglich des Gesetzesdiskurses zu vertreten, nach der Gesetzesaussagen für bare Münze genommen werden, aber, ähnlich wie Aussagen über Phlogiston, strikt genommen einfach falsch sind. Die zweite Option ist eine fiktionalistische Interpretation des Gesetzesdiskurses nach der die Rede über Gesetze gar nicht auf buchstäbliche Wahrheit zielt. So wie ‚Max und Moritz wurden in Meister Müllers Mühle verschrotet' innerhalb Buschs Märchen *Max und Moritz – Eine Bubengeschichte in sieben Streichen* wahr ist, ist der Gesetzesdiskurs wahr nach der zugegebenermaßen sehr hilfreichen Fiktion, die in den meisten Physikbüchern erzählt wird, obwohl es weder Naturgesetze noch Max und Moritz gibt.

Die *inferenzialistische* Form des non-Faktualismus (oder kurz *Inferenzialismus*) ist dieser letzteren Option insofern ähnlich, als dass sie dem Gesetzesdiskurs ebenfalls eine fundamental andere Rolle zuschreibt: anstatt auf buchstäbliche Wahrheit abzuzielen, ist der Gesetzesdiskurs nicht einmal wahrheitsfähig, da hier gar keine Aussagen gemacht, das heißt gar keine Propositionen ausgedrückt werden. Es fehlen also nicht nur die Fakten, auf die sich Naturgesetzesaussagen beziehen könnten, sondern der Gesetzesdiskurs hat schlichtweg nicht die Funktion irgendwelche Fakten in der Welt auszudrücken.[26] Inspiriert durch Ludwig Wittgensteins Arbeiten, behauptet Moritz Schlick entsprechend: „Basically a natural law does not have the logical character of a ‚proposition' but represents ‚a direction for the formulation of propositions'" (Schlick und Rynin 1961: 190).[27]

Stattdessen besteht die zentrale Idee des Inferenzialismus darin, dass ein Gesetz anstatt einer Proposition eine Spezialform einer ‚materialen' Schlussregel ist. So ist nach Gilbert Ryle ein Gesetz

26 In der Literatur wird ‚Non-Faktualismus' meist für den letzteren Sinn verwendet, nachdem ein bestimmter Diskurs gar nicht die Funktion hat, Fakten über die Welt auszudrücken (vgl. Miller 2010 zum non-Faktualismus bezüglich Bedeutungszuschreibungen). Wir wollen hier aber ‚Non-Faktualismus' weiter fassen, so dass ein Teil des Diskurses zwar prinzipiell wahrheitsfähig ist und auf Fakten abzielt, aber nie wahr sein kann, da die entsprechenden ‚Wahrmacher' (siehe MacBride 2019) fehlen.

27 Frank Ramsey hat eine ganz ähnliche Auffassung bereits 1929 vertreten. Nach Musgrave (1980: 72) geht die Inferenz-Ticket-Theorie auf Mills (1943) *System of Logic* zurück.

> an inference ticket (a season ticket) which licenses its possessors [...] to move from one assertion to another, to provide explanations of given facts, and to bring about desired states of affairs by manipulating what is found existing or happening. (Ryle 1949/2000: 117)[28]

So, wie beispielsweise die formale Schlussregel des *modus ponens* den Schluss von p und $(p \rightarrow q)$ auf q legitimiert, erlaubt ein Naturgesetz, vom Vorliegen bestimmter Eigenschaften auf das Vorliegen anderer zu schließen. Beispielsweise legitimiert Newtons Bewegungsgesetz, dass von einer bestimmten Nettokraftwirkung auf ein Objekt auf eine bestimmte Bewegungsänderung dieses Objekts geschlossen werden kann.[29] Wie im Falle des formallogischen Schlusses soll das Gesetz hier als Inferenzregel und nicht als ‚inhaltliche' (versteckte) Prämisse fungieren.

Im Lager der faktualistischen Positionen ist die Situation nicht weniger komplex – im Gegenteil. Eine erste wichtige Unterscheidung zeigt sich an divergierenden Antworten auf die Frage: *Sind Naturgesetzesfakten unabhängig von (Erkenntnis-)Subjekten beziehungsweise objektiv?* Vertreterinnen des *Nomologischen Realismus* bejahen diese Frage,[30] während Befürworter des *Nomologischen Anti-Realismus* diese verneinen. So besagen *projektivistische Versionen* des Nomologischen Anti-Realismus, dass Naturgesetzesfakten von unseren Einstellungen als Subjekten abhängen. Beispielsweise schreibt Nelson Goodman:

> I want only to emphasize the Humean idea that rather than a sentence being used for prediction because it is a law, it is called a law because it is used for prediction. (Goodman 1955/1983: 21)

Eine ähnliche Position wurde auch von Alfred Ayer vertreten, der behauptete, dass die Unterscheidung von Gesetzen und Nicht-Gesetzen „nicht so sehr auf der Seite der Fakten liegt, die sie wahr oder falsch machen, als in der Haltung derer, die sie behaupten" (Ayer 1956: 162, unsere Übersetzung).[31]

---

28 Allerdings scheint Ryle (1949: 116 f.) trotzdem zu glauben, dass Naturgesetzesaussagen in einer bestimmten Weise wahr sein können.

29 Nach Musgrave (1980) ist die Inferenz-Ticket-Theorie der Gesetze auch charakteristisch für die sogenannten ‚Wittgensteinschen Instrumentalisten', zu denen nach Musgrave neben Wittgenstein (1921/ 2001) auch Toulmin (1953) und Hanson (1970) gehören.

30 Der Realismus wird üblicherweise als dreiteilige These vertreten. In Bezug auf Gesetze bedeutet dies das Folgende: Zusätzlich zu der metaphysischen These, dass Naturgesetzesfakten geistunabhängig existieren, enthält der Gesetzesrealismus üblicherweise die semantische These, dass Naturgesetzesaussagen (zumindest annährend) wahr sind und die epistemische Komponente, dass die Naturgesetzesfakten zumindest prinzipiell epistemisch zugänglich sind.

31 Braithwaite (1927) und Strawson (1952) können ebenfalls in diese Liste aufgenommen werden.

Es gibt einen weiteren, anderen Sinn, in welchem Naturgesetzesfakten abhängig von uns sein können. Anstatt von uns auf die Welt projiziert zu werden, werden die Naturgesetze von uns geschaffen oder konstruiert. Die Position von Cartwright (1999) kann beispielsweise so interpretiert werden, dass Naturgesetze *Artefakte* sind, die in sogenannten ‚nomologischen Maschinen', das heißt künstlichen von uns kontrollierten experimentellen Situationen geschaffen werden. Stephen Mumford fasst ihre Position treffend wie folgt zusammen:

> As we create the nomological machines, by creating the experimental set-ups, we create the exceptionless regularities. Thereby we create the laws. We thus have a basis for saying that laws are a kind (the class of exceptionless regularities) but they are an artificial rather than natural one. (Mumford 2004: 130)

Demnach gibt es zwar Gesetze und die entsprechenden Regularitäten liegen tatsächlich vor, allerdings eben nur in von uns geschaffenen kontrollierten Umgebungen.

Bevor wir unseren kurzen Aufriss der anti-realistischen Naturgesetzestheorien abschließen[32] und zu den realistischen Positionen übergehen, möchten wir den Unterschied zwischen dem Anti-Realismus und dem Non-Faktualismus nochmal explizit machen: Der Non-Faktualismus verneint schlichtweg, dass es Gesetzesfakten gibt. Der Anti-Realismus hingegen akzeptiert, dass es Gesetzesfakten gibt. Allerdings hängen diese nach dem Anti-Realismus in irgendeiner Weise von Erkenntnissubjekten ab.

Die wichtigste Frage, nach der realistische Positionen unterschieden werden, ist die, *ob Naturgesetzesfakten auf die Verteilung der gänzlich nicht-modalen oder nicht-nomischen Fakten reduziert werden können (beziehungsweise darin fundiert sind) oder nicht.* Die Auseinandersetzung zwischen *reduktionistischen hum-*

---

32 Da wir hier nicht über den Platz für ausführliche interpretatorische Exkurse haben, möchten wir nur erwähnen, dass es eine Lesart gibt, nach der auch Kants Theorie der synthetischen *a priori* Gesetze als anti-realistische Position verstanden werden kann. Hiernach beschreiben solche Gesetze nicht die Realität in dem Sinne, dass sie *Dinge an sich* beschreiben, „sondern stattdessen beziehen sich Gesetze darauf wie Dinge an sich in der Erfahrung repräsentiert werden" (Musgrave 1980: 70). Anstatt also einen zentralen Aspekt der geistunabhängigen Realität zu beschreiben, bilden sie essenzielle Merkmale der Struktur unserer Erfahrung der Welt ab. Obwohl letzteres gut zu Gesetzen passt, die nach Kant *a priori* und notwendig sind, wie beispielsweise das sehr generelle Prinzip, dass jedes Ereignis eine Ursache hat (siehe Hüttemann 2013, Kap. 2.3), ist es unklar, inwiefern dieses Modell auf weniger abstrakte wissenschaftliche Gesetze passt, die üblicherweise kontingent und *a posteriori* sind, wie etwa Newtons Gesetze (siehe Massimi und Breitenbach 2017 und Kap. 1.5 für mehr zu Kants Gesetzestheorie).

eschen Naturgesetzestheorien,[33] die diese Frage bejahen, und *nicht-humeschen Theorien*, die diese Frage verneinen, dominierte die Naturgesetzesdebatte der letzten 40 Jahre:

> By far the most central and important question about laws of nature is this: *Are they mere patterns in the phenomena* (patterns that are in some way salient, to be sure—but still, nothing more than patterns)? *Or are they something more*, something that somehow governs or constrains those phenomena? Disagreement over this issue constitutes the Schism in contemporary philosophical work on laws of nature. (Hall 2012: 1, unsere Hervorhebung)

Verschiedene Versionen des *Humeschen Reduktionismus* unterscheiden sich darin, wie genau die Naturgesetzesfakten auf die nicht-nomischen Fakten reduziert werden. Während Anhänger *empiristischer Regularitätstheorien* (siehe Kap. 2.1) die Gesetze einfach mit bestimmten universellen Regularitäten in den nicht-nomischen Fakten identifizieren, gelten nach der *Beste Systeme Analyse* nur solche Fakten als Naturgesetze, mithilfe derer die Verteilung der sub-nomischen Fakten auf die effektivste Weise systematisiert werden kann (siehe Lewis 1973a und Loewer 1996). Wie wir aber im Kapitel 2.2 zur Beste Systeme Analyse und Teil 3 genauer erklären werden, gibt es große Unterschiede, wie genau diese Theorie ausbuchstabiert wird. Das vereinende Merkmale aller humeschen Theorien ist jedoch, dass sich die Welt fundamental in der Verteilung der nicht-modalen Fakten erschöpft, das heißt solche Fakten, die weder Naturgesetze, Kausalität, Dispositionalität oder sonstige (natürliche) Modalitäten involvieren (was es mit solchen nicht-modalen Fakten genau auf sich hat, erklären wir ausführlich in den Kapiteln 2.1 und 2.2). Es ist hier wichtig zu bemerken, dass humesche reduktive Naturgesetzestheorien üblicherweise nicht-eliminativistische Positionen bezüglich Naturgesetzen sind. Die Naturgesetze werden nicht eliminiert wie im Falle des nomologischen Eliminativismus. Sie sind lediglich nicht fundamental, da sie sich vollständig auf nicht-modale, sub-nomische Fakten reduzieren lassen.[34] Als hilfreiche Analogie möge hier der reduktive Physikalismus dienen (siehe Stoljar 2017). Hiernach wird auf den ersten Blick nicht-physikalisch Erscheinendes, wie etwa biologische und mentale Zustände oder Werte, nicht eliminiert; diese werden lediglich als nicht fundamental und vollständig auf physikalische Zustände zurückführbar betrachtet. Wie wir in Teil 3 erklären werden, stellen einige Varianten der Beste Systeme Analyse jüngeren

---

33 Die Bezeichnung ‚humesch' geht auf David Hume zurück, der bekanntermaßen die Existenz objektiver modaler Verknüpfungen verneint hat. Genaueres hierzu liefern wir in den Kapiteln 2.1 und 2.2 zu Regularitätstheorien der Gesetze.

34 Mumford (2004) bezeichnet die humeschen Gesetzestheorien als gesetzeslose (engl. *lawless*) Theorien. Dies ist allerdings irreführend, da humesche Theorien nicht die Existenz von Gesetzesfakten leugnen, sondern diese lediglich als nicht fundamental ansehen.

Datums jedoch explizit pragmatische Erwägungen in den Mittelpunkt und stehen in dieser Hinsicht projektivistischen Gesetzestheorien nahe.

Nicht-humesche Theorien hingegen behaupten, dass es eine zusätzliche nomische oder modale Struktur der Welt geben muss, die den naturgesetzlichen Charakter letzterer garantiert. Sie unterscheiden sich untereinander vor allem darin, welche Art von Struktur sie zu diesem Zweck postulieren. Eine erste Unterscheidung innerhalb des nicht-humeschen Lagers betrifft die Frage, *ob Naturgesetzesfakten auf modale Fakten einer anderen Art reduzierbar sind.*

Die Vertreter des *Naturgesetzesfundamentalismus* (Carroll 1994, Maudlin 2007) verneinen dies und identifizieren die nötige Zusatzstruktur mit den Naturgesetzen selbst (siehe Kap. 2.6). Demnach sind Naturgesetze Entitäten *sui generis*, die weder mithilfe anderer Begriffe analysiert werden können, noch auf eine andere Art von Fakten reduzierbar sind. Hier wird also die Frage, ob Naturgesetze primitiv sind, bejaht.

Die andere Gruppe nicht-humescher Theorien hingegen beantwortet diese Frage negativ. Sie stimmen also insofern mit den Vertreterinnen des humeschen Reduktionismus darin überein, dass Naturgesetze reduzierbar sind. Obwohl die Gesetze nicht fundamentale Bausteine der Realität darstellen, nehmen sie allerdings an, dass die Welt fundamental modal verfasst ist. Und eben diese modale nicht-humesche Struktur ist verantwortlich dafür, dass es Naturgesetze gibt.

Dieses Lager lässt sich durch die Frage weiter differenzieren, *aufgrund welcher modalen (Zusatz-)Fakten die Naturgesetzesfakten bestehen.* Wir werden in den entsprechenden Kapiteln genauer erklären, worum es sich bei diesen verschiedenen (modalen) Fakten genau handelt. Zum Zwecke der Exposition wollen wir es hier bei ihrer Benennung bewenden lassen. Nach der *Dretske-Tooley-Armstrong-Theorie* (benannt nach ihren Erfindern Fred Dretske (1977), Michael Tooley (1977) und David Armstrong (1983) besteht ein Naturgesetz in der Instanziierung einer irreduziblen zweitstufigen Relation der *nomologischen Nezessiierung* zwischen erststufigen Eigenschaften (siehe Kap. 2.3). Nach dem *Dispositionalismus* (Swoyer 1982, Bird 2007) sind die Naturgesetzesfakten durch die Naturen fundamentaler dispositionaler Eigenschaften (engl. *potencies*) festgelegt (siehe Kap. 2.4).[35] Und nach Langes (2009a) Version der *Stabilitätstheorie* schließlich wird Naturgesetzlichkeit durch die sogenannte sub-nomische Stabilität bestimmter Fakten analysiert, die wiederum durch das Bestehen bestimmter primitiver subjunktiver Fakten erklärt wird (siehe Kap. 2.5). Diese Theorien wiederum wurden auf verschiedene Weisen entwickelt. Einige werden wir in den entsprechenden Kapiteln

---

35 Auch Cartwright (1999) kann dahingehend interpretiert werden, dass Dispositionen oder in ihrer bevorzugten Terminologie ‚Kapazitäten' den Naturgesetzesfakten zugrunde liegen.

genauer untersuchen. Mit der auf der nächsten Seite abgebildeten Karte wollen wir unsere Taxonomie der verschiedenen Naturgesetzestheorien beschließen.

Bevor wir in Teil 2 die wichtigsten Naturgesetzestheorien im Einzelnen näher betrachten, wollen wir noch auf diverse Einschränkungen der vorgestellten Taxonomie aufmerksam machen.

Erstens sind *hybride Naturgesetzestheorien* möglich, die nicht in dieser Taxonomie abgebildet werden können. Zum Beispiel ist eine realistische Position bezüglich einiger Gesetze aber eine anti-realistische Position bezüglich anderer vertretbar: Nach Bird (2007) sind dynamische Naturgesetze in den dispositionalen Naturen fundamentaler Eigenschaften begründet, wohingegen er bezüglich Symmetrien und der entsprechenden Erhaltungsgesetze eine anti-realistische Konzeption vertritt (siehe Kap. 2.4). Ebenso sind *pluralistische realistische* Konzeptionen möglich. So können verschiedene Arten von metaphysischer Struktur postuliert werden, die verschiedene Gesetze fundieren. Man könnte zum Beispiel an Birds dispositionalistischer Auffassung dynamischer Gesetze festhalten, aber Symmetrieprinzipien stattdessen als metaphysisch fundamental betrachten.

Zweitens sind, wie im Folgenden klarwerden wird, einige der *Unterschiede eher graduell* als binär. So reicht beispielsweise das Spektrum anti-realistischer Positionen von radikalen Versionen, nach der die Gesetze(sfakten) als komplett geistabhängig oder konventional betrachtet werden, zu Konzeptionen, nach denen die subjektiven Elemente relativ moderat sind, wie beispielsweise im Falle einiger Varianten der Beste Systeme Analyse (siehe vor allem Kap. 3.1 & 3.2).

Drittens sind einige Naturgesetzeskonzeptionen nicht in dieser Taxonomie enthalten. Beispielsweise könnte man sich fragen, warum wir die sogenannte ‚Göttliche Befehlstheorie' der Naturgesetze nicht einbezogen haben. Der Grund ist nicht, dass uns diese von vornherein zu absurd erscheint, um sie zu erwähnen, sondern dass sie auf ganz verschiedene Weisen ausformuliert werden kann, die entsprechend eine unterschiedliche Einordnung erfordert.[36] Wenn beispielsweise Gottes Intentionen als fundamental (aber nicht-nomisch) betrachtet werden und strikt mit physikalischen Vorgängen korreliert sind, scheint die Göttliche Befehlstheorie problemlos mit einer Version des Humeschen Reduktionismus kompatibel (vgl. Hall 2012: 22f.). Dies ist jedoch vermutlich nicht das, was die Vertreter der Göttlichen Befehlstheorie selbst im Sinn haben. Üblicherweise wird die Göttliche Befehlstheorie als eine (dispositionalistische) Version des Nicht-Humeanismus formuliert, nach der Gott als Träger fundamentaler Kräfte oder Dispositionen konzipiert wird, deren Manifestationen die physikalische Welt steuern. Aber dies ist kein intrinsisches Merkmal der Befehlstheorie, sondern

36 Für eine moderne Formulierung siehe Foster (2004).

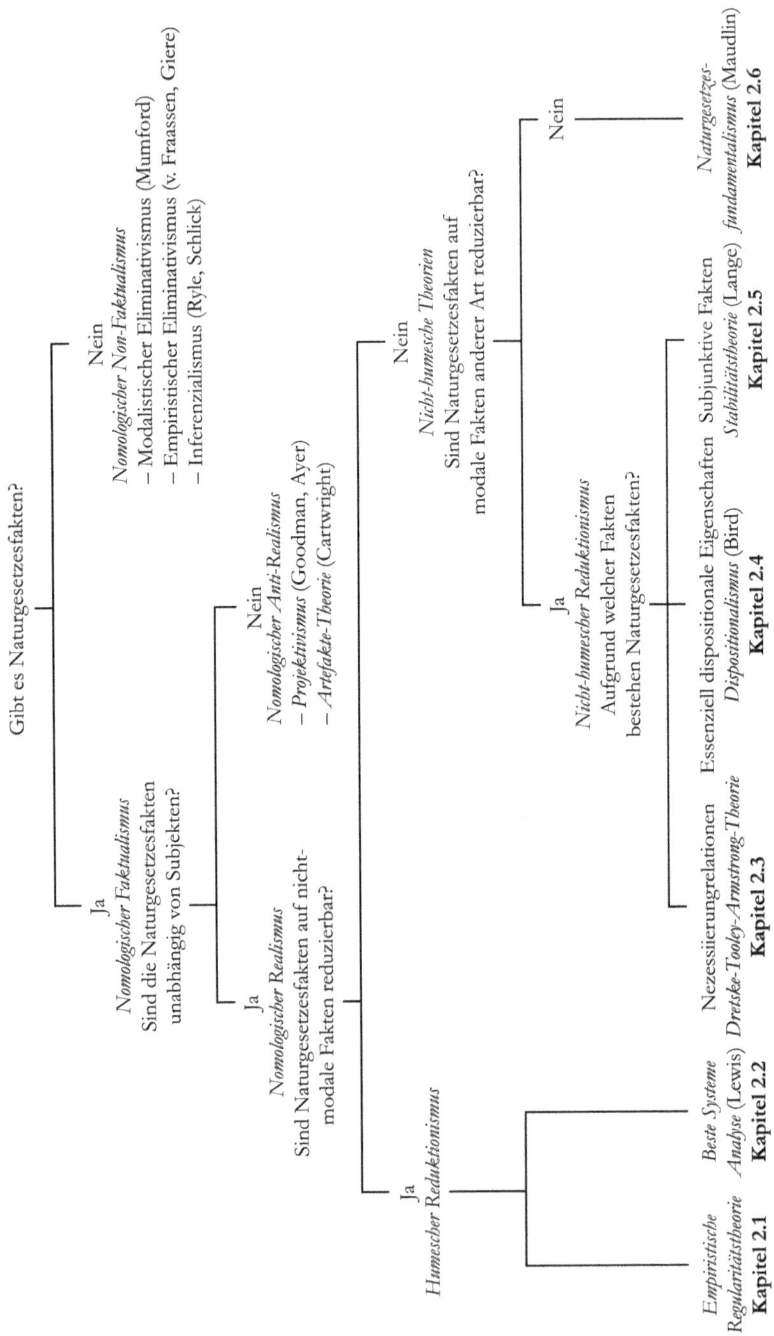
Gibt es Naturgesetzesfakten?
Ja
Nomologischer Faktualismus
Sind die Naturgesetzesfakten unabhängig von Subjekten?
Nein
Nomologischer Non-Faktualismus
– Modalistischer Eliminativismus (Mumford)
– Empiristischer Eliminativismus (v. Fraassen, Giere)
– Inferenzialismus (Ryle, Schlick)
Ja
Nomologischer Realismus
Sind Naturgesetzesfakten auf nicht-modale Fakten reduzierbar?
Nein
Nomologischer Anti-Realismus
– Projektivismus (Goodman, Ayer)
– Artefakte-Theorie (Cartwright)
Ja
Humescher Reduktionismus
Nein
Nicht-humesche Theorien
Sind Naturgesetzesfakten auf modale Fakten anderer Art reduzierbar?
Empiristische Regularitätstheorie
Kapitel 2.1
Beste Systeme Analyse (Lewis)
Kapitel 2.2
Ja
Nicht-humescher Reduktionismus
Aufgrund welcher Fakten bestehen Naturgesetzesfakten?
Nein
Nezessitierungrelationen
Dretske-Tooley-Armstrong-Theorie
Kapitel 2.3
Essenziell dispositionale Eigenschaften
Dispositionalismus (Bird)
Kapitel 2.4
Subjunktive Fakten
Stabilitätstheorie (Lange)
Kapitel 2.5
Naturgesetzes-fundamentalismus (Maudlin)
Kapitel 2.6

Abb. 1

beruht auf einer davon unabhängigen nicht-humeschen Konzeption von Kräften, wie Ned Hall treffend bemerkt:

> [Someone could have] a conception of power according to which whether something (in this case, God) has it is not a fact that reduces to the totality of nonmodal facts. Equipped with such a conception, she can formulate her preferred divine command theory. And she could just as well have formulated any of a number of distinct, and decidedly secular, anti-reductionist theories (e.g., by attributing powers to objects). (Hall 2012: 22f.)

Alternativ könnte behauptet werden, dass ein göttliches Wesen die Gesetze überflüssig macht, da es deren Rolle komplett übernimmt und die physikalischen Vorgänge direkt steuert. In diesem Fall würde die Göttliche Befehlstheorie als theologische Form des Eliminativismus bezüglich Gesetzen gelten.[37]

Eine weitere Theorie, die nicht in unserer Klassifikation enthalten ist, ist John Roberts' *Normativismus* (2013, 2014). Dessen Grundidee besteht darin, dass die Gesetze (und alle anderen natürliche Modalitäten) auf Normen darüber gründen, welche Methoden der experimentellen Praxis als erfolgreich gelten: „The counterfactuals, the causal relations, and the laws and nomic necessities are all grounded in the norms about which methods are the good ones" (Roberts 2014: 5).

Um ein vereinfachendes Beispiel zu geben, ist das Gesetz, dass sich Eisenstücke ausdehnen, wenn sie erhitzt werden, darin begründet, dass es eine erfolgversprechende Methode ist, ein Stück Eisen zu erhitzen, wenn man wünscht, dass es sich ausdehnt. Allerdings legt sich Roberts nicht fest, ob diese normativen Fakten als metaphysisch primitiv zu betrachten sind oder dem Naturgesetzes-Normativismus eine anti-realistische Position zugrunde gelegt werden soll:

> Moreover, this doesn't mean that we have to accept normative facts as „basic building b[l]ocks of the universe" – there are [n]on-realist and non-reductive options for understanding the normative, such as projectivism and quasi-realism (see e.g., Blackburn (1986)). (Roberts 2014: 6)

Wenn Roberts' Theorie eine fundamentalistische oder realistische Auffassung von Normen zugrunde gelegt wird, ist sie als reduktive realistische Gesetzestheorie einzuordnen, falls nicht als eine anti-realistische.[38]

---

37 Okkasionalistische Theorien könnten als eliminativistische Theorien interpretiert werden: Wenn Gott die Ereignisse zu jedem Zeitpunkt direkt hervorbringt und somit die Rolle robuster Naturgesetze vollständig übernimmt, sind letztere überflüssig (vgl. Kap. 1.5).

38 Aus ähnlichen Gründen haben wir die in Jaag (2015) tentativ entwickelte *explanationistische* Theorie der Naturgesetze nicht aufgenommen, die grob gesprochen Naturgesetze als Beschreibungen explanatorischer Zusammenhänge konzipiert. Auch diese Theorie ist damit kompatibel,

Viertens bezieht sich die obige Taxonomie ausschließlich auf *Theorien fundamentaler (physikalischer) Gesetze.* Dementsprechend implizieren die oben benannten Theorien auch keine entsprechenden Auffassungen über nicht-fundamentale (spezialwissenschaftliche) Gesetze (insofern es solche geben sollte). So sind beispielsweise alle oben aufgeführten realistischen Gesetzestheorien mit anti-realistischen Konzeptionen nicht-fundamentaler Gesetze kompatibel. Alternativ ist es beispielsweise auch möglich, einen Primitivismus oder Dispositionalismus bezüglich fundamentaler Gesetze zu vertreten und gleichzeitig eine reduktive (Beste Systeme) Analyse der nicht-fundamentalen Gesetze, nach der sich letztere etwa daraus ergeben, dass die Verteilung nicht-fundamentaler Eigenschaften auf effektive Weise systematisiert werden (siehe Kap. 2.2 für Details zur Beste Systeme Analyse).

Wir wollen in Teil 2 die wichtigsten Naturgesetzestheorien genauer untersuchen. Wir konzentrieren uns zunächst jedoch auf die Diskussion der realistischen Positionen, genauer auf humesche reduktionistische Positionen und nicht-humesche Gesetzestheorien.

Ist dieser Fokus legitim? Wir glauben schon und wollen hierfür drei Gründe anführen: Erstens ist es ein Ziel des vorliegenden Werks, den Stand der Debatte getreu abzubilden, und, wie bereits erwähnt, hat die Auseinandersetzung zwischen humeschen Reduktionistinnen und nicht-Humeanern die zeitgenössische Gesetzesdebatte dominiert. Entsprechend soll dieses Buch allen, die es lesen, ermöglichen, den aktuellen philosophischen Diskurs über Naturgesetze nachzuvollziehen oder sogar aktiv an ihm teilzunehmen.

Der zweite Grund ist ein pragmatischer. Im Rahmen der vorliegenden Monographie ist es schlichtweg unmöglich, die Literatur zu Naturgesetzen vollständig abzudecken. Wir können hier nicht einmal umfassend auf alle zeitgenössischen realistischen Positionen eingehen, ganz zu schweigen von den antirealistischen (siehe Spohn 2012: Kap. 12) oder sogar non-faktualistischen. Beispielsweise können wir im vorliegenden Buch weder die wichtige ontische strukturenrealistische Position der Gesetze gesondert darstellen, wie sie kürzlich in French (2014) entwickelt wurde, noch können wir die Naturgesetzestheorien von Pargetter (1984), Vallentyne (1988), McCall (1994) oder Lowe (2006) in diesem Buch ausführlich diskutieren. Stattdessen müssen wir uns mit einigen Kommentaren zu diesen Theorien zufriedengeben, die wir an geeigneter Stelle im Verlauf der Diskussion der anderen Naturgesetzestheorien platzieren.

---

dass die den Gesetzen zugrundeliegenden explanatorischen Fakten als primitiv oder anti-realistisch deflationär aufgefasst werden.

Die letzte und dritte Rechtfertigung unserer Schwerpunktsetzung ist von substanziellerer Natur. Wir haben dafür argumentiert, dass Naturgesetze eine zentrale Rolle im wissenschaftlichen Theoretisieren einnehmen und sich dieser Befund mit dem Selbstverständnis bedeutender Wissenschaftler deckt. Des Weiteren haben wir erläutert, dass die natürlichen Modalitäten (die neben Gesetzen kontrafaktische Konditionale, Kausalität und Dispositionen einschließen) tief in unserer wissenschaftlichen und alltäglichen Konzeption der Realität verwurzelt und aufs Engste miteinander verflochten sind. Deshalb scheint die Tilgung der Naturgesetzfakten schwer motivierbar zu sein und massive Revisionen unseres wissenschaftlichen und alltäglichen Weltbildes zu erfordern (vgl. Kap. 1.0). Natürlich ist dies kein schlagendes Argument gegen non-faktualistische Positionen, zumal einige ihrer Vertreter dazu geneigt scheinen, Modalität gänzlich aus dem (wissenschaftlichen) Weltbild eliminieren zu wollen (z. B. van Fraassen 1989). Da uns dieser Preis jedoch zu hoch erscheint, ist es für uns Grund genug, non-faktualistische Positionen im Folgenden auszuklammern. Die enge Verflechtung der natürlichen Modalitäten untereinander scheint ebenfalls zur Folge zu haben, dass sich die Geistabhängigkeit, die radikal subjektivistische oder projektivistische Theorien behaupten, nicht auf die Gesetze beschränken lässt, sondern zu einem weit globaleren Anti-Realismus zu führen scheint (vgl. Ellis 2002: 95). Da jedoch eine (wissenschaftlich) realistische Weltauffassung eine vortheoretisch plausible Ausgangsposition zu sein scheint, wollen wir zuerst die Leistungsfähigkeit realistischer Naturgesetzestheorien ausloten und ausgehend von ihren Grenzen bewerten, inwiefern gegebenenfalls anti-realistische Elemente in eine Gesetzestheorie aufgenommen werden müssen. So wird in Kapitel 3.2 ein eigener Vorschlag für eine humesche Theorie der Naturgesetze gemacht, die die Gesetzesfakten explizit auf die kognitiven Beschränkungen aktualer Akteure ‚zuschneidet'.

Entsprechend der obigen Karte (Abb. 1) werden wir unsere Diskussion der verschiedenen Naturgesetzestheorien mit den dort links unten aufgeführten humeschen Positionen beginnen und uns nach rechts bis zum Naturgesetzes-Primitivismus durcharbeiten.

Zum Zwecke der Präsentation der metaphysischen Grundannahmen dieser Gesetzestheorien werden wir oft stark vereinfachte, schematische Beispiele für fundamentale, strikte, deterministische Naturgesetze betrachten. Erst in der Diskussion der einzelnen Theorien werden wir untersuchen, inwiefern sie auch weiteren Merkmalen Rechnung tragen können, die Kandidaten für echte wissenschaftliche Gesetze aufweisen. Dementsprechend werden wir oft die klassischen newtonschen Gesetze als Beispiele für fundamentale physikalische Gesetze heranziehen und sogar oft noch weitergehende Vereinfachungen machen, indem wir die Gesetze einfach als Regularitäten der Form *Alle Fs sind Gs* (formal: $\forall x(Fx \rightarrow Gx)$) betrachten, wie beispielsweise *alle Metalle sind elektrische Leiter.*

Man könnte hier einwenden, diese Vereinfachungen seien unzulässig, da es hinlänglich bekannt ist, dass Newtons Gesetze längst überholt sind. Des Weiteren haben einige Philosophen (siehe Maudlin 2007: 11 f.) richtigerweise darauf hingewiesen, dass es höchst unnatürlich sei, die zentralen dynamischen Gleichungen physikalischer Theorien wie beispielsweise Newtons zweites Gesetz $F=ma$ oder die Schrödingergleichung als Regularitäten der Form $\forall x(Fx \rightarrow Gx)$ aufzufassen (siehe jedoch Johansson 2019 für einen Versuch, Newtons Bewegungsgesetz in der kanonischen Form einer Regularität auszudrücken).

Es gibt jedoch zwei Gründe, warum diese Vereinfachungen zulässig und sogar unvermeidbar sind: Erstens hat Ned Hall richtigerweise darauf hingewiesen, dass „die moderne Physik zu vertrackt ist" und wir deshalb keine andere Wahl haben, als die Uhr „ungefähr zweihundert Jahre zurückzudrehen und die newtonsche Mechanik zu betrachten" (Hall 2012: 2, unsere Übersetzung).

Inwiefern ist die moderne Physik zu vertrackt? In der klassischen newtonschen Mechanik übernehmen Newtons Bewegungsgesetze und das Gravitationsgesetz die Rolle der zentralen Gleichungen und somit der Gesetze der Theorie.[39] Die klassische Elektrodynamik ist durch die vier Maxwellgleichungen charakterisiert, die zusammen mit dem Lorentzschen Kraftgesetz alle (klassischen) elektrodynamischen Phänomene beschreiben. Wenn wir die klassische Physik verlassen und die Quantentheorie betrachten, ist die Situation bereits komplizierter. Ohne Frage nimmt die Schrödingergleichung in allen Versionen der Quantenmechanik eine zentrale Stellung ein. In der Everett-Interpretation ist die Dynamik von Quantensystemen erschöpfend durch die Schrödingergleichung beschrieben, womit die Quantenmechanik zu einer deterministischen Theorie wird. In der Bohmschen Mechanik hingegen beschreibt die Schrödingergleichung die Dynamik physikalischer Systeme nicht vollständig und wird um eine weitere deterministische Gleichung, die so genannte Führungsgleichung, ergänzt. Grob gesprochen beschreibt letztere die Geschwindigkeit von Partikeln in Abhängigkeit des Quantenzustands – dargestellt durch die Wellenfunktion, deren Dynamik wiederum durch die Schrödingergleichung beschrieben wird. In Kollapstheorien wiederum wird die Schrödingergleichung so modifiziert, dass deren zentrale Gleichungen nicht-deterministisch sind.[40] In der neueren theoretischen Physik wird die Situation nochmals

---

39 In modernen Formulierungen der klassischen Mechanik übernimmt die Lagrange-Gleichung oder die Hamilton-Gleichung die Rolle des zentralen dynamischen Gesetzes.

40 Eine auch für nicht-Physiker gut zugängliche Einführung zu den verschiedenen Interpretationen oder, treffender, verschiedenen Versionen der Quantenmechanik ist Albert (1992).

deutlich unüberschaubarer. Eines ihrer zentralen Ziele besteht darin, die Quantenmechanik, also unsere momentan beste vereinheitlichte Theorie elektromagnetischer, schwacher und starker Wechselwirkungen, mit der Allgemeinen Relativitätstheorie, unserer besten Theorie der Gravitation, zu vereinigen. Der momentan aussichtsreichste oder zumindest meist diskutierte Kandidat für eine solche ‚Große Vereinheitlichte Theorie' ist die sogenannte ‚String Theorie'.[41] Allerdings scheint es momentan unklar, was die zentralen Gesetze der String Theorie sind oder ob es solche überhaupt gibt, wie Leonard Susskind, ein führender Forscher auf dem Gebiet der String Theorie, bemerkt:

> Elegance requires that the number of defining equations be small. Five is better than ten, and one is better than five. On this score, one might facetiously say that String Theory is the ultimate epitome of elegance. With all the years that String Theory has been studied, no one has ever found even a single defining equation! The number at present count is zero. We know neither what the fundamental equations of the theory are nor even if it has any. (Susskind 2005: 124)

Der zweite, gewichtigere Grund, warum das Betrachten simplifizierter Gesetze zulässig ist, besteht darin, dass diese einfachen Beispiele ausreichen, um die wesentlichen Merkmale von Naturgesetzen zu diskutieren und, aufgrund ihrer relativ einfachen Form, diese oft sogar transparenter machen (wie im Falle der Regularitäten beispielsweise die Universalität der Gesetze). Oder anders ausgedrückt, die einfachen Gesetze dienen als vereinfachende Modelle, um die wesentlichen Eigenschaften ‚echter' Gesetze zu extrahieren und darzustellen (siehe dazu unseren Kriterienkatalog in Kap. 1.4). Dementsprechend erlauben sie, dass wir uns auf das Wesentliche konzentrieren können, ohne die Dinge unnötig zu verkomplizieren. Dass eine solche Vorgehensweise nicht nur unter Philosophen verbreitet ist, belegt die folgende Passage von Richard Feynman:

> Modern science is exactly in the same tradition as the discoveries of the Law of Gravitation. It is only more recent discoveries that we would be talking about. I do not feel at all bad about telling you about the Law of Gravitation because in describing its history and methods, the character of its discovery, its quality, I am being completely modern. (Feynman 1967: 14)

41 Siehe Penrose (2004: Kap. 31–33) für eine nicht zu technische Diskussion einiger Kandidaten für eine Große Vereinheitlichte Theorie.

2.1 Empiristische Regularitätstheorien

Die frühe Regularitätstheorie der Naturgesetze entstammt dem logischen Empirismus, den wir in 2.1.2 kurz vorstellen. In 2.1.1 wird die Grundidee dieser Regularitätstheorie vorgestellt. Abschnitt 2.1.3 liefert eine ausführliche Erläuterung. Mit Abschnitt 2.1.4 schließt sich eine kritische Diskussion an, in der wir auch überprüfen, welche Desiderata von Gesetzestheorien (siehe Kap. 1.4) diese empiristische Gesetzestheorie erfüllt.

2.1.1 Die Grundidee: Wahre gesetzesartige Aussagen

Die Idee, die der empiristischen Regularitätstheorie zugrunde liegt, ist denkbar einfach: Erfüllt eine Aussage zwei Kriterien, nämlich *gesetzesartig und wahr* zu sein, dann ist sie ein Naturgesetz. Ein wesentliches Merkmal der *Gesetzesartigkeit* einer Aussage ist die Universalität. Bei Naturgesetzen handelt es sich also mindestens um Generalisierungen, die die Form ‚Alle *Fs* sind *Gs*' haben. Nun ist ‚Alle Gase dehnen sich bei Erhitzung aus' sowohl wahr als auch universell und damit ein Gesetz. Wie wir später, in 2.1.3 und 2.1.4, sehen werden, kann sich die Gesetzesartigkeit aber nicht in Universalität erschöpfen. Es müssen weitere Bedingungen erfüllt werden.

2.1.2 Der logische Empirismus

Wir beginnen unsere Übersicht über die verschiedenen Naturgesetzestheorien mit den Ideen der logischen Empiristen. Chronologisch gesehen gibt es zwar noch frühere Gesetzestheorien, deren Kernideen wir auch betrachten werden – John Stuart Mills Vorläufer einer Beste Systeme Analyse –, aber der logische Empirismus ist der geeignetere Startpunkt, um Entwicklungen und Variationen moderner Naturgesetzestheorien nach und nach kennenzulernen. Es sei vorausgeschickt, dass die zeitgenössische Philosophie die empiristischen Analyseversuche der Naturgesetze für weitgehend gescheitert hält. Sie erhalten dennoch Einzug in unser Buch über Naturgesetze, weil wir an ihrem Scheitern sehr viel über Naturgesetze erfahren können.

Es ist zunächst wichtig, die zentralen Überzeugungen der logischen Empiristen kennenzulernen, um die Motivation hinter ihren verschiedenen Definitionsversuchen zu verstehen. Sowohl der klassische Empirismus – Vertreter sind unter anderem John Locke, George Berkeley und David Hume – als auch der

https://doi.org/10.1515/9783110517842-010

jüngere, logische Empirismus – hier sind vornehmlich Rudolf Carnap, Moritz Schlick, Otto Neurath, Hans Reichenbach, Carl Gustav Hempel oder Alfred Ayer zu nennen – teilen die Ansicht, dass all unser faktisches Wissen darüber, wie die Welt beschaffen ist, nur eine Quelle haben kann: die Sinneswahrnehmung. Zwar darf diese auf vielfältige Weise indirekt sein (durch Mikroskope oder Fernrohre, durch Ablesen von Zeigern an Messapparaturen etc.) aber letzten Endes kann nur eine Beobachtung Auskunft über die Natur geben. Dieser empiristische Glaubenssatz geht Hand in Hand mit der Überzeugung, dass den Naturwissenschaften die geeignetsten Mittel zur Verfügung stehen, um das Universum zu erforschen. Tatsächlich war es ein zentrales Anliegen der logischen Empiristen, eine wissenschaftliche Weltauffassung zu propagieren und zu verteidigen. Das hat zweierlei zur Folge: Zum einen waren die Empiristen extrem metaphysikfeindlich (siehe Hume 1748/1998: Sect. XII, Part III, §132: 165, Carnap 1931: 237 f.), weil viele Metaphysiker glaub(t)en, Wissen über die Welt durch bloßes Nachdenken akkumulieren zu können (siehe z. B. Descartes 1641/1986: 105); zum anderen waren die Empiristen aber daran interessiert, die zentralen Begriffe der Wissenschaft philosophisch genau zu verstehen, zum Beispiel eben den Naturgesetzesbegriff.

Die zweite wichtige Grundüberzeugung der logischen Empiristen verbirgt sich hinter dem Beiwort ‚logisch'. Eine genaue Analyse der Sprache nämlich, die mithilfe der formalen Logik die syntaktische und semantische Tiefenstruktur von Aussagen zu Tage fördern solle, diene nicht nur dazu, Gedanken klar zu fassen und auszudrücken, sondern auch manche philosophische Probleme schon auf der Sprachebene zu lösen beziehungsweise verschiedene solche Rätsel als bloße gedankliche Verirrung zu enttarnen.

Beide Prinzipien zusammen, logische Analyse der Sprache und Beobachtung als einzige Quelle für faktisches Wissen, finden in der verifikationistischen Theorie der Sprachbedeutung eine Symbiose. Jede Aussage, so die logischen Empiristen, könne nämlich nur dann (sprachliche) Bedeutung haben, also etwas Sinnvolles meinen oder zum Ausdruck bringen, wenn klar ist, mit welcher Beobachtungsmethode wir die Aussage als richtig oder falsch erweisen können. Die logischen Empiristen waren sogar der Auffassung, dass diese Methode, wenn es sie denn gibt, mit der Bedeutung des Satzes identisch ist: „Denn der Sinn eines Satzes ist die Methode seiner Verifikation." (Waismann 1930: 229)[42]

Beachtlich ist folgender Zusammenhang: Die verifikationistische Theorie der Bedeutung transformiert die empiristische erkenntnistheoretische Doktrin

42 Auch die verifikationistische Theorie der Bedeutung wurde vielfältig kritisiert. Uns fehlt der Platz, genauer darauf einzugehen. In Schrenk (2016: Kap. 1) findet sich eine ausführlichere Darstellung des Aufstiegs und Falls des logischen Empirismus und seiner Doktrinen.

(alles faktische Wissen kommt aus der Sinneserfahrung) in eine semantische Theorie der Sprachbedeutung. Glaubt man nämlich, dass alles, was von der Welt gewusst werden kann, in bedeutungsvollen Sätzen ausgedrückt wird (oder zumindest werden kann), es für alle bedeutungsvollen Sätze aber Methoden geben muss, um diese durch empirische Beobachtung als wahr oder falsch zu erweisen, dann ist alles Weltwissen, wie gewünscht, an empirische Beobachtung gebunden.

Eine ganz bestimmte, für uns besonders wichtige metaphysische Skepsis teilen die logischen Empiristen mit einem Urvater des Empirismus, David Hume, nämlich die Ablehnung jeglicher notwendiger Verknüpfungen in der Natur. Was es damit auf sich hat, kann am besten anhand des Themas Kausalität erklärt werden. Als konkretes Beispiel für eine Ursache *u* und eine Wirkung *w* hatte der passionierte Billardspieler Hume den Stoß einer Kugel an eine andere, die sodann weiter rollt, vor Augen. Der Stoß der ersten, *u*, verursacht kausal das Rollen der zweiten, *w*. Die Kausalitätsauffassung vor Hume, zum Beispiel bei den dem Rationalismus nahestehenden Philosophen Baruch de Spinoza oder Thomas Hobbes, sah in der Kausalrelation eine Art Notwendigkeitsbeziehung: wenn *u* geschieht, dann muss *w* passieren; das Auftreten von *u* macht das Geschehen von *w* notwendig.

> All the effects that have been, or shall be produced, have their *necessity* in things antecedent. (Hobbes 1655: 9.5, unsere Hervorhebung)
>
> From a given determinate cause an effect *necessarily follows*. (Spinoza 1677: Axiom 3, unsere Hervorhebung).

Folgt man Hume, dann lässt sich aber der Glaube an eine Kausalverknüpfung in der Natur als Notwendigkeitsverknüpfung nicht verteidigen, denn eine solche *notwendige Verknüpfung* sei nicht *a priori* durch den Verstand aufzudecken – die kausale Notwendigkeitsrelation ist nicht wie eine mathematische oder logische Wahrheit: man kann Wirkungen nicht aus Ursachen logisch herleiten. Ebenso wenig lasse sie sich *a posteriori* durch die Sinne wahrnehmen – man kann sie nicht sehen, hören, fühlen etc. Die Stellen, an denen Hume dafür argumentiert, dass keine (notwendige) Kausalverknüpfung beobachtet werden kann und es daher auch keine gibt, sind berühmt:

> To begin regularly, we must consider the idea of causation, and see from what origin it is deriv'd. [...]. Let us therefore cast our eye on any two objects, which we call cause and effect, and turn them on all sides, in order to find that impression [Sinneswahrnehmung], which produces an idea [den Begriff] of such prodigious consequence [d. h. der Kausalität]. (Hume 1739–40/1978: Book I, Part III, Sect. II: 74 f.)

Hume fährt fort, dass wir keine Sinneswahrnehmung einer solchen Verknüpfung haben. Wir sehen zwar die Billardkugel rollen und eine andere anstoßen und dann, wie sich diese zweite bewegt, aber wir sehen die angebliche kausale Notwendigkeit, die kausale Kraft, mit der das geschieht, nicht:

> The scenes of the universe are continually shifting, and one object follows another in an uninterrupted succession; but the power or force, which actuates the whole machine, is entirely concealed from us, and never discovers itself in any of the sensible qualities of body. [...] External objects as they appear to our senses, give us no idea of power or necessary connection. (Hume 1748/1998: Sect. IV, Part I: 63 f.)

Weil sie also epistemisch höchst problematisch ist (weder kann sie *a priori* noch *a posteriori* erkannt werden), muss eine Kausalitätsbeziehung als *notwendige Verknüpfung in der Natur* als metaphysisch suspekt gelten und, so Hume, verworfen werden. Die logischen Empiristen schlossen sich dieser Meinung, die in der zeitgenössischen Philosophie meist ‚Humes Diktum'[43] genannt wird, uneingeschränkt an.

Mit dem gesamten Hintergrundwissen dieser Sektion wollen wir nun sehen, wie die logischen Empiristen den Begriff *Naturgesetz* zu explizieren versuchten, ohne dass sich metaphysische, nicht beobachtbare Größen einschleichen, die, gemäß dem Empirismus und insbesondere dem Verifikationsprinzip, die Rede von Naturgesetzen unsinnig machen würden.

2.1.3 Naturgesetze als wahre gesetzesartige Sätze

Nach unseren Vorbemerkungen wundert es nicht, dass die logischen Empiristen als Ausgangspunkt für ihre Explikation des Naturgesetzesbegriffs das Augenmerk auf die Sprache legen, in der wir Naturgesetzesaussagen formulieren. Auch hatten sie eine bemerkenswerte Arbeitsteilung im Sinn, die zu den oben genannten empiristischen Doktrinen passt: Es sei die Aufgabe der Philosophie zu bestim-

---

43 Eine prägnante Formulierung dafür stammt, aus seinen empiristischen Tagen, von Ludwig Wittgenstein: „Einen Zwang, nach dem Eines geschehen müsste, weil etwas anderes geschehen ist, gibt es nicht. Es gibt nur eine logische Notwendigkeit." (Wittgenstein 1921/2001: 6.37). Jüngst formulierte es Jessica Wilson so: „A typical, general, contemporary version of Hume's Dictum reads: (HD) there are no metaphysically necessary connections between distinct, intrinsically typed, entities" (Wilson 2010: 595). In Wilsons Zitat bedeutet das „intrinsically typed" in etwa, dass separate Gegenstände („distinct entities") nicht relational beschrieben werden: Wird ein Mann in seiner Eigenschaft als Bruder beschrieben, dann *muss* es natürlich ein zugehöriges Geschwister geben.

men, welche linguistischen Eigenheiten Aussagen zu gesetzesartigen Aussagen machen. Aufgabe der empirischen Wissenschaft sei es zu erforschen, ob diese Aussagen wahr sind.[44] Erfüllt eine Aussage beide Kriterien, das heißt, ist sie *gesetzesartig und wahr*, dann ist sie ein Naturgesetz: *L* ist ein Naturgesetz genau dann, wenn *L* beides ist: gesetzesartig und wahr.

Beispielsweise ist ‚Alle Gase dehnen sich bei Erhitzung aus' ein Naturgesetz genau dann, wenn diese Aussage, die noch zu explizierenden Kriterien für Gesetzesartigkeit erfüllt und wahr ist.

Statt zu schreiben ‚*L* ist ein Naturgesetz', könnte man vorsichtiger formulieren ‚Aussage *L* drückt ein Naturgesetz aus'. Hintergrund dieser möglichen Differenzierung ist, dass man der Auffassung sein könnte, nicht Sätze (sprachliche Entitäten) seien Naturgesetze, sondern die durch sie repräsentierten Regularitäten in der Welt. (Wir werden neben Regularitäten und Aussagen noch andere Kandidaten kennenlernen.) Mit den logischen Empiristen bleiben wir hier dabei, die Aussagen selbst als Naturgesetze zu bezeichnen (vgl. Kap. 1.3).

Gemäß den logischen Empiristen muss also eine Aussage *L* wahr und gesetzesartig sein, um als Naturgesetz zu gelten. Die Aufgabe der Empiristen wird nun sein zu explizieren, was es für eine Aussage *L* heißt, gesetzesartig zu sein. Die Untersuchungsmethode, die sie sich für ihr Ziel zunutze machten, ist die folgende: Wir schauen uns Aussagen an, die wir für paradigmatische Fälle von Naturgesetzen halten, und wir versuchen zu extrahieren, welche Eigenschaften ihnen zukommen, solche, die wir für den Gesetzesbegriff für essenziell halten. Diese Eigenschaften nehmen wir sodann in die Definition für Gesetzesartigkeit auf. Auch die gegenläufige Methode wird sich als wichtig erweisen: An Gegenbeispielen, also an Aussagen, die wir intuitiv nicht für Naturgesetze halten, können wir ablesen, welche Eigenschaften gesetzesartige Sätze nicht haben dürfen. Freilich müssen nicht alle Intuitionen dabei berücksichtigt werden. Manche könnten sogar miteinander konfligieren. Wichtig ist, einen Begriff zu explizieren, der wissenschaftlich-philosophisch brauchbar ist.

An paradigmatischen Beispielen für Gesetze, z. B.: ‚Alle Gase dehnen sich bei Erhitzung aus', ‚Metalle haben einen spezifischen Schmelzpunkt', ‚Massen sind äquivalent zu einer bestimmten Energiemenge' etc., fällt das folgende Merkmal ins Auge: Es handelt sich bei allen Sätzen um Generalisierungen, die entweder selbst die Form ‚Alle *Fs* sind *Gs*' (in Formeln ‚$\forall x(Fx \rightarrow Gx)$'[45]) haben oder leicht in diese Form übersetzbar sind. Diese Eigenheit von typischen Gesetzesaussagen –

44 Die logischen Empiristen sprachen zwar oft von *Aussagen* (wie wir hier; das ist auch die übliche Interpretation), manchmal aber auch von *Propositionen*, manchmal von *Wahrheiten*.

45 Lies: ‚Für alle Gegenstände *x* gilt: wenn *x* ein *F* ist, dann ist *x* auch ein *G*'.

ihre Universalität – wird auch in vielen, wenngleich nicht allen[46] gegenwärtigen Theorien als ein notwendiges Kriterium für Gesetzesartigkeit genannt (siehe unsere Desiderata-Liste, Kriterium III). Nehmen wir das also auf: Eine Aussage ist nur gesetzesartig, wenn sie eine generelle Aussage ist, die allen Gegenständen, die von einer bestimmten Art sind, eine weitere Eigenschaft zuschreibt. Wenn eine diesem Kriterium nach gesetzesartige Aussage auch noch wahr ist, dann gilt sie als Gesetz.

Das Merkmal der Universalität als wesentliche Bedingung von Gesetzesartigkeit leistet zusammen mit der für Gesetze geforderten Wahrheit schon gute Dienste: ‚Alle Gase dehnen sich bei Erhitzung aus' ist sowohl wahr als auch generell und damit gesetzesartig. ‚Alle Menschen können fliegen' ist zwar gesetzesartig, aber offensichtlich nicht wahr. Daher ist nach dem jetzigen Stand unserer Untersuchung die erste Aussage ein Gesetz, denn sie erfüllt sowohl das bisherige Kriterium der Gesetzesartigkeit als auch der Wahrheit. Die zweite ist kein Gesetz. Ihr fehlt trotz Gesetzesartigkeit die Wahrheit.

2.1.4 Kritische Diskussion: Empirischer Gehalt, kontrafaktische Kraft, Natürlichkeit

Die Gesetzesartigkeit erschöpft sich allerdings nicht in Generalität. Wir müssen zum Beispiel vermeiden, dass analytisch oder logisch wahre, generelle Aussagen, wie etwa ‚Alle Katzen sind Katzen' oder ‚Alle Junggesellen sind unverheiratet' als Naturgesetze gelten, denn Naturgesetze sollten empirischen Gehalt haben: Dass alle Katzen Katzen sind, das kann zum Beispiel gewusst werden, ohne dass man Katzen empirisch untersuchen muss. Das Finden der Naturgesetze sollte allerdings der Naturbeobachtung bedürfen. Die Empiristen schlossen daher analytische und logische Wahrheiten als Kandidaten für Naturgesetze aus: Eine Aussage ist nur gesetzesartig, wenn sie generell und nicht-analytisch, nicht-logisch ist.

Leider ist auch diese Definition noch unzureichend. Es gibt weitere Gegenbeispiele. Betrachten wir den Satz ‚Alle Münzen in meiner Hosentasche sind silbern', der nicht-analytisch ist: man muss nachsehen, um herauszufinden, ob es so ist. Er ist auch generell: wenn ‚M' für ‚ist eine Münze in meiner Hosentasche' steht und ‚S' für ‚ist silbern', dann kann er leicht in die universell quantifizierte Formel $\forall x(Mx \rightarrow Sx)$ überführt werden. Somit erfüllt er das bisherige Kriterium für Geset-

46 Wie wir bereits in unserer Einleitung (Kap. 1.) gesehen haben, ist das Universalitätskriterium nicht unumstritten.

zesartigkeit. Ist er auch noch (zufällig) wahr, dann müssten wir ihn nach derzeitigem Stand der Dinge als Naturgesetz bezeichnen. Dieses Resultat ist jedoch nicht akzeptabel und stellt einen gewichtigen Grund dar, die Theorie zurückzuweisen.

Mindestens zweierlei stört an diesem Satz. Zum einen hat er keine kontrafaktische Kraft. Nehmen wir eine beliebige weitere, kupferne Münze, die sich noch nicht in meiner Hosentasche befindet. Wäre es richtig zu sagen, dass, wenn diese Münze in meiner Tasche wäre, sie dann silbern wäre? Im Gegenteil: Der Satz ‚Alle Münzen in meiner Hosentasche sind silbern' wäre von diesem Moment an falsch. Naturgesetze verhalten sich allerdings anders, sie sind stabil selbst unter kontrafaktischen Veränderungen und stützen sogar kontrafaktische Aussagen: Wegen des Naturgesetzes ‚Kupfer leitet Elektrizität' ist es auch richtig, von einem Stück Keramik zu sagen: ‚wäre dieses Stück aus Kupfer, dann würde es Elektrizität leiten' (siehe Desiderat *V* und vor allem Kap. 2.5). So weit, so gut, die logischen Empiristen durften allerdings die kontrafaktische Kraft nicht als Kriterium für Gesetzesartigkeit nutzen. Der Grund ist der, dass Kontrafaktizität nicht weniger erklärungsbedürftig ist als Naturgesetzlichkeit, und nach den Empiristen ist die Wahrheit kontrafaktischer Konditionale durch die Naturgesetze zu erklären. Um einen definitorischen Zirkel zu vermeiden, darf bei ihnen also kontrafaktische Kraft nicht ihrerseits definierend für die Gesetzesartigkeit sein. (Wir kommen in unserer Checkliste unten nochmal auf die kontrafaktische Kraft von Naturgesetzen zu sprechen und reißen dort auch kurz die empiristische Theorie für Kontrafaktizität an.)

Was ebenfalls, zweitens, an unserem Münzen-Satz stört, ist, dass die darin vorkommenden Prädikate, insbesondere ‚... ist eine Münze in meiner Hosentasche', nicht allgemein genug scheinen, um in Naturgesetzen vorkommen zu dürfen. Zwar ist der Satz von seiner Syntax her eine generelle Aussage ‚*Alle* so-und-so sind ...', aber inhaltlich bezieht er sich auf einen viel zu kleinen Raum-Zeit-Ausschnitt, der zudem noch an ein bestimmtes Individuum geknüpft ist: an mich und meine Hosentasche. Ein Naturgesetz sollte, so unsere Intuition, nicht von Individuen handeln und auch nicht von beschränkten Raum-Zeit-Gebieten.

Wir erinnern uns daran, dass die logischen Empiristen die Sprache zum Ausgangspunkt ihrer Untersuchungen machten. Die Sprache sollte auch möglichst die Lösung für etwaige Probleme liefern. In diesem Sinne versuchten die Empiristen der Herausforderung des Münz-Satzes zunächst dadurch Herr zu werden, dass sie von gesetzesartigen Aussagen forderten, folgende sprachliche Terme *nicht* zu enthalten: *keine Eigennamen* oder andere *singuläre Termini*, wie zum Beispiel indexikalische Terme ‚mein(e)', ‚dein(e)', ‚dies', ‚jenes' usw. Auch spezifische, partikuläre Raum-Zeit-Angaben wie ‚auf Norderney', ‚am 29.11.2017', ‚um 14:18 Uhr' etc. wurden verboten.[47]

Das scheint zunächst die Lösung für den Münz-Satz zu liefern: Dieser ist nicht gesetzesartig, weil er das Pronomen ‚mein' enthält, welches sich auf eine bestimmte Person bezieht. Das Problem wird allerdings nur oberflächlich gelöst. Mit einem Trick können wir nämlich den Münz-Satz in einen Satz überführen, der an der Oberfläche die Arten von Wörtern, die die Empiristen ausschlossen, tatsächlich vermeidet, der aber vom Sinn her das Gleiche ausdrückt. Wir definieren einfach ein neues, artifizielles Prädikat, sagen wir ‚taschig sein', das auf alle und nur die Gegenstände zutreffen soll, die eine Münze in meiner Tasche sind. An seiner Oberfläche sieht der folgende Satz ‚Alles, was taschig ist, ist silbern' so aus, als sei er generell genug, um gesetzesartig zu sein. Und an seiner Oberfläche enthält er ja auch keine verbotenen singulären Termini. Das, allerdings, ist nur ein Trick, denn der Satz handelt ja weiterhin von meiner Tasche!

Die naheliegendste Weise, auf das Problem zu reagieren, ist, von gesetzesartigen Aussagen zu fordern, dass die Prädikate, die in ihnen vorkommen, ‚echte' Eigenschaften herausgreifen sollten und sich nicht auf artifiziell konstruierte Mengen von Dingen, wie Gegenstände in meiner Tasche beziehen dürfen. Wie schwierig es aber für die logischen Empiristen war, diese Idee fruchtbar machen zu können, zeigt sich, wenn wir uns die generelle Theorie anschauen, die die meisten von ihnen für Eigenschaften vertraten: einen sehr freizügigen Nominalismus (siehe z. B. Goodman und Quine 1947: 106, Goodman 1956/1964: 206, 1955/1983: 74 ff). Ein solcher Nominalismus behauptet nämlich ausgerechnet, dass Eigenschaften nichts Anderes sind als völlig beliebige Mengen von Gegenständen sowie ein dazugehöriges Prädikat. Unser artifiziell definiertes *Taschig*, zusammen mit der Menge von Gegenständen, auf die es zutrifft, zählt für Nominalistinnen genauso als Eigenschaft, wie die Menge aller goldenen Gegenstände plus das zugehörige, intuitiv viel natürlichere Prädikat ‚... ist aus Gold'. Mit anderen Worten, für diesen Nominalismus sind alle Eigenschaften gleich. An und für sich wird zwischen *echten* und *unechten* Eigenschaften nicht unterschieden (siehe aber Kap. 2.2. für die Unterscheidung von echten und unechten beziehungsweise natürlichen und unnatürlichen Eigenschaften).

Wir können an dieser Stelle nicht umfassend erklären und nur skizzieren, weswegen die logischen Empiristen diese Eigenschaftstheorie vertraten. Der

---

47 Wohingegen natürlich Variablen für Raum- und Zeitintervalle erlaubt blieben, sonst würden paradigmatische Gesetze wie das Gravitationsgesetz, $F_G=GmM/r^2$, wegen der enthaltenen Distanzvariablen r nicht als Gesetz gelten können.

Grund liegt letzten Endes wieder in deren Metaphysikskepsis. Was wäre nämlich eine Alternative zu der nominalistischen Eigenschaftstheorie? Eine Theorie, die Eigenschaften als selbständige Entitäten ansieht, ist unter dem Namen ‚Universalienrealismus' bekannt.[48] Eigenschaften, so aufgefasst, nennt man entsprechend auch ‚Universalien'. Das Menschsein eines Menschen ist eine Entität, die Universalie, über die Menge der konkreten Menschen hinaus, die aber alle konkreten Menschen haben oder instanziieren. Das erklärt auch, warum alle Menschen eine Klasse formen: sie ähneln sich einander, weil sie das Universale *Menschsein* teilen.

Mit dem Universalienrealismus wollen die logischen Empiristen jedoch nichts zu tun haben, weil sie vermuten, dass Universalien außerhalb des empirisch Nachweisbaren existieren müssten. Dann aber wären sie metaphysisch dubios: Wir stoßen zwar gegen harte Gegenstände (und weisen sie so empirisch nach), aber der Härte selbst (als Universalie) sind wir noch nicht begegnet. Es gibt natürlich Wege, Eigenschaften als eigenständige Entitäten zu verteidigen, ohne metaphysisch zu spekulativ zu werden.[49] Mit dem Nominalismus wähnten sich die Empiristen aber von vornherein auf der empiristisch sicheren Seite und das nahmen sie zum Anlass, ihn zu verteidigen.

Kommen wir nun zurück zu unserem Ausgangsproblem. Wir wollen explizieren, was es für eine Aussage bedeutet, gesetzesartig zu sein. Wir haben festgehalten, dass sie eine Generalisierung sein muss, die nicht analytisch oder logisch wahr ist. Dabei soll sie nicht nur der äußeren Form nach generell sein. Die Prädikate, die in ihr vorkommen, sollten auf irgendeine Weise richtiger, echter, wirklicher sein als unser oben artifiziell definiertes *Taschig*, das sich auf eine individuelle Raumzeit-Stelle bezieht: meine Hosentasche. Wir haben gerade gesehen, dass der Nominalismus aber *per se* nicht zwischen ‚echten' und ‚artifiziellen' Prädikaten beziehungsweise Eigenschaften zu differenzieren weiß. Wer an Eigenschaften als Universalien glaubt, könnte hier einen Vorteil gegenüber Nominalisten haben. *Taschig sein*, so könnte der Universalienrealismus behaupten, ist schlicht und einfach keine echte Eigenschaft, es gibt keine *Taschig*-Universalie![50]

---

48 Diskussionen um die Natur von Eigenschaften, insbesondere um den Status von Universalien, gab es sowohl schon zwischen Platon und Aristoteles als auch ca. 1500 Jahre später im Mittelalter: Thomas von Aquin war damals der berühmteste Verfechter der Existenz von Universalien, William von Ockham hingegen vertrat einen Nominalismus.

49 In den Kapiteln 2.2 bis 2.4 werden wir noch weiteren Eigenschaftstheorien begegnen und daher sukzessive mehr zur Ontologie von Eigenschaften erfahren.

50 Wie wir bei der Diskussion von David Lewis' Beste Systeme Analyse sehen werden (Kap. 2.2), steht dem Nominalismus aber ein ähnlicher Schachzug offen. Auch könnten Universalienrealis-

Verschiedene Ideen wurden vorgebracht, die empiristische Theorie zu retten. Nelson Goodman schlug zum Beispiel vor, dass nur solche Prädikate (und die dazugehörigen nominalistischen Eigenschaften) vorkommen dürfen, die sich in der Wissenschaft schon als dienlich erwiesen haben. Er nennt solche Prädikate ‚projizierbar (*projectible*)' oder ‚verwurzelt (*entrenched*)' (vgl. Goodman 1955/1983: 81). Prädikate machen sich zum Beispiel dann verdient, wenn sie erfolgreich für Vorhersagen oder Erklärungen benutzt wurden. Das unerwünschte Prädikat ‚taschig sein' kann dann zurecht zurückgewiesen werden. Ein großer, vielleicht untragbarer Nachteil dieser Theorie ist, dass es vom gegenwärtigen Stand der Wissenschaft abhängt, welche Prädikate als projizierbar ausgezeichnet werden. Wenn wir die Projizierbarkeit der Prädikate, die in Gesetzeskandidaten vorkommen, als Kriterium für die Gesetzesartigkeit aufnehmen, dann bindet das auch die Gesetzesartigkeit an Fortschritte und Rückschritte der Wissenschaft. Mit anderen Worten, Naturgesetzlichkeit verliert an Objektivität, zumindest im Sinne von völliger Unabhängigkeit von menschlichen Bemühungen. Auch ein Definitionszirkel könnte drohen: Wir brauchen Projizierbarkeit der Prädikate für Gesetze; aber welche Prädikate projizierbar sind, hängt davon ab, welche in wissenschaftlichen Theorien, also den Gesetzen vorkommen.

Weitere Ideen, wie man *taschig* und andere ungewollte Prädikate loswerden könnte, waren die Forderung, dass sich die Prädikate im Prinzip auf unendlich viele Gegenstände beziehen können müssen (vgl. Kaila 1942) oder dass mit ihnen eine intrinsische, nicht relationale Eigenschaft der Gegenstände herausgegriffen werden soll, wie zum Beispiel deren innere physikalisch-chemische Zusammensetzung (vgl. Wedberg 1942: 44).[51] Beides träfe auf das unliebsame *taschig* und ähnliche Prädikate nicht zu und würde sie also aussortieren. Wir werden keine dieser drei Ideen (projizierbar, im Prinzip unendlich, intrinsisch) separat diskutieren (sie verfehlen leider alle drei auf ihre Weisen ihr Ziel; siehe Schrenk 2016: 61).

Wie wir oben gesehen haben, steht eine intuitive, vielleicht die natürlichste Weise, *taschige* Prädikate zurückzuweisen, Nominalistinnen nicht offen, nämlich zu sagen, solchen Prädikaten entsprächen keine Eigenschaften. Aber vielleicht gibt es ein Surrogat. Eigenschaften sind für den Nominalismus Klassen von Gegenständen. Könnten Nominalisten nun nicht wie folgt reagieren: einige dieser Klassen sind natürlich, andere nicht, und bei der Natürlichkeit von Klassen

---

tinnen eine ‚verschwenderische' Theorie vertreten, nach der es zu jedem Prädikat eine Universalie gibt. Aber der oben angedeutete ‚sparsame' Universalienrealismus ist gebräuchlicher (wir finden ihn z. B. bei David Armstrong; siehe Kap. 2.3).

51 Beiden Quellen (Kaila und Wedberg) geht es in deren Texten zwar nicht um Naturgesetze (sondern um Dispositionen), die Intentionen hinter ihren Überlegungen sind aber die gleichen.

handelt es sich um ein fundamentales, nicht weiter analysierbares primitives Faktum über unsere Welt.[52] Natürliche nominalistische Eigenschaften, im Gegensatz zu artifiziellen, sind dann diejenigen Eigenschaften, denen eine natürliche Klasse von Gegenständen entspricht. Glaubhafte Kandidaten für natürliche Eigenschaften/Klassen könnten zum Beispiel fundamentale physikalische Größen sein, wie Masse zu haben und Ladung zu haben. Die Elemente des Periodensystems sind ebenfalls erfolgversprechende Anwärter für Natürlichkeit: Wasserstoff, Helium, ..., Gold etc. bis hin zu den radioaktiven Elementen wie Plutonium oder Uran und darüber hinaus. Die Klasse der Münzen in meiner Tasche ist jedoch kein überzeugender Kandidat für eine natürliche, naturgegebene Menge von Gegenständen.[53]

In einem Klassiker der Wissenschaftsphilosophie konnte Hans Reichenbach allerdings zeigen, dass, selbst wenn uns ein, wie auch immer bestimmter, akzeptabler Begriff natürlicher Eigenschaften zur Verfügung steht, er alleine nicht zu einer adäquaten Definition von Gesetzesartigkeit führt. Tatsächlich halten die meisten Philosophinnen daher spätestens an dieser Stelle die empiristische Naturgesetzestheorie für gescheitert.

Dieses Scheitern der einfachen Regularitätstheorie wollen wir am in unserer Einleitung (Kap. 1) schon erwähnten Beispiel nochmals verdeutlichen. Nehmen wir also wieder mit Reichenbach an, wir hätten einen Begriff der Natürlichkeit von Prädikaten/Eigenschaften (antichronologisch zum Beispiel den von Lewis) und unsere endgültige Explikation für Gesetzesartigkeit sei diese: Eine Aussage L ist gesetzesartig, genau dann, wenn L generell ist, nicht schon analytisch wahr und außerdem ausschließlich Prädikate enthält, die sich auf natürliche Eigenschaften/Klassen beziehen. L ist demnach ein Naturgesetz, genau dann, wenn L empirisch wahr und gesetzesartig ist.

Reichenbach fordert uns nun auf, die folgenden beiden Aussagen auf Naturgesetzlichkeit hin zu prüfen (vgl. Reichenbach 1947: 368):

(i) Alle (massiven) Würfel angereicherten Urans-235 sind kleiner als eine Kubikmeile.

(ii) Alle (massiven) Goldwürfel sind kleiner als eine Kubikmeile.

---

52 Ein Ähnlichkeitsnominalismus (oder eine Kombination aus natürlichen Klassen und primitiver Ähnlichkeit) könnte auch zielführend sein: Chemische Elemente ähneln sich primitiv, taschige Dinge nicht.

53 In der gerade skizzierten Formulierung wurde der nominalistische Vorschlag zur Natürlichkeit erst lange nach dem logischen Empirismus von David Lewis vorgebracht (Lewis 1999: 1–2, 1983a: 346 und 1986a: 50–69). Wie er in Lewis' Gesetzestheorie zum Tragen kommt, sehen wir in Kapitel 2.2.

Wir dürfen annehmen, dass beide Aussagen wahr sind. Auch sind beide Aussagen strukturgleiche, generelle Universalisierungen und, das ist unser Fokus, sie enthalten beide ausschließlich Prädikate, die sich auf natürliche Eigenschaften beziehen. (Weil Prädikate wie ‚ein Würfel sein' oder Volumen wie eine Kubikmeile haben mathematische Größen sind, können wir sie als natürlich gelten lassen.)[54] Demnach wären beide Aussagen unserer Theorie nach gleichermaßen als Naturgesetze zu zählen.

Reichenbach macht aber darauf aufmerksam, dass unsere Intuition etwas anderes sagt: Der Gold-Satz ist zwar wahr (und er erfüllt alle anderen Kriterien), er scheint uns aber nur *akzidentell* wahr zu sein. Mit anderen Worten, er könnte ohne Weiteres auch falsch sein, nämlich wenn es mehr Gold im Universum gäbe oder alles Gold der Welt auf einem Fleck versammelt wäre. Nichts, insbesondere kein weiteres Naturgesetz, spricht dagegen, dass das nicht so sein könnte. Intuitiv wäre es also bizarr, den Gold-Satz als Naturgesetz gelten zu lassen, entgegen unseren theoretischen Ergebnissen.

Im Kontrast dazu ist der Uran-Satz nicht bloß zufällig wahr. Die freien Elektronen in Uran-235 würden schon bei einem Würfel weit geringerer Größe (präziser: einer Uranansammlung von sogenannter kritischer Masse) eine Kettenreaktion von Zerfallsprozessen auslösen, die schon viel kleinere Würfel zu einer nuklearen Explosion bringen würden (dies ermöglicht den Bau von Atombomben).

Kurzum, die Natürlichkeit der Prädikate/Eigenschaften (hier *Uran sein* und *Gold sein*) ist ein zwar notwendiges Kriterium für Gesetzesartigkeit (um ‚*Taschiges*' auszuschließen), aber leider immer noch keine hinreichende Forderung, denn sie vermag es nicht, (intuitiv) naturgesetzliche, (wie (i) oben), von akzidentell wahren Sätzen, (wie (ii) oben), zu unterscheiden. Die meisten Philosophen sehen mit diesem letzten gescheiterten Versuch, Gesetzesartigkeit zu explizieren, die empiristischen Mühen als vergeben an. Auch die Empiristen selbst gestanden ihre Niederlage ein und haben Alternativvorschläge gemacht, von denen wir unten noch die wichtigsten erwähnen wollen.

Klar ist, dass die Empiristen wegen der eingangs erwähnten Skepsis gegenüber notwendigen Verknüpfungen nicht intuitiv wie folgt reagieren können: Es ist *naturnotwendig*, dass es keine solchen Uranwürfel geben kann. Nichts in der Welt erzwingt hingegen, dass Goldwürfel nicht größer werden können. Hätte man genug Gold, könnte man einen solchen formen. Varianten dieses Vorschlags, die

---

54 Oben haben wir andere Vorschläge neben der Natürlichkeit erwähnt (projizierbar oder intrinsisch sein oder im Prinzip auf unendlich viele Gegenstände anwendbar sein). Alle Vorschläge treffen sowohl auf *aus Uran sein* als auch auf *aus Gold sein* zu. Das Argument, das Reichenbach für Natürlichkeit entwickelte, lässt sich daher auch auf diese Vorschläge anwenden.

über die bestehenden Regelmäßigkeiten hinaus auch Erzwingungsfaktoren in der Welt postulieren und sodann die erzwungenen Regularitäten mit Naturgesetzen in Verbindung bringen, werden wir in den Kapiteln zur Dretske-Tooley-Armstrong-Theorie (2.3), zu dispositionalistischen (2.4) und kontrafaktischen Theorien (2.5) und solchen, die Naturgesetze als primitive, unanalysierbare Entitäten ansehen (2.6.), kennenlernen. Wegen der Unbeobachtbarkeit und daher Skepsis gegenüber Naturnotwendigkeiten wollten die Empiristen diese Optionen aber nicht wahrnehmen.

Welche Möglichkeiten bleiben aber dann den Empiristen? Wie wir oben schon angedeutet haben, könnte man mit Goodman statt Natürlichkeit Projizierbarkeit als Kriterium für Gesetzesartigkeit wählen. Die Beweiskraft von Reichenbachs Argument bleibt zwar bestehen: als gleichberechtigte, wissenschaftlich erfolgreiche Prädikate zählen ‚ist aus Gold' und ‚ist aus Uran' sicherlich beide zu den projizierbaren Prädikaten. Goodman, der, wie oben schon angedeutet, aber ohnehin einen Pragmatismus und die antirealistische Abkehr von menschenunabhängiger Objektivität akzeptiert, schreibt konsequent auch zu Naturgesetzen: „I want [...] to emphasize [...] that rather than a sentence being used for prediction because it is a law, it is called a law because it is used for prediction." (Goodman 1955/1983: 26)

Alfred Ayer pflichtet bei, es gebe objektiv gesehen einfach keinen Unterschied, keine profunde ontologische Differenz, zwischen Gold- und Uran-Sätzen. Dass wir zwischen Gesetzen und akzidentell wahren Generalisierungen unterscheiden, basiere auf pragmatischen Entscheidungen (cf. Ayer 1956: 162). Weil wir den Uran-Satz (und ähnliche) innerhalb unserer wissenschaftlichen Kultur und technischen Praxis nutzten – ‚wenn Du Energie aus Uran erzeugen willst, nimm eine Menge kritischer Masse...' –, zähle dieser Satz, aber nicht der Gold-Satz, als Naturgesetz. Diese Ansicht vertrat übrigens schon Ernst Mach, der als Urvater des logischen Empirismus angesehen werden kann:

> Die Naturgesetze sind nach unserer Auffassung ein Erzeugnis unseres *psychologischen* Bedürfnisses, uns in der Natur zurecht zu finden, den Vorgängen nicht fremd und verwirrt gegenüber zu stehen. Dies kommt in den Motiven dieser Gesetze, welche stets diesem Bedürfnis, aber auch dem jeweiligen *Kulturzustand* entsprechen, deutlich zum Ausdruck. [...] Es ist sehr natürlich, daß in Zeiten geringer Schärfe der erkenntnistheoretischen Kritik die psychologischen Motive in die Natur projiziert und dieser selbst zugeschrieben worden sind. [...] Unsere Naturgesetze bestehen also aus einer Reihe für die Anwendung bereit liegender, für diesen Gebrauch zweckmäßig gewählter Lehrsätze. Die Naturwissenschaft kann aufgefaßt werden als eine Art *Instrumentensammlung* zur gedanklichen Ergänzung irgend welcher

> teilweise vorliegender Tatsachen oder zur möglichsten Einschränkung unserer Erwartung in künftig sich darbietenden Fällen. (Mach 1906/1987: 453 f.)[55]

Frank Ramsey vertrat sogar die Ansicht, dass Naturgesetze gar keine Aussagen sind (wie wir bislang in diesem Kapitel angenommen haben), sondern Urteilsregeln:

> [Laws] are not judgments but rules for judging ‚If I meet a φ I shall regard it as a ψ'. (Ramsey 1929/1990: 149)[56]

Ähnlich nannte Gilbert Ryle Gesetze ‚Inferenz-Tickets':

> A law is used as, so to speak, an inference-ticket (a season ticket) which licenses its possessors to move from asserting factual statements to asserting other factual statements. It also licenses them to provide explanations of given facts and to bring about desired states of affairs by manipulating what is found existing or happening. (Ryle 1949: 117)

Die von Ayer und Goodman vertretene Theorie haben wir in unserem einleitenden Kapitel ‚anti-realistischen Projektivismus' genannt, weil Naturgesetzlichkeit in ihren Augen nichts ist, was von der Natur abgelesen werden könne, sondern etwas, das wir in sie hineinlesen. Die Position Ryles, Ramseys und Schlicks nannten wir ‚non-faktualistischen Inferenzialismus', weil Naturgesetze hier Übergangsregeln sind und keine Aussagen. Beides sind Positionen, die Gesetze nicht als Entitäten, die geistunabhängig in der Natur existieren, ansehen. In der gegenwärtigen Philosophie werden diese Theorien weitgehend zugunsten von realistischen Positionen abgelehnt.

Die Theorie der logischen Empiristen, die wir in diesem Kapitel haben scheitern sehen, nannten wir eine ‚frühe' oder ‚einfache Regularitätstheorie'. Die Bezeichnung ‚*Regularitäts*theorie' erklärt sich daraus, dass Gesetze mindestens wahre Generalisierungen sein müssen. Universalität ist also hier ein wesentlicher Aspekt von Naturgesetzlichkeit. Eine Generalisierung (formallogisch $\forall x(Fx \rightarrow Gx)$) ist aber nur dann wahr, wenn tatsächlich alle *F*s der Welt *G*s sind, also eine bestimmte Regularität in der Natur besteht. Aus oben aufgezeigten Gründen gilt die frühe Regularitätstheorie allerdings weithin als gescheitert. Späte Regularitätstheorien, die wir im nächsten Kapitel, 2.2 (die *Beste Systeme Analyse*), und in Kapitel 3 (die *Bessere Beste Systeme Analyse* und die *Pragmatische Beste Systeme*

---

55 Siehe auch den von Musgrave (1980: 72) erwähnten John Stuart Mill (vgl. Mill 1843/1967: II, iii, 4).

56 Ramsey hat zu anderer Zeit eine andere Theorie vertreten, die wir im nächsten Kapitel 2.2 kennenlernen werden.

Analyse) thematisieren werden, sind eine wesentliche Verbesserung gegenüber den frühen und sie werden trotz verschiedener Schwachstellen in der gegenwärtigen Philosophie von vielen verteidigt.

2.1.5 Abschließende Evaluation der empiristischen Regularitätstheorie

Wir möchten nun erörtern, wie sich die empiristische Regularitätstheorie zu den Kategorien unserer Einleitung – (i) sub-nomische Fakten, (ii) Gesetzesfakten und (iii) Gesetzesmacher (vgl. Kap. 1.3) – verhält und überprüfen, welche der Desiderata einer Gesetzestheorie sie erfüllt.

Die Regularitäten, die von *wahren gesetzesartigen Sätzen* korrekterweise beschrieben werden, könnte man als ‚Wahrmacher' der Gesetzesaussagen bezeichnen. Gemeinsam mit erfüllten Kriterien für Gesetzesartigkeit könnte man sie, im Vokabular unserer Einleitung (das allerdings nicht das Vokabular der Empiristen ist), ‚Gesetzesmacher', (iii), nennen. Eine Meta-Aussage *s**, dass ein bestimmter wahrer Satz *s gesetzesartig* ist, drückt ein nomisches Faktum beziehungsweise Gesetzesfaktum, (ii), aus. Satz *s* selbst hingegen drückt ein sub-nomisches Faktum, (i), aus.

---

i Obwohl die frühe Regularitätstheorie der logischen Empiristen als überholt gilt, wollen wir trotzdem überprüfen, welche der Desiderata einer Gesetzestheorie sie erfüllt.

I. Objektivität

Wir erinnern uns, dass die Empiristen arbeitsteilig vorgingen: Die Wahrheit naturgesetzlicher Aussagen solle naturwissenschaftlich entdeckt werden. Darin kann man mindestens die Intention erkennen, dass Naturgesetze etwas geistunabhängig Objektives, zu Entdeckendes sein sollen. (Die Objektivität in Reinform geht dem Projektivismus und Inferenzialismus verloren, weil sie Naturgesetze zu eng an menschliche Praxen binden.[57])

II. Faktizität/Inferenz

Naturgesetze *sind* wahre Generalisierungen. Diese Generalisierungen lassen sich natürlich aus sich selbst logisch ableiten. Die Forderung der Faktizität/Inferenz ist also trivial erfüllt. (Das behält sogar im Projektivismus Gültigkeit. Für den Inferenzialismus macht dieses Kriterium keinen Sinn: Aus Regeln des Schließens kann man selbst nichts schließen. Allerdings gilt immerhin dank der Inferenzregel, dass wir für alle *Fx* zu *Gx* übergehen dürfen, und dies ist der Forderung recht ähnlich.)

---

57 Siehe aber Ryle, der Naturgesetzen, obwohl sie Inferenzregeln sind, immerhin Wahrheit zugesteht (Ryle 1949: 116 – 117).

III. Invarianz/Universalität

In die Forderung der Empiristen nach Generalisierungen dürfen wir alle vier Varianten der Invarianz hineinlesen: Gesetze handeln von (a) *allen raumzeitlichen Positionen*, von (b) *allen Umständen*, von (c) *allen Systemen* (limitierte Orte und Systeme wie meine Tasche wurden ja ausgeschlossen) und von (d) *allen (determinierten) Werten* physikalischer Quantitäten, wenn sie im Gesetz vorkommen. (Im Projektivismus und Inferenzialismus könnten Einschränkungen aus pragmatischen Gründen vorgenommen werden.)

IV. Kontingenz

Die logischen Empiristen waren zwar der Auffassung, dass Naturgesetze besondere Regularitäten sind, allerdings hätte die Welt auch ganz andere Regularitäten aufweisen können (oder sogar gar keine). Die Kontingenz ist somit gewahrt. (Für den Projektivismus ist das ohnehin klar: man kann nach Belieben in die Natur hineinprojizieren. Für den Inferenzialismus stellt sich die Frage nicht, wenn nur Aussagen als Kandidaten für kontingente oder notwendige Wahrheit angesehen werden. Lässt man diese Kategorien auch für Regeln zu, dann sind die Inferenzregeln kontingent, weil frei wählbar.)

V. Nomologische Notwendigkeit und Stützung kontrafaktischer Konditionale

Tatsächlich haben im Fahrwasser des Empirismus die beiden Philosophen Nelson Goodman und Roderick Chisholm unabhängig voneinander versucht, eine Theorie kontrafaktischer Konditionale zu entwickeln, deren essenzieller Bestandteil Naturgesetze sind (Chisholm 1946; Goodman 1947). Die Kernidee ist simpel: Ein kontrafaktisches Konditional, zum Beispiel ‚wäre dieses Stück aus Kupfer, dann würde es Strom leiten', ist wahr, genau dann, wenn es ein gültiges Argument gibt, in dessen Prämissen das Antezedens des Konditionals sowie geeignete Naturgesetze stehen und dessen Konklusion das Konsequens des Konditionals ist. In unserem Beispiel folgt tatsächlich aus (Prämisse 1) ‚Dieses Stück ist aus Kupfer' und der (Prämisse 2), dem Naturgesetz ‚Alle Kupferstücke leiten Strom', die (Konklusion) ‚Dieses Stück leitet Strom'. Insofern ist das kontrafaktische Konditional wahr und die Behauptung, Naturgesetze stützten kontrafaktische Konditionale, gerechtfertigt. Dass die Goodman/Chisholmsche Theorie auf ähnliche Weise scheiterte, wie die empiristische Naturgesetzestheorie, wollen wir zwar nicht verschweigen, aber auch nicht genauer ausführen (siehe dafür Schrenk 2016: Kap. 3.2). (Diese Theorie kann für die frühe Regularitätstheorie und den Projektivismus gleichermaßen angewendet werden. Goodman ist uns ja sogar als Projektivist bekannt. Der Inferenzialismus hält Gesetze für Schlussregeln. Er könnte also leicht an die Goodman-Chisholm-Theorie der Konditionale andocken: Ein kontrafaktisches Konditional ist wahr, genau dann, wenn die Naturgesetze den Übergang von Antezedens zu Konsequens erlauben.) Keine der besprochenen Theorien lässt explizit Raum für eine genuine nomologische Notwendigkeit. Die einzige Notwendigkeit, die anerkannt wurde, ist Analytizität und die wurde ja bewusst für Naturgesetze ausgeschlossen.

VI. Erklärungskraft

Ähnlich wie sich Goodman und Chisholm um eine empiristische Theorie kontrafaktischer Konditionale auf Basis von Naturgesetzen bemühten, haben sich Carl Gustav Hempel und Paul Oppenheim an einer Theorie wissenschaftlicher Erklärung versucht, die als deduktiv-nomologisches (DN) Modell der Erklärung in die Literatur eingegangen ist (Hempel und Oppenheim 1948; Hempel 1965: besonders Teil I und IV). Die Theorie hat bemerkenswerte Strukturähnlichkeiten zur

Theorie der Konditionale von Goodman und Chisholm. Sie besagt, dass für ein Faktum oder Ereignis *e* eine wissenschaftliche Erklärung vorliegt, genau dann, wenn es vorliegende Ausgangsbedingungen gibt, aus denen mittels eines Gesetzes logisch folgt, dass *e* der Fall ist. Warum leitet dieses Stück Metall den Strom? Weil es aus Kupfer ist und, per Naturgesetz, alle Kupferstücke Strom leiten! Die Erklärungskraft der Gesetze wird im DN-Model der Erklärung augenscheinlich. (Vermutlich können Vertreterinnen eines Projektivismus oder Inferenzialismus Ähnliches behaupten.) Allerdings dürfen wir nicht verschweigen, dass Gesetzen, aufgefasst als Regularitäten, häufig die Erklärungskraft abgesprochen wird. Wir gehen auf diese Kritik im nächsten Kapitel genauer ein.

VII. Steuerung und Unabhängigkeit

Dasselbe gilt für Steuerung und Unabhängigkeit: Naturgesetze sind Aussagen, die Regularitäten beschreiben. Sie steuern oder lenken nichts und sind nichts über die Regularitäten Hinausgehendes. (Für Projektivismus und Inferenzialismus gilt dies *a forteriori.*)

VIII. Innere Verknüpfung

Eine innere Verknüpfung sieht die Regularitätstheorie der logischen Empiristen nicht vor. Hier sind sie ganz auf Seiten Humes, der ja die Existenz jeglicher solcher Verknüpfungen verneinte, weil sie nicht beobachtbar sind. Es gibt bloß die regelmäßige Abfolge oder Koexistenz verschiedener Ereignisse oder Fakten. Von Lokalität kann ebenfalls keine Rede sein, weil sich die Regularität, die ein Gesetz wahr macht, über die gesamte Raumzeit erstreckt. (Lokalität kann auch keine Eigenschaft von Projektionen oder Inferenzen sein. Eine innere Verknüpfung gibt es hier nicht in den Dingen, sondern höchstens im Auge der Betrachterin oder des Projizierers beziehungsweise derjenigen, die die Inferenzen für richtig halten.)

IX. Induktive Bestätigung und Stützung induktiver Schlüsse

Der Wichtigkeit und Schwierigkeit des Problems, wie induktives Schließen und induktive Bestätigung theoretisch begründet werden können, waren sich gerade die Empiristen, alt und jung, sehr bewusst (vgl. Hume 1739–1740/1978: Buch I, Teil III, Sektion VI) und (Goodman 1955/1983: 74 ff). Diese Thematik ist extrem komplex und eher der Erkenntnistheorie zuzuordnen. Daher können wir sie leider in einem Buch, das sich vornehmlich der Metaphysik von Naturgesetzen widmet, nicht detaillierter beschreiben.

X. Bedeutung für die Wissenschaften

Hier können die Empiristen punkten: Ihre Arbeitsteilung sieht ja gerade vor, dass die Naturwissenschaften erforschen, ob gesetzesartige Aussagen wahr sind oder nicht. (Solange die antirealistischen Theorien des Projektivismus und Inferenzialismus Naturwissenschaftlerinnen als Gewährsleute für geeignete Projektionen und Inferenzen ansehen, könnte man sie auch extensional adäquat nennen. Das heißt, sie betonen die Relevanz genau jener Erkenntnisse, auf die weite Teile der Wissenschaften abzielen, fassen sie aber nicht als Naturgesetze im vortheoretischen Sinn auf, sondern als Entdeckung projizierbarer Prädikate bzw. gültiger Inferenz-Tickets.)

Allerdings wurde kritisiert, dass das Korsett universell quantifizierter Sätze nicht ohne Weiteres zur Form echter physikalischer Gesetze wie Newtons Bewegungsgleichungen oder die Schrödingergleichung passt (siehe Maudlin 2007: 11f.).

2.2 Die Beste Systeme Analyse

Um David Lewis' ausgefeilte Regularitätstheorie der Naturgesetze, die unter dem Namen ‚*Beste Systeme Analyse*' (engl. *Best Systems Analysis*) oder abgekürzt als BSA bekannt geworden ist, verstehen zu können, müssen einige Vorarbeiten geleistet werden. Zunächst, in Unterkapitel 2.2.2, werden wir uns anschauen, welche Eigenschaftsontologie Lewis und mit ihm Anhänger und Anhängerinnen einer humeschen Metaphysik vertreten. Wie wir sehen werden, sprechen sich Lewis und andere Humeaner und Humeanerinnen gegen Eigenschaften mit dispositionaler Essenz und für kategoriale Eigenschaften aus.[58] Als nächstes, in Unterkapitel 2.2.3, beschreiben wir Lewis' metaphysische Leitidee der Humeschen Supervenienz. Erst mit seiner Eigenschaftsontologie und jenem Supervenienzgedanken sind wir gewappnet, Lewis' *Beste Systeme Analyse* der Naturgesetze im Detail zu verstehen (2.2.4). Eine kritische Diskussion und Varianten der lewisschen Theorie folgt in Unterkapitel 2.2.5. Wie immer schließen wir mit einer Evaluation der Theorie ab (2.2.6). Wir beginnen unser Kapitel mit einer knappen Beschreibung der Grundidee der lewisschen Gesetzestheorie.

Die ausführliche Diskussion wird aus drei Gründen recht umfassend ausfallen: (i) Die hier besprochenen Eigenschaftsontologien und die Humesche Supervenienz sind grundlegend auch für die in den folgenden Kapiteln beschriebenen Gesetzestheorien. (ii) Die lewissche Analyse ist eine der wichtigsten und meist diskutierten Gesetzestheorien. (iii) Unsere eigenen Theorien, die wir in 3.1 und 3.2 vorstellen, bauen auf Lewis' BSA auf.

2.2.1 Die Grundidee: Beste Systematisierungen

Angenommen, wir wären allwissend und wir versuchten, so viel wie möglich unseres gesamten Wissens über die Welt festzuhalten. Dabei käme es uns neben einer möglichst umfassenden Darstellung auch auf eine elegante, einfache Beschreibung an. Unser Wissen (oder zumindest große Teile davon) soll bei unserem Unterfangen auch systematisiert werden: Eine bloße ungeordnete Fakten-Auflistung, wie etwa, dass meine Kaffeetasse halb leer ist und dass ein bestimmter Eisbrocken im Kuipergürtel mit einem Gesteinsbrocken kollidiert ist, ist nicht besonders erstrebenswert.

58 Vergleiche unsere Kapitel 2.3.2 (zu aristotelischen Universalien) und 2.4.2 (zu dispositionalen Eigenschaften).

https://doi.org/10.1515/9783110517842-011

Nun kann unser Weltwissen allerdings auf diverse und verschieden gute Weisen systematisiert werden. Wir verwerfen alle solche Systematisierungen unseres Gesamtwissens, denen es an Einfachheit mangelt, und auch solche, die zu wenig Information enthalten. Dort, wo sich diese Desiderata, Einfachheit und Stärke, reiben, verlangen wir die beste Balance aus beiden. Kurzum, wir wählen unter allen Möglichkeiten, unsere Welt zu beschreiben, dasjenige System aus, das unser Weltwissen am einfachsten (engl. *simplicity*) und mit dem höchsten Informationsgehalt, also der größten Stärke (engl. *strength*) zusammenfasst.

Die (fundamentalen) Naturgesetze sind, nach Lewis, nun diejenigen kontingent wahren (d. h. nicht logisch-begrifflichen), *strikten Generalisierungen*, die als Axiome dieses besten Systems gelten können beziehungsweise als *Theoreme* aus den Axiomen hervorgehen.[59]

2.2.2 Eigenschaften

In der Ontologie gibt es eine Debatte darüber, ob Eigenschaften *kategorialer* oder *dispositionaler* Natur (oder beides) sind. Freilich, wer einem Gegenstand eine Eigenschaft zuspricht – auf sprachlicher Ebene: einem Subjekt ein Prädikat zuweist – der *kategorisiert* diesen Gegenstand. Er sagt, zu welcher (Ähnlichkeits-) Klasse von Dingen der Gegenstand gehört; sagt, in welcher Hinsicht er anderen Gegenständen gleicher Art ähnelt. ‚... ist rund', ‚... hängt im Louvre', ‚... hat Molekülstruktur $C_{12}H_{22}O_{11}$' sind solche Kategorisierungen.

Manche Prädikate unserer Sprache – ‚... ist brennbar', ‚... ist wasserlöslich', oder ‚... reizbar' – transportieren darüber hinaus eine weitere Information, nämlich wozu die Gegenstände, auf die sie zutreffen, disponiert sind, das heißt, was zu tun sie im Stande sind: Wer sagt, etwas sei wasserlöslich, zum Beispiel von einem Stück Zucker, der behauptet gleichsam, dass, gäbe man es in Wasser, es sich auflöste.

Zweifelsohne kann man Eigenschafts*worte* in eher kategorisierende, also bloß einteilende, oder in eher dispositionale, also kausale Rollen (mit)zuweisende Prädikate aufteilen. Die spannende zugehörige ontologische Frage lautet, ob die Eigenschaften in der Welt, auf die sich unsere Prädikate beziehen, rein kategorialer Natur sind. Solche Eigenschaften würden die Dinge, die sie haben, bloß einander gleich/ähnlich machen, ohne sie aber mit einem kausalen Profil

59 Lewis fasst seine Theorie in Lewis (1994: § 3) zusammen. Entwickelt wird sie dort und in Lewis (1973a, 1983a).

auszustatten, welches vorschriebe, wie sie sich unter bestimmten Bedingungen verhalten würden.

Eine Dispositionalistin glaubt Gegenteiliges, nämlich dass Eigenschaften ihrem Wesen nach so sind, dass sie ihren Trägern das Potenzial verleihen, unter bestimmten Bedingungen auf bestimmte Weise zu reagieren, ja sogar, dass ihre Träger ihretwegen *so reagieren müssen:* wenn etwas elektrisch Geladenes in ein Magnetfeld gelangt, dann *muss* es seine Trajektorie *ändern.* Etwas anderes ist unmöglich, wenn ein Partikel wirklich die Eigenschaft hat, elektrisch geladen zu sein.[60]

Kategorialisten aber – und hier kommt nun David Lewis ins Spiel – bestreiten, dass Eigenschaften ihre Träger absolut notwendigerweise mit einem bestimmten kausalen Profil ausstatten. Was Lewis zu dieser Meinung bewegt, liegt letztlich in seinem Humeanismus begründet: Wie Hume, verneint auch er, dass es notwendige Verknüpfungen in der Welt gibt: „Einen Zwang, nach dem Eines geschehen müsste, weil etwas anderes geschehen ist, gibt es nicht" (hier formuliert von Wittgenstein 1921/2001: 6.37). In unserem Kapitel 2.1 zum logischen Empirismus haben wir dieses Credo ‚*Humes Diktum*' genannt.[61]

Nach dem, was wir gerade zum Dispositionalismus geschrieben haben, liegt es auf der Hand, dass sich ein Festhalten an Humes Diktum und der Glaube an essenziell dispositionale Eigenschaften ausschließen.[62] Eigenschaften sind, so

---

60 Viele Dispositionalistinnen leiten daraus, dass Eigenschaften Gegenständen essenziell eine kausale Rolle zuweisen, sogar eine dispositionale Theorie der Naturgesetze ab (vgl. unser Kapitel 2.4).

61 Moderne Humeaner haben andere Beweggründe für ihre Notwendigkeitsskepsis als die klassischen Empiristen (es geht nicht um die Unmöglichkeit der empirischen Beobachtung notwendiger Verknüpfungen). Auf ein Hauptargument, die freie Rekombinierbarkeit von Eigenschaften, kommen wir noch zu sprechen. Dieses und weitere Pro-Argumente finden sich in Armstrong (1997: 1), Earman und Roberts (2005), Schaffer (2005) und Jaag und Loew (2020), aber wir können die Gründe der gegenwärtigen Humeaner an dieser Stelle nicht ausführlich darstellen.

62 David Lewis und David Armstrong sind Verteidiger des *Kategorialismus* (siehe Lewis (2009) und Armstrong (1997: Kap. 3–5)). Die Gegenposition, der *Pan-Dispositionalismus*, der der Auffassung ist, dass alle Eigenschaften dispositional sind, wird vertreten von Popper (1934/2002: Appendix *x), Harré and Madden (1975), Shoemaker (1980), Bird (2007: 3 f., 44 ff.), Bostock (2008) und Mumford und Anjum (2011: 3 ff.). Der frühe Charlie Martin (1997) sympathisierte mit einer zwei Aspekte Theorie, John Heil (2005) mit einer Identitätstheorie und Galen Strawson (2008) mit einem neutralen Monismus. Andere Philosophen vertreten die These, dass die Unterscheidung gar nicht auf eine ontologische Ebene gehoben werden sollte: „Dispositionality is a feature not of properties but of predicates [...]. Properties in our sense [...] need not in themselves be either dispositional or categorical: those that exist can just be" (Mellor 2000: 768 f.). Auch David Lewis könnte man so lesen: „Rather than risk such confusion, we do better to eschew the alleged distinction between dispositional and 'categorical' *properties* altogether" (Lewis 1997: 152; unsere

fordern daher Kategorialisten, von rein nicht-dispositionaler Natur. Zumindest fordern Kategorialisten dies auf fundamentaler Ebene: Wenn sich Dispositionen und Notwendigkeiten der Makro-Welt auf eine dispositions- und notwendigkeitslose Mikroebene mit ausschließlich kategorialen fundamentalen Eigenschaften[63] reduzieren lassen, dann geben sich Humeanerinnen mit Makro-Dispositionen zufrieden (siehe unten in 2.2.3).

Nun könnte man zu fragen beginnen, was kategoriale Eigenschaften denn eigentlich ausmacht, wenn es nicht in ihrer Natur liegt, Dinge, die sie besitzen, zu irgendeinem Verhalten zu disponieren. Was macht die Identität solcher kategorialen Eigenschaften denn sonst aus? Wie unterscheiden sie sich von anderen kategorialen Eigenschaften? Für dispositionale Eigenschaften ist diese Frage schnell beantwortet. Die ihnen eigene, gehaltvolle essenzielle Rolle individuiert sie und lässt sie differieren: Die Wasserlöslichkeit unterscheidet sich von der Brennbarkeit insofern, als dass Gegenstände, die löslich beziehungsweise brennbar sind, unter anderen Umständen anderes Verhalten zeigen.

Die Antwort, die Kategorialisten auf die Individuierungsfrage geben, mag zunächst überraschen: Jede fundamentale kategoriale Eigenschaft hat eine primitive, nicht weiter analysierbare Natur, die sie von anderen kategorialen Eigenschaften unterscheidet. Diese nackten Identitäten sind in jedem Falle unabhängig von Verhaltenspotenzialen, die diese Eigenschaften ihren Trägern verleihen würden. Ihre einzige Natur liegt darin, Dinge basal zu kategorisieren: ein Ding mit der kategorialen Eigenschaft *F* ähnelt einem Ding mit eben dieser Eigenschaft in genau dieser Hinsicht, eben *F* zu sein, Punkt! Und diese Gegenstände unterscheiden sich gegebenenfalls darin, dass der eine, aber nicht der andere, *G* ist. Und mehr ist dazu nicht zu sagen. In diesem Sinne hätten kategoriale Eigenschaften höchstens eine nicht-gehaltvolle, bloß individuierende Essenz, während Dispositionen, mit den ihnen eigenen kausalen Rollen, eine gehaltvolle Essenz besitzen.[64]

Hervorhebung). Oben haben wir ihn jedoch als Kategorialisten bezeichnet und in folgendem Sinne ist er es in jedem Falle: er verteidigt, dass Eigenschaften frei rekombinierbar sind, das heißt, das Vorliegen einer Eigenschaft erzwingt nicht das Vorliegen einer anderen.

63 Als mögliche Kandidaten für fundamentale Eigenschaften werden Größen gehandelt, die die Physik postuliert, wie etwa Masse zu haben, Spin zu haben und elektrisch geladen zu sein.

64 Hilfreich ist vielleicht auch die folgende Metapher, um zu verstehen, was kategoriale Eigenschaften sind: Nehmen wir an, in einem Logistikunternehmen werden Kartons mit Farbtupfen gekennzeichnet (‚getagged'). Es gibt rote, grüne, blaue, ... Tags. Dadurch können die Kisten in Gruppen eingeteilt, *kategorisiert* werden. Am Montag erteilt die Firmenleitung die Order: „die Roten gehen heute nach Düsseldorf, die Blauen nach Köln, die ...". Am Dienstag weist sie an: „Heute die Roten nach Koblenz, die Blauen bleiben hier, ...". Mit anderen Worten, diese kategorialen (Farb-)Eigenschaften dienen nur der Einteilung. Was mit den so kategorisierten Gegen-

Kategoriale Eigenschaften haben eine primitive Natur, eine sogenannte *Quidditas* (von lateinisch *quid*, ‚dies'), weil Eigenschaften bloß *dies*, ohne weitere Eigenheiten, sind. Um Quidditäten verdaulicher zu machen,[65] verweisen Kategorialisten gerne auf folgende Intuition: Angenommen *Kochsalz* (*NaCl*) *zu sein* wäre eine rein kategoriale Eigenschaft. Wir werden zwar verschiedene potenzielle Verhaltensweisen mit *NaCl* assoziieren (zum Beispiel, dass es sich in Wasser auflösen kann, weil wir Kochsalz in der Vergangenheit haben auflösen sehen), dieses Verhalten, so fahren Kategorialisten fort, zählt aber nicht zum Wesen der chemischen Struktur *NaCl*. Man kann sich nämlich durchaus vorstellen, dass die Naturgesetze verschieden wären, so dass Wasser kein Dipol mehr wäre und sich *NaCl* also nicht mehr auflöste. Es wäre trotzdem weiterhin *NaCl*! Wenn wir diesen Gedanken weiterspinnen, und alle weiteren potenziellen Verhaltensweisen abziehen, bleibt *NaCl* ohne jegliche Rolle übrig, allein mit seinem primitiven So-Sein, seiner Quidditas.

Diese Überlegung zeigt nicht nur, wie man Quidditäten überhaupt denken kann, sie birgt auch zwei starke Argumente für den Kategorialismus/Quidditismus: Erstens erlaubt der Quidditismus auf einfache Weise ihren Gedanken, dass sich die Dinge verschieden verhalten würden, wären die Naturgesetze anders.[66] Diese Intuition kann der Dispositionalismus nur mit einigen Windungen nachvollziehen (siehe 2.4), denn wenn Eigenschaften dafür sorgen, wie sich die Dinge verhalten (müssen), dann bestimmen Eigenschaften gleichsam, wie der Weltverlauf auszusehen hat. Mit anderen Worten, die Regeln – das heißt Naturgesetzlichkeiten –, nach denen sich die Welt entfaltet, sind durch die Eigenschaften festgelegt. Gegeben bestimmte dispositionale Eigenschaften, sind die Naturgesetze notwendig so, wie sie sind. Sie hätten, entgegen unserer Intuition und im

ständen geschieht, ist durch die Klassifizierung allein aber noch nicht entschieden. Vergleiche: Kategoriale Eigenschaften und Farb-Tags einerseits, und (kausale) Rollen und Anweisungen der Firmenleitung andererseits.

65 Ob mit dem Postulat einer primitiven Identität Quines berühmtem Diktum „no entity without identity" (Quine 1969: 23) genüge getan wird, das sei einmal dahingestellt. Kritisiert wird der Quidditismus zum Beispiel in Black (2000). Langton (1998) und Lewis (2009) sind sich der schwierigen Konsequenzen des Quidditismus bewusst. In jedem Falle ist der Quidditismus ein unempiristischer metaphysischer Zug. Die Sinnesdaten, die im Theoriegebäude der logischen Empiristen eine äquivalente Stelle einnahmen, waren zwar auch nicht-dispositional gedacht, sie hatten aber einen bedeutenden Vorteil gegenüber Quidditäten: Sie sind uns durch direkte Wahrnehmung vertraut (siehe Russells „direct awareness" beziehungsweise „knowledge by acquaintance" zum Beispiel in Russell 1910).

66 Zur Schwierigkeit, die Dispositionalisten mit kontingenten Naturgesetzen haben, siehe unser Kapitel 2.4. Natürlich mag sich unterscheiden, was intuitiv (un-)*denkbar* und was wirklich (un-) *möglich* ist. Hierin liegt ein möglicher Ausweg für die Dispositionalistinnen.

Übrigen auch entgegen der Intuition namhafter Naturwissenschaftler (vgl. z. B. Dirac 1939: 128) nicht anders sein können.

Anders als der Dispositionalismus gestattet der Quidditismus zweitens ganz generell, dass die Verteilung der Eigenschaften in der Welt im Prinzip frei variierbar ist. Wenn Eigenschaften kategorial sind, gibt es keine metaphysisch notwendigen Verbindungen zwischen ihnen, wie beispielsweise der elektrischen Ladung eines Partikels und dessen Ablenkung in einem Magnetfeld. Diese freie Rekombinierbarkeit von Eigenschaften erlaubt es (aber hier greifen wir vor), metaphysische Möglichkeiten als Verteilungen von Eigenschaften zu modellieren. Jede (umfassende) Eigenschaftsverteilung entspricht einer metaphysisch möglichen Welt. Diesen Vorteil gegenüber einer dispositionalen Eigenschaftsontologie erklären wir im nächsten Unterkapitel.

Wir sind jetzt bestens auf die lewissche Metaphysik der Humeschen Supervenienz vorbereitet (Unterkapitel 2.2.3), die wiederum Grundlage seiner Theorie der Naturgesetze ist (Unterkapitel 2.2.4). Kurz erwähnen möchten wir vorher noch, dass sich die Debatte darum, ob fundamentale Eigenschaften bloß kategorial sind oder (auch) dispositional, parallel zur Naturgesetzesdebatte entfaltet hat. Lewis (1997) selbst hat zu dieser Diskussion maßgeblich beigetragen. Die Parallelität wundert nicht, sie muss sogar auftreten, gegeben, was wir oben zum Zusammenhang zwischen Naturgesetzen und Dispositionen geschrieben haben.

2.2.3 Humesche Supervenienz

David Lewis hat die Grundthese seines metaphysischen Theoriegebäudes zu Ehren David Humes ‚*Humean Supervenience*' genannt. Er beschreibt sie wie folgt:

> It is the doctrine that all there is to the world is a vast mosaic of local matters of particular fact, just one little thing and then another. [...] For short: we have an arrangement of [fundamental] qualities. And that is all there is. There is no difference without a difference in the arrangement of [fundamental] qualities. All else supervenes on that. (Lewis 1986b: ix – x)

Wir können uns Lewis' Welt in etwa wie unsere Computerbildschirme vorstellen (vgl. Lewis 1986a: 14). Die Bildschirme bestehen aus kleinsten Pixel, die bei hinreichender Auflösung für das Auge nicht einzeln sichtbar sind. Jedes dieser Pixel kann eine von etwa 16.7 Millionen Farben darstellen und alle zusammen zeigen ein wahrnehmbares Bild (bzw. einen Film, wenn wir zeitliche Farbwechsel berücksichtigen).[67] Welches Pixel zu welcher Zeit welche Farbe zeigt, ist vollkommen unabhängig davon, welche Farbe wann woanders gezeigt wird, das heißt, jede Stelle des Bildschirms kann autonom eingefärbt werden. Diese letzte Analogie, die die Pixelfarben zu *kategorialen* Eigenschaften macht (s.o.), wird besonders wichtig für die lewissche Metaphysik. Statt eines Computerbildschirms haben wir mit der Welt, die von Lewis als Mosaik beschrieben wird, die vierdimensionale Raumzeit vor uns. Statt Farben sind an jedem Raumzeit-Punkt Eigenschaften instanziiert („arrangement of qualities"): an den Koordinaten $<x_1,y_1,z_1,t_1>$ zum Beispiel elektrische Feldstärke E, an $<x_2,y_2,z_2,t_2>$ Gravitationspotenzial G etc. (Statt von Raumzeit-Punkten zu sprechen, könnten wir auch sagen, dass jedes punktförmige (Materie-/Substanz-)Partikel, das sich an jenen Raumzeit-Punkten befindet, Eigenschaften hat. Lewis legt sich nicht fest, ob Raumzeit-Punkte selbst oder sich dort befindliche Partikel Eigenschaftsträger sind (vgl. Lewis 1986a: 14).)

Wir rufen uns in Erinnerung, dass für Lewis (2009) Eigenschaften von kategorialer Natur sind. Deswegen sind diese partikulären Eigenschaftsinstanzen, „local matters of particular fact", ebenso voneinander unabhängig wie die Färbungen in unserer Bildschirmmetapher. Alle Eigenschaften des lewisschen Mosaiks ließen sich demnach beliebig umverteilen. Es gibt keinen Zwang, hier ein Mosaiksteinchen dieser Art hinzulegen, bloß weil an anderer Stelle eines von jener Art platziert ist.[68] Lewis' „just one little thing and then another" ist Humes „*events seem entirely loose and separate*" sehr ähnlich und natürlich spiegelt sich hierin auch Humes Diktum wider:

> There appears not, throughout all nature, any one instance of connexion which is conceivable by us. All events seem entirely loose and separate. One event follows another; but we never can observe any tie between them. They seem conjoined, but never connected. (Hume 1748/1998: Sect. VII, Part II, § 58: 74)

---

67 Wenn nicht diese zeitliche Komponente wichtig wäre, hätte man natürlich auch gleich bei der Metapher eines Mosaiks und seinen gefärbten Steinchen bleiben können. Bei Mosaiken sind diese Steinchen oft unterschiedlich geformt und verschieden groß. Das ist eine weitere Unähnlichkeit zum lewisschen Weltmosaik, wo Raum-Zeit-Punkte als kleinste Einheiten gelten können.

68 Zurecht könnte hier auf Erkenntnisse aus der Quantenphysik verwiesen werden, die offenbar zeigen, dass es sogenannte Verschränkungen von Objekten (Elektronen etwa) gibt, die mitunter sehr weit voneinander entfernt sind, und die dennoch, aufgrund der Verschränkung, einander ihre Zustände determinieren: Zum Beispiel erzwingt *Spin up* des einen *Spin down* des anderen (vgl. Maudlin 2007: Kap. 2.1). Sollte sich diese Hypothese als richtig herausstellen, dann wäre das trotzdem unschädlich für Lewis' Theorie der Naturgesetze, die ohne größere Modifikation der Kernthesen angepasst werden könnte (siehe Bhogal und Perry 2017, vgl. Jaag und Loew im Erscheinen).

An der Bildschirm-Metapher können wir zweierlei klarmachen. Erstens können wir metaphysische Möglichkeiten als Verteilungen von Eigenschaften ansehen: So, wie jede bestimmte Verteilung von Farben auf die Pixel des Bildschirms einer (anderen) Bilddarstellung entspricht, so kann Lewis verschiedene mögliche Welten als verschiedene raumzeitliche Mosaike von Verteilungen fundamentaler, kategorialer Eigenschaften ansehen: Jedes Mosaik von Eigenschaftsverteilungen entspricht einer (metaphysisch) möglichen Welt.

Zweitens können wir erklären, was mit Supervenienz in ‚Humean Supervenience' gemeint ist. Die Bilder oder Filme, die wir auf Monitoren sehen (und natürlich auch einzelne Objekte in den Bildern/Filmen), *supervenieren* wie folgt auf der Verteilung der Farben der individuellen Pixel: Das Gesamtbild entsteht aus der Farbverteilung, der Film aus der Änderung der Pixelfarben. Wann immer die vielen Einzelpixel zweier baugleicher Monitore dasselbe zeigen, zeigen sie auch dasselbe Gesamtbild. Andersherum formuliert: es kann keine Differenz im Gesamtbild geben, wenn es nicht auch eine Differenz in der unterliegenden Farbstruktur gibt.

Die Idee der Supervenienz kann formal auf verschiedene ähnliche, aber nicht äquivalente Weisen genauer formuliert werden. Ein guter Startpunkt findet sich bei Brian McLaughlin und Karen Bennett:

> A set of properties A supervenes upon another set B just in case no two things can differ with respect to A-properties without also differing with respect to their B-properties. In slogan form, ‚there cannot be an A-difference without a B-difference'. (Bennett and McLaughlin 2018)

Wir können aus der Monitor-Metapher drei Aspekte extrahieren, die für die lewissche Metaphysik zutreffend sind und die seine Idee der *Humeschen Supervenienz* ganz gut beschreiben:

(1) Die Welt ist ein dreidimensionales Raster (vergleichbar zu den zwei Dimensionen eines Computermonitors). Die Zeit kommt als vierte Dimension hinzu. Anstelle von Farben sind an Raumzeit-Punkten oder an den dort befindlichen Punkt-Partikeln fundamentale Eigenschaften instanziiert. Die Welt, beziehungsweise Makro-Objekte in ihr, verändern sich, wenn sich die Eigenschaften individueller Punkte/Mikro-Partikel zu bestimmten Zeiten ändern. (Gute Kandidaten für fundamentale Eigenschaften sind Eigenschaften oder Größen, die von unseren besten physikalischen Theorien postuliert werden beziehungsweise von einer zukünftigen großen vereinheitlichten Theorie.)

(2) Fundamentale Eigenschaften sind kategoriale Eigenschaften, die, wie Farben auf dem Monitor, frei verteilt werden können. Von einer Eigenschaft, die lokal an einem Punkt/Partikel instanziiert ist, hängt die Instanz keiner anderen

Eigenschaft irgendwo anders ab. Wie oben (in 2.2.2) erörtert, erlauben nur kategoriale Eigenschaften diese freie Rekombinierbarkeit, denn für die Instanziierung dispositionaler Eigenschaften sind bestimmte Kombinationen ausgeschlossen. Erst die freie Rekombinierbarkeit kategorialer Eigenschaften garantiert *Humes Diktum* und somit, dass keine Aufeinanderfolge von Ereignissen/Fakten/Eigenschaftsinstanzen notwendig so sein muss, wie sie ist, beziehungsweise auf eine bestimmte Weise nicht sein kann.[69]

(3) Was fundamental existiert, das ist das Mosaik partikulärer Fakten: Mikropartikel und ihre fundamentalen Eigenschaften. Alles andere, Makrobjekte wie Stühle und deren Makroeigenschaften, sogar Lebewesen, Personen, Vereine, Staaten etc. und auch die Naturgesetze oder Makro-Dispositionen supervenieren auf dieser Verteilung punktartiger Instanzen kategorialer Eigenschaften. Fasst man Supervenienz als reduktive Relation auf (siehe Lewis 1988: 30 f., Fn. 15), dann ist die folgende Sprechweise nicht verkehrt: Lebewesen, Personen, Naturgesetze, auch Kausalität etc. sind letztendlich nichts anderes als ganz bestimmte Anordnungen fundamentaler Eigenschaften im Mosaik. Welcher Art diese Verteilung im Falle der Naturgesetze sein muss, das ist das Hauptthema dieses Kapitels. Wir beschäftigen uns in 2.2.4 damit.

Die vorbereitenden Bemerkungen zur generellen Metaphysik David Lewis' abschließend wollen wir noch darauf aufmerksam machen, dass Punkt (2) Humes Diktum beinhaltet, und dass die Kombination von (1) und (3) die Supervenienzthese ausdrücken: (1) beschreibt die Supervenienzbasis, (3) die Supervenienzrelation zu den nicht-fundamentalen Entitäten.[70] Alle drei Punkte (1) – (3) machen zusammen die *Humesche Supervenienz* aus. Lewis fasst programmatisch zusammen:

> The world has its laws of nature, its chances and causal relationships; and yet – perhaps! – all there is to the world is its point-by-point distribution of local qualitative character. We

---

69 Die Eigenschaften müssen daher auch intrinsisch, nicht-relational sein. *Onkel meines Neffen sein* ist eine relationale Eigenschaft von mir, ich habe sie nur, weil etwas anderes, mein Neffe, extrinsisch von mir existiert; eine bestimmte Masse zu haben, ist hingegen mein intrinsisches Problem. Lewis erlaubt Punkten seines Mosaiks nur, eine einzige Art relationale, extrinsische Eigenschaft zu haben, nämlich zueinander in raumzeitlicher Relation zu stehen: Punkt $\langle x_1,y_1,z_1,t_1\rangle$ könnte zum Beispiel weiter von $\langle x_3,y_3,z_3,t_3\rangle$ entfernt sein als von $\langle x_2,y_2,z_2,t_2\rangle$.

70 Für Lewis ist „the point of defending Humean Supervenience [...] to resist philosophical arguments that there are more things in heaven and earth than physics has dreamt of" (Lewis 1999: 226). Ein Reduktionismus auf das Physikalische wird allerdings auch von Philosophinnen verteidigt, die Humes Diktum verwerfen. In deren Mosaik dürfen dann auch fundamentale dispositionale Eigenschaften vorkommen. (1) und (3) können von diesen nicht-humeschen Reduktionisten auch vertreten werden, (2) wird verworfen.

> have a spatiotemporal arrangement of points. At each point various local intrinsic properties may be present, instantiated perhaps by the point itself or perhaps by point-sized bits of matter or of fields that are located there. There may be properties of mass, charge, quark colour and flavour, field strength, and the like; and maybe others besides, if physics as we know it is inadequate to its descriptive task. Is that all? Are the laws, chances, and causal relationships nothing but patterns which supervene on this point-by-point distribution of properties? Could two worlds differ in their laws without differing, somehow, somewhere, in local qualitative character? (Lewis 1986a: 14)

2.2.4 Lewis' Beste Systeme Analyse im Detail

Die Naturgesetzestheorie, die wir jetzt vorstellen wollen – David Lewis' ‚Best Systems Analysis (BSA)' –, hat historische Vorbilder in Arbeiten von John Stuart Mill und Frank Ramsey (1928/1990: 140 – 144).[71] Mill gibt uns einen Ausblick auf das, was wir gleich ausführlicher entwickeln:

> According to one mode of expression, the question, *What are laws of nature?* may be stated thus:—What are the *fewest* and *simplest* assumptions, which being granted, the whole existing order of nature would result? Another mode of stating the question would be thus: *What are the fewest general propositions from which all uniformities which exist in the universe might be deductively inferred?* (Mill 1843/1967: 317; unsere Hervorhebungen)[72]

Ähnliche Ideen finden sich sogar schon früher bei Immanuel Kant (1790: 179 f, 83 f, 85) und Gottfried Wilhelm Leibniz. Letzterer schreibt:

> Man kann deshalb sagen, daß die Welt, wie auch immer Gott sie erschaffen hätte, stets regelmäßig und in einer bestimmten allgemeinen Ordnung gewesen wäre. Gott hat aber diejenige gewählt, welche die vollkommenste ist, d. h. diejenige, die zugleich die einfachste an Hypothesen und die reichhaltigste an Erscheinungen ist. (Leibniz 1686/1958: § 6)[73]

---

71 In Kapitel 2.1 *Empiristische Regularitätstheorien* haben wir Ramsey als Vertreter einer pragmatischen Konzeption der Naturgesetze angeführt. Diese Ansicht hat er tatsächlich kurze Zeit später vertreten.

72 Mill steht allerdings oft (und zurecht) auch Pate für dispositionalistische Theorien der Naturgesetze (siehe unser Kap. 2.4), denn die generellen Aussagen über das Universum, die er in obigem Zitat anführt, handeln bei Mill von Dispositionen oder Tendenzen: "These facts are correctly indicated by the expression *tendency.* All laws of causation, in consequence of their liability to be counteracted, require to be stated in words affirmative of tendencies only, not of actual results" (Mill 1843/1967: 445; siehe aber Sartenaer 2019).

73 Vom leibnizschen Standpunkt aus gesehen ist die moderne lewissche Theorie der Versuch, Gottes Ordnung nachzuvollziehen. Es sollte nicht unerwähnt bleiben, dass sowohl Leibniz als auch Kant keine Anhänger von Humes Diktum waren und an Notwendigkeit in Naturgesetzen glaubten.

Lewis, der nur auf seine jüngsten Vorgänger Mill und Ramsey explizit hinweist (Lewis 1983a: Fn. 27)[74], präsentiert seine eigenen Ideen erstmals in *Counterfactuals* (Lewis 1973a). Modifikationen finden sich in Lewis (1983a) und in Lewis (1994). Wir werden uns allerdings nicht streng an die zeitliche Entwicklung seiner Theorie halten, sondern größeren Wert auf eine inhaltlich-systematische Darstellung seiner ausgereiftesten Version legen.

Ausgangspunkt seiner Theorie ist die oben in 2.2.3 dargelegte metaphysische Grundannahme der Humeschen Supervenienz mit der in 2.2.2 beschriebenen Eigenschaftsontologie: die Welt ist, auf der fundamentalen Ebene, ein vier dimensionales Raumzeit-Mosaik an dessen punktförmigen Raumzeit-Stellen fundamentale kategoriale Eigenschaften instanziiert sind. Alles andere – Personen, Tiere, Pflanzen, Berge etc., aber auch Kausalrelationen, Dispositionen, Modalität und eben auch die Naturgesetze – superveniert auf diesem Mosaik.

Lewis' Naturgesetzestheorie lässt sich nun wie folgt am besten entwickeln: Nehmen wir einmal an, wir wären allwissend und kennten das gesamte Mosaik, das heißt, wir wüssten, welche fundamentalen Eigenschaften an welchen Stellen in der Vergangenheit, Gegenwart und Zukunft instanziiert sind. Nehmen wir weiter an, wir wollten dieses Mosaik beschreiben. Ein Weg, dies zu tun, wäre natürlich, für jeden einzelnen Punkt zu notieren, welche Eigenschaften an ihm instanziiert sind: An Raumzeitstelle mit den Koordinaten $<x_1,y_1,z_1,t_1>$ Masse der Größe m, an Raumzeitstelle $<x_2,y_2,z_2,t_2>$ Ladung der Größe e^- etc.

Wenn es allerdings wiederkehrende Muster im Mosaik gibt, dann wäre das alles andere als eine ökonomische Beschreibungsweise. Es wäre deutlich eleganter, wenn wir die Regelmäßigkeiten, die wir vorfinden, in Generalisierungen zusammenfassten. Beispielsweise könnte es sein, dass sich alle gleichnamigen Ladungen abstoßen, alle Massen anziehen etc. Das müssen wir nicht von allen (Paaren von) Einzelladungen und -massen einzeln aufschreiben. Stattdessen notieren wir: ‚Für alle Raumzeit-Punkte des Mosaiks gilt: Wenn an $<x_1,y_1,z_1,t_1>$ eine Masse der Größe m_1 und an $<x_2,y_2,z_2,t_2>$ eine Masse der Größe m_2 instanziiert ist und diese beiden Raumzeit-Punkte den Abstand r voneinander haben, dann gibt es eine Gravitationskraft $F_G = Gm_1m_2/r^2$ zwischen ihnen'. Ein ähnlicher Allsatz gilt, wenn wir Masse (m_1 und m_2) durch Ladung (e_1 und e_2) ersetzen, wobei die Kraft dann die elektrostatische Kraft $F_E = q_1q_2/(4\pi\varepsilon_0r^2)$ ist (bei gleichnamigen Ladungen abstoßend, bei entgegengesetzten anziehend).

Aus einigen so notierten Regularitäten können wir gegebenenfalls weitere ableiten. Haben wir etwa auch ein allgemeines Additionsgesetz für Kräfte aufgeschrieben, nämlich dass sie sich addieren – die resultierende Kraft ist die Summe

74 Die Beste Systeme Analyse wird oft auch ‚Mill-Ramsey-Lewis Theorie' genannt.

der Einzelkräfte: $F_{res} = \Sigma_i F_i$ –, dann folgt, dass, wenn Massen und zugleich Ladungen im Spiel sind, die resultierende Nettokraft $F_{res} = F_G + F_E = Gm_1m_2/r^2 + q_1q_2/(4\pi\varepsilon_0 r^2)$ vorliegt. Den so deduzierten Satz müssten wir also streng genommen nicht eigens erwähnen, weil er ohnehin von den anderen beiden logisch impliziert wird. Wir haben hier bewusst Anleihen bei Newtons Bewegungsgesetzen genommen und sein Gravitationsgesetz um das Coulombsche Kraftgesetz ergänzt. Wie wir nämlich sehen werden, ist Newtons Axiomatik, bei der aus wenigen, einfachen fundamentalen Gesetzen vieles weitere folgt, vorbildlich für Lewis' Kernidee.

Eine weitere Weise, ökonomisch vorzugehen, könnte die folgende sein: Einige Eigenschaften treten regelmäßig geballt auf, so zum Beispiel das Eigenschaftscluster spezifische Masse m_e, Elementarladung e^-, Spin ½ (plus einige weitere). Gewöhnlich nennen wir dieses Cluster ‚Elektron' und es könnte sein, dass es zusammenfassende Allsätze über dieses Cluster, also über Elektronen, gibt, zum Beispiel deren typische Trajektorien in Magnetfeldern.

Wenn wir das Mosaik mit solchen Allsätzen, statt mit Einzelaussagen, beschreiben, *systematisieren* wir, was über das Mosaik wahrheitsgemäß gesagt werden kann. Wir müssen allerdings davon ausgehen, dass es mehrere verschiedene Wege gibt, unser Mosaik-Wissen systematisch zusammenzufassen. Wegen der internen Ableitungszusammenhänge in diesen möglichen Zusammenfassungen spricht Lewis von verschiedenen *deduktiven Systemen*. Lewis verlangt auch, dass, salopp gesagt, jede solche Systematisierung alles, was man aus ihm folgern kann, gleich schon in sich aufnimmt. Im Vokabular der Logik spricht man von deduktiv abgeschlossenen Mengen von Sätzen.[75]

Einige dieser Systematisierungen sind eleganter als andere, weil sie trotz gleichem Informationsgehalt mit weniger Aussagen auskommen. Andere lassen gegebenenfalls Informationen aus und beschreiben das Mosaik nicht vollständig. Lewis ist einzig und allein an den besten dieser Systematisierungen interessiert (daher der Name ‚best systems analysis of laws' für seine Theorie).

---

75 Es ist allerdings nicht ganz klar, ob Lewis mit ‚deduktiv' tatsächlich in einem strengen Sinne ‚logisch ableitbar' meint oder ob er vielmehr im Sinn hat (oder haben sollte), dass Regularitäten, die auf fundamentaleren Regularitäten supervenieren, mit enthalten sein sollen. Zum Beispiel könnten Regularitäten, die Wasser (H_2O) betreffen (Schmelz- und Siedepunkt von Wasser, seine anomale geringste Ausdehnung bei 4°C etc.), auf den Regularitäten supervenieren, die Wasserstoff und Sauerstoff (H_2 und O_2) involvieren. Die Wasserregularitäten wären dann auch qua Supervenienz in der Systematisierung enthalten. Wenn tatsächlich (logische) Deduktion gemeint ist (statt Supervenienz), dann müssten, um H_2O-Allsätze als Theoreme aus H_2- und O_2-Allsätzen ableiten zu können, auch Brücken-‚Gesetze' in die Systematisierung aufgenommen werden, die darüber Auskunft geben, wie genau H_2O aus H_2 und O_2 zusammengesetzt ist. Zugegebenermaßen ist die logische Ableitbarkeit der Eigenschaften von Komposita aus deren Komponenten streitbar. Die Supervenienz hingegen ist glaubhafter.

Er spezifiziert weiter, was er damit meint. Die beste unter allen Systematisierungen des Mosaiks ist diejenige, die zwei Tugenden am gelungensten kombiniert: *Einfachheit* und *Stärke.* Stärke zu haben bedeutet für eine Systematisierung, einen hohen Informationsgehalt zu besitzen. Je stärker eine Systematisierung ist, desto mehr Fakten des Mosaiks fängt sie ein. Je schwächer sie ist, desto mehr lässt sie unter den Tisch fallen. Und eine Systematisierung ist umso einfacher, je knapper und präziser sie sich in ihren Beschreibungen ausdrückt und je weniger Redundanzen sie enthält.[76]

Der Einfachheit halber lassen wir an dieser Stelle ein drittes Kriterium, demgemäß neben *Einfachheit und Stärke* die Qualität eines Systems beurteilt werden muss, beiseite, nämlich Passung (engl. ‚*fit*'). Dieses Kriterium wird benötigt, um auch probabilistische Gesetze innerhalb der BSA zu erklären. Die *Passung* misst, wie gut probabilistische Aussagen eines Systems (z. B. die Angabe einer Wahrscheinlichkeit, mit der Urankerne innerhalb einer bestimmten Zeit zerfallen) übereinstimmen mit der tatsächlich auftretenden Häufigkeit der Zerfälle (im Fachjargon: mit der Frequenz der Zerfälle).[77] Je mehr der probabilistischen Aussagen des Systems eine sehr hohe Übereinstimmung mit der Welt haben (ihre Wahrscheinlichkeit also nahezu der Frequenz gleicht), desto höher ist der *Passungs*-Wert des Systems. Lewis stellte *Passung* der *Einfachheit und Stärke* in

76 Beide Kriterien, Einfachheit und Stärke, sind auf unterschiedliche Weisen aus- und umformuliert worden. Lewis versteht unter Einfachheit eines Systems die Länge seiner Axiomatisierung, das heißt, wie viele Axiome es benötigt und wie lang diese sind. Mit Einfachheit könnte aber auch mathematische Einfachheit gemeint sein: lineare Gleichungen sind einfacher als Polynomfunktion hohen Grades (siehe Lewis 1994: 479). In der neueren Literatur zur BSA (vgl. Kap. 3.2) wird oft eine nicht-syntaktische informationstheoretische Stärkekonzeption verwendet (siehe Hicks 2018; Jaag und Loew 2020). Hiernach ist die Einfachheit von Gesetzen etwa mit der Menge der Information verknüpft, die benötigt wird, um Vorhersagen zu ermöglichen (vgl. Sober 1975 und Thagard 1978: 88). Diese spiegelt sich üblicherweise in der Zahl der freien Parameter wider, die eine gesetzliche Gleichung enthält.

Stärke könnte neben dem oben genannten Informationsgehalt auch als Maß aufgefasst werden, wie viele mögliche Welten ausgeschlossen werden: eine systematische Beschreibung kann nicht von allen Welten wahr sein; je mehr und detaillierter sie beschreibt, auf desto weniger Welten kann sie zutreffen. Wenn ich von meinem Tisch sage, dass sich mindestens ein Notebook und eine Tasse Kaffee darauf befinden, dann trifft das auf mehr potenzielle Tische zu, als würde ich sagen, es steht genau ein Laptop, eine Tasse Kaffee, ein Buch und eine Plätzchendose darauf. Letztere Tisch-Welt-Beschreibung ist also stärker, weil sie mehr potenzielle Schreibtische ausschließt.

77 Vergleiche die generelle Wahrscheinlichkeit, nämlich 1/6, mit einem fairen Würfel eine Sechs zu werfen und die Häufigkeit der Sechsen in einer tatsächlichen Wurfreihe von, sagen wir, 60 Würfen, die tatsächlich deutlich mehr oder weniger als 10 Sechsen enthalten könnte. Dennoch würden wir ja an der generellen Wahrscheinlichkeitsverteilung fairer Würfel festhalten wollen.

Lewis (1994) zur Seite. Um Lewis Kernidee zu verstehen, reicht es aus, sich auf *Einfachheit* und *Stärke* zu konzentrieren und probabilistische Gesetze außen vor zu lassen.

Wenn wir diese Gütekriterien genauer unter die Lupe nehmen, dann fällt auf, dass sie in Konkurrenz zueinander stehen: stärkere Systeme tendieren dazu, weniger einfach zu sein und umgekehrt. Nehmen wir an, eine unserer in Konkurrenz zueinander stehenden Systematisierungen hätte noch nichts über Regelmäßigkeiten gesagt, in denen Higgs-Bosonen vorkommen. Wenn wir nun einen Satz hinzufügen, der diesen Informationsrückstand behebt, dann gewinnt das System an Stärke. Andererseits aber verliert es gleichzeitig an Einfachheit, weil es jetzt weniger knapp ist. Es gilt an dieser Stelle abzuwägen: Wenn wir durch Addition des Higgs-Bosonen-Satzes viel Stärke mit einer nur geringen Verkomplizierung gewinnen können, wird das System insgesamt besser (was wahrscheinlich ist). Lewis weist uns daher auch nicht an, Einfachheit und Stärke unabhängig voneinander zu maximieren (das ginge gar nicht!), sondern die beste Balance aus beiden zu finden:

> What we value in a deductive system is a properly balanced combination of simplicity and strength – as much of both as truth and our way of balancing permit. (Lewis 1973a: 73)

Übrigens ist diese lewissche Erwägung keine rein philosophische. Die Abwägung von Einfachheit und Stärke ist ebenfalls naturwissenschaftlich plausibel. Solche Kriterien werden nämlich in der Naturwissenschaft benutzen, um Theorien abduktiv zu rechtfertigen oder auf sie zu schießen.

Was hat das nun alles mit Naturgesetzen zu tun? Schauen wir uns an, wie Lewis' Definition von Naturgesetzen auf der Basis des bislang zu besten Systemen Gesagten ausschaut:

> A contingent generalization is a *law of nature* if and only if it appears as a theorem (or axiom) in [. . .] the true deductive system [...] that achieves a best combination of simplicity and strength. (Lewis 1973a: 73; siehe auch Lewis 1983a, 1994)[78]

Lewis verlangt Kontingenz von potenziellen Gesetzen, um analytisch wahre Aussagen wie ‚Alle Katzen sind Katzen' auszuschließen und somit sicherzugehen, dass Gesetze empirischen Gehalt transportieren. Die Forderung nach Kontingenz

---

78 Lewis spricht 1973 eigentlich noch im Plural: „in each of the true deductive systems that achieves a best combination of simplicity and strength". Später (siehe Lewis 1994: 479) verlangt er, dass es ein einziges System geben muss, das bei weitem besser ist als alle anderen. Wir kommen auf Lewis' Gründe zurück, haben aber hier schon seine späte Sicht adaptiert.

kennen wir auch von frühen empiristischen Regularitätstheorien (siehe Kap. 2.1). Sie ist, wie auch der Anspruch auf Wahrheit (‚*true* deductive system'), eine Bedingung, die die meisten Gesetzestheorien von Naturgesetzesaussagen verlangen.[79]

Für Lewis kommen nur Generalisierungen (also alles, was in Allsätzen ausgedrückt werden kann) als Naturgesetze in Frage. Er schreibt das ausdrücklich in seine Definition hinein, denn alle brauchbaren Systematisierungen, die das vierdimensionale Mosaik umfassend beschreiben wollen, müssen auch singuläre Tatsachen aufnehmen. Zum Beispiel könnte ein System mit einer Darstellung der partikulären Anfangsgegebenheiten zum Zeitpunkt t_0 (sagen wir dem Urknall) beginnen, aus der dann mithilfe der ebenfalls aufgenommenen Generalisierungen abgeleitet werden kann, welche zukünftigen Ereignisse sich daraus ergeben. Ohne Angabe dieser partikulären Anfangsbedingungen ließe sich die Zukunft nicht ableiten. Um ein vereinfachtes Beispiel zu geben: nur wenn wir wissen, wo und mit welcher Geschwindigkeit und Fahrtrichtung sich ein Fahrzeug zu t_0 befindet, können wir mit den allgemeinen Bewegungsgesetzen errechnen, wo es kurze Zeit später sein wird. Gute Systeme, und erst recht das Beste, enthalten also nicht ausschließlich allgemeine Sätze, sondern auch Partikuläres. Letzteres soll aber nicht als Naturgesetz zählen, weil von Gesetzen gewöhnlich Universalität gefordert wird.[80]

Wenn wir an die deduktive Struktur der Systeme denken, dann wird klar, was Lewis mit Axiomen und Theoremen meint: Die Axiome sind diejenigen generellen Sätze, die nicht aus anderen Sätzen ableitbar sind. Wir dürfen die Axiome des besten Systems als fundamentale Gesetze interpretieren (vielleicht die der Elementarteilchen-Physik). Die Theoreme sind solche allgemeinen Sätze, die aus den Axiomen ableitbar sind.[81] Theoreme dürfen als nicht-fundamentale Gesetze gel-

79 Siehe aber Marc Langes Theorie, die wir in Kapitel 2.5 besprechen und die nicht-kontingente Sätze der Logik als Naturgesetze anerkennt.

80 Gegenteiliger Meinung sind zum Beispiel David Albert (2000) und Barry Loewer (2012), die aber sonst an Lewis sehr dicht angelehnte Theorien vertreten. Beide halten auch eine Beschreibung des Anfangszustandes des Universums für ein Gesetz (siehe deren ‚past hypothesis' und unser Kap. 3.2).

81 Siehe unsere Anmerkungen zur Ableitbarkeit in Fn. 75. Es ist zudem nicht klar, ob Lewis Theorem-Ableitbarkeit allein aus den Axiomen meint (so interpretieren wir ihn im Folgenden) oder Ableitbarkeit der Theoreme aus den Axiomen zuzüglich der Anfangsbedingungen des Universums. In ersterem Fall ist es sehr fragwürdig, ob beispielsweise Gesetze der Biologie allein aus den Axiomen als Theoreme folgen würden, denn dass überhaupt Lebewesen mit den Merkmalen, die sie haben, entstanden sind, hing stark von den Anfangsbedingungen des Universums beziehungsweise unseres Sonnensystems ab. Im letzteren Fall laufen wir Gefahr, wieder intuitiv

ten (vielleicht Gesetze der Chemie). Eine Standard-Interpretation von Lewis sieht demnach auch die Gesetze der Spezialwissenschaften (Chemie, Biologie, vielleicht auch Psychologie etc.) im besten System enthalten, wenn sie aus den fundamentalen Gesetzen (Axiomen) als Theoreme folgen.

Schauen wir uns drei mögliche Beschreibungen des Mosaiks, also der Verteilung von (fundamentalen) Eigenschaften in der 4D-Raumzeit, Vergangenheit-Gegenwart-Zukunft, exemplarisch an und beurteilen diese drei Systematisierungen im Hinblick auf Einfachheit und Stärke (vgl. Schrenk 2008).

Wir könnten es, (i), mit einer riesigen Tabelle zu tun haben, in der für jeden Raumzeitpunkt, beziehungsweise den an diesen Punkten befindlichen Partikeln, aufgelistet wird, welche Eigenschaften dort instanziiert sind (Ladung an $<x_1,y_1,z_1,t_1>$, Masse an $<x_2,y_2,z_2,t_2>$ etc.) (vgl. Albert 2015: 23). Diese ‚Systematisierung' wäre maximal stark, denn alles, was an Information über die fundamentalen Fakten des Mosaiks gegeben werden kann, ist enthalten. Einfach wäre diese Liste allerdings nicht. Sie verdient nicht einmal den Namen ‚Systematisierung', weil gar keine Informationen in einen systematischen Zusammenhang gebracht, beispielsweise in Allsätzen zusammengefasst werden. (Deshalb enthielte dieses ‚System' gemäß Lewis auch gar keine Naturgesetzes-Kandidaten, die ja die *Generalisierungen* in Systemen sein sollten).

Zweitens, (ii), könnten wir ein System betrachten, das eine einzige Zeile enthält: ‚Für alle gleichnamigen (entgegengesetzten) Ladungen e_1 und e_2 im Abstand r gilt, dass sie sich mit elektrostatischer Kraft $F_E = q_1q_2/(4\pi\varepsilon_0 r^2)$ abstoßen (anziehen).' Dieses System ist, sozusagen, der Gegenentwurf zum ersten: Es ist, mit seiner einzigen Zeile, sehr einfach, allerdings auch sehr schwach, denn es lässt eine ganze Menge an Informationen (über Gravitation, Magnetfelder, starke und schwache Atomkräfte etc.) aus.

Nehmen wir als drittes Beispielsystem, (iii), den Stand der heutigen Physik. Es ist zwar nicht ausgemacht, dass sich die Physik nicht noch ändert oder weiterentwickelt, ihre Erfolge bei Vorhersagen und Erklärungen, ihre zentrale Rolle beim technischen Fortschritt etc. sprechen aber dafür, dass sie eine informationsreiche Systematisierung der Welt ist. Die Physik ist auch um Einfachheit und deren Balance mit Stärke bemüht, jedenfalls in dem Sinne, dass sie mit möglichst wenigen fundamentalen Gesetzen möglichst viele Phänomene einfangen will. Das zeigt sich unter anderem darin, dass es als großer Erfolg gewertet wurde, als James Clerk Maxwell Magnetismus und Elektrizität vereinheitlichte. Sowie darin, dass die Physik weiterhin nach der ‚Theory of Everything' auf der Suche ist: Un-

---

nicht-nomische Allsätze als ‚Gesetze' durchgehen zu lassen. Beide Varianten haben also ihre Nachteile.

sere Theorien der elektromagnetischen Kraft, der starken und schwachen Wechselwirkung sollen mit Einsteins Gravitationstheorie vereint werden. Vereinheitlichung ist eine Form der Systematisierung, die Einfachheit zum Ziel hat, im besten Falle dabei aber nicht an Informativität, das heißt Stärke, verliert. Das dritte Beispielsystem, die gegenwärtige und, mit Glück, eine zukünftige Physik, hat also eine viel höhere Chance, das beste System unter den drei hier betrachteten zu sein als die ersten beiden Beschreibungen. Die Hoffnung ist natürlich, dass sich die Physik sogar dem besten System annähert, das Lewis als dasjenige erachtet, das die wirklichen Naturgesetze enthält, nämlich ein System, das alle anderen möglichen Systematisierungen bezüglich Einfachheit, Stärke und deren Balance schlägt.

David Lewis' BSA ist im Kern eine Regularitätstheorie: Die Naturgesetze formen eine bestimmte elitäre Klasse unter allen bestehenden Regularitäten der Welt, nämlich diejenigen Regularitäten, die Axiome (oder Theoreme) der besten Beschreibungsweise der Welt sind. Lewis' Theorie ist komplexer als die der logischen Empiristen, die wir in 2.1 vorgestellt haben. Entgegen jener Theorien ist sie auch holistisch, weil nicht Merkmale einzelner Sätze über deren Nomizität entscheiden, sondern erst Mitgliedschaft in den Axiomen eines Gesamtsystems.

Das ist auch der Grund, weswegen Lewis glaubt, Reichenbachs Problem der goldenen Würfel zu entkommen. Wir erinnern uns, die beiden Generalisierungen ‚Alle (massiven) Goldwürfel sind kleiner als eine Kubikmeile' und ‚Alle (massiven) Würfel angereicherten Urans-235 sind kleiner als eine Kubikmeile' haben intrinsisch die gleichen syntaktischen und semantischen Eigenschaften. Jede Theorie, die isoliert bloß auf die Sätze selbst schaut, muss also entweder beide als Naturgesetz gelten lassen oder beiden ihren nomischen Charakter absprechen (ersteres geschieht in der Theorie der logischen Empiristen).

Lewis' holistische Beste Systeme Analyse vermag dieses Problem zu lösen (siehe Lewis 1973a: 74): die generelle Aussage ‚Alle (massiven) Goldwürfel sind kleiner als eine Kubikmeile' mag zwar wahr sein, sie ist aber zu marginal und zu isoliert (sie steht in keinem deduktiven Zusammenhang mit anderen potenziellen Sätzen), als dass sie es in das Axiomensystem des besten Systems schaffte. Ganz anders verhält es sich mit der gleichen Aussage über Uran. Die nämlich ist verknüpft mit anderen (axiomatischen) wahren generellen Aussagen über die atomare Struktur des Urankerns und atomaren Zerfall, denn sie gehört entweder selbst zu diesen Axiomen oder folgt (ohne Hinzunahme der Anfangsbedingungen) daraus als Theorem. Dies alles trifft auf den Goldsatz eben nicht zu.[82]

---

82 Es sei denn, Theoreme dürfen auch aus Axiomen zuzüglich Anfangsbedingungen gewonnen

In Kapitel 2.1 schrieben wir, dass man intuitiv auf den Gold- und Uran-Satz auch wie folgt hätte reagieren können: Es ist naturnotwendig, dass es keine solchen Uranwürfel gibt. Nichts in der Welt erzwingt hingegen, dass Goldwürfel nicht größer werden können. Hätte man genug Gold, könnte man einen solchen Würfel formen. Wir schrieben auch, dass sich die logischen Empiristen diese Intuition nicht zunutze machen wollten, weil sie, mit Hume, Notwendigkeiten in der Natur als fragwürdig ansahen. Auch der Humeaner Lewis kann eine Notwendigkeit nicht als fundamental und naturgegeben annehmen, was an dieser Stelle aber auch für ihn nicht direkt nachteilig ist, weil er ja den Gold- vom Uransatz zu scheiden weiß, ohne auf Naturnotwendigkeit rekurrieren zu müssen.

Dennoch wäre es unbefriedigend, wenn beide Sätze für ihn den gleichen modalen Status hätten, nämlich reine Kontingenz. Naturgesetze, so ein Desiderat einer jeden Theorie der Naturgesetzlichkeit (vgl. Desiderat V), sollten mindestens kontrafaktische Kraft haben oder eine Naturnotwendigkeit implizieren: Wenn Einstein Recht hat, dann ist es nicht nur bloß faktisch wahr, dass sich nichts schneller bewegt als das Licht, nichts *kann* sich schneller bewegen. Alle anderen Objekte sind physikalisch notwendigerweise langsamer.[83]

Auch einen Uranwürfel größer als eine Kubikmeile könnten wir, was immer wir versuchten, nicht zusammenfügen, wohl aber (potenziell jedenfalls) einen ebensolchen Goldwürfel. Daher könnte man nun einwenden, dass es Lewis zwar gelingt, zwischen der *Nomizität* des Gold- und Uransatzes zu differenzieren, dass er dies aber nicht aus den richtigen Gründen tut: Der Mangel des Goldsatzes an Einfachheit und Stärke ist schön und gut, aber es ist sein *Mangel an modaler Kraft* die ihn wirklich vom Gesetzesstatus disqualifiziert.

Hume-Anhängerinnen können auf diese Kritik reagieren. Sie können nomologische beziehungsweise natürliche Notwendigkeit wie folgt stipulativ definieren:

> A statement, *p*, is nomologically necessary if and only if *p* follows from the laws of nature (being the axioms of the best system). Since every statement follows from itself the laws themselves are also nomologically necessary. (van Fraassen 1989: 44 f.; siehe auch Lewis 1973a: 5)

---

werden. Dann folgt gegebenenfalls, dass das Universum keine so großen Goldklumpen enthält (siehe Fn. 81).

83 Für eine mögliche Ausnahme siehe Tachyonen: hypothetisch postulierbare Teilchen mit imaginärer Masse, die sich, in mathematischem Einklang mit der Relativitätstheorie, superluminar bewegen könnten.

Dieses Manöver hat tatsächlich zur Folge, dass der Goldsatz keine, der Uransatz aber schon modale Kraft hat, das heißt nomologisch notwendig ist, und Lewis könnte sich dieses Unterscheidungskriterium zusätzlich zu eigen machen.

Zu den modalen Desiderata (vgl. unser Kriterium *V* in Kap. 1.4) einer Theorie der Naturgesetze zählt auch, dass Naturgesetze kontrafaktische Konditionale stützen. Gerade von David Lewis stammt aber eine vielbeachtete semantische Theorie dieser Konditionale (nämlich die, die er in seinem Buch *Counterfactuals* (1973a) entwickelt, in der er auch seine Theorie der Naturgesetze erstmalig vorstellt). Diese Theorie ist nicht minder komplex als seine Naturgesetzestheorie und kann hier nicht zusätzlich ausführlich dargestellt werden (für eine Einführung siehe Schrenk 2016: Kap. 3.4). Wir wagen aber eine Skizze. Ein kontrafaktisches Konditional wie ‚löste sich der Apfel vom Baum, dann fiele er zu Boden' ist genau unter folgenden Bedingungen wahr: betrachten wir eine Welt w_l, die unserer aktualen Welt $w_@$ fast aufs Haar gleicht – *insbesondere sollen dort alle Sätze, die bei uns Naturgesetze sind, auch wahr sein* –, bloß, dass sich besagter Apfel dort tatsächlich löst; wenn er dort auch herunterfällt, dann ist das kontrafaktische Konditional in unserer Welt wahr. (Betrachte diese andere Welt sozusagen als Simulation unserer Welt, in der unsere Gesetze als Regularitäten einprogrammiert wurden.) Fällt der Apfel in einer solchen Welt w_l nicht, dann ist das Konditional falsch. Gesetze haben in diesen Wahrheitsbedingungen eine gewichtige Stellung inne: Wir betrachten (Simulations-)Welten, in denen unsere Naturgesetze wahr sind. Lewis kann also zurecht behaupten, dass Gesetze kontrafaktische Konditionale stützen.[84]

---

84 Etwas genauer besagt Lewis' Theorie, dass ein kontrafaktisches Konditional $p \Box\!\!\rightarrow q$ wahr ist, genau dann, wenn alle der aktualen Welt nächsten *p*-Welten auch *q*-Welten sind; und die wichtigste Bedingung für Nähe zwischen Welten ist, dass dieselben Gesetze in ihnen gelten. Beachte aber zweierlei: Erstens, dass die Gesetze gemäß Lewis in nahen Welten „nur" *wahr* bleiben, aber nicht unbedingt auch Gesetze sein müssen (darauf kommen wir weiter unten unter dem Stichpunkt *Hyperresilienz* zurück, vgl. S. 96). Zweitens, dass es den Gesetzen in den genauen Wahrheitsbedingungen für kontrafaktische Konditionale erlaubt sein muss, in den nächsten Welten kleinere Aussetzer zu haben (geringfügige ‚Wunder' zu erlauben, wie Lewis sich ausdrückt (siehe Lewis 1973a: 75). Das kann notwendig sein, um das Antezedens des kontrafaktischen Konditionals dort überhaupt wahr machen zu können.

Ein kurzer Weg von Gesetzen zu Konditionalen führt übrigens über die eben definierte nomologische Notwendigkeit. Es gilt, dass, wenn $\forall x(Fx \rightarrow Gx)$ ein Gesetz ist, dann $\forall x(Fx \rightarrow Gx)$ nomologisch notwendig ist; kurz: $L(\forall x(Fx \rightarrow Gx)) \rightarrow \Box_{nom} \forall x(Fx \rightarrow Gx)$. Daher gilt erst recht $\forall x(Fx \Box\!\!\rightarrow Gx)$, weil aus der nomologischen Notwendigkeit einer materialen Implikation das entsprechende kontrafaktische Konditional folgt (gegeben, dass das Antezedens nomologisch möglich ist): $\Box_{nom} \forall x(Fx \rightarrow Gx) \rightarrow \forall x(Fx \Box\!\!\rightarrow Gx)$. Dieses Manöver fängt aber nicht alle kontrafaktischen Konditionale, wie z. B. ‚Wäre David früher aufgestanden, dann hätte er den Zug nicht

Einige Eigenschaften kommen uns natürlicher (naturgegebener) vor als andere (die ggf. menschliche Konstrukte sind); *elektrisch geladen sein* eher als die Eigenschaft *entweder rund und rot zu sein oder vom Papst gemocht zu werden*; *aus Gold sein* eher als *der neuen EU-Richtlinie entsprechen*. Lewis glaubte 1973, dass seine Naturgesetzestheorie beides zugleich liefern würde, die Gesetze einerseits und andererseits, welche Eigenschaften als objektiv naturgegeben gelten können. Letztere wären nämlich die und nur die Eigenschaften, die in den (fundamentalen) Naturgesetzen vorkommen.[85] Lewis glaubte also, zwei Fliegen mit einer Klappe schlagen zu können.

Diese Hoffnung stellte sich allerdings als falsch heraus und Lewis sah sich dazu genötigt zu postulieren, dass die Natürlichkeit einiger Eigenschaften ein fundamentales Faktum ist, das vorrangig besteht und das als Baustein in die Naturgesetzestheorie schon von vornherein einfließen muss. Tatsächlich wurde die Idee geistunabhängiger, natürlicher Eigenschaften ein wesentlicher und fundamentaler Baustein von Lewis' metaphysischem Gesamtsystem:

> Formerly I had been persuaded by [Nelson] Goodman and others that all properties were equal: it was hopeless to try to distinguish 'natural' properties from gruesome gerrymandered, disjunctive properties. Eventually I was persuaded, largely by D. M. Armstrong, that the distinction I had rejected was so commonsensical and so serviceable–indeed, was so often indispensable–that it was foolish to try to get on without it. (Lewis 1999: 1 f.; siehe auch Lewis 1983a)[86]

Das, was wir also oben in 2.2.2 zu Eigenschaften in Lewis' Bild der Humeschen Supervenienz notiert haben, nämlich, dass es sich in der Supervenienzbasis um fundamentale, kategoriale, lokal an Raum-Zeit-Punkten instanziierte Eigen-

---

verpasst' ein, die von Interesse sind, sondern nur die, die eins-zu-eins die Naturgesetze widerspiegeln.

85 Diese Idee wird als ‚package deal' bezeichnet. Lewis verwirft sie, aber eine Variante wird später von Barry Loewer (Loewer 2007) vertreten (siehe Kap. 3.1). Handelte es sich bei Naturgesetzen und natürlichen Eigenschaften um ein Paket, dann zählten, wenn die Naturgesetze anders wären, auch andere Eigenschaften zu den natürlichen. Anders ausgedrückt, dann wären in Welten mit anderen Naturgesetzen andere Eigenschaften natürlich. In Lewis' Theorie von 1983 liegt allerdings über alle Welten hinweg fest, welche die natürlichen Eigenschaften sind.

86 ‚*Grue*' wurde ursprünglich von Nelson Goodman erfunden, allerdings zu einem anderen Zweck, nämlich um sein neues Induktionsproblem (‚a new riddle of induction') formulieren zu können. Die (vermeintliche) Natürlichkeit von Prädikaten/Eigenschaften spielt aber auch dort eine große Rolle (vgl. Goodman 1955/1983: 74 ff.). ‚Gerrymandered' können wir etwa mit ‚wild zusammengewürfelt' übersetzen. Wir empfehlen aber, nach Lesen unseres Kapitels, die Lektüre des Wikipedia-Eintrags zu ‚gerrymandering'. Hier trifft Ontologie auf Politikwissenschaft!

schaften handelt, muss um das Prädikat ‚perfekt natürlich' ergänzt werden: Alles superveniert auf dem Mosaik der Instanziierungen perfekt natürlicher, fundamentaler, lokaler, kategorialer Eigenschaften.

Schauen wir uns genau an, warum Lewis die Voraussetzung der Existenz natürlicher Eigenschaften für (s)eine Naturgesetzestheorie für unabdingbar (engl. *indispensable*) hält.[87] Rufen wir kurz ins Gedächtnis, dass Lewis, bevor er die Existenz natürlicher Eigenschaften postulierte, annahm, dass alle Eigenschaften der gleichen Art sind. Diese Position ist der These der logischen Empiristen sehr ähnlich (und dem Postempiristen Goodman, vergleiche Lewis' Zitat oben), die ja mit ihrem radikalen Nominalismus der Ansicht waren, dass kein Unterschied zwischen, zum Beispiel, *taschig zu sein* und *golden zu sein* (siehe 2.1) besteht, ja, dass prinzipiell jedem Prädikat, dem eine Menge von Gegenständen als Extension zugeordnet ist, auch eine Eigenschaft entspricht.[88] Dementsprechend dachte Lewis, er müsse den systematischen Weltbeschreibungen, die in seiner Beste Systeme Analyse in Konkurrenz treten, auch nicht vorschreiben, welche Prädikate sie verwenden beziehungsweise welche Eigenschaften sie erwähnen dürfen.

Allerdings führt eine solche ‚Eigenschaftsbeliebigkeit' zu einem gravierenden Problem (vgl. Lewis 1983a: 367; Loewer 1996: 109; 2007: 324): Nehmen wir an, System *S* sei das stärkste System unter allen Konkurrenten. (Hier könnten wir für unsere jetzigen Belange auch die allumfassende Tabelle (i) von oben nutzen.) Dann können wir ein neues Prädikat *F* definieren (und damit die zugehörige *F*-Eigenschaft fixieren), das auf alle und nur die Dinge (Partikel, Raumzeit-Stellen) einer Welt zutrifft, für die insgesamt das System *S* (z. B. eben die Tabelle) eine korrekte Beschreibung ist. Mit Hilfe des *F*-Prädikats können wir System *S* zu System *S** umformulieren, das genauso stark ist wie S selbst, aber wesentlich einfacher: *S** enthält nämlich nur das einzig wahre Axiom $\forall xFx$. In *S** ist die ganze Information aus *S* encodiert (gleiche Stärke). Dennoch ist *S** super einfach: In *S** ist $\forall xFx$ das eine und einzige Axiom, also fundamentale Naturgesetz. Das allein schon ist unintuitiv. Schlimmer noch: $\forall xFx$ kodiert alle Wahrheiten über die Welt, insbesondere alle Regularitäten. Mit anderen Worten, alle Regularitäten folgen als Theoreme, alle Regularitäten sind Naturgesetze! „That must be wrong" (Lewis 1983a: 367; siehe Schrenk 2016: 139 für eine andere Weise, das Problem der Sprachbeliebigkeit zu erläutern).

87 Damit verortet er seine Begründung unter jenen Argumentstrategien, die unter dem Namen ‚indispensability arguments' oder ‚transzendentale Argumente' bekannt sind. Letztere decken Bedingungen für die Möglichkeit von etwas auf.

88 Im lewisschen Bild der Humeschen Supervenienz bedeutet das, dass jeder beliebigen Menge von Raumzeit-Punkten, -Arealen oder Partikeln ein Prädikat zugeordnet werden kann.

An dieser Stelle kommt das Postulat natürlicher Eigenschaften gerade recht. Angenommen nämlich, es wäre ein fundamentales Faktum unserer Welt, dass einige Eigenschaften, nicht aber andere, *natürlich* sind.[89] Dann wäre es nur richtig, dass Weltbeschreibungen, die auf die *Natur*gesetze zielen, ausschließlich ein Vokabular benutzen, dessen Prädikate mit diesen natürlichen Eigenschaften korrelieren. Alle anderen Beschreibungsweisen mögen ihre Gesetzlichkeiten hervorheben, aber warum sollten wir diese in Betracht ziehen, wenn es uns um die *Natur*gesetze geht? In seinem Aufsatz *New Work for a Theory of Universals* fügt Lewis seiner Definition der Naturgesetzlichkeit daher hinzu: „[the] primitive vocabulary that appears in the axioms refer[s] only to perfectly natural properties" (Lewis 1983a: 368).[90]

Zur Natürlichkeit von Eigenschaften könnte noch viel mehr gesagt werden. Wir wollen es bei einigen Charakteristika belassen, die Lewis benennt. Im obigen Zitat spricht er von perfekter Natürlichkeit und er erlaubt Abstufungen. *Ein Quark zu sein* oder *elektrisch geladen zu sein* mögen zu der Klasse der *perfekt* natürlichen Eigenschaften zählen, *Wasser zu sein* oder *ein Tiger zu sein* vielleicht schon weniger, weil diese Eigenschaften von fundamentaleren abhängen. Es ist allerdings nicht klar, wie Lewis bloß ‚fairly natural properties' und gegebenenfalls abgeleitete, nicht-fundamentale Naturgesetze definiert wissen will (siehe Lewis 1983a: 369). Zu den perfekt natürlichen Eigenschaften erfahren wir allerdings noch, dass sie diejenigen Eigenschaften sind, die objektive Ähnlichkeit unter Gegenständen ausmachen, und Gegenstände sind exakte Duplikate voneinander, wenn sie alle natürlichen Eigenschaften teilen. Zudem ist ein Objekt vollständig charakterisiert, wenn alles über seine natürlichen Eigenschaften gesagt ist, jedes weitere Wort wäre redundant (siehe Lewis 1983a: 346 und 1986a: 50–69) und Kap. 2.3, wo natürliche Eigenschaften ebenfalls eine zentrale Rolle spielen.

---

89 In der Theorie des Nominalismus: Einige Klassen von Gegenständen sind natürlich, andere nicht.

90 Obgleich die Natürlichkeit von Eigenschaften das fundamentalere ontologische Faktum ist und Naturgesetzlichkeit auf der Verteilung natürlicher Eigenschaften superveniert, hebt Lewis hervor, dass wir als Wissenschaftlerinnen dennoch epistemisch beides zusammen entdecken (Lewis 1983a: 368).

2.2.5 Kritische Diskussion und Varianten der Beste Systeme Analyse

2.2.5.1 Kritik an natürlichen Eigenschaften und *ceteris-paribus*-Gesetze

Lewis' Postulat der Existenz natürlicher Eigenschaften wurde kritisiert und (deswegen) von anderen Philosophinnen wieder zurückgenommen. Ganz allgemein führen Metaphysikskeptiker an, dass die ontologische Verpflichtung zu natürlichen Eigenschaften eine Bürde spekulativer Metaphysik ist. Ein radikalerer Nominalismus sei eher in Einklang mit streng empiristischen Anforderungen. Neben dieser allgemeinen und vielleicht auch zu strengen Kritik stammt eine spezifischere und beachtenswertere von van Fraassen (1989: 53), die auch von Barry Loewer (1996: 109; 2007: 322) und Jonathan Cohen und Craig Callender (2009: 12) aufgegriffen wird.

Der Kern der Kritik ist, dass eine allumfassende, finale physikalische Theorie – wie sie, wenn wir Glück haben, von Physikerinnen der Zukunft hervorgebracht wird – nicht notwendig mit dem besten System und seinen Naturgesetzes-Axiomen übereinstimmen muss: Die tatsächliche Physik könnte ein Vokabular benutzen, das sich nicht (ausschließlich) auf die von Lewis postulierten natürlichen Eigenschaften bezieht, denn eine andere Sprache als die der Natur könnte für Wissenschaftler dienlicher sein.[91] Nichts garantiert dann, dass die Axiome dieser in wissenschaftlicher Sprache geschriebenen Theorie, übersetzt in die Sprache der natürlichen Prädikate, mit den Axiomen des lewisschen besten Systems übereinstimmen.

Die lewissche Metaphysik der Naturgesetze könnte also in einem Gegensatz zu den epistemischen Bemühungen von Naturwissenschaftlerinnen stehen. Eine Wissenschafts-Metaphysik, die so radikal an der Naturwissenschaft vorbeigeht (oder von der zumindest diese Gefahr ausgeht), ist für viele Theoretiker unakzeptabel. Seit den 2000er werden daher Varianten der lewisschen Theorie populär, die versuchen, ohne das Postulat natürlicher Eigenschaften auszukommen. Wir werden diese Theorien, zu denen auch unsere eigenen zählen, in den Kapiteln 3.1 und 3.2 genauer unter die Lupe nehmen.

Für derartige Theorien prägten Cohen und Callender in einem gleichnamigen Aufsatz die Bezeichnung ‚*Bessere Beste Systeme Analysen*'. Die Theorie wurde,

91 Dies könnte verneint werden. Tatsächlich glaubt Lewis nämlich, dass natürliche Eigenschaften als ‚Referenz-Magnete' fungieren (vgl. Lewis 1984): Eine wissenschaftliche Sprache wird, sozusagen, von den richtigen, natürlichen Eigenschaften ‚angezogen', sodass das Wissenschaftsvokabular auf natürliche Eigenschaften referiert. Die oben genannte Diskrepanz könnte dann nicht entstehen. Die Annahme von ‚Referenz-Magneten' ist allerdings umstritten (vgl. Loewer 2007: 323).

avant la lettre, schon von Schrenk (2007: 162ff.) vorgeschlagen. Einige Anhänger der *Besseren Beste Systeme Analyse* waren zudem (anders als Lewis und, in diesem Falle, auch anders als Loewer) nicht nur oder nicht in erster Linie an einer Theorie der fundamentalen Naturgesetze interessiert, sondern auch an den Gesetzen der Spezialwissenschaften Chemie, Biologie, Psychologie, Ökonomie etc.

Diese Gesetze (wenn wir ihnen denn Gesetzesstatus verleihen wollen) enthalten zum einen nicht-fundamentale Eigenschaften und lassen zum anderen auch Ausnahmen zu, zählen also zu den sogenannten ‚*ceteris-paribus*-Gesetzen'. *Cp*-Gesetze gelten höchstens unter Normalbedingungen oder wenn keine Störfaktoren wirken oder nur unter (artifiziellen) Idealbedingungen, die Wissenschaftlerinnen in kontrollierten experimentellen Anordnungen erzeugen (vgl. Cartwright 1983). Beispielsweise bindet Hämoglobin in der Regel Sauerstoff ($O_2 + Hb \rightarrow HbO_2$), allerdings nicht, oder nur schlecht, wenn die Person an Sichelzellenanämie erkrankt ist; das Gesetz von Angebot und Nachfrage, dass ein Anstieg der Nachfrage nach einem Gut zu einer Erhöhung seines Preises führt, gilt nur, wenn zum Beispiel der Staat nicht eingreift etc. Wie Lewis (oder eine Variante seiner Theorie) mit solchen spezial-wissenschaftlichen Gesetzen, die unser Desiderat *III* der Invarianz und Universalität nicht einhalten, umgehen könnte, ist ebenfalls Gegenstand unseres Kapitels 3.1.

Schließlich haben moderne Varianten der Beste Systeme Analyse auch Lewis' Kriterien der *Einfachheit*, *Stärke* und *Passung* kritisch im Blick und erweitern und/oder ändern diese, um der tatsächlichen Praxis der Wissenschaften (noch) näher zu kommen, als es Lewis' System vermag. Sie fügen beispielsweise Erklärungs- und Vorhersagekraft als Maßstab mit hinzu. Dies wird Gegenstand von Kapitel 3.2 sein. An dieser Stelle möchten wir aber eine schon ältere Kritik an den Kriterien Einfachheit und Stärke vorstellen:

2.2.5.2 Sind Einfachheit, Stärke und deren Abwägung objektiv?

Selbst wenn wir davon ausgehen, dass die Welt mit natürlichen und subjektunabhängigen Eigenschaften ausgestattet ist und sich, gemäß Lewis, die Naturgesetze aus deren Verteilung und Regelmäßigkeiten ergeben, ist seine Theorie dennoch nicht frei von anthropozentrischen Faktoren: Die Kriterien Einfachheit und Stärke könnten menschengemachte Standards sein.

Lewis gesteht indirekt ein, dass diese beiden Faktoren verschieden definiert werden könnten, dass die genaue Definition in gewissen Grenzen Geschmacksache ist etc. Oben haben wir für ‚Stärke' das Wort ‚Informationsgehalt' synonym gebraucht, Stärke aber auch mit dem Ausschluss von Welten gleichgesetzt. Ähnlich verhält es sich mit Einfachheit, die die syntaktische Struktur der einzelnen Axiome betreffen könnte, aber zum Beispiel auch deren Gesamtanzahl. Lewis' Antwort auf diese Varianz an Definitionsmöglichkeiten ist, dass wenn die Natur tatsächlich sehr geordnet ist und durch und durch Regelmäßigkeiten folgt, es dann (innerhalb vernünftiger Grenzen natürlich) keine Rolle spielt, welche der (leicht) verschiedenen Definitionen von ‚Einfachheit' und ‚Stärke' wir ansetzen: Es wird immer ein und dasselbe Beschreibungssystem den Wettkampf mit anderen Beschreibungssystemen gewinnen. Dieses System spiegelt die natürliche Ordnung wieder.

Was aber, wenn die Natur gar nicht so wohlgeordnet ist, wie wir meinen? Das könnte zur Folge haben, dass es kein eindeutig bestes System gäbe, sondern mehrere (gleich gute bzw. schlechte) konkurrierende Systematisierungen. Für Lewis' Theorie wäre das allerdings nicht schlimm, denn über eine solche chaotische Welt würden wir ja auch intuitiv urteilen, dass sie gesetzeslos ist. Dass Lewis' Theorie hier zum selben Ergebnis kommt wie unsere Intuition, ist umso besser. Lewis schreibt zu beiden Angelegenheiten (die der verschiedenen Definitionsmöglichkeiten von Einfachheit und Stärke, und die einer chaotischen Welt) dies:

> If nature is kind, the best system will *robustly* be the best—so far ahead of its rivals that it will come out first under any standards of simplicity and strength and balance. We have no guarantee that nature is kind in this way, but no evidence that it isn't. It's a reasonable hope. Perhaps we presuppose it in our thinking about law. [...] I can admit that *if* nature were unkind [...] then lawhood might be a psychological matter. [...] But I'd blame the trouble on unkind nature, not on the analysis. (Lewis 1994: 479)[92]

Wie oben bereits erwähnt, begrüßen andere Philosophen eine gewisse Anthropozentrizität. Sie sehen darin sogar einen Vorteil, dann nämlich, wenn Gütekriterien der Theorienfindung echter Wissenschaften berücksichtigt werden und somit die metaphysische Theorie der Naturgesetze näher an die naturwissenschaftliche Praxis rückt (vgl. Loewer 2007: 325). Oben haben wir geschrieben, dass neuere Theorien neben Einfachheit und Stärke auch Erklärungs- und Voraussagekraft und das Ziel, Information zu transportieren, dazu zählen, oder „welche Bedingungen die Wissenschaftstradition sonst noch an eine endgültige Theorie

92 Ähnlich wie bezüglich natürlicher Eigenschaften hat Lewis hier seine Theorie zwischen 1973 und 1994 modifiziert. Vormals glaubte er, mehrere verschiedene konkurrierende Systematisierungen dürften als gleichberechtigte Gewinner (siehe Lewis 1973a: 73 und 1983a: 367 ff.) aus dem Wettbewerb hervorgehen; die Naturgesetze wären dann die Schnittmenge all dieser Axiomatisierungen. Später (siehe Lewis 1994: Zitat oben) muss es ein einziges System geben, das haushoch gewinnt. Vergleiche aber auch schon Punkt (6) auf Lewis' Liste in Lewis (1973a: 74). Siehe Loew und Jaag (2019) für eine Diskussion.

stellt" (Loewer 2007: 324; unsere Übersetzung). Eine ähnliche Position machen vor allem auch Jaag und Loew in ihrem Ansatz stark, den wir in 3.2 besprechen.[93]

2.2.5.3 Kritik am modalen Gehalt der lewisschen Gesetze

Oben haben wir gezeigt, dass und inwiefern Lewis' Gesetze nomologisch notwendig sind, dass sie diese Notwendigkeit auf ihre Instanzen vererben und wie die Wahrheit (oder Falschheit) kontrafaktischer Konditionale in ihnen (mit-)begründet ist. An beidem, der nomologischen Notwendigkeit und der Stützung kontrafaktischer Konditionale, gibt es allerdings Kritik.

Viele Philosophinnen befriedigt nämlich die obige nomologische Notwendigkeit durch definitorische Setzung nicht und einige werden sich dafür aussprechen, dass (Natur-)Notwendigkeit in irgendeiner Form vorrangig ist und dass Naturgesetzlichkeit diese gegebene Notwendigkeit aufgreifen muss (siehe Kapitel 2.3–2.6). Genauso stipulativ, wie es van Fraassen und ihm folgend Lewis für nomologische Notwendigkeit tun, so schreiben Kritiker, könnte eine ‚Katzenmöglichkeit'/,-notwendigkeit' wie folgt definiert werden: *p* ist katzo-möglich genau dann, wenn *p* logisch kompatibel ist mit ‚Es gibt mindestens 10 Katzen' und *p* ist katzo-notwendig, genau dann, wenn p aus ‚Es gibt mindestens 10 Katzen folgt' (vgl. Lange 2009a; Wilson 2013; Loew und Jaag 2020b). Diese ‚rein definitorischen' Notwendigkeiten haben, so vermutlich die Intuition hinter dieser Kritik, nicht die gewünschte Kraft oder Wucht, das Weltgeschehen zu erzwingen beziehungsweise manche Weltläufe auszuschließen. Die Theorien, die wir in 2.3 und 2.4 diskutieren werden, sprechen sich deutlich für Kräfte aus, die das Weltgeschehen leiten.

Eine eng verwandte Schwierigkeit von Lewis' Erklärung der charakteristischen Modalität der Gesetze zeigt sich im Zusammenhang mit bestimmten kontrafaktischen Konditionalen. Sowohl in den Naturwissenschaften als auch im Alltag formulieren wir iterierte Konditionale: ‚Hätte das Statik-Team die Brücke korrekt konstruiert, dann, wäre ein schwerer LKW darübergefahren, sie wäre nicht eingestürzt.' Oder: ‚Gäbe es nur ein einziges Elektron, dann, gäbe es (plötzlich doch) ein weiteres, dann stießen sich die beiden ab.'[94] Solche verschachtelten

---

93 Woodward (2014) argumentiert zudem, dass Stärke eine höhere Priorität bekommen soll: unter den starken Systemen sollen die einfachen gefunden werden. Es soll nicht von vornherein beides, Stärke und Einfachheit, ausbalanciert werden.

94 Iterierte kontrafaktische Konditionale wie z. B. $r\Box\!\!\rightarrow(q\Box\!\!\rightarrow p)$ dürfen nicht mit einem einfachen Konditional verwechselt werden, in denen die beiden iterierten Antezedenzien mit einem ‚und' vereint werden: $(r\wedge q)\Box\!\!\rightarrow p$). Es könnte zum Beispiel sinnvoll und wahr sein, zu sagen, dass ‚hätte Simone den Stein nicht geworfen, dann, hätte sie ihn doch geworfen, dann wäre die

Konditionale, die wir für wahr halten, kommen in Lewis' Semantik kontrafaktischer Konditionale, zusammen mit der zugehörigen Gesetzestheorie, aber mitunter als falsch heraus. Die Argumentation, warum das so ist, hängt (metaphorisch gesprochen) damit zusammen, dass Lewis' Gesetze nicht weit genug in die möglichen Welten hinein zu reichen scheinen, um iterierte Konditionale, die uns mit jedem Iterationsschritt weiter von der aktualen Welt wegführen, wahr machen zu können.

Wir verschieben die ausführliche Erläuterung dieser Argumentation auf unser Kapitel 3.2.2, Punkt *V*, wo wir eine pragmatische Version der BSA vorstellen, die eine humesche Lösung dieses Problems anbietet (siehe auch: Loew und Jaag 2020b). Loew und Jaag vermeiden dabei eine Strategie, die Marc Lange (vgl. unser Kapitel 2.5.2.5) vorschlägt, um dem Problem Herr zu werden. Lewis fordert von Gesetzen ja nur, dass sie kontrafaktisch resilient sind, also dass, wenn *p* ein Gesetz ist, dann *p* nomologisch notwendig ist: $Lp \rightarrow \Box_{nom} p$. Er verlangt aber nicht, dass die Gesetze *hyperresilient* sind, also nicht, dass, wenn *p* ein Gesetz ist, *p* notwendigerweise *ein Gesetz* ist: $Lp \rightarrow \Box_{nom} Lp$. Forderte man die Hyperresilienz (wie es Lange (2009a) und Maudlin (2007: 67) tun), dann wäre das Problem der iterierten kontrafaktischen Konditionale gelöst. (Die *Hyperresilienz* impliziert zusammen mit der *Faktizität* von Gesetzen, $Lp \rightarrow p$, die *Resilienz*.) In Kapitel 3.2 halten Loew und Jaag Argumente bereit, warum Lewisianer diese Lösung nicht anstreben sollten.[95]

2.2.5.4 Naturgesetze: Mehr als die Gesamtheit aller sub-nomischen Fakten?

Manche Anhänger nicht-humescher Theorien haben die Intuition, dass Naturgesetze die bloßen Fakten in irgendeiner Weise transzendieren, ihnen vorausgehen, sie vielleicht sogar erzeugen, jedenfalls sie nicht bloß zusammenfassen. Wir vereinfachen im Folgenden ein Gedankenexperiment von Michael Tooley (1977: 669, vgl. unser Kap. 2.3.4, Desiderat III), das diese Intuition untermauern soll und zu zeigen versucht, dass Naturgesetze mehr sein müssen als bloße Regularitäten.

Stellen wir uns ein Miniaturuniversum vor, das fundamentale Partikel verschiedener Art enthält. Reaktionen finden statt, wenn Partikel aufeinandertreffen und die Ergebnisse dieser Zusammenstöße folgen perfekten Regelmäßigkeiten: wenn zum Beispiel Partikel der Art *A* auf Partikel der Art *B* treffen, entstehen

Scheibe zerbrochen'; nicht aber: ,hätte Simone den Stein nicht geworfen *und* geworfen, dann wäre die Scheibe zerbrochen' (vgl. Lange 2005: 429, En. 4 und 2009a: 54).

95 Nebenbei bemerkt, Naturgesetze können trotz Hyperresilienz kontingent sein. Die Hyperresilienz ist ein Konditional: *Wenn p* ein Gesetz ist, *dann* ist *p* notwendig ein Gesetz. Hyperresilienz verlangt nicht direkt, dass *p* notwendig ein Gesetz ist!

C-Partikel etc. Nehmen wir weiter an, dass alle möglichen Partikelkombinationen häufig auftreten, bis auf eine: wie es der Zufall will, treffen *X*-Partikel in ihren Trajektorien in der gesamten Historie dieses Universums nie auf *Y*-Partikel. Unsere Intuition scheint nun aber doch diese zu sein: Träfen sie aufeinander, so passierte ebenfalls irgendeine Reaktion, und zwar nach eigener *X*-*Y*-Naturgesetzlichkeit, so eben, wie es sich auch mit allen anderen Arten von Elementarteilchen und Zusammenstößen verhält.

Dennoch scheint es *prima facie* so zu sein, dass eine beste Systematisierung im lewisschen Stile kein *X*-*Y*-Axiom aufführen würde, denn eine solche Generalisierung würde das System verkomplizieren, ohne ihm einen Gewinn an brauchbarer Information einzubringen, weil diese Generalisierung keine Fakten jener Welt beschreibt. Es ist daher wahrscheinlich, dass es, gemäß Beste Systeme Analyse, kein Naturgesetz über *X*-*Y*-Partikelkollisionen gibt und dass es daher wohl auch keine Basis für die Richtigkeit eines kontrafaktischen Konditionals, beispielsweise: ‚Stießen *X* und *Y* zusammen, dann würde ein *Z*-Partikel entstehen', gibt. Tooley und viele Nicht-Humeaner finden dieses Resultat unhaltbar.

Dieses *X*-*Y*-Problem der späten Regularitätstheorie ist übrigens komplementär zu der Schwierigkeit, die die frühe Regularitätstheorie der logischen Empiristen mit der Goldwürfel Regularität hatten: Unter dieser zählten zu viele Sätze als Naturgesetze (z. B. nämlich der akzidentelle Goldsatz), unter jener zu wenige (zum Beispiel, weil nomische *X*-*Y*-Reaktionen nicht eingefangen werden). Keine der beiden Theorien scheint also extensional adäquat zu sein, das heißt, eine Übereinstimmung zwischen Intuitionen und Theorie zu erwirken.

Es gibt zwei Weisen, wie Humeanerinnen darauf reagieren könnten. Entweder sie argumentieren, dass, allem Anschein zum Trotz, leere Generalsierungen wie die *X*-*Y*-Regularität doch Einzug in das beste System erhalten. Ein Grund dafür könnte sein, dass Beschreibungen bloß möglicher *X*-*Y*-Reaktionen eng mit den Beschreibungen von *X*-*A*-, *X*-*Z*- ... *A*-*Y*-, *Z*-*Y*-Reaktionen zusammenhängen, vielleicht sogar aus diesen (als Theorem) folgen.[96] Wenn wir an das Periodensystem der Elemente denken, ist so etwas gar nicht unwahrscheinlich, lassen sich doch die Gesetze der bislang noch nicht synthetisierten Elemente der unteren Reihen der Tabelle aus denen der Elemente darüber herleiten. Selbst wenn es also keine tatsächlich vorkommenden Instanzen dieser Gesetze gibt, hielten diese dennoch als Theoreme Einzug in das beste System.

---

96 Oder umgekehrt: viele andere Reaktionen wären gegebenenfalls herleitbar, wenn ein *X*-*Y*-Axiom hinzugefügt würde. Hinzunahme eines *X*-*Y*-Axioms könnte also sogar für Einfachheit sorgen.

Diese erste Strategie gibt einem Teil des tooleyschen Gedankenexperimentes Recht, behauptet aber, den angeblichen dadurch aufgedeckten Lapsus gar nicht zu haben. Anhängerinnen der lewisschen Theorie sollten dieser Strategie aber vielleicht gar nicht folgen (oder jedenfalls nicht immer), weil sie immerhin zugibt, dass eine bloß mögliche *X-Y*-Reaktion tatsächlich ein Gesetz ist.

Eine zweite Strategie bestreitet das einfach und hält Tooley und Anhängern vor, dass sie schlicht mit dem Gedankenexperiment ihrer nicht-humeschen Intuition Ausdruck verleihen, sie aber dadurch keinesfalls auch ein Argument dafür vorbringen (siehe Beebee 2000). Humeanerinnen können hier getrost ihre eigene Intuition dagegenhalten: Da Naturgesetze eben nichts weiter sind als eine bestimmte Klasse von Regularitäten, mag das angebliche *X-Y*-Gesetz gerne unter den Tisch fallen, wenn keine *X-Y*-Reaktion tatsächlich stattfindet. Dass es so ein Gesetz geben müsse, das unabhängig von seinen (möglichen) regulären Instanzen existiert, wird von den Nicht-Humeanern von vornherein mit in deren Gedankenexperiment hineingeschmuggelt. Und das ist genau das, was Humeanerinnen verneinen. Im Angesicht von Tooleys Fall können Humeanerinnen also offenbar an ihrer Regularitätstheorie festhalten.

2.2.5.5 Mangelnde Erklärungskraft?

Eine letzte Kritik an Lewis' Theorie, die wir besprechen wollen und die auch andere Regularitätstheorien betrifft, ist, dass Naturgesetze – selbst dann, wenn die gerade in 2.2.5.4 vorgebrachte Kritik auf die eben genannte Weise zurückgewiesen werden kann – keine Erklärungskraft bezüglich ihrer Instanzen haben. Jemand mag fragen: ‚Warum bewegt sich dieses Elektron auf jener Bahn?', und eine Physikerin könnte antworten: ‚Weil es ein Naturgesetz ist, dass sich geladene Partikel in elektromagnetischen Feldern so verhalten!'. Wenn nun aber Naturgesetze bloß Zusammenfassungen von allen tatsächlichen Einzelereignissen (in Vergangenheit, Gegenwart und Zukunft) sind, dann erklärt man ein Einzelereignis unter anderem mit sich selbst, wenn man eine nomische Erklärung anführt, weil es ja selbst eines der vielen Einzelereignisse ist, die das Gesetz ausmacht. Es liegt also ein explanatorischer Zirkel vor, der für Regularitätstheorien sehr nachteilig wäre, weil wir von jeder guten Naturgesetzestheorie doch verlangen wollen, dass sie den Gesetzen Erklärungskraft zubilligen (siehe Lange 2013 und unser Desiderat *VI*).[97]

97 Dem ersten Anschein nach können Theorien, die in Naturgesetzen Entitäten sehen, die den Regularitäten vorangehen und diese sogar erzeugen, der Erklärungskraft der Gesetze eher gerecht werden: Warum verhält sich dieses Partikel so und so? Weil es ein Naturgesetz gibt, dass dieses Verhalten erzwingt!

Ein Lösungsvorschlag für diese Schwierigkeit stammt von Barry Loewer (1996: 189; 2012: 132). Er versucht, den Zirkel zu brechen, indem er zwei Arten von Erklärungen postuliert: metaphysische und (natur-)wissenschaftliche Erklärung. Die Naturgesetze supervenieren auf allen Einzelinstanzen/-fakten, sie werden durch diese *metaphysisch erklärt/konstituiert*. In der Wissenschaftspraxis werden die Naturgesetze sodann aber herangezogen, um *wissenschaftlich zu erklären*, warum Einzelereignisse so geschehen, wie sie geschehen. Da es sich um zwei verschiedene Arten von Erklärungen handelt, entstehe, so Loewer, kein Erklärungszirkel. Diese Lösung ist allerdings umstritten und sie wird von manchen Philosophen als Taschenspielertrick angesehen.[98]

2.2.6 Abschließende Evaluation der Beste Systeme Analyse

Wie dem auch sei, insbesondere unter gegenwärtigen Anhängerinnen des Humeanismus – die jegliche Modalität, wie zum Beispiel Dispositionen, kontrafaktische Konditionale, Notwendigkeit etc. als fundamentalen Baustein der Natur ablehnen – genießt David Lewis' *Beste Systeme Analyse* der Naturgesetze noch immer großes Ansehen. Kaum jemand legt eine eigene, gänzlich nicht-lewissche, aber dennoch humesche Theorie der Naturgesetze vor.[99] Vielmehr modifizieren heutige Humeaner auf die ein oder andere Weise Lewis' Theorie. Wie wir sehen werden (Kap. 2.3–2.6), ist die Vielfalt und Varianz unter den nicht-humeschen Gesetzestheorien ungleich größer.

Bevor wir abschließend zu unserer Checkliste an Desiderata von Naturgesetzestheorien kommen, die auch eine Art Zusammenfassung der BSA der Naturgesetze sein soll, wollen wir nochmals erörtern, wie sich Bestandteile von Lewis' Theorie in die Kategorien unserer Einleitung (vgl. Kap. 1.3) – (i) sub-nomischen Fakten, (ii) Gesetzesfakten und (iii) Gesetzesmacher – einteilen lassen.

Subnomische Fakten sind bei Lewis alle Fakten des Mosaiks. Das *Gesetzesfaktum*, zum Beispiel, dass es ein Naturgesetz ist, dass Metalle elektrischen Strom leiten, besteht, weil der Satz ‚Alle Metalle leiten elektrischen Strom' zu den Axiomen (oder Theoremen) der besten Systematisierung des Mosaiks gehört. Diese Zugehörigkeit ist der *Gesetzesmacher*.

98 Für Kritiken an Loewer und weitere Auseinandersetzungen mit dem Erklärungsproblem siehe zum Beispiel Marshall (2015), Hicks und van Elswyk (2015), Lange (2016). Siehe Jaag (2015, Manuskript) für eine genauere Untersuchung der Erklärungsrelation zwischen Gesetzen und deren Instanzen. Jaag diskutiert dort verschiedenen Naturgesetzestheorien hinsichtlich ihrer Erklärungskraft, nicht bloß die lewissche.

99 Roberts (2008) ist gegebenenfalls eine Ausnahme.

Meist scheint es so, als betrachte Lewis *Gesetze* als linguistische Entitäten (bestimmte interpretierte Sätze) oder Propositionen (siehe Lewis 1983a: 367). Manchmal hat er aber auch Regularitäten in der Welt im Auge, die von diesen Sätzen ausgedrückt werden (zu dieser Unterscheidung siehe Kap. 1.3). Statt sich auf die „linguistic codification of laws" (Lewis 1986b: 54) zu konzentrieren, kann man auch den Weg beschreiten, sich auf die Regularitäten in der Welt zu beziehen, die durch *Gesetzesaussagen* ausgedrückt werden:

> There is another way of comparing similarity with respect to laws, equally deserving of that name [...]. That is the way that neglects linguistic codifications, and looks instead at the classes of lawful and of outlawed events. (Lewis 1986b: 55)

---

i Abschließend wollen wir die Ergebnisse unserer Untersuchung der lewisschen Regularitätstheorie anhand unserer Desiderata-Checkliste zusammenfassen:

I. Objektivität

Lewis fordert nicht nur Wahrheit von Gesetzeskandidaten (‚*true* deductive systems'), sondern auch noch, dass sich die Prädikate, die in den Gesetzesaussagen vorkommen, auf natürliche Eigenschaften beziehen. Mit diesen Anforderungen kommt er einer Objektivität sehr nahe (vergleiche mit Punkt (4) auf Lewis' Liste in Lewis (1973a: 74)). Allerdings wird ihm der Vorwurf gemacht, dass mit Einfachheit und Stärke und deren Abwägung anthropozentrische Vorlieben, also Subjektivität, ins Spiel kommen. Sein Versuch, dieser Eventualität vorzubeugen (nämlich dadurch, dass er behauptet, es spiele kaum eine Rolle, wie Einfachheit und Stärke definiert seien), findet nicht bei allen Philosophinnen Zuspruch. Manche bestreiten, dass das Manöver funktioniert und Objektivität gewahrt bleibt.

II. Faktizität/Inferenz

Naturgesetze sind bei Lewis bestimmte, sozusagen ‚elitäre', universelle Generalisierungen, nämlich die, die in der besten Systematisierung der Welt als Axiome (und Theoreme) vorkommen. Da sich am Kern, dass Gesetze generelle Aussagen sind, nichts ändert, gilt, wie bei den frühen empiristischen Regularitätstheorien, dass die Forderung der Faktizität/Inferenz, $L(\forall x(Fx \rightarrow Gx)) \rightarrow \forall x(Fx \rightarrow Gx)$, erfüllt ist: Da sich nämlich Aussagen selbst implizieren, ist mit $\forall x(Fx \rightarrow Gx) \rightarrow \forall x(Fx \rightarrow Gx)$ die Faktizität/Inferenz trivial erfüllt. (Vergleiche mit Punkt (1) auf Lewis' Liste in Lewis (1973a: 74)).

III. Invarianz/Universalität

An dieser Stelle können wir den Eintrag unter den frühen Regularitätstheorien wiederholen. Alle vier Varianten der Invarianz werden durch universelle Generalisierungen in Lewis' System eingefangen, zumindest könnten die Forderung danach ohne Schwierigkeiten hinzugenommen werden: Gesetze gelten (a) an *allen raumzeitlichen Positionen*, (b) unter *allen Umständen*, (c) für *alle Systeme* und (d) für *alle (determinierten) Werte* physikalischer Quantitäten, wenn sie im Gesetz vorkommen. (Siehe aber unsere Anmerkungen zur *Bessere Beste Systeme Analyse* und die Andeutungen zu *ceteris-paribus*-Gesetzen, die wir in Kapitel 3.1 ausführen werden.)

IV. Kontingenz

Lewis' Gesetze und die entsprechenden Gesetzesfakten gelten bloß kontingenterweise, weil das 4D-Mosaik, also deren Supervenienzbasis, kontingent ist. Die kategorialen Eigenschaften des Mosaiks sind frei rekombinierbar und hätten beliebig anders angeordnet sein können. Andere mögliche Welten haben andere Verteilungen und daher auch gegebenenfalls andere beste Systematisierungen und somit andere Naturgesetze (siehe Punkt (2) von Lewis' Liste in Lewis (1973a: 74)).

V. Nomologische Notwendigkeit und Stützung kontrafaktischer Konditionale

Wir haben oben gesehen, dass die nomologische Notwendigkeit der Naturgesetze stipulativ definiert werden kann, haben aber auch geschrieben, dass sich Nicht-Humeaner damit sicher nicht zufriedengeben. Wir haben auch darauf hingewiesen, dass manche wichtige kontrafaktische Konditionale, iterierte nämlich, nicht von lewisschen Gesetzen gestützt werden.

VI. Erklärungskraft

Warum steht dort eine Mauer? Weil dort dieser Stein auf jenem, jener neben diesem etc. steht. Warum befindet sich dort dieser Stein, dort ein anderer? Weil dort jene Mauer steht. Was immer von diesen Erklärungen gehalten wird, zusammen genommen sind sie zirkulär. Genau das werfen Nicht-Humeaner Regularitätstheorien der Naturgesetze vor: Wenn Naturgesetze bestimmte Regelmäßigkeiten von Ereignissen derselben Art sind, dann kann durch sie kein einzelnes dieser Ereignisse erklärt werden, weil jedes einzelne Ereignis (teil-)konstitutiv für das Gesetz ist. Die Debatte darum, ob Naturgesetze, so wie sie von Regularitätstheorien aufgefasst werden, die von Gesetzen verlangte Erklärungskraft haben, nimmt in den letzten Jahren an Schwung auf.

VII. Steuerung und Unabhängigkeit

Naturgesetze *sind* bestimmte Regularitäten. Da hier eine Identitätsbeziehung vorliegt, können Naturgesetze die Regularitäten (die sie ja selbst sind) nicht auch noch steuern oder lenken (zumal durch die Identifizierung auch die Unabhängigkeitsbedingung verletzt ist). Dazu bedarf es einer Auffassung von Naturgesetzen, die sie als von eben jenen Regularitäten distinkte Entitäten ansehen.

VIII. Innere Verknüpfung

Wie bei den logischen Empiristen ist auch bei Lewis keine innere Verknüpfung zwischen den regulär korrelierten Ereignissen vorgesehen. Das ist ja gerade ein wesentlicher Aspekt der humeschen Sichtweise. Von Lokalität kann noch weniger die Rede sein, als bei den empiristischen Regularitätstheorien, weil Lewis' Beste Systeme Analyse nur holistisch, die gesamte Welt und ihre Regularitäten betrachtend, die Naturgesetze festlegt.

IX. Induktive Bestätigung und Stützung induktiver Schlüsse

Auf das erkenntnistheoretische Problem der Induktion wollen wir in diesem Buch zur Metaphysik der Naturgesetze nicht genauer eingehen. Da die lewisschen Gesetze im Kern Regularitäten sind, dürfen wir hoffen, dass wir sie durch (wiederholte) Beobachtung ihrer Instanzen induktiv erschließen können.

X. Bedeutung für die Wissenschaften

Nach Lewis spiegelt das Finden des besten, wahren, deduktiven Systems, das Einfachheit und Stärke ausbalanciert, die naturwissenschaftliche Theorie und Methodologie wider. Naturwissenschaftsnähe sei somit gegeben (vgl. Punkt (5) von Lewis' Liste in Lewis (1973a: 74)). Allerdings wirft Lewis' Postulat natürlicher Eigenschaften die Frage auf, ob seine BSA wirklich gut zur wissenschaftlichen Praxis passt. Diese Kritik führen wir in Kapitel 3 weiter aus.

2.3 Die Dretske-Tooley-Armstrong-Theorie

Wie wir bereits in unserer vorangegangenen Taxonomie (siehe Kap. 2.0) bemerkt haben, hat die Diskussion von humeschen und nicht-humeschen Gesetzestheorien die Naturgesetzesdebatte der letzten 40 Jahre dominiert. Die entscheidende Frage, die hier diskutiert wird, ist, ob die Gesetze oder Gesetzesmacher bloße Muster in den Phänomenen oder ob sie etwas darüber hinaus sind, das diese Muster erklärt, steuert oder hervorbringt. Marc Lange erklärt diesen fundamentalen Unterschied anschaulich wie folgt:

> Lewis regards the laws as arising *from below*, out of the Humean mosaic; they are constituted by that mosaic. Non-Humean accounts, in contrast, take the laws as governing the universe, and so as being imposed on the Humean mosaic *from above*; the laws are facts over and above the facts they govern. (Lange 2008: 209)

Humesche Theorien der Gesetze haben wir in den vorhergehenden Kapiteln 2.1 und 2.2 vorgestellt. In den folgenden vier Kapiteln (2.3 – 2.6) möchten wir nun vier verschiedene Konzeptionen davon diskutieren, worin genau dieses ‚darüber hinaus' bestehen könnte.

Die erste nicht-humesche Theorie, die wir hier diskutieren wollen, ist unabhängig voneinander von Fred Dretske (1977), Michael Tooley (1977) und David Armstrong (1983) entwickelt worden. Sie wird in Anlehnung an die Namen ihrer Urheber als *Dretske-Tooley-Armstrong-Theorie* oder kurz *DTA-Theorie* der Naturgesetze bezeichnet. Wir werden zuerst Armstrongs Version vorstellen, da diese die elaborierteste Variante der DTA-Theorie darstellt (Kap. 2.3.1). Danach werden wir den metaphysischen Rahmen präsentieren, der ihr zu Grunde liegt (Kap. 2.3.2). Nachdem wir kurz auf einige Unterschiede zwischen Armstrongs, Dretskes und Tooleys Formulierung der DTA-Theorie eingegangen sind (Kap. 2.3.3), werden wir die Theorie basierend auf unserer Liste von Desiderata evaluieren (Kap. 2.3.4 und 2.3.5). Die DTA-Theorie ist ähnlich voraussetzungsreich wie Lewis' Beste Systeme Analyse, was Begriffe wie *Universalien*, *Supervenienz*, oder *Modalität* angeht, die wir in den Unterkapiteln 2.2.2 und 2.2.3 eingeführt haben.

2.3.1 Die Grundidee: Nomologische Nezessiierungsrelationen

Die Grundidee der DTA-Theorie besteht darin, dass Naturgesetze fundamentale physikalische Eigenschaften oder Größen miteinander in Beziehung setzen. Genauer gesagt involvieren Naturgesetze die Instanziierung einer fundamentalen oder irreduziblen Relation zwischen natürlichen Eigenschaften. Diese Idee

https://doi.org/10.1515/9783110517842-012

scheint wissenschaftlich gut motiviert, da, wie wir in Kapitel 1.1 erläutert haben, viele Kandidaten für Naturgesetze aus den Wissenschaften Verbindungen zwischen Eigenschaften oder Größen auszudrücken scheinen. Weil alle drei Urheber der DTA-Theorie die Annahme vertreten haben, dass es sich bei natürlichen Eigenschaften und Relationen um Universalien handelt (siehe das folgende Kap. 2.3.2, und Armstrong 1978, 1989), wird diese Gesetzestheorie auch manchmal als Universalientheorie der Naturgesetze bezeichnet (siehe Sider und Conee 2005: 195).

Da Armstrong der meist diskutierte Vertreter der DTA-Theorie ist und die größte Energie darauf aufgewendet hat, sie detailliert auszuarbeiten und zu verteidigen, werden wir uns im Folgenden auf seine Formulierung der Theorie konzentrieren. Armstrong identifiziert Naturgesetze mit den kontingenten Instanziierungen einer einzigen, irreduziblen zweistelligen Relation der nomologischen Erzwingung beziehungsweise Nezessiierung *N* zwischen Universalien.[100] Üblicherweise ist *N* eine Relation zweiter Ordnung, die zwischen Universalien erster Ordnung besteht. Die Relation ist zweiter Ordnung, weil sie zwischen Eigenschaften und nicht zwischen konkreten Einzeldingen (Partikularien der ersten Ordnung) besteht. Die Universalien hingegen, zwischen denen *N* besteht, werden von Partikularien erster Ordnung instanziiert und sind deshalb selbst von erster Ordnung.[101] Wenn also *N* die Nezessiierungsrelation symbolisiert und *F* und *G* Platzhalter für Universalien sind, hat nach Armstrong ein (deterministisches) Naturgesetz die Form $N(F,G)$. Da es nach Armstrong nur eine einzige Nezessiierungsrelation gibt und es sich hierbei um ein zweistelliges Universal handelt, haben alle Gesetze ein- und denselben Konstituenten, nämlich das zweistellige Universal *N* zweiter Ordnung. Bei einem DTA-Gesetz handelt es sich also nicht, wie im Falle der Regularitätstheorien, um eine universell quantifizierte Wahrheit über die Instanzen von *F* und *G* (siehe Kap. 2.1), sondern um einen *atomaren Sachverhalt* zweiter Ordnung über die nomologische Verbundenheit der Universalien *F* und *G* (siehe Dretske 1977: 253 und Armstrong 1993: 422).

Veranschaulichen wir uns dieses recht abstrakte metaphysische Modell an einem vereinfachten Beispiel: Sei *E* das Universal *aus Eisen zu sein* und *S* das

---

100 Wie der Name suggeriert und wir im Folgenden sehen werden, ist nach Armstrong *N* eng mit nomologischer Notwendigkeit verbunden. Allerdings handelt es sich hierbei um unterschiedliche Konzepte, deren Verbindung höchst nicht-trivial ist (siehe unsere Diskussion unten in Kap. 2.3.4, Desiderat *V*).

101 Nach Armstrong (1983: 99) ist *N* von variabler Ordnung, da *N* zumindest prinzipiell auch Universalien höherer Ordnung verbinden kann. Des Weiteren muss es sich nach Armstrong (1983: 83) bei den durch *N* verbundenen Universalien nicht um einfache oder atomare Universalien handeln, da *N* prinzipiell auch komplexe konjunktive Universalien verbinden kann.

Universal *elektrischen Strom zu leiten*, dann besteht das Gesetz, dass Eisen elektrischen Strom leitet, darin, dass *E* und *S* durch die Relation *N* verbunden sind, also dass der Sachverhalt *N(E,S)* besteht. Die Instanziierung von *N* erklärt auch den Unterschied zwischen Gesetzen und Nicht-Gesetzen: Während im Fall des Gesetzes, dass Eisen elektrischen Strom leitet, die Erzwingungsrelation *N* von den Universalien *E* und *S* instanziiert wird, wird sie im Gegensatz dazu von den Eigenschaften *ein Goldwürfel zu sein* und *kleiner als eine Kubikmeile zu sein* nicht instanziiert. Deshalb besteht im letzteren Fall auch kein entsprechendes Naturgesetz.

Eine zentrale Behauptung von Armstrong lautet, dass sich diese Verbindung auf Universalienebene auf die Ebene der konkreten Instanziierungen überträgt. So soll nicht nur gelten, dass die Universalien *E* und *S* durch *N* verbunden sind, sondern auch, dass eine bestimmte *Instanz von E* eine bestimmte *Instanz von S* nomologisch erzwingt. In unserem vereinfachten Beispiel also soll die Erwärmung eines ganz bestimmten Eisenstückes nomologisch erzwingen, dass dieses Stück Eisen Strom leitet. Um dies zu garantieren haben armstrongsche Naturgesetze ein eigentümliches Merkmal (vgl. Armstrong 1983: 87–90): sie sind nicht nur Sachverhalte der zweiten Ordnung, sondern gleichzeitig auch komplexe Relationen erster Ordnung (d. h. zweistellige Universalien erster Ordnung). Wenn also beispielsweise *Ea* (*a* ist aus Eisen) und *Sa* (*a* leitet Strom) Sachverhalte erster Ordnung sind, ist *N(E,S)* selbst eine Relation erster Ordnung, die zwischen *Ea* und *Sa* besteht. Somit ist der Sachverhalt *N(E,S)(Ea,Sa)* eine ihrer Instanziierungen. Vorsicht: *N* allein ist ein Universal zweiter Ordnung, das von Universalien *E* und *S* erster Ordnung instanziiert wird. Das zusammengesetzte *N(E,S)* ist ein Universal erster Ordnung, das von partikulären Sachverhalten wie *Ea* und *Sa* instanziiert wird (siehe Abb. 2 unten).[102] So sind nach Armstrong partikuläre Sachverhalte, die unter ein Gesetz fallen, im buchstäblichen Sinne Instanzen der Gesetze, da sie die Relata der entsprechenden gesetzlichen Relation darstellen. Nach Armstrong ist ein Gesetz als Universal also eine zusätzliche irreduzible Entität, die als numerisch dieselbe in allen ihren partikulären Instanziierungen vollständig anwesend ist und diese somit vereint. Eine für Armstrong willkommene Konsequenz dessen ist, dass die nomologische Verbundenheit zweier Sachverhalte vollständig dadurch festgelegt ist, dass sie das entsprechende Gesetz instanziieren. Im Gegensatz zur Regularitätstheorie hängt diese naturgesetzliche Verbindung also nicht von Instanzen des Gesetzes in weit entfernten Raumzeit-Regionen ab.

102 Ob *N(F,G)* sowohl ein Sachverhalt zweiter Ordnung als auch ein Universal erster Ordnung sein kann, ist durchaus umstritten (siehe Armstrong 1983: 90).

Zusammenfassend ist ein Gesetz also ein zusätzlicher Sachverhalt *N(F,G)* zweiter Ordnung, der nicht auf seine partikulären Instanzen *Fa* und *Ga*, *Fb* und *Gb* etc. reduzierbar ist. Darüber hinaus ist *N(F,G)* aber auch eine zweistellige Relation erster Ordnung, die zwischen den partikulären Instanzen *Fa* und *Ga*, *Fb* und *Gb* etc. besteht; das heißt, es gilt *N(F,G)(Fa,Ga)*, *N(F,G)(Fb,Gb)* etc. Im Gegensatz zu neo-humeschen Regularitätstheorien, die darauf abzielen die Gesetze(sfakten) auf die Instanziierungen nicht-nomischer Eigenschaften zu reduzieren, postuliert die DTA-Theorie zusätzlich irreduzible gesetzliche Fakten beziehungsweise Relationen, die ihre Instanzen steuern und vereinen sollen.

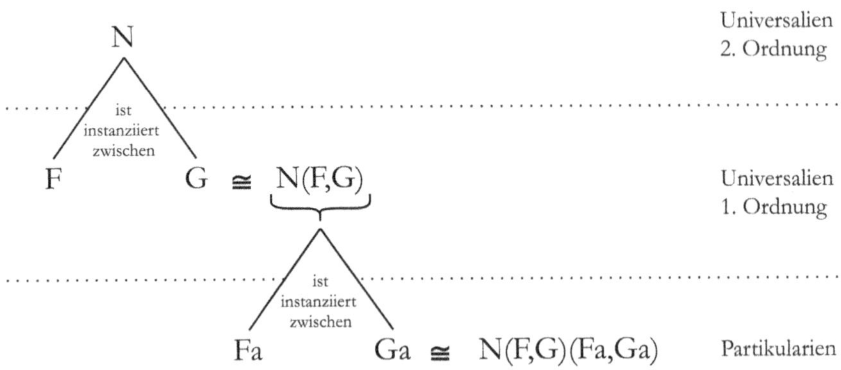

Abb. 2

2.3.2 Eine Welt der Sachverhalte: Armstrongs naturalistischer Universalienrealismus

In diesem Unterkapitel liefern wir einige wichtige zusätzliche Informationen über Armstrongs generelle metaphysische Annahmen, die seiner Gesetzestheorie zugrunde liegen.

Die Idee, dass Gesetze Relationen zwischen Universalien involvieren, wurde bereits 50 Jahre früher von Frank Ramsey geäußert, der jedoch nicht viel Sympathie für diese Idee hegte:

> But may there not be something which might be called real connections of universals? I cannot deny it, for I can understand nothing by such a phrase; what we call causal laws I find to be nothing of the sort. (Ramsey 1929/1990: 160)

Armstrong hat mehr als jeder andere zeitgenössische Philosoph dafür getan, die Metaphysik der Universalien verständlich zu machen. Kurz gesagt, ist seine übergeordnete Hauptthese, die auf Wittgenstein zurückgehende Idee, „[...] dass die Welt, alles, was es gibt, eine Welt der Sachverhalte ist" (Armstrong 1997: 1, unsere Übersetzung).[103]

Ein Sachverhalt erster Ordnung (im englischen Original bei Armstrong *a state of affairs*) wiederum besteht nach Armstrong in der Instanziierung einer Eigenschaft durch ein Einzelding (Partikular) oder, genereller gesagt, aus der Instanziierung einer *n*-stelligen Relation durch *n* viele Partikularien:

> An atomic state of affairs exists if and only if a particular has a property, or a relation holds between two or more particulars. These properties and relations are, of course, universals. (Armstrong 1997: 20)

Im Gegensatz zu Lewis (1983a), der zumindest offiziell agnostisch bezüglich der Natur natürlicher Eigenschaften ist, identifiziert Armstrong solche Eigenschaften explizit mit Universalien. Ein Universal hat ein besonderes Merkmal, das es von konkreten Einzeldingen unterscheidet, nämlich dass es *wiederholbar* ist, das heißt, es ist vollständig anwesend, wo und wann immer es instanziiert wird. Wenn also ein und dasselbe Universal durch verschiedene Partikularien (auch zu ganz unterschiedlichen Orten und Zeiten) instanziiert wird, ist dort jedes Mal ein und dasselbe Universal vollständig anwesend. Dies führt dazu, dass sich diese Partikularien exakt in eben dieser qualitativen Hinsicht ähneln. So haben beispielsweise zwei Elektronen dadurch, dass sie beide (negative) Elementarladung tragen, ein und denselben (nicht-räumlichen) qualitativen Konstituenten gemein, nämlich das Universal *negative Elementarladung zu haben.*

Armstrong macht weitere substanzielle Annahmen über Universalien, die über diese allgemeine Charakterisierung hinausgehen.

Sparsamkeit: Universalien sind sparsam, in dem Sinn, dass nicht jedem bedeutungsvollen Prädikat oder jeder beliebigen Menge von Dingen ein Universal entspricht (Armstrong 2010: 18). Nach Armstrong gibt es weder disjunktive noch negative Universalien. Demnach entspricht keiner der drei folgenden Eigenschaften einem Universal: Goodmans *Grue* (siehe Kap. 2.2.2), *die Eigenschaft sich unter dem Eiffelturm oder am Nordpol zu befinden, die Eigenschaft nicht grün zu sein.* Armstrong lässt jedoch konjunktive und strukturelle Universalien zu. Ein

---

103 Die wichtigsten historischen Vorläufer für Armstrongs Sachverhaltsmetaphysik sind Russell (1919) und Wittgenstein (1921/2001). Wittgenstein eröffnete seinen *Tractatus* bekanntermaßen mit den Worten: „1. Die Welt ist alles, was der Fall ist. 1.1 Die Die Welt ist die Gesamtheit der Tatsachen, nicht der Dinge."

wichtiger Grund hierfür ist, dass er es für eine offene empirische Möglichkeit hält, dass die Realität unendlich komplex ist, in dem Sinne, dass es keine fundamentale Stufe ‚atomarer' Eigenschaften gibt (für Details siehe Armstrong 1997: Kap. 3.7).

Naturalismus/Physikalismus: Armstrong ist ein Vertreter sowohl des Naturalismus als auch des Physikalismus: Alles, was existiert, ist die Raum-Zeit und deren ‚Bewohner' (Armstrongs Naturalismus). Letztere sind allesamt physikalische Entitäten, die sich vollständig durch physikalische Gesetze beschreiben lassen (Physikalismus).[104] Bezüglich Universalien im Speziellen bedeutet dies (unter der Annahme, dass es eine fundamentale Stufe gibt), dass

> all fundamental universals, whether properties or relations, are those studied by physics, and all other first-order universals are structures involving nothing but these fundamental universals [...]. (Armstrong 1997: 6)

Zwei weitere Thesen über Eigenschaften sind eng mit dieser Bedingung verbunden:

A posteriori/wissenschaftlicher Realismus: Die erste ist, dass die Frage, welche Universalien es gibt, ausschließlich empirisch oder *a posteriori* beantwortet werden kann:[105]

> How do we decide what are the positive properties? [...] I think it is an empirical matter, which of course is close to the idea that universals have to be identified *a posteriori* on the basis of our best science. (Armstrong 2010: 25, siehe auch Armstrong 1997: 25)

Aristotelismus: Die zweite eng mit dem Naturalismus verbundene These ist die, dass es keine uninstanziierten Universalien gibt, das heißt keine solche Universalien, die nicht irgendwann und irgendwo von einem partikulären Gegenstand instanziiert sind und außerhalb der Raumzeit existieren:[106] „Universals are governed by a Principle of Instantiation. A property must be a property of some real particular; a relation must hold between real particulars" (Armstrong 1983: 82).

---

104 Siehe Armstrong (1997: 5–10) für weitere Details.

105 Armstrong vertritt sogar ein stärkeres, von ihm selbst so benanntes ‚Irisches Prinzip': „[I]f it can be proved a priori that a thing falls under a certain universal, then there is no such universal" (Armstrong 1978: 11).

106 Da nach Armstrong (1983) Universalien selbst Partikularien höherer Ordnung sind, erfüllt auch *N* diese Bedingung. In unserem Beispiel ist *N* zwischen *E* und *S* instanziiert, die selbst wiederum an unserem konkreten Eisenstück instanziiert sind.

In neueren Arbeiten hat Armstrong sogar die These vertreten, dass es sich bei Universalien gar nicht um Entitäten eigenen Rechts, sondern lediglich um sogenannte Sachverhaltstypen handelt, die metaphysisch von den Sachverhalten abhängen, von denen sie ‚abstrahiert' werden (vgl. Armstrong 1997: Kap. 3.5 und 2010: 27). Dies unterscheidet Armstrong von den sogenannten Platonisten, die vertreten, dass Universalien existieren können, obwohl sie nirgendwo jemals im Universum instanziiert werden. Zusätzlich zu seiner naturalistischen Motivation ist Armstrongs Zurückweisung uninstanziierter Universalien durch ein so genanntes Eleatisches Prinzip motiviert,[107] das besagt, dass „alles, was existiert, einen Unterschied bezüglich der kausalen Kräfte von etwas macht" (Armstrong 1997: 41, unsere Übersetzung). Da uninstanziierte Universalien keinen Unterschied bezüglich der kausalen Kräfte irgendeines Dinges machen, können sie also nach dem Eleatischen Prinzip nicht existieren. Wie wir im folgenden Unterkapitel erläutern werden, ist die Zurückweisung uninstanziierter Universalien ein wichtiger Unterschied zu Tooleys Version der DTA-Theorie.

Kategorialismus/Quidditismus: Obwohl Armstrong das Eleatische Prinzip vertritt, stimmt er dennoch mit Lewis darüber überein, dass die Identität einer natürlichen Eigenschaft primitiv ist, das heißt unabhängig von seiner nomologischen oder kausalen Rolle; oder anders gesagt, Eigenschaften haben eine eigenständige, in sich geschlossene Natur, eine sogenannte *Quidditas* (siehe unser Kap. 2.2.2 für Details). Nach Armstrong sind alle natürlichen Eigenschaften in diesem Sinne kategorisch:

> Properties (and relations) are thought of by some philosophers as having a nature that is self-contained, distinct from the powers that they bestow. We shall call this position *Categoricalism.* Others think of them as having a nature that essentially looks beyond the particulars they qualify, outward to potential interactions with further particulars [...]. This view may be called Dispositionalism. [...]. [We] will criticize Dispositionalism and defend Categoricalism [...]. (Armstrong 1997: 69, siehe auch Armstrong 1983: 160)

Wenig überraschend vertritt Armstrong auch *Humes Diktum* (siehe Kap. 2.2.2):

> Hume argued, in effect, that it is impossible that there could be necessary connections between (wholly) distinct entities. The principle is quite attractive, and many empiricists have upheld it (including myself). (Armstrong 2010: 32, siehe auch Armstrong 1997: 263)

107 In Platons Dialogen tritt der *Fremde aus Elea* auf, der dieses Prinzip vertrat. Berühmte Vertreter der antiken Philosophenschule der Eleaten (nach der griechischen Stadt Elea) waren Parmenides (ca. 520 bis 450 v.Chr.) und Zenon (ca. 490 bis 430 v.Chr.).

Die Akzeptanz von *Humes Diktum* wiederum, nach dem die fundamentalen Sachverhalte modal unabhängig voneinander sind, ermöglicht nach Armstrong eine kombinatorische Theorie der Modalität:

> For first-order states of affairs, that is, states of affairs that do not have states of affairs as constituents, the Tractarian thesis of Independence is somewhat speculatively, but nevertheless hopefully, advanced. No such state of affairs entails or excludes the existence of any other wholly distinct state of affairs. Given Independence, a rather simple and straightforward Combinatorial theory of what possibilities there are, can be put forward. If Independence fails, things get more complicated. (Armstrong 1997: 1; Armstrong verweist hier auf Wittgensteins *Tractatus.*)

Sehr grob gesprochen, ist dies die Idee, dass es möglich ist, alle fundamentalen Sachverhalte ohne Einschränkung miteinander zu kombinieren, und jeder dieser Kombinationen eine mögliche Welt darstellt, das heißt eine Möglichkeit, wie die Welt hätte sein können – im weitesten metaphysischen Sinne von Möglichkeit (siehe Armstrong 1989 für Details).

Dies wirft auch ein interessantes Licht auf die DTA-Theorie. Obwohl Armstrong diese humeschen Doktrinen bezüglich Eigenschaften vertritt, führt er ein anscheinend nicht-humesches Element ein, um Naturgesetze zu erklären, nämlich eine nomologische Nezessiierungsrelation, die nach Armstrong auch die einzige irreduzible Relation zweiter Ordnung ist: „Indeed, I speculate that the laws of nature constitute the only irreducibly second-order relations between universals“ (Armstrong 1983: 84).

Armstrong wie auch Dretske betont, dass das Bestehen der Nezessiierungsrelation zwischen zwei bestimmten Universalien selbst kontingent ist: So hätte beispielsweise $N(E,S)$ auch nicht bestehen, sondern es stattdessen andere Naturgesetze geben können, etwa, dass Eisen ein elektrischer Isolator ist, also $N(E,I)$. Des Weiteren behaupten beide, dass auch die Nezessiierungsrelation wie alle anderen Universalien kategorisch ist, weshalb ihre Annahme kompatibel mit den oben erläuterten humeschen Annahmen ist. Trotzdem aber soll die Instanziierung von N modale Auswirkungen auf ihre Instanzen haben (siehe Armstrong 1983: 85 und Dretske 1977: 263–264).

Wie wir jedoch im Weiteren sehen werden (Kap. 2.3.4), führt diese Verbindung von humeschen mit offenbar nicht-humeschen Elementen zu massiven internen Spannungen in der Theorie, weshalb es fraglich scheint, ob die Vertreter der DTA-Theorie es geschafft haben, eine ‚gezähmte‘ kontingente Erzwingungsrelation einzuführen, die für Vertreter einer humeschen Eigenschaftstheorie akzeptabel ist.

2.3.3 Einige Varianten der Dretske-Tooley-Armstrong-Theorie

In diesem Unterkapitel wollen wir erst drei Unterschiede zwischen Armstrongs, Dretskes und Tooleys Versionen der DTA-Theorie präsentieren und dann zwei weitere wichtige mögliche Abwandlungen der Theorie betrachten.

Ein erster, eher terminologischer Unterschied, betrifft die Frage, ob Naturgesetze mit (generellen) wahren Gesetzesaussagen über die Welt, das heißt Wahrheiten der Form *alle Fs sind Gs*, identifiziert werden oder mit den Entitäten, die diese wahrmachen, also den Gesetzesmachern, das heißt Fakten der Form *N*(*F*,*G*). Armstrong betont, dass

> [l]aws of nature must [...] be sharply distinguished from law-*statements*. Law-statements may be true or (much more likely) false. If they are true, then what makes them true is a law. (Armstrong 1983: 8)

Armstrong identifiziert also Gesetze mit den Gesetzesmachern und nicht mit den Gesetzesaussagen. Dretske scheint zuzustimmen, wenn er bemerkt, dass „Gesetze diejenigen Verbindungen sind, deren Existenz durch wahre gesetzesartige Aussagen ausgesagt werden" (Dretske 1977: 253, unsere Übersetzung). Tooley jedoch behauptet, dass „[...] Relationen zwischen Universalien die Wahrmacher für Gesetze sind" (Tooley 1977: 668, unsere Übersetzung), was nahelegt, dass er Gesetze nicht mit Instanziierungen der nomologischen Nezessiierungsrelation selbst identifiziert, sondern mit den Sätzen oder Aussagen, die diese wahr machen. Da diese Unterscheidung nur terminologischer Natur zu sein scheint, ist es unproblematisch, wenn wir im Folgenden Armstrongs Redeweise folgen und DTA-Gesetze mit Sachverhalten der Form *N*(*F*,*G*) identifizieren.

Ein zweiter Unterschied betrifft die nomologische Nezessiierungsrelation. Während es nach Armstrong nur eine einzige zweistellige Nezessiierungsrelation gibt, postuliert Tooley (1977) eine Vielzahl nomologischer Relationen mit unterschiedlicher Stelligkeit.[108] Etwas vereinfacht ausgedrückt hat eine nomologische Relation die Form $R(F_1, \ldots, F_n)$, wobei F_1 bis F_n für Universalien stehen. Dies verleiht Tooleys Version der DTA-Theorie eine größere Flexibilität: Erstens kann er dadurch leichter dem Faktum Rechnung tragen, dass physikalische Gesetze wie

---

108 Dretske, der das Bestehen der nomologischen Nezessiierung als ‚*F*-ness→*G*-ness' symbolisiert, scheint ebenfalls liberaler als Armstrong zu sein: „I attach no special significance to the connective „→". I use it here merely as a dummy connective or relation. The kind of connection asserted to exist between the universals in question will depend on the particular law in question, and it will vary depending on whether the law involves quantitative or merely qualitative expressions" (Dretske 1977: 253).

Newtons zweites Gesetz oft deutlich mehr als nur zwei Eigenschaften miteinander in Beziehung setzen (vgl. Hochberg 1981: 389). Zweitens erlaubt dies, dass neben nomologischer Nezessiierung auch problemlos nomologische Exklusion modelliert werden kann, was eventuell erleichtert, Gesetze wie Paulis Ausschlussprinzip darzustellen, das, grob vereinfacht, besagt, dass sich Elektronen eines Atoms nicht im selben Quantenzustand befinden können. Ein Nachteil, verschiedene Nezessiierungsrelationen zu postulieren, könnte allerdings darin gesehen werden, dass dadurch die DTA-Theorie weniger einheitlich wird und an Erklärungskraft verliert, da nicht mehr eine einzige metaphysische Entität postuliert wird, die alle Naturgesetze auf einheitliche Weise erklärt.

Der dritte und wichtigste Unterschied bezieht sich, wie bereits erwähnt, darauf, ob alle Universalien instanziiert sein müssen (Aristotelismus) oder nicht (Platonismus). Während Armstrong für eine aristotelische Universalientheorie argumentiert, vertritt Tooley einen Platonismus, nach dem auch uninstanziierte Universalien existieren. Obwohl der Platonismus für Sympathisanten des Naturalismus ein rotes Tuch ist, werden wir sehen, dass er einige schwerwiegende Probleme von Armstrongs aristotelischer Variante der DTA-Theorie vermeidet.

Wir wollen nun noch auf zwei weitere mögliche Abwandlungen der DTA-Theorie eingehen. Nominalistisch eingestellte Philosophinnen, die die Existenz von Universalien verneinen und lediglich konkrete Partikularien in ihrer Ontologie zulassen, wenden üblicherweise ein, dass eine Naturgesetzestheorie, die auf die Annahme von Universalien festgelegt ist, unakzeptabel sei.[109] Obwohl die eigentliche Diskussion der DTA-Theorie erst in der nächsten Sektion stattfindet, wollen wir diesen generellen metaphysischen Einwand bereits hier diskutieren, da er sich nicht direkt gegen die Gesetzestheorie als solche, sondern deren zugrundeliegenden metaphysischen Annahmen richtet. Die Bindung der DTA-Theorie an einen Universalienrealismus scheint keineswegs ein essenzieller Bestandteil der Theorie zu sein, sondern eher eine historische Koinzidenz. Ohne hier ins Detail zu gehen, möchten wir nur bemerken, dass im Prinzip jede Eigenschaftstheorie, die dem Unterschied zwischen natürlichen und nicht-natürlichen Eigenschaften Rechnung tragen und Relationen höherer Ordnung zwischen solchen Eigenschaften modellieren kann, kompatibel mit den Hauptaussagen der DTA-Theorie ist. Beispielsweise gibt es keinen prinzipiellen Grund, der dagegen spräche, „nomische Nezessiierung als eine Ähnlichkeitsklasse von primitiven dyadischen [zweistelligen] Tropen“ (Fuhrman 1991: 73, unsere Übersetzung) aufzufassen oder als mengentheoretische Konstruktion aus natürlichen Klassen oder

---

109 Beispielsweise betrachtet Vallentyne (1988: 602) den ihr zugrundeliegenden Universalienrealismus als Hauptnachteil der DTA-Theorie.

Ähnlichkeitsklassen von Partikularien. Dementsprechend bemerkt Lewis (1983a: 365–366), dass die DTA-Theorie auch durchaus im Rahmen einer nominalistischen Eigenschaftstheorie implementiert werden kann. Es ist sicher richtig, dass hierdurch die Naturgesetze nicht mehr auf diese von Armstrong intendierte spezifische Weise lokal sind (siehe Desiderat *VIII* unten). Allerdings sollte das für Anhänger eines (Klassen-)Nominalismus bezüglich Eigenschaften nicht überraschend sein, da sie ja ohnehin glauben, dass beispielsweise das Faktum, dass ein bestimmtes Elektron *e* negativ geladen ist, schon nicht lokal ist, in dem Sinne, dass es letztendlich metaphysisch von allen anderen (möglichen) Elektronen abhängt. Nominalisten sollten also nicht verwundert sein, wenn auch die Gesetze, unter die Elektronen fallen, ebenfalls in einem solchen Sinne nicht lokal sind. Wir wollen im Folgenden Einwände gegen die DTA-Theorie, die sich auf den ihr zugrundeliegenden Universalienrealismus richten, ausklammern, da sie am eigentlichen Kern der *Gesetzes*theorie vorbeigehen.

Es gibt jedoch einen ähnlichen treffenderen Sparsamkeitseinwand gegen die DTA-Theorie, der unabhängig vom Universalienstreit formuliert werden kann, also unabhängig davon, ob natürliche Eigenschaften als Universalien oder (natürliche) Klassen von Tropen oder partikulären Dingen konzipiert werden: das wirklich extravagante ontologische Postulat der Theorie ist die *irreduzible und nicht-supervenierende* Nezessiierungsrelation *N* höherer Ordnung, egal welcher ontologischen Kategorie sie letztlich zuzuordnen ist. Aufgrund dieses ontologischen Zusatzpostulates bezeichnet Schaffer (2008) die DTA-Theorie auch als ‚ontologisch inflationär'. Basierend auf der generellen Annahme, dass (metaphysische) sparsamere Theorien vorzuziehen sind, könnte nun argumentiert werden, dass die DTA-Theorie zu verwerfen sei, da sparsamere Theorien (z. B. Regularitätstheorien) verfügbar sind.

Solche Sparsamkeitsargumente sind jedoch mit Vorsicht zu genießen, denn sie greifen erst im ‚argumentativen Endspiel', soll heißen, wenn verschiedene Theorien dieselben Aspekte von Naturgesetzen erklären könnten. Erst unter diesen ist die (ontologisch) einfachste zu wählen. Wenn es sich allerdings herausstellen sollte, dass die DTA-Theorie durch die Einführung von *N* die Desiderata einer Gesetzestheorie viel besser erklärt als vermeintliche sparsamere Theorien, dann ist sie trotz der komplexeren Ontologie vorzuziehen. Damit also Sparsamkeitserwägungen wirklich relevant werden, muss erst die Erklärungskraft der DTA-Theorie untersucht werden.

Bevor wir uns dem ausführlich zuwenden werden (siehe Kap. 2.3.4), wollen wir noch eine letzte wichtige Abwandlung der DTA-Theorie betrachten, die unter anderem von Chris Swoyer (1982) vorgeschlagen wurde. Dieser bezog sich, bei seinem Versuch Naturgesetze mittels echter Relationen zwischen Eigenschaften zu analysieren, explizit auf die Arbeiten der Urheber der DTA-Theorie (siehe

Swoyer 1982: 203). Swoyers zentrale Abwandlung der Theorie besteht darin, dass die *N*-Relationen, in denen eine Eigenschaft *F* zu anderen Eigenschaften steht, zur essenziellen Natur von *F* gehören. Die Natur von *F* könnte sich sogar vollständig darin erschöpfen, in welchen Nezessiierungsrelationen sie zu anderen Eigenschaften steht: „Indeed, I suggest, the essential features of properties simply are (or at least include) their relations of nomic implication to each other“ (Swoyer 1982: 214).

Das bedeutet allerdings, dass im Gegensatz zu Armstrongs Version der DTA-Theorie die Kontingenz der *N*-Relationen und damit der Naturgesetze aufgegeben wird, da die *N*-Relationen und damit die Naturgesetze essenziell und somit metaphysisch notwendig sind. In Begriffen möglicher Welten ausgedrückt bedeutet dies: Eigenschaften stehen in jeder Welt, in der sie existieren, in genau denselben *N*-Relationen.[110] Obwohl diese Modifikation der ursprünglichen DTA-Theorie auf den ersten Blick relativ geringfügig erscheinen mag, werden mit ihr nicht nur die Kontingenz der Naturgesetze aufgegeben, sondern auch die in Kapitel 2.3.2 erläuterten humeschen Annahmen über die Natur von Eigenschaften. Daher wird eine so modifizierte essenzialistische Theorie üblicherweise nicht mehr als Variante der DTA-Theorie gewertet, sondern als eine Version des Dispositionalen Essenzialismus (siehe Kap. 2.4).

Da wir uns nun mit den zentralen Merkmalen der DTA-Theorie vertraut gemacht und einige wichtige Abwandlungen der Theorie vorgestellt haben, wollen wir jetzt untersuchen, inwieweit die DTA-Theorie als befriedigende Naturgesetzestheorie gelten kann.

---

110 Armstrong selbst hat zeitweise mit dieser Idee geliebäugelt. Unter anderem als Lösung des so genannten Bradley-Regresses (siehe Perovic 2017) hat Armstrong (2004) dafür argumentiert, die Instanziierung einer Eigenschaft als partielle Identität zu verstehen. Wenn also ein Partikular *a* eine Eigenschaft *F* instanziiert, ist *a* teilweise identisch mit *F*. Wenn diese Idee auch auf Relationen zwischen Eigenschaften ausgeweitet wird, dann ist in dem Fall, dass die Relation *N* zwischen Universalien *F* und *G* besteht, der Sachverhalt *N*(*F*,*G*) metaphysisch notwendig; das heißt, in allen Welten, in denen *F* und *G* instanziiert sind, muss auch *N* zwischen ihnen bestehen: „If one thinks of nomic connection as a higher-order relation holding between first-order universals, and one extends the partial identity idea to this predication, then laws of nature become (strictly) necessary—an unexpected result, but not unwelcome to me“ (Armstrong 2004: 146, Fn. 8). In späteren Arbeiten jedoch scheint Armstrong wieder Abstand von dieser Idee genommen zu haben.

2.3.4 Kritische Diskussion der Dretske-Tooley-Armstrong-Theorie

Wir wollen auch die DTA-Theorie anhand unserer zehn Desiderata einer Gesetzestheorie überprüfen.

I. Objektivität. DTA-Gesetze erfüllen klarerweise das Objektivitätskriterium. Ob die nomologische Erzwingungsrelation N zwischen Eigenschaften besteht oder nicht und ob es sich bei einem Faktum um ein Gesetz handelt oder nicht, ist absolut unabhängig von den Einstellungen von Erkenntnissubjekten und, im Gegensatz zur BSA (Kap. 2.2), von unseren Standards für die Güte von Theorien. Dies erklärt auch, dass wir uns radikal darüber irren können, ob es sich bei einem Faktum um ein Gesetz handelt oder nicht.

Allerdings ist diese komplette Loslösung der Gesetzesfakten von unseren epistemischen Standards nicht gänzlich unproblematisch, da die Gefahr einer Kluft zwischen den ‚echten' metaphysischen Naturgesetzen, also Fakten der Form $N(F,G)$, und den wissenschaftlich entdeckten Gesetzen zu entstehen droht (siehe Earman & Roberts 2005, Loew, Jaag & Hicks Manuskript, und unsere Diskussion des Desiderats *X*).

II. Faktizität/Inferenz. Kann die DTA-Theorie die Inferenz von Naturgesetzesfakten wie $N(F,G)$ zu den entsprechenden Regularitäten wie *Alle Fs sind Gs* erklären? Alle Befürworter der DTA-Theorie behaupten, dass die Implikation $N(F,G) \rightarrow \forall x(Fx \rightarrow Gx)$ besteht: Das Faktum $N(F,G)$ selbst bestehe zwar nur kontingenterweise, trotzdem aber impliziere es die entsprechende Regularität, *dass alle Fs Gs sind.* (Die umgekehrte Implikation besteht allerdings nicht, wie Armstrong 1983: 87 betont!) So beteuert Dretske (1977: 253, unsere Übersetzung), dass „Gesetze universelle Wahrheiten implizieren" und Armstrong behauptet, dass „obwohl $N(F,G)$ nicht logisch notwendig ist, es, wenn es denn gilt, auch die humesche oder kosmische Uniformität $\forall x(Fx \rightarrow Gx)$ nach sich zieht" (Armstrong 1983: 85; unsere Übersetzung). Ganz ähnlich bemerkt auch Tooley, dass

> [t]he fact that universals stand in certain relationships may *logically necessitate* some corresponding generalization about particulars, and that when this is the case, the generalization in question expresses a law. (Tooley 1977: 672)

Diese Behauptungen sind allerdings alles andere als trivial. Im Fall von Lewis' BSA ist die Implikation absolut unproblematisch: Dass p ein Naturgesetz ist, bedeutet nichts anderes, als dass p eine bestimmte Regularität ist, nämlich eine solche, die zur besten Systematisierung aller Fakten gehört. Der Übergang von

Naturgesetzesfakten zu den entsprechenden Regularitäten ist also einfach ein logischer und damit maximal transparent (siehe Kap. 2.2). Die DTA-Gesetze(sfakten) jedoch sind *ex hypothesi* Fakten höherer Ordnung über die Verbindung von Universalien, die von den entsprechenden Regularitäten metaphysisch unabhängig sind. Deshalb kann es sich hier nicht um eine logische Beziehung handeln oder wie Braddon-Mitchell (2001: 262, unsere Übersetzung) es treffend ausdrückt, „was auch immer der Mechanismus ist, es ist nicht logische Erzwingung."

Van Fraassen (1989: 29) hat diesen Umstand als ‚Inferenzproblem' bezeichnet, was sich als geläufige Bezeichnung für diesen Kritikpunkt an der DTA-Theorie eingebürgert hat. Wenn die Implikationen zwischen Gesetz(esfakt)en und den entsprechenden Regularitäten nicht einfach logischer Natur sind, warum bestehen sie dann? Die Herausforderung für die DTA-Theorie besteht also darin, zu „zeigen, dass nach der vertretenen Gesetzestheorie die Aussage *Es ist ein Gesetz, dass A* impliziert, dass *A*" (van Fraassen 1989: 81, unsere Übersetzung, vgl. auch Hochberg 1981).[111]

Dass diese Herausforderung nicht einfach dadurch bewältigt werden kann, indem eine suggestive Nomenklatur verwendet wird, hat Lewis auf sehr unterhaltsame Weise deutlich gemacht:

> Whatever *N* may be, I cannot see how it could be absolutely impossible to have *N*(*F*,*G*) and *Fa* without *Ga*. (Unless *N* just is constant conjunction, or constant conjunction plus something else, in which case Armstrong's theory turns into a form of the regularity theory he rejects.) The mystery is somewhat hidden by Armstrong's terminology. He uses 'necessitates' as a name for the lawmaking universal *N*; and who would be surprised to hear that if *F* 'necessitates' *G* and a has *F*, then a must have *G*? But I say that *N* deserves the name of 'necessitation' only if, somehow, it really can enter into the requisite necessary connections. It can't enter into them just by bearing a name, any more than one can have mighty biceps just by being called 'Armstrong'. (Lewis 1983a: 366)

Dieses Problem stellt einen der bekanntesten und schwerwiegendsten Einwände gegen die DTA-Theorie dar. Bevor wir auf mögliche Lösungsversuche dieses Problems eingehen werden, wollen wir etwas genauer spezifizieren, worin die Herausforderung besteht. Die Relation, die zwischen *N*(*F*,*G*) und der entsprechenden Regularität besteht, muss einerseits die Implikation stützen, aber auch die Unabhängigkeit der Gesetze gewährleisten, die nach der DTA-Theorie unverzichtbar dafür ist, dass Gesetze ihre Instanzen erklären oder sogar steuern können (siehe

111 Ein sehr ähnlicher Punkt wurde in einem anderen Zusammenhang schon von Bergmann (1949) gemacht. Neuere Formulierungen des Inferenzproblems finden sich bei Sider (1992) und Bird (2005a).

unsere Diskussion der Kriterien *VI* und *VII* unten). Kurz gesagt, die DTA-Theorie muss „erklären, inwiefern Gesetze als Relationen zwischen Universalien beides, Regularitäten implizieren und dennoch erklären können“ (Armstrong 1993: 422, unsere Übersetzung). Wie wir im Folgenden sehen werden, sind diese beiden Bedingungen jedoch nur schwer miteinander vereinbar.

Da wir im Rahmen dieses Buches nicht auf alle Lösungsversuche des Inferenzproblems eingehen können, wollen wir uns hier auf vier Lösungsversuche beschränken:[112]

(i) *Die stipulative Lösung:* Van Fraassen (1989) schließt seine Diskussion von Armstrongs Version der DTA-Theorie wie folgt ab: „Nothing less than a bare postulate will do, for there is no logical connection between relations among universals and relations among their instances“ (Van Fraassen 1989: 107).

Warum sollten DTA-Theoretiker nicht einfach offensiv diesen Weg gehen und die eine primitive notwendige Verbindung zwischen $N(F,G)$ und der entsprechenden Regularität postulieren? In der Tat hat Jonathan Schaffer (2016) vorgeschlagen, die Implikation $N(F,G) \rightarrow \forall x(Fx \rightarrow Gx)$ als ein (weiteres) Axiom der DTA-Theorie zu postulieren. Ein direkter Nachteil, der hiermit einhergeht, ist natürlich, dass eben nicht nur $N(F,G)$, sondern auch die Verbindung zu seinen Instanzen ein weiteres unerklärtes Faktum der Theorie darstellt.

Allerdings gibt es zwei weitere Schwierigkeiten mit dieser ‚Lösung‘ des Inferenzproblems, die weit schwerwiegender erscheinen, als bloß ontologisch verschwenderisch zu sein. Erstens scheint diese primitive metaphysische Verknüpfung mit den eingangs erwähnten humeschen Prinzipien in Konflikt zu stehen. Wie erwähnt ist Armstrong ein Befürworter von Humes Diktum, das notwendige Verbindungen zwischen gänzlich distinkten Entitäten ausschließt. Dies trifft nach Armstrong auch auf Fakten wie $N(F,G)$ zu (siehe Armstrong 1997: 235). Wenn nun also die Implikation ein primitives Faktum ist, liegt eine unerklärte notwendige Verbindung zwischen distinkten Entitäten vor, also zwischen $N(F,G)$ und der entsprechenden Regularität beziehungsweise zwischen $N(F,G)$, Fa auf der einen und Ga auf der anderen Seite.[113] Dementsprechend scheint die DTA-Theorie zumindest für Befürworterinnen von Humes Diktum nicht mehr akzeptabel zu sein.

---

112 Beispielsweise können wir hier nicht auf Tooleys (1987: 128 f.) spekulative Lösung eingehen. Siehe Sider (1992) und Hildebrand (2013) für ausführliche Diskussionen dieses Lösungsversuchs.

113 Wie oben erwähnt wurde, ist $N(F,G)$ auch eine Relation. Deshalb ist es fraglich, ob die Gesetze und die Instanzen wirklich vollständig distinkte Entitäten sind. Entsprechend bemerkt auch Lewis (1983a: 366, Fn. 26): „[T]he second-order state of affairs $N(F,G)$ is itself taken to be a universal, and its presence in its instances detracts yet further from the distinctness of the necessitating and the necessitated states of affairs.“

Das zweite Problem besteht darin, dass sich *N*(*F*,*G*) durch die stipulierte Beziehung zu den Fakten über seinen Instanzen wie *Fa* und *Ga* erheblich von legitimen theoretischen Postulaten, wie sie in den Wissenschaften vorkommen, unterscheidet. So scheint es beispielsweise absolut legitim, Elektronen zu postulieren, um unter anderem bestimmte sichtbare Spuren in einer Nebelkammer zu erklären. Dies ist deshalb legitim, da Elektronen in die bekannte und wohletablierte kausale Struktur der Welt eingebettet sind und somit weitere kausale Interaktionen, die Elektronen involvieren, zu erwarten sind: wenn energiereiche Elektronen mit Gasmolekülen kausal ‚interagieren', werden weitere kausale Interaktionen mit anderen Partikeln auftreten. Nicht zuletzt deshalb ist die Annahme von Elektronen unabhängig überprüfbar und somit nicht *ad hoc*. Nach der stipulativen Lösung jedoch ist dies im Fall von *N*(*F*,*G*) radikal anders. Es wird nicht nur eine theoretische Entität stipuliert, nämlich *N*(*F*,*G*), sondern zusätzlich ein primitiver Erzwingungsnexus, der sicherstellt, dass *N*(*F*,*G*) die Regularität $\forall x(Fx \rightarrow Gx)$ hervorbringt. Dies jedoch lässt keinerlei weitere ‚Interaktionen' erwarten, die als unabhängige Evidenz für *N*(*F*,*G*) dienen könnte.

Die stipulative Lösung ist also mit Armstrongs metaphysischen Kernüberzeugungen unvereinbar und unterscheidet *N*(*F*,*G*) überdies grundlegend von theoretischen Entitäten, wie sie in den Wissenschaften vorkommen.

(ii) *Die essenzialistische Lösung:* *N*(*F*,*G*) ist nach Armstrong sowohl ein Sachverhalt als auch ein Universal und somit eine Entität mit einer Natur. So scheint es beispielsweise plausibel, dass es in der Natur von Elektronen liegt, negative Elementarladung zu tragen, weshalb auch gilt, dass Elektronen notwendigerweise negative Elementarladung tragen. Nun könnte analog argumentiert werden, dass die Regularität $\forall x(Fx \rightarrow Gx)$ zum Wesen oder der ‚Realdefinition' von *N*(*F*,*G*) gehört, und deshalb wenn *N*(*F*,*G*) vorliegt, auch $\forall x(Fx \rightarrow Gx)$ bestehen muss (vgl. Bird 2005a , Barker und Smart 2012). Unter Hinzunahme der Annahme, dass essenzialistische Fakten auch (metaphysisch) notwendig sind (siehe Fine 1994), bestünde das von Armstrong behauptete Implikationsverhältnis. Die Implikation wäre demnach auch kein unerklärtes Postulat, sondern läge in der Natur von *N*(*F*,*G*) selbst begründet: Das Bestehen von $\forall x(Fx \rightarrow Gx)$ macht *N*(*F*,*G*) zu der Entität, die sie ist.

Jedoch gibt es auch mit dieser Lösung zwei gewichtige Schwierigkeiten. Die erste besteht darin, dass die essenzialistische Lösung Armstrongs dem in Kapitel 2.3.2 erläuterten Quidditismus beziehungsweise Kategorialismus widerspricht, nach dem die Instanziierung einer Eigenschaft keinerlei modale Einschränkungen bezüglich des Bestehens anderer Fakten nach sich zieht. Die Instanziierung von *N*(*F*,*G*) jedoch tut genau dies, indem sie *qua* ihrer Natur erzwingt, dass auch das universelle Faktum $\forall x(Fx \rightarrow Gx)$ bestehen muss. Wie bereits erwähnt, droht die DTA-Theorie durch die Aufgabe des Kategorialismus in eine Form des Dispositionalismus (siehe Kap. 2.4) zu kollabieren, gegen den Armstrong (1983, 1997) vehement argumentiert hat.

Das zweite tiefere Problem dieser Lösung besteht darin, dass Gesetze ihre Unabhängigkeit von ihren Instanzen verlieren, wenn *N*(*F*,*G*) essenziell an die entsprechende Regularität gebunden wird. Nach Armstrong und Dretske jedoch ist diese Unabhängigkeit unabdingbar dafür, dass Gesetze ihre Instanzen erklären oder sogar steuern können (siehe unser Kap. 2.2.5.5 und die folgende Diskussion der Desiderata *VI* und *VII*). Dies liegt daran, dass solche essenzialistischen Wahrheiten üblicherweise essenzielle Abhängigkeiten induzieren (siehe Fine 1994). Um wieder zu unserem Beispiel des Elektrons zurückzukommen: dass etwas ein Elektron ist, ist essenziell davon abhängig, dass es negative Elementarladung trägt, womit plausibler Weise auch eine explanatorische Abhängigkeit einhergeht. Dass ein bestimmtes Elektron negative Elementarladung trägt, macht es zu dem, was es ist, und ist somit (zumindest partiell) konstitutiv dafür, ein Elektron zu sein. Wenn dem im Allgemeinen so ist, ist nach der essenzialistischen Lösung auch *N*(*F*,*G*) von der entsprechenden Regularität beziehungsweise ihren partikulären Instanzen essenziell abhängig und somit zumindest teilweise durch letztere konstituiert. Die essenzialistische Version der DTA-Theorie kommt also Lewis' Charakterisierungsvorschlag von *N* gefährlich nahe, nach dem „*N* nichts anderes ist als [...] konstante Konjunktion [ihrer partikulären Instanzen] plus etwas zusätzliches" (Lewis 1983a: 366, unsere Übersetzung).

Die essenzialistische Lösung scheint das Inferenzproblem zwar zu lösen, allerdings nur zum Preis der Aufgabe der Unabhängigkeit der Gesetze, die nach Annahme der prominentesten DTA-Theoretiker unverzichtbar dafür ist, dass Gesetze ihre Instanzen erklären oder sogar steuern können.

(iii) *Die Abstraktionslösung:* Armstrong (1997: 226–230, 2010: 38–40) selbst schlägt eine Lösung vor, die der vorhergehenden in relevanter Weise sehr ähnlich ist. Seine zentrale Idee lässt sich verkürzt wie folgt illustrieren: Nehmen wir eine singuläre kausale Relation zwischen singulären Sachverhalten (engl. *token states of affairs*) an, schematisch als *Fa verursacht Ga* dargestellt. Nach Armstrong kann hieraus der Sachverhaltstyp *_ ist F verursacht _ist G* abstrahiert werden, worin *_ist F* beziehungsweise *_ist G* den Sachverhaltstyp, dass etwas *F* beziehungsweise *G* ist, symbolisiert. (Solche Sachverhaltstypen identifiziert Armstrong 1997 mit Universalien.) Er fährt fort und identifiziert den Sachverhaltstyp *_ist F verursacht _ist G* mit dem Bestehen der nomologischen Nezessiierung zwischen *F* und *G*, also *N*(*F*,*G*). Um die Identifikation der naturgesetzlichen mit der kausalen Verknüpfung zu betonen, ersetzt Armstrong (1997: 228) *N* durch *C*, abkürzend für das englische *causation.*[114] Wir können Armstrong zugestehen, dass, falls *N*(*F*,*G*) beziehungsweise *C*(*F*,*G*) ausschließlich als Abstraktion aus partikulären kausalen Verknüpfungen besteht, die Existenz der ersteren die Existenz der letzteren impliziert. Jedoch kann auch hier von der Unabhängigkeit der Gesetze von ihren partikulären Instanzen keine Rede mehr sein. Im Gegenteil, die Naturgesetze als bloße Abstraktionen scheinen ontologisch vollständig von ihren partikulären Instanzen abhängig. Wie Stephen Mumford treffend bemerkt hat, ist dies mit der Steuerungskonzeption der Gesetze (Desiderat *VII*) unvereinbar:

> It looks as though the fundamental necessitations occur at the level of tokens, and the types, as Armstrong says, are abstractions from such tokens and exist only in such tokens. But then what justification is there for Armstrong's claim that the connection between the types, the universals, is the direct or primary connection, which then governs the connection between the tokens or instances? How can the law govern its instances if it is only an abstraction from them? (Mumford 2007: 56)

Wenden wir uns also einer letzten Lösungsmöglichkeit zu:

(iv) *die nomologisch-kausale Lösung:* Die Beziehung von Gesetz(esfakt)en und ihren entsprechenden Regularitäten kann nicht nur eine bloße Koinzidenz sein. Aber vielleicht ist die Forderung, dass Gesetze die entsprechenden Regularitäten strikt implizieren, zu stark und es gibt einen Mittelweg zwischen bloßer Koinzidenz und strikter Implikation. Dementsprechend könnte im Rahmen der DTA-Theorie das Inferenzproblem dadurch gelöst werden, dass sie auch zwischen *N*(*F*,*G*) und der entsprechenden Regularität eine Verknüpfung der nomologischen Nezessiierung postulieren. Zwar würde das keine strikte Implikation liefern, aber trotzdem einen robusten Übergang zwischen Gesetz(esfakt)en und Regularitäten garantieren. *N*(*F*,*G*) würde die entsprechende Regularität $\forall x(Fx \rightarrow Gx)$ ‚nur' nomologisch erzwingen, so wie eine Instanz von *F* eine Instanz von *G* nomologisch erzwingt. Falls erfolgreich, hätte dies auch den Vorteil, dass die gesuchte (nun bloß nomologische) Nezessiierung mit Ressourcen bewerkstelligt würde, die die DTA-Theorie ohnehin schon postuliert und die, zumindest nach Armstrong, kompatibel mit den der DTA-Theorie zugrundeliegenden humeschen Annahmen sind.

---

114 Die Gleichsetzung von *N* mit Kausalität nutzt Armstrong (1993, 1997) zudem dazu, um ein weiteres Problem zu lösen, das von Bas van Fraassen (1989: 96–109) als *Identifikationsproblem* bezeichnet wird. Instanziierungen der Kausalrelation und somit von *N* können direkt wahrgenommen werden: „The Identification problem is solved via our direct awareness, in certain favourable cases, of causation in the *token* case" (Armstrong 1997: 228). Diese Idee wird in Schrenk (2014a) weiterentwickelt.

Allerdings bringt auch diese Lösung mehrere schwerwiegende Probleme mit sich. Das erste, am wenigsten gravierende, besteht darin, dass der Begriff der nomologischen Nezessierung erheblich erweitert werden muss. Die nomologische Nezessiierung muss also nicht nur zwischen Universalien, wie im Fall $N(F,G)$, und zwischen Sachverhalten, wie im Fall $N(F,G)(Fa,Ga)$, bestehen können, sondern auch ‚transkategorial', nämlich beispielsweise zwischen dem Faktum $N(F,G)$ zweiter Ordnung und der Regularität $\forall x(Fx\rightarrow Gx)$.

Zweitens erscheint hierdurch Armstrongs Identifikation der nomologischen Nezessiierung mit der generischen Kausalitätsrelation höchst problematisch, da nach dieser Auffassung Gesetze selbst als Ursachen betrachtet werden müssen. Dies ist allerdings wenig plausibel: „A law is a ‚because' but not a cause" (Lange 2009b: 288). Es scheint sich sogar schlichtweg um einen Kategorienfehler zu handeln, wenn behauptet wird, dass ein Gesetz selbst etwas verursacht: „[I]t sounds odd to say that the Law of Inertia itself causes the body to remain at rest, since it seems similar to a category mistake to ascribe causality to the very laws" (Maudlin 2007: 155 f.).[115]

Drittens, wenn $N(F,G)$ nur metaphysisch kontingenterweise mit der Regularität $\forall x(Fx\rightarrow Gx)$ verbunden ist, ebenso wie die Nezessiierung zwischen den Universalien F und G, gibt es metaphysisch mögliche Welten, in denen das Gesetz $N(F,G)$ besteht, aber nicht die entsprechende Regularität beziehungsweise Welten, in denen $N(F,G)$ besteht und Fa der Fall ist, aber nicht Ga. Der nomologisch-kausale Lösungsansatz hat also zur Folge, dass Gesetze, obwohl sie bestehen, dort gänzlich ‚impotent' sind (vgl. Schaffer 2008: 99).

Das vierte und vermeintlich schwerwiegendste Problem besteht darin, dass die Postulierung einer weiteren nomologischen Nezessiierung zwischen $N(F,G)$ und $\forall x(Fx\rightarrow Gx)$ in einen vitiösen unendlichen Regress führt (siehe Bird 2005a, 2007: Kap. 4.4 und Jaag Manuskript). Wie oben dargestellt, ist $N(F,G)$ unter anderem dazu eingeführt worden, um zu erklären, warum F-Instanziierungen nicht ohne G-Instanziierungen auftreten. Nach der nomologisch-kausalen Lösung muss, um dies zu erklären, $N(F,G)$ selbst durch eine Relation der nomologischen Nezessiierung mit $\forall x(Fx\rightarrow Gx)$ verbunden sein, das heißt, wir brauchen eine weitere Nezessiierungsrelation, $N^*(N(F,G),\forall x(Fx\rightarrow Gx))$. Das Problem besteht nun darin, dass sich auf ganz analoge Weise die Frage stellt, wie nun N^* dafür sorgt, dass wenn sie zwischen $N(F,G)$ und $\forall x(Fx\rightarrow Gx)$ besteht, das erste nicht ohne das letztere auftreten kann. Es scheint also, dass eine weitere Erzwingungsrela-

115 Descartes allerdings hat in seinen *Principia Philosophiae* die Auffassung vertreten, dass die Naturgesetze selbst sekundäre und partikuläre Ursachen für Bewegungen sind, die sich direkt aus Gott, der ersten und allgemeinen Ursache, ergeben (siehe Perler 2006: 126).

tion $N^{**}(N^{*}(N(F,G),\forall x(Fx\rightarrow Gx)),\ N(F,G)\rightarrow\forall x(Fx\rightarrow Gx))$ benötigt wird, die dafür sorgt, dass die strikte Korrelation auf einer ‚tieferen Ebene' besteht. Da sich dieselbe Frage auf jeder Ebene stellt, entsteht ein unendlicher Regress von Nezessiierungsfakten. Dieser Regress scheint vitiös zu sein, da nomologische Erzwingungsrelationen nur dann ihre explanatorische Rolle erfüllen können, wenn weitere Erzwingungsrelationen derselben Art postuliert werden.[116] Unter der Annahme, dass Instanziierungen der Nezessiierungsrelation Naturgesetzen entsprechen, hat dieser Regress überdies zur Folge, dass es unendlich viele (fundamentale) ‚Meta-Gesetze' höherer Stufe gibt. Es darf aber bezweifelt werden, dass die Physiker eines Tages eine solche Hierarchie von Gesetzen entdecken werden.

Bevor wir die DTA-Theorie darauf untersuchen, inwiefern sie die weiteren Desiderata einer Gesetzestheorie erfüllt, wollen wir eine wichtige Beobachtung aus unserer bisherigen Diskussion festhalten. Wie wir gesehen haben, erfüllen die Regularitätstheorien das Inferenzkriterium auf triviale Weise, allerdings nur unter Aufgabe der Unabhängigkeit der Gesetze. Die DTA-Theorie hingegen stellt die Unabhängigkeit der Gesetze in den Mittelpunkt, scheint aber aufgrund dieser ‚ontologischen Distanz' (vgl. Dretske 1977: 267) daran zu scheitern, das Inferenzkriterium zu erfüllen. Es sieht also so aus, als seien das Unabhängigkeitskriterium und das Inferenzkriterium miteinander unvereinbar.

III. Universalität/Invarianz. Die DTA-Theorie versucht der Universalität der Gesetze dadurch Rechnung zu tragen, dass *N* in erster Linie Universalien verbindet.

Universalien ändern sich nach Armstrong nicht über die Zeit hinweg oder von Ort zu Ort:

> If *F* and *G* are related by a dyadic relation, a relation whose terms are confined to these two universals, then it cannot be that they have this relation at one time or place, yet lack it at another. The universals *F* and *G* are exactly the same things at their different instantiations. They cannot dissolve into different *F*-nesses and *G*-nesses at different places and times: if they do, we are not dealing with unitary universals, that is, with universals. As a result, there can be no question of their being related in a certain way at one place and time, yet not being related in that way elsewhere. (Armstrong 1983: 79)

Wenn also zwei Universalien durch eine Relation verbunden sind, kann sich diese Verbundenheit nach Armstrong über die Zeit oder den Raum hinweg nicht ändern.

116 Da *N* bei Armstrong ohnehin verschiedene Rollen einnimmt, könnte man hier auch argumentieren, dass $N=N^{*}=N^{**}=$ ... Das wäre ontologisch etwas sparsamer. Den infiniten Regress würde man dabei allerdings nicht vermeiden können. Wir danken Christian Feldbacher-Escamilla für diese Beobachtung.

Dementsprechend gilt, dass das Gesetz $N(F,G)$ nicht nur für beliebige F-Instanzen (hier sei zugestanden, dass $N(F,G)$ die entsprechende Regularität impliziert), sondern auch an allen Raumzeitpunkten gilt.

Dies hat allerdings zur Folge, dass raumzeitlich begrenzte Gesetze ausgeschlossen sind:

> [S]patio-temporally limited laws ('laws of cosmic epochs') which it seems that the Regularity theory could be stretched to admit, must be ruled out if laws of nature are relations between universals. (Armstrong 1983: 100)

Obwohl Armstrong keine raumzeitlich beschränkten Gesetze zulässt, versucht er solchen Gesetzen durch die Einführung sogenannter *Quasi-Universalien* zumindest Rechnung zu tragen. So lässt er beispielsweise das Quasi-Universal *eine Frucht in Smiths Garten zu sein* zu, obwohl es essenziell auf ein bestimmtes Partikular, nämlich Smiths Garten referiert. Anstatt also zu erlauben, dass es ein auf Smiths Garten beschränktes Gesetz gibt, dass alle Früchte Äpfel sind (vgl. Tooley 1977: 686), postuliert Armstrong das unbeschränkte Gesetz, dass alle Früchte in Smiths Garten Äpfel sind, das heißt, anstatt *N*(*Frucht, Apfel*), beschränkt auf Smiths Garten, gilt das unbeschränkte Gesetz *N*(*Frucht in Smiths Garten, Apfel*). Diese Strategie ließe sich nicht nur auf imaginäre von Philosophinnen erdachte Fälle anwenden, sondern auch auf Szenarien, die wissenschaftlich ernstzunehmender sind. Wenn also beispielsweise die Naturgesetze auf kosmische Epochen beschränkt sind, könnte Armstrong Quasiuniversalien einführen, die sich auf bestimmte Epochen beziehen, wie beispielsweise *Masse in Epoche E zu haben.*

In späteren Arbeiten scheint Armstrong jedoch aufgrund der folgenden simplen Überlegung von der Unveränderlichkeit der Universalien und damit der Naturgesetze abzurücken: Falls N nur kontingenterweise zwischen Universalien besteht (siehe auch unsere Diskussion des folgenden Desiderats), das heißt, sich die Gesetze über mögliche Welten hinweg ändern können, warum dann nicht auch über verschiedene Raumzeitstellen der aktualen Welt hinweg?

> Why cannot a law of nature, if conceived as the holding of a contingent relation between categorical universals, change? Why may it not be that F has the nomic relation [to] G at one time, but later, since the connection is contingent, this relation lapses, perhaps being succeeded by F's being related to H? [...] It seems that I have to allow that contingent relations between universals can change. (Armstrong 1997: 257 f.)

Des Weiteren lässt Armstrong (1983: 147–150) sowohl strikte Gesetze zu, die in allen Umständen gelten, als auch solche Gesetze, die nur *ceteris paribus* beziehungsweise nur in Idealumständen gelten. Armstrong nennt Gesetze der ersten Art ‚eiserne *Gesetze*' (englisch *iron laws*) und Gesetze der zweiten Art ‚eichene

Gesetze' (englisch *oaken laws*). Das Gesetz $N(F,G)$ ist beispielsweise in dem Fall ‚eichen', wenn es einen Störfaktor H gibt, so dass, falls ein F auch ein H ist, es kein G mehr ist. In diesem Fall gilt $N(F,G)$ nur in den Umständen, in denen die *Fs* nicht gleichzeitig auch *Hs* sind (zu Schwierigkeiten im Zusammenhang mit *oaken laws* siehe Schrenk 2011).

Widmen wir uns abschließend der Frage, ob DTA-Gesetze in dem Sinne universell sind, dass sie bezüglich aller determinierten Eigenschaften oder Werte (zum Beispiel *exakt 7,8834443233 kg Masse zu haben*) der in den Gesetzen vorkommenden determinablen Eigenschaften oder Variablen (z. B. die genauer bestimmbare Eigenschaft *Masse zu haben*) gelten (siehe Wilson 2017 zur Unterscheidung zwischen determinierten und determinablen Eigenschaften). Zur Erinnerung: das funktionale Gesetz $F=ma$ beispielsweise scheint zumindest auf den ersten Blick für beliebige Massen m, Beschleunigungen a und Nettokräfte F zu gelten. Allerdings ist beispielsweise nur ein Bruchteil der kontinuierlich oder überabzählbar vielen Massewerte jemals irgendwo in unserem Universum instanziiert. Wenn wir jedoch Armstrong in der Annahme folgen, dass alle Universalien auch instanziiert sein müssen, existieren all die uninstanziierten determinierten Eigenschaften oder Werte nicht. Es ist also nicht zu sehen, wie die nicht-instanziierten Beziehungen, die funktionale Gesetze beschreiben, beziehungsweise ‚uninstanziierten Gesetze' wie Armstrong (1983: Kap. 8) sie abkürzend benennt, in Armstrongs Theorie erklärt werden können.

Armstrong (1983: Kap. 8.4 und 1997: 244 ff.) bietet, grob skizziert, die folgende Lösung an: Uninstanziierte Gesetze sind wahre kontrafaktische Konditionale darüber, was die Gesetze wären, wenn diese determinierten Eigenschaften oder Werte instanziiert wären. Die Wahrmacher dieser kontrafaktischen Konditionale sind nach Armstrong Gesetze über die instanziierten determinablen Eigenschaften:

> What can the Categoricalist, or at any rate the Categoricalist who, like us, denies the existence of uninstantiated universals, say? One can certainly assent to a counterfactual: 'If the antecedent value were at some time instantiated, then a certain determinate law would be instantiated, yielding a certain consequent value'. But what is the truthmaker for this law? Nothing but the determinable functional law, linking determinable universals, state-of-affairs types. (Armstrong 1997:252)

Solche determinablen Gesetze können als höherstufige Gesetze betrachtet werden, da sie determinable Eigenschaften beschreiben. Determinable Eigenschaften sind nach Armstrong höherstufig und somit nicht fundamental, weil ein Ding sie nur hat, weil es bestimmte Eigenschaften einer niederen Ordnung instanziiert, nämlich eine determinierte Eigenschaft, die unter die determinable Eigenschaft fällt. So hat beispielsweise meine Tasse die Eigenschaft, rot zu sein, weil sie die

Eigenschaft hat, einen ganz bestimmten Rotton zu haben; oder anders ausgedrückt, das Haben der ersteren Eigenschaft (*Röte*) superveniert auf dem Haben der letzteren (*einen ganz bestimmten Rotton zu haben*). Wenn Armstrong diese Lösung uninstanziierter Gesetze anbieten möchte, scheint er also darauf festgelegt, dass auch nicht-fundamentalen oder supervenierenden determinablen Eigenschaften Universalien entsprechen.

Allerdings ist die Annahme determinabler Universalien aus zwei Gründen problematisch. Erstens akzeptiert Armstrong keine nicht-fundamentalen oder supervenienten Universalien:

> Consider also that a determinate – mass 10 kilos say – entails, necessitates, the determinable for that property. Do we want a body to instantiate two universals, the determinate mass and the determinable of having mass? The second property seems an unnecessary extra, it supervenes on the determinate mass, and so is no addition of being. (Armstrong 2010: 22)

Zweitens scheinen Objekte ihre kausalen Kräfte aufgrund ihrer determinierten und nicht ihrer determinablen Eigenschaften zu haben, womit die Einführung determinabler Eigenschaften auch dem Eleatischen Prinzip zu widersprechen scheint. Hauptsächlich aus diesen Gründen hat Armstrong diese Weise, uninstanziierte Gesetze zu erklären, wieder verworfen (vgl. Armstrong 2010: 43).

Eine andere mögliche Lösung des Problems der uninstanziierten Gesetze liefert eine platonische Version der DTA-Theorie, wie sie von Tooley (1977) vorgeschlagen wurde. Da hiernach auch uninstanziierte determinierte Eigenschaften existieren und in nomischen Relationen zueinanderstehen können, stellen uninstanziierte Gesetze kein Problem dar. Aufgrund seines Bekenntnisses zum Naturalismus jedoch (siehe Kap. 2.3.2) ist für Armstrong eine platonische Theorie der Universalien nicht akzeptabel.

Die der armstrongschen Version der DTA-Theorie zugrundliegende Universalientheorie muss also abgeändert werden, um die gesetzlichen Beziehungen zwischen nicht-instanziierten determinierten Eigenschaften zu erklären, nämlich dahingehend, dass determinable oder uninstanziierte platonische Universalien zugelassen sind (siehe Wilson (2012) für ein Plädoyer für fundamentale determinable Eigenschaften und siehe Mundy (1987) für eine naturalistische Version einer platonischen Universalientheorie).

IV. Kontingenz. Alle drei Urheber der DTA-Theorie vertreten die Ansicht, dass die Instanziierungen von *N* und damit die entsprechenden Naturgesetze kontingenterweise bestehen. Allerdings wird sich in der Diskussion des folgenden Desiderats zeigen, dass einiges dafür spricht, Swoyer (1982) zu folgen und die Kontingenz der Naturgesetze aufzugeben.

V. Nomologische Notwendigkeit und Stützung kontrafaktischer Konditionale. Man sollte erwarten, dass, wenn die Einführung einer Relation der kontingenten Nezessiierung einen Nutzen hat, dieser darin besteht, dass sie die charakteristische Notwendigkeit der Gesetze erklärt. Auf den ersten Blick scheint dies auch zuzutreffen. Angenommen, die *N*-Relation ‚funktioniert', wie die DTA-Theorie besagt, dann gilt, dass, wenn etwas das Universal *F* instanziiert und *N*(*F*,*G*) der Fall ist, es auch *G* instanziieren muss.

Um diese Behauptung besser einschätzen zu können, muss jedoch geklärt werden, worin die Idee der kontingenten Nezessiierung genau besteht. Erstens ist festzuhalten, dass *N keine sui generis* modale Verbindung der nomologischen Notwendigkeit darstellt, die schwächer als metaphysische Notwendigkeit, aber stärker als bloße Kontingenz ist.[117] Im Gegenteil: wie wir oben erläutert haben, sollte eine metaphysisch notwendige Verknüpfung zwischen *N*(*F*,*G*) und der entsprechenden Regularität bestehen und somit auch zwischen *N(F,G) plus Fa* und dem von beiden zusammen erzwungenen *Ga*. Lediglich das Faktum, dass die Relation *N* zwischen *F* und *G* besteht oder nicht, ist kontingent. David Lewis erläutert dies wie folgt:

> [I]t is necessary – and necessary *simpliciter*, not just nomologically necessary – that if *N*(*F*,*G*) obtains, then *F* and *G* are constantly conjoined. There is a necessary connection between the second-order state of affairs *N*(*F*,*G*) and the first-order lawful regularity $\forall x(Fx \supset Gx)$; and likewise between the conjunctive state of affairs *N*(*F*,*G*)&*Fa* and its necessary consequence *Ga*. (Lewis 1983a: 366)

Diese Art der Nezessiierung stellt eine überraschende Parallele zu humeschen Regularitätstheorien der Gesetze dar. Auch im Falle der letzteren gilt notwendigerweise, dass wenn es ein Gesetz ist, dass *F*s *G*s sind, dann auch alle *F*s *G*s sind, und entsprechend notwendigerweise, dass wenn es ein Gesetz ist, dass *F*s *G*s sind und *Fa* der Fall ist, auch *Ga* der Fall ist. Wie wir oben gesehen haben, folgt dies hier einfach auf logischem Wege, da Gesetze mit bestimmten Regularitäten identifiziert werden. Die zweite, problematischere Parallele besteht jedoch darin, dass diese Nezessiierungen eine entscheidende Frage schlichtweg unbeantwortet lassen, nämlich die Frage nach dem modalen Status der Gesetze selbst. Jedoch ist genau diese Frage entscheidend, wenn es um die nomologische oder natürliche Notwendigkeit der Gesetze geht: „An adequate account of natural necessity must explain how the laws manage to be genuinely necessary but nevertheless contingent" (Lange 2009a: 45).

117 Wir werden auf diese Idee in Kapitel 2.4 zurückkommen, wenn wir den Dispositionalismus *à la* Mumford & Anjum (2011) diskutieren.

Diese charakteristische Notwendigkeit der Gesetze ist nicht zuletzt deshalb von zentraler Bedeutung, da, wie Armstrong (1983: 50) selbst richtigerweise bemerkt, es die Notwendigkeit der Gesetze ist, die dafür sorgt, dass sie kontrafaktische Konditionale stützen können.

Die entscheidende Frage lautet: Wenn *N*(*F*,*G*) ein bloß metaphysisch kontingentes Faktum ist, warum ist es in dem Sinne notwendig, dass es in nicht-aktualen kontrafaktischen Situationen besteht. Martin Tweedale hat diese Frage als Problem für die DTA-Theorie formuliert:

> How could such a relationship possibly sustain the counterfactual implications of laws of nature? Since it is contingent and totally unaccounted for, there is nothing to say whether it would hold, or not, if the related universals existed in circumstances in any way different from the actual ones. We no longer have a genuine solution to the difficulties besetting the Humean view. (Tweedale 1984: 185–186)

Man mag hoffen, dass die der DTA-Theorie zugrundeliegende Universalientheorie die Lösung liefert. Wie wir bereits in der Diskussion des Universalitätskriteriums dargestellt haben, hat Armstrong über weite Strecken seines Schaffens vertreten, dass sich Universalien nicht über die Zeit oder den Raum hinweg ändern. Nehmen wir also an, dass *N*(*F*,*G*) besteht. Wenn ein Ding, das momentan nicht ein *F* ist, ein *F* wird, dann wird es auch ein *G* sein.

Man könnte geneigt sein zu glauben, dass die raumzeitliche Invarianz des Gesetzes *N*(*F*,*G*), die alle aktualen *F*s und nicht-*F*s betrifft, sich auch auf kontrafaktische Szenarien überträgt:

> *N*(*F*,*G*), in contrast to the regularity theory, sustains counterfactuals, being true not just of everything that is *F* but also things that are non-*F*. Were those things to be *F*, and it is a law that *N*(*F*,*G*), then we can say that they would be *G*. (Mumford 2007: 52)

Unglücklicherweise ist dieser Übergang alles andere als trivial. Auch humesche Gesetze gelten für alle aktualen *F*s und nicht-*F*s überall und zu jeder Zeit einfach deshalb, weil sie universelle Regularitäten sind. Trotz dieser raumzeitlichen Invarianz folgt hieraus *per se* keine entsprechende modale Invarianz. Solange die Gesetze kontingente Fakten sind und sich über Welten ändern können, ist nicht klar, dass sie in nicht-aktualen kontrafaktischen Szenarien gelten, egal ob sie mit kontingenten Instanziierungen einer Erzwingungsrelation oder kontingenten universellen Regularitäten identifiziert werden. Die Extrapolation von der aktualen raumzeitlichen Invarianz – also davon, dass ein Gesetz für alle früheren, gegenwärtigen und zukünftigen Objekte überall gilt – zu einer entsprechenden modalen Invarianz, dass das Gesetz auch für Dinge in kontrafaktischen Szenarien gilt, ist also nicht gerechtfertigt.

Wie wir in der Diskussion der humeschen BSA in Kapitel 2.2 erläutert haben, beantwortet Lewis selbst die Frage, warum die Gesetze in kontrafaktischen Szenarien gelten, dadurch, dass Naturgesetze wichtige Fakten über unsere Welt darstellen und wir in kontrafaktischen Überlegungen wichtige Merkmale unserer Welt konstant halten. Und es scheint, dass sich Armstrong genau derselben Strategie bedient, um die Invarianz der Gesetze in kontrafaktischen Szenarien zu erklären:

> In considering the truth-values of counterfactuals that are sustainable by causal/nomic knowledge and belief, we keep important circumstances fixed. In Lewis' terminology, we go to near worlds. Laws of nature, if considered as contingent relations between universals, are important and it is easy and natural to keep them fixed. So we do so in our counterfactual reasoning. (Armstrong 1997: 262)

Es scheint also, dass Armstrong im Wesentlichen dieselbe reduktive Erklärung der modalen Invarianz der Gesetze und der Stützung kontrafaktischer Konditionale anbietet wie Lewis: Ein Gesetz, das heißt eine Instanziierung der *N*-Relation, ist ein wichtiges Faktum über unsere Welt, weshalb es in kontrafaktischen Situationen festgehalten wird. Wenn das jedoch stimmt, scheint die Einführung der *N*-Relation keinerlei Vorteile bezüglich der nomologischen Notwendigkeit und damit der Fähigkeit der Gesetze, kontrafaktische Konditionale zu stützen, zu haben. Schlimmer noch, sie scheint für exakt dieselben Arbitraritätseinwände anfällig, die gegen die Regularitätstheorie vorgebracht wurden (siehe Kap. 2.2.5.3).

Armstrong ist sich vollkommen bewusst, dass bezüglich der Notwendigkeit der Gesetze eine essenzialistische Version der DTA-Theorie, wie sie beispielsweise von Swoyer (1982) vertreten wurde, gegenüber seiner ‚kontingentistischen' Version im Vorteil ist: „Ich gebe zu, dass die Nezessitarianische Theorie [*à la* Swoyer (1982)] hier einen Vorteil gegenüber der Kontingenztheorie [Armstrongs eigener] hat" (Armstrong 1997: 260; unsere Übersetzung). Nach einer solchen essenzialistischen Spielart der DTA-Theorie sind die Nezessiierungsrelationen essenziell und damit notwendigerweise an die Natur der entsprechenden Eigenschaften gebunden. Deshalb gibt es auch keinerlei Anlass, warum die Gesetze in kontrafaktischen Szenarien, eventuell auf arbiträre Weise, ‚festgehalten' werden müssten. Wenn die Erzwingungsrelationen, in denen eine Eigenschaft zu anderen Eigenschaften steht, essenziell und somit metaphysisch notwendigerweise bestehen, müssen diese auch in kontrafaktischen Situationen bestehen, in denen die Eigenschaft instanziiert ist. Diese Abwandlung der DTA-Theorie opfert jedoch die Kontingenz der Naturgesetze, indem sie die nomologische mit metaphysischer Notwendigkeit identifiziert. Zudem widerspricht sie dem Kategorialismus und macht somit eine kombinatorische Theorie der metaphysischen Modalität unmöglich, nach der, grob gesprochen, alle (maximalen) Kombinationen der fundamentalen Sachverhalte verschiedene mögliche Welten konstituieren. Schließlich droht auch die Unabhängigkeit der Naturgesetze verloren zu gehen, die für ihren Steuerungscharakter unerlässlich scheint. Abgesehen von einem kurzen Flirt mit dem Nezessitarianismus *à la* Swoyer (siehe Armstrong 2004) war Armstrong nicht gewillt, diesen Preis zu zahlen.

Es scheint also, dass die Einführung einer kontingenten Nezessiierungsrelation *per se* zu kurz greift, um eine Erklärung der nomologischen Notwendigkeit und der Stützung kontrafaktischer Konditionale zu liefern, die den entsprechenden Erklärungen der humeschen Regularitätstheorien (siehe Kap. 2.2.5.3) vorzuziehen ist.

VI. Erklärungskraft. Nach der DTA-Theorie können Gesetze Fakten über ihre Instanzen nur dann erklären, wenn zwischen ersteren und letzteren eine ontologische Distanz besteht, das heißt, die Gesetze nicht von Fakten über ihre Instanzen ontologisch abhängig sind (siehe Dretske 1977: 267 und Jaag Manuskript). Andernfalls drohe ein unakzeptabler explanatorischer Zirkel.[118] Da DTA-Gesetze zusätzliche nicht-superveniente Sachverhalte über ihre Instanzen hinaus sind, scheint diese Bedingung erfüllt (siehe allerdings unsere Diskussion des folgenden Desiderats).

Allerdings ist diese ontologische Unabhängigkeit im besten Falle eine notwendige Bedingung dafür, dass Gesetze ihre Instanzen erklären.[119] *Dass mein Schuh rot ist* und *dass meine Tasse leer ist* sind ontologisch voneinander unabhängige Fakten. Deshalb besteht aber noch lange kein Erklärungsverhältnis zwischen ihnen.

Damit DTA-Naturgesetze als unabhängige Entitäten ihre Instanzen erklären können, müssen sie also in einer passenden ontologischen Relation zu ihren Instanzen stehen, die diese Erklärungen ontologisch stützten oder untermauern (siehe Kim 1988). In der Diskussion des Inferenzkriteriums haben wir bereits einige Kandidaten für eine solche Relation untersucht: Eine *kausale oder nomologische Relation* scheint unpassend zu sein, da Gesetze vom falschen metaphysi-

---

118 Siehe unsere Diskussion in 2.2.5.5. Verschiedene Versionen des Zirkularitätseinwandes gegen die BSA finden sich in Armstrong (1983: 40 f.), Bird (2007: Kap. 4.3.2), Dretske (1977: 262), Lange (2013, 2018) und Maudlin (2007: 172).

119 Es gibt jedoch Erklärungskonzeptionen, die überhaupt keine ontologische Unabhängigkeit zwischen *Explanans* und *Explanandum* erfordern, wie beispielsweise das Deduktiv Nomologische- und das Vereinheitlichungs-Modell der Erklärung (siehe Loewer 1996 und Jaag Manuskript; Ruben 1990 beinhaltet zugängliche Darstellungen dieser und weiterer Erklärungskonzeptionen). Armstrong (1983: 102) selbst behauptet, dass Gesetze dadurch erklären, dass sie ihre Instanzen vereinheitlichen.

schen Typus sind, um als Relatum einer Kausalrelation aufzutreten und eine nomologische Relation unter anderem zu Regressen führt.

Eine Relation der *essenziellen Abhängigkeit* wiederum scheint mit der Unabhängigkeit der Gesetze unverträglich und die DTA-Theorie denselben Zirkularitätseinwänden auszusetzen, wie sie gegen die Regularitätstheorie vorgebracht wurden (siehe Kap. 2.2.5.5).

Eine *stipulierte asymmetrische notwendige Verbindung* zwischen *N*(*F*,*G*) und dessen Instanzen ist nicht hinreichend, da sie die Erklärungsrichtung offenlässt. Beispielsweise besteht plausibler Weise eine asymmetrische notwendige Verbindung zwischen dem Faktum, *dass Leonardo ein Junggeselle ist* und dem Faktum, *dass Leonardo unverheiratet ist.* Allerdings scheint in dem Fall das letztere Faktum das erstere zu erklären, anstatt andersherum. Oder, um ein weiteres Beispiel zu nennen: das Faktum, *dass ich Rechtshänder bin* impliziert in klassischer Logik asymmetrisch das Faktum, *dass p oder nicht p der Fall ist.* In diesem Fall scheint aber keinerlei explanatorische Beziehung zu bestehen.

Eine andere mögliche Stützungsrelation naturgesetzlicher Erklärungen wäre *eine metaphysische (nicht-kausale) konstitutive Erklärungs- oder Fundierungsbeziehung* (englisch *grounding*).[120] Die Behauptung jedoch, dass Gesetze ihre Instanzen metaphysisch fundieren, bringt allerhand Schwierigkeiten mit sich. Üblicherweise hält die Fundierungsrelation zwischen Entitäten auf verschiedenen ontologischen Ebenen (siehe Schaffer 2009). Wenn beispielsweise ein physikalischer Zustand *P* einen entsprechenden mentalen Zustand *M* fundiert, ist *P* ontologisch fundamentaler oder hat ontologische Priorität. Manchmal wird das Fundierte (in unserem Beispiel *M*) sogar als nichts über das Fundierende (in unserem Falle *P*) hinaus betrachtet (siehe Fine 2012). Diese Redeweise passt jedoch nicht gut zum Verhältnis von Gesetzen und ihren Instanzen und schon gar nicht zu einer Auffassung, nach der die Gesetze lediglich Abstraktionen aus ihren konkreten Instanziierungen sind, wie sie von Armstrong (1997) vertreten wurde: Es klingt intuitiv falsch, zu behaupten, dass beispielsweise das Faktum, dass zwei Massen gravitative Kräfte aufeinander ausüben, weniger fundmental ist oder sogar in nichts anderem besteht als Newtons Gravitationsgesetz.[121] Problematischer jedoch ist die Tatsache, dass Fundierungsrelationen entsprechende Supervenienz- beziehungsweise Erzwingungsbeziehungen mit sich bringen (siehe

120 Krämer und Schnieder (2017) und Raven (2015) sind sehr hilfreiche Überblicksartikel zum metaphysischen *grounding.*

121 Einige ontologische Strukturenrealisten (z. B. French 2014) unterschreiben diese Behauptung, indem sie behaupten, dass die fundamentale Realität in nichts weiter als nomologischer Struktur besteht. Kürzlich hat auch Emery (2019) für die These argumentiert, dass Gesetze ihre Instanzen metaphysisch fundieren (siehe Jaag Manuskript für eine kritische Diskussion).

Fine 2012), das heißt, wenn das Faktum, *dass p*, das Faktum, *dass q* fundiert, ist es auch metaphysisch notwendig, dass wenn *p*, dann auch *q* der Fall ist. Dieses Merkmal scheint jedoch wiederum mit der Unabhängigkeit der Gesetze von ihren partikularen Instanzen unverträglich: Newtons Gravitationsgesetz erklärt zwar das Faktum, dass Erde und Sonne *de facto* eine bestimmte Gravitationskraft aufeinander ausüben. Es hätte aber auch bestehen können, ohne dass unser Sonnensystem existiert. Wenn das Gravitationsgesetz dieses Faktum aber metaphysisch erklären beziehungsweise fundieren würde, würde sein Bestehen erzwingen, dass Erde und Sonne existieren und bestimmte Gravitationskräfte aufeinander ausüben (siehe Jaag Manuskript für eine ausführliche Diskussion dieser möglichen Stützungsrelationen naturgesetzlicher Erklärungen).

Die DTA-Theorie erfüllt also im besten Fall ein notwendiges Kriterium dafür, dass Gesetze ihre Instanzen erklären können. Allerdings gibt uns die DTA-Theorie keinerlei Hinweise, worin die Beziehung zwischen *N(F,G)* und ihren Instanzen bestehen könnte, damit klar wird, wie *N(F,G)* Fakten über dessen Instanzen erklären kann. Wir wollen nun untersuchen, ob uns eventuell die vor allem von der DTA-Theorie postulierte Steuerungsfunktion der Gesetze hierüber Aufschluss geben kann.

VII. Steuerung und Unabhängigkeit. Da die Unabhängigkeit eine notwendige Bedingung für die Steuerungsfunktion sein soll, wollen wir zuerst letztere etwas genauer untersuchen. Da *N(F,G)* nur kontingenterweise existiert, ist eine Kopie unseres Universums möglich, in denen Newtons Gravitationsgesetz kein Gesetz, sondern lediglich eine Koinzidenz kosmischen Ausmaßes ist, da dort *N* nicht zwischen den entsprechenden Universalien (*Massen*, *relative Abstände* etc.) instanziiert ist. Armstrongsche Gesetze sind also insofern unabhängig von ihren Instanzen, als dass sie nicht auf letzteren supervenieren.

Sind aber armstrongsche Gesetze wirklich unabhängig von ihren Instanzen? Aufgrund Armstrongs aristotelischer Universalientheorie ist hieran Zweifel angebracht (vgl. Bird 2007: 53). Wir wollen dies am imaginären Beispiel der Einsamen-Partikel-Welt illustrieren, in der nichts weiter als ein einzelnes inertial bewegtes Massepartikel existiert. Wir haben in unserer Diskussion der BSA in Kapitel 2.2.5 dargestellt, dass die partikulären sub-nomischen Fakten in dieser Welt mit inkompatiblen Mengen von Gesetzen verträglich sind. So scheint beispielsweise eine einsame Partikel-Welt *w* möglich, in der das einzige Gesetz darin besteht, dass sich alle Massen inertial bewegen. Es ist aber ebenso eine einsame Partikel-Welt *w** möglich, in der alle Newtonschen Bewegungsgesetze plus Gravitationsgesetz gelten. Ist *w** aber auch nach Armstrongs aristotelischer Version der DTA-Theorie möglich? Da in *w** keinerlei relative Abstände oder Kräfte instanziiert sind, die *N*-Relation aber instanziiert sein muss, um zu existieren, ist dies zweifelhaft. Es können noch radikalere Fälle konstruiert werden, in denen dieses Problem noch deutlicher zu Tage tritt. So scheint eine komplett leere Raumzeit w^{**} möglich, in der alle Newtonschen Gesetze auch Gesetze sind (vgl. Fine 2002: 263). Da es in dieser Welt aber keinerlei Partikel gibt, die die entsprechenden Universalien instanziieren könnten, kann auch Newtons Gesetz als armstrongsches Universal nicht bestehen.

Zusammenfassend macht Armstrongs Aristotelismus bezüglich Universalien, der letztlich in Armstrongs naturalistischen Grundüberzeugungen gründet, die Existenz einer Universalie von deren Instanziierung abhängig. Diese Abhängigkeit der Universalien überträgt sich jedoch auch auf die Gesetze. Auch hier scheint eine platonische Variante der Universalientheorie Abhilfe zu schaffen. Falls Universalien auch uninstanziiert existieren können, spricht zumindest prinzipiell nichts dagegen, dass die entsprechenden Universalien dennoch durch eine Nezessiierungsrelation verbunden werden. Es scheint also, dass starke antinaturalistische Annahmen gemacht werden müssen, um die Unabhängigkeit der Gesetze zu gewährleisten und somit der Steuerungsintuition voll Rechnung zu tragen.

Worin besteht nun die Steuerungsbeziehung selbst? Die DTA-Theoretiker geben uns hier wenig Positives an die Hand, da sie vor allem die Unabhängigkeit der Gesetze betonen (siehe Armstrong 1983: 106). Wir haben in der Diskussion des Inferenz- und Erklärungsdesiderats einige Kandidaten für die Beziehung zwischen DTA-Gesetzen zu ihren Instanzen diskutiert und für problematisch befunden. Es scheint also, dass eine zusätzliche primitive (produktive?) Steuerungsbeziehung postuliert werden muss (siehe Kap. 2.6), die im besten Falle auch noch die Inferenz von Gesetzen zu den entsprechenden Regularitäten gewährleistet und Erklärungen stützt.

Es hat sich also gezeigt, dass die Erfüllung der Steuerungsintuition im Rahmen von Armstrongs DTA-Theorie mit beträchtlichen ontologischen Kosten verbunden ist, nämlich der Annahme nicht-instanziierter Universalien und einer primitiven Steuerungsbeziehung. Wie wir oben erläutert haben, ist allerdings nicht einmal der berühmteste Vertreter der DTA-Theorie selbst, nämlich Armstrong, bereit, diese Kosten zu tragen.

Bisher haben wir zwei große Spannungsfelder in Armstrongs Metaphysik der Gesetze entdeckt: Das erste besteht in der Spannung zwischen seinen humeschen Annahmen einerseits und der Akzeptanz einer genuinen Notwendigkeit in der Welt. Das zweite besteht in der Spannung zwischen seiner naturalistischen aristotelischen Universalientheorie und der Annahme unabhängiger, die Naturgeschehnisse steuernder Elemente.

VIII. Innere Verknüpfung. Dieses Kriterium wird klarerweise von der DTA-Theorie erfüllt. Dies ist auch wenig überraschend, da sie die Beobachtung, dass Gesetze robuste Relationen zwischen Eigenschaften beschreiben, für bare Münze nimmt und diese Relationen ontologisch reifiziert. Erinnern wir uns: ein Gesetz ist selbst eine Relation, ein zweistelliges Universal, das buchstäblich von seinen Instanzen instanziiert wird. Wenn also *N*(*F*,*G*) besteht, setzt es seine Instanzen miteinander in Beziehung; im Falle, dass *Fa* und *Ga* bestehen, bedeutet dies, dass auch *N*(*F*,*G*)(*Fa*,*Ga*) besteht. Da Armstrong (1997) *N* mit dem generischen kausalen Nexus identifiziert, ist diese innere naturgesetzliche Verbindung zwischen den Instanzen auch kausal. Des Weiteren ist *N*(*F*,*G*)(*Fa*,*Ga*) auch vollständig in der raumzeitlichen Region enthalten, in der *Fa* und *Ga* enthalten sind, weshalb das Bestehen dieser nomologischen Verknüpfung auch in keiner Weise von anderen Instanziierungen des Gesetzes abhängt oder von irgendwelchen Begebenheiten in weit entfernten raumzeitlichen Regionen. Das heißt, dass DTA-Gesetze in einer Weise lokal sind, wie es beispielsweise humesche Gesetze als Regularitäten nicht sind (siehe Kap. 2.2).

IX. Induktive Bestätigung und Stützung induktiver Schlüsse. Armstrong und Dretske stimmen überein, dass „Bestätigung (grob gesprochen) die Umkehrung von Erklärung ist; [Evidenz] *E* bestätigt [Hypothese] *H*, wenn *H E* erklärt" (Dretske 1977: 261, unsere Übersetzung). Da ihrer Meinung nach DTA-Gesetze im Gegensatz zu humeschen Regularitäten ihre Instanzen erklären, erklärt die DTA-Theorie, warum nur Gesetze und eben nicht bloß akzidentelle universelle Regularitäten durch ihre positiven Instanzen bestätigt werden. Instanzen von Gesetzen werden durch Instanziierungen der *N*-Relation erklärt, bloß akzidentelle Regelmäßigkeiten nicht.

Darüber hinaus argumentiert Armstrong, dass die DTA-Theorie eine Rechtfertigung oder Rationalisierung induktiver Schlüsse und damit eine Lösung des Induktionsproblems ermöglicht, die Regularitätstheoretikern nicht zur Verfügung steht. Grob skizziert besteht die Idee darin, dass ein induktiver Schluss nicht einfach ein direkter ampliativer Schluss von beobachteten Instanzen auf unbeobachtete Instanzen ist, sondern aus zwei Schritten besteht (siehe Dretske 1977: 259, Armstrong 1983: 56 und Foster 1983: 90): Der erste besteht in einem Schluss auf die beste Erklärung (siehe Lipton 1991) und der zweite in einem deduktiven Schluss. Im ersten Schritt schließt man von den beobachteten *F*s, die auch *G*s sind, darauf, dass das entsprechende Naturgesetz, dass alle *F*s *G*s sind, besteht. Dieser Schluss ist nach Armstrong ein Schluss auf die beste Erklärung, weil die Annahme des entsprechenden Gesetzes die beste Erklärung dafür ist, dass alle bisher beobachteten *F*s auch *G*s waren. Vorausgesetzt, dass, wie Armstrong annimmt, das Inferenzkriterium erfüllt wird, ist der zweite Schritt dann einfach ein deduktiver. Da dann aus dem Gesetz, dass alle *F*s *G*s sind, folgt, dass schlechthin alle *F*s *G*s sind, müssen auch die bisher unbeobachteten *F*s *G*s sein, einfach deshalb, weil die unbeobachteten *F*s eine Untermenge aller *F*s sind. Wenn man nun annimmt, dass Schlüsse auf die beste Erklärung und deduktive Schlüsse rationale Schlussmethoden sind und induktive Schlüsse lediglich eine Hintereinanderausführung dieser Schlüsse darstellen, sind auch die letzteren rational.

Hier sind zwei Dinge zu beachten. Erstens, damit diese Rationalisierung induktiver Schlüsse funktionieren kann, müssen armstrongsche Gesetze das Erklärungs- und Inferenzkriterium erfüllen. Wie wir aber in unserer Diskussion gesehen haben, ist dies keineswegs klar. Zweitens, selbst wenn Armstrong zugestanden wird, dass DTA-Gesetze ihre Instanzen erklären, ist immer noch nicht ausgemacht, dass sie die *beste* Erklärung der beobachteten Instanzen darstellen. Beebee (2011) hat dafür argumentiert, dass dieser Übergang von der Erklärung zur besten Erklärung nicht zutrifft. Kurz gesagt, argumentiert sie, dass eine zeitlich beschränkte Nezessiierungsrelation die beobachteten Instanzen genauso gut erklärt wie das zeitlich unbeschränkte *N*(*F*,*G*). Da Armstrong diese möglichen alternativen Erklärungen ignoriere, begehe Armstrong „selbst einen unzulässigen induktiven Schritt" (Beebee 2011: 525, unsere Übersetzung).

Außerdem scheint es bei näherer Betrachtung keinen Grund zu geben, warum Regularitätstheoretikerinnen sich nicht dieses Rezepts bedienen können. Wie wir in Kapitel 2.1 und 2.2 erläutert haben, ist der zweite deduktive Schritt von den Gesetzesfakten zu den entsprechenden Regularitäten, im Gegensatz zur DTA-Theorie, sicher kein Problem für die Regularitätstheorien. Die DTA-Theorie hat also nur einen Vorteil gegenüber den Regularitätstheorien, wenn bloß DTA-Gesetze, nicht aber humesche Gesetze, ihre Instanzen erklären können.

Wir können also festhalten, dass selbst dann, wenn die von Armstrong vorgeschlagene Rationalisierung induktiver Schlüsse erfolgversprechend ist, es mitnichten klar ist, ob die DTA-Theorie der Gesetze besonders gut dafür geeignet ist, dieses Rezept zu implementieren.

X. Bedeutung für die Wissenschaften. Die Grundidee der DTA-Theorie, die Naturgesetze mit Relationen zwischen physikalischen Eigenschaften oder Größen zu identifizieren, passt sehr gut zur wissenschaftlichen Konzeption der Gesetze (siehe unsere Beispiele in Kap. 1.1). Allerdings ist die Passung der DTA-Theorie zur wissenschaftlichen Praxis vor allem aus drei Gründen in Zweifel gezogen worden:

Erstens ist kaum eine methodologische Kontinuität der wissenschaftlichen und metaphysischen Theoriebildung ersichtlich. Zwar betonen die DTA-Theoretiker die Nähe zur wissenschaftlichen Praxis, indem sie die Wichtigkeit des Schlusses auf die beste Erklärung in ihrer Theoriebildung herausstellen; trotzdem bleibt die Kontinuität zwischen wissenschaftlichem und metaphysischem Theoretisieren eher schemenhaft. Während die Regularitätstheoretikerinnen theoretische Tugenden wissenschaftlicher Theorien wie Stärke beziehungsweise Informationsgehalt und Einfachheit in ihre Gesetzestheorie integrieren (siehe Kap. 2.2) oder einfach direkt alle methodologischen Standards unserer besten Wissenschaften in ihrer Gesetzestheorie aufnehmen (siehe Loewer 2007 und unser Kap. 3.2), scheinen diese im Fall der DTA-Theorie kaum eine Rolle zu spielen.

Eine zweite Reihe von Einwänden richtet sich gegen die robusten metaphysischen Annahmen, auf denen die DTA-Theorie basiert. So scheint aufgrund des Bezugs auf natürliche Eigenschaften als Universalien auch die DTA-Theorie keine Passung zwischen Naturgesetzen und wissenschaftlichen Gesetzen zu garantieren (siehe van Fraassen 1989, Cohen und Callender 2009). So gibt es keine Gewähr, dass unsere finale zukünftige physikalische Theorie, angenommen es wird eine solche geben, die wirklichen DTA-Naturgesetze enthalten wird. Die angenommenen wissenschaftlichen Gesetze und die Verteilung der *N*-Relationen könnten sich nicht decken. In ähnlicher Weise haben Earman und Roberts (2005) dafür argumentiert, dass die relative Unabhängigkeit der DTA-Gesetze sogar zu einem radikalen Skeptizismus bezüglich der Naturgesetze führe.

Drittens scheint das theoretische Korsett, in das die DTA-Theorie die Naturgesetze zwängt, zu eng zu sein, um der Vielfalt wissenschaftlicher Gesetze Rechnung zu tragen. Armstrong (1983: Kap. 9) bietet zwar eine Generalisierung der DTA-Theorie an, die auch indeterministische oder probabilistische Gesetze abdeckt. Nach dieser Modifikation hat ein Gesetz die Form $(N{:}P)(F,G)$, wobei P die objektive Wahrscheinlichkeit ist, mit der die Nezessiierung von G durch F eintritt und dementsprechend die Werte von 0 bis 1 annehmen kann. Ein deterministisches Gesetz kann als derjenige Spezialfall betrachtet werden, in dem P den Wert 1 annimmt. Jedoch scheinen andere Arten von wissenschaftlichen Gesetzen nicht im Rahmen der DTA-Theorie abbildbar, da letztlich alle Gesetze als kausal konzipiert werden. So bemerkt Armstrong (2010: 40) selbst:

> One may be troubled by the suspicion that not all laws of nature are causal laws. It is a bit troubling, I would concede. Perhaps the conservation laws that play such an important role in physical theory are not causal laws. Causal laws ensure (or make probable to a particular degree) a certain outcome. But perhaps there are ensurings that are not causal.

Dass die DTA-Theorie prinzipiell nur kausale Gesetze modellieren kann, stellt einen großen Nachteil der DTA-Theorie dar. Symmetrieprinzipien und die entsprechenden Erhaltungsprinzipien spielen eine zentrale Rolle in der modernen Physik (siehe French 2014). Auch Kraftgesetze wie das Gravitationsgesetz und Coulombs Gesetz oder das Gesetz idealer Gase scheinen keine kausalen Gesetze zu sein. Und selbst im Falle unserer besten Kandidaten für die dynamischen

Gesetze, wie beispielsweise die Schrödingergleichung, ist es mitnichten ausgemacht, dass diese kausal zu interpretieren sind.

2.3.5 Abschließende Evaluation der Dretske-Tooley-Armstrong-Theorie

Es ist sehr fraglich, ob sich die ontologischen Zusatzkosten, die durch die Einführung einer primitiven nomologischen Erzwingungsrelation zwischen Universalien entstehen, wirklich bezahlt machen. Zudem generiert sie drei kaum lösbare Spannungsfelder: So sind die ‚kontingentistischen' humeschen Annahmen über die Natur von Eigenschaften und die Akzeptanz einer genuinen Notwendigkeit in der Welt kaum miteinander vereinbar. Auch bleibt die Spannung zwischen einer naturalistischen aristotelischen Universalientheorie einerseits und der Annahme von ontologisch unabhängigen Gesetzen, die die Naturgeschehnisse regulieren oder steuern, andererseits ungelöst. Und schließlich entsteht dadurch, dass die Gesetze in die Form *N*(*F*,*G*) gepresst werden, eine Kluft zwischen der Metaphysik der Naturgesetze und der wissenschaftlichen Praxis.

---

i Zum Abschluss die Ergebnisse unserer Untersuchung in Kurzform:

I. Objektivität
Fakten über die Instanziierung der nomologischen Erzwingungsrelation und damit DTA-Gesetze sind gänzlich geistunabhängig und erfüllen somit zweifellos die Objektivitätsbedingung.

II. Faktizität/Inferenz
Wir haben erläutert, dass sich für die DTA-Theorie ein Inferenzproblem stellt: Der Übergang zwischen Gesetzen der Form *N*(*F*,*G*) und den entsprechenden Regularitäten bleibt ungeklärt.

III. Invarianz/Universalität
Die Universalitätsbedingungen scheinen im Rahmen der DTA-Theorie erfüllbar. Allerdings müssen hierzu einige Modifikationen der zugrundeliegenden Universalientheorie (wie die Annahme platonischer oder determinabler Universalien) vorgenommen werden.

IV. Kontingenz
DTA-Gesetze erfüllen zweifellos die Kontingenzbedingung, da es metaphysisch kontingent ist, zwischen welchen Universalien Erzwingungsrelationen bestehen und zwischen welchen nicht.

V. Nomologische Notwendigkeit und Stützung kontrafaktischer Konditionale
Aufgrund dieser Kontingenz jedoch scheint keine ‚robuste' Erklärung der nomologischen Notwendigkeit und der Stützung kontrafaktischer Konditionale verfügbar, die einer humeschen Erklärung vorzuziehen wäre.

VI. Erklärungskraft
DTA-Theoretikerinnen plädieren für eine Konzeption gesetzlicher Erklärungen, die eine ontologische Unabhängigkeit der Gesetze von ihren Instanzen erfordert. Es bleibt jedoch ungeklärt, worum es sich bei dieser Erklärungsbeziehung handelt.

VII. Steuerung und Unabhängigkeit
DTA-Theoretiker betonen die Steuerungs- und Lenkungsfunktion der Gesetze. Allerdings ist die dafür nötige starke Unabhängigkeit der Gesetze nicht mit Armstrongs Aristotelismus verträglich. Zudem scheint die Steuerungsbeziehung, zusätzlich zur Nezessiierungsrelation, ein weiteres primitives metaphysisches Postulat der Theorie darzustellen.

VIII. Innere Verknüpfung
Aufgrund des ontologischen Doppelcharakters der DTA-Gesetze (gleichzeitig Sachverhalt und Universal) liefern sie zweifellos eine innere, lokale und nach Armstrong überdies kausale Verknüpfung ihrer Instanzen.

IX. Induktive Bestätigung und Stützung induktiver Schlüsse
Die DTA-Theoretiker liefern zwar ein interessantes Modell der induktiven Bestätigung und der Rationalisierung induktiver Schlüsse. Es ist jedoch umstritten, ob DTA-Gesetze diese Rationalisierung wirklich ermöglichen.

X. Bedeutung für die Wissenschaften
Gesetze als Relationen zwischen physikalischen Eigenschaften oder Größen passen gut zur wissenschaftlichen Praxis. Allerdings ist das metaphysische Korsett, in das die DTA-Theorie die Gesetze presst, zu unflexibel, um die Vielzahl unterschiedlicher wissenschaftlicher Gesetze, insbesondere nicht-kausale Gesetze, adäquat abzubilden.

2.4 Dispositionalistische Theorien

In dieser Sektion diskutieren wir dispositionalistische Theorien von Naturgesetzen, die ebenfalls zu den nicht-humeschen Gesetzestheorien zu zählen sind. Wie auch im Fall der vorhergehenden Gesetzestheorien beginnen wir auch hier mit einer Darstellung der Kernidee dispositionalistischer Theorien (Kap. 2.4.1) und erläutern dann deren metaphysischen Hintergrundannahmen genauer (Kap. 2.4.2). In Kapitel 2.4.3 erklären wir Alexander Birds Theorie ausführlich. Nachdem wir einige alternative Varianten dispositionalistischer Theorien vorgestellt haben (Kap. 2.4.4), untersuchen wir die Stärken und Schwächen dieses Ansatzes anhand unserer Liste von Desiderata (Kap. 2.4.5).

2.4.1 Die Grundidee: Gesetze aus essenziell dispositionalen Eigenschaften

Der *Dispositionalismus* oder *Dispositionale Essenzialismus* bezüglich der Naturgesetze, wie er auch oft bezeichnet wird, ist der neo-humeschen BSA und der DTA-Theorie insofern ähnlich, als auch hier der Rückgriff auf natürliche oder fundamentale Eigenschaften (siehe Kap. 2.2.2) wesentlich für die Erklärung der Naturgesetze ist. Allerdings bindet der Dispositionalismus die Gesetze noch sehr viel enger an die fundamentalen Eigenschaften als die beiden bisher dargestellten Theorien: Naturgesetze werden direkt in den Essenzen oder Naturen natürlicher Eigenschaften fundiert, anstatt in deren globalen Instanziierungsmuster (wie im Falle der BSA) oder im Bestehen einer zusätzlichen kontingenten Nezessiierungsrelation zwischen natürlichen Eigenschaften beziehungsweise Universalien (wie im Falle der DTA-Theorie).

Allerdings ist der Dispositionalismus nicht in erster Linie eine Naturgesetzestheorie, sondern eine Theorie über die Natur fundamentaler Eigenschaften. Nach Alexander Bird besagt er, dass zumindest einige natürliche, fundamentale Eigenschaften dispositionale Essenzen haben (siehe Bird 2007: 45). Dementsprechend gründet der Dispositionalismus auf der Verneinung des Quidditismus (siehe Kap. 2.2.2) und ist damit inkompatibel mit den metaphysischen Annahmen, die sowohl der humeschen BSA als auch der DTA-Theorie zugrunde liegen (vgl. Kap. 2.2 und 2.3). Allerdings werden wir sehen, dass recht unterschiedliche metaphysische Ideen unter der Bezeichnung ‚Dispositionalismus' beziehungsweise ‚Dispositionaler Essenzialismus' firmieren.

Ohne diese metaphysischen Details genauer zu berücksichtigen, kann die dispositionalistische These über Naturgesetze vorläufig und etwas vage wie folgt

https://doi.org/10.1515/9783110517842-013

charakterisiert werden: Die Naturgesetze bestehen aufgrund der dispositionalen Naturen fundamentaler Eigenschaften.

Historische Vorläufer des Dispositionalismus, die auf einer aristotelischen Formenlehre basieren, finden sich bereits im scholastischen Mittelalter bei Thomas von Aquin und bei Francisco Suárez. (Kausale) Kräfte, die oft mit Dispositionen gleichgesetzt werden, spielen auch in der neuzeitlichen newtonschen Physik eine herausragende Rolle. Anstatt passiver kartesischer Materie, die durch göttliche Gesetze ‚von außen angestoßen' und geordnet werden muss, ist die Aktivität der Welt nach Newton durch Kräfte begründet, die der Materie inhärent sind (siehe Kap. 1.5).

Verschiedene Varianten zeitgenössischer dispositionalistischer Theorien der Naturgesetze wurden von Harré und Madden (1975), Swoyer (1982), Tweedale (1984), Fales (1993), Shoemaker (1998), Ellis und Lierse (1994), Sankey (1997), Ellis (2001, 2002), Mumford (2004), Hofmann (2008), Hüttemann (2014) und Fischer (2018) entwickelt, um nur einige zu nennen. Da Alexander Bird (2005b, 2007) die ausführlichste und meist diskutierte Version einer dispositionalistischen Gesetzestheorie präsentiert hat, wollen wir uns im Folgenden auf seine Version des Dispositionalismus konzentrieren.

Mindestens zwei Fragen stellen sich, die wir im Folgenden beantworten möchten: Erstens muss geklärt werden, worin genau die dispositionale Natur einer fundamentalen Eigenschaft besteht; und zweitens ist zu klären, wie genau Fakten über essenziell dispositionale Eigenschaften Naturgesetze erklären.

2.4.2 Essenziell dispositionale Eigenschaften

Der Dispositionale Essenzialismus verbindet zwei Thesen miteinander. Die erste ist der Anti-Quidditismus bezüglich fundamentaler Eigenschaften, nach dem die fundamentalen Eigenschaften (im Gegensatz zu humeschen Eigenschaftstheorien) gehaltvolle Essenzen besitzen. Die zweite These besagt, dass der Gehalt dieser Essenzen in ihrer Dispositionalität besteht.

So umfasst nach Bird die reale oder konstitutive Essenz einer natürlichen oder fundamentalen dispositionalen Eigenschaft einen bestimmten dispositionalen Charakter:

> Essentially dispositional properties are ones that have the same dispositional character in all possible worlds; that character is the property's real rather than merely nominal essence. (Bird 2007: 44)

Der dispositionale Essenzialismus ist nach Bird also eine These bezüglich der Eigenschaften in der Welt und nicht eine über die Bedeutung von Prädikaten (siehe Bird 2007: 45).

Somit kann eine fundamentale Eigenschaft nur dann bestehen, wenn sie ihre charakteristische Dispositionalität aufweist. Wenn beispielsweise *eine bestimmte Masse zu haben* eine essenziell dispositionale Eigenschaft ist, kann sie nur instanziiert sein, wenn sie ihrem Träger auch die Disposition verleiht, auf andere Massen eine bestimmte Anziehungskraft auszuüben; oder in Begriffen möglicher Welten ausgedrückt: Massen ziehen sich in allen metaphysisch möglichen Welten an. Für eine kategorische oder quidditistische Eigenschaft gilt dies nicht. Handelt es sich bei der Eigenschaft *eine bestimmte Masse zu haben* um eine kategorische Eigenschaft, ist es (metaphysisch) möglich, dass sie ihren Trägern die Disposition verleiht, eine abstoßende Kraft auf andere Massen auszuüben; oder in Begriffen möglicher Welten ausgedrückt: es gibt metaphysisch mögliche Welten, in denen sich Massen abstoßen. Im Falle kategorischer Eigenschaften ist es sogar metaphysisch möglich, dass zwei Eigenschaften ihr dispositionales Profil vollständig vertauschen (vgl. Hawthorne 2001; siehe auch Kap. 2.2.2 und 2.3.2 zur Unterscheidung zwischen kategorialen und essenziell dispositionalen Eigenschaften).

In Bezug auf fundamentale Eigenschaften vertritt Bird ein Stimulus-Manifestationsmodell von Dispositionen. Üblicherweise wird angenommen, dass beispielsweise die Wasserlöslichkeit eines Zuckerstücks als implizite oder elliptische Charakterisierung dafür verstanden werden kann, dass es die explizite Disposition hat, *sich aufzulösen* (die Manifestation), *wenn es in Wasser gegeben wird* (der Stimulus).[122] So besteht nach Bird die Natur einer fundamentalen dispositionalen Eigenschaft – oder in Birds Terminologie einer *Potenzialität P* (engl. *potency*) – darin, die Disposition zu haben, beim Auftreten des Stimulus *S*, die Manifestation *M* zu zeigen, formal $D_{(S,M)}$. Dementsprechend lässt sich die Kernthese des Dispositionalen Essenzialismus (DE) nach Bird wie folgt formulieren:

> Thus, according to dispositional essentialism [DE], the real essence of some potency P includes a disposition to give some particular characteristic manifestation M in response to a characteristic stimulus S. Hence, in all possible worlds, any object that possesses P is disposed to yield M in response to S: (DE_P) $\Box(Px \rightarrow D_{(S,M)}x)$. (Bird 2007: 45)

Worin aber besteht diese Dispositionalität $D_{(S,M)}$? Wir werden darauf in Kapitel 2.4.5 bei der Diskussion des Inferenzkriteriums *II* genauer zu sprechen kommen. Für die Ableitung der Gesetze ist zentral, dass Bird das Haben einer

122 Nach Bird (2007: 20) jedoch ist der Übergang von impliziten zu entsprechenden expliziten Dispositionsausdrücken im Allgemeinen keineswegs trivial.

Disposition $D_{(S,M)}x$ mit der Wahrheit des subjunktiven beziehungsweise kontrafaktischen Konditionals $Sx\Box\!\!\rightarrow Mx$ gleichsetzt:

> The straightforward dispositional essentialist account of laws equates dispositional character and subjunctive conditionals, as is found in the conditional analysis of dispositions. (Bird 2007: 64)

Hier ist wichtig zu bemerken, dass diese Gleichsetzung von Disposition und entsprechendem Konditional nach Bird nur im Falle fundamentaler Potenzialitäten legitim ist, da diese nach Bird keine Störfaktoren zulassen.[123] In der einschlägigen englischen Literatur zur kontrafaktischen Analyse von Dispositionen werden vor allem zwei Arten von Störfaktoren diskutiert: Die Faktoren der ersten Art werden üblicherweise als *finks* (siehe Lewis 1997), die der zweiten als *masks* (siehe Johnston 1992) oder *antidotes* (siehe Bird 1998b) bezeichnet. Alle diese Fälle sind potenzielle Gegenbeispiele für die kontrafaktische Analyse von Dispositionen, nach der das Haben einer Disposition $D_{(S,M)}x$ mit dem Bestehen eines entsprechenden kontrafaktischen Konditionals $Sx\Box\!\!\rightarrow Mx$ identifiziert werden kann. Ein *fink* führt dazu, dass x die Disposition $D_{(S,M)}$ verliert, kurz nachdem deren Stimulus beziehungsweise Auslösebedingung S aufgetreten ist, um den Manifestationsprozess zu unterbrechen und damit das Eintreten der Manifestation zu verhindern.

> So kann die Zerbrechlichkeit eines Glases "finkisch" sein, d. h. verloren gehen, sobald die Auslösungsbedingungen vorliegen, etwa wenn ein Zauberer sich entschließt, ein besonders dünnwandiges Glas genau dann zu schmelzen, wenn es einen Stoß erfährt [...]. (Jaster und Vetter 2012: 432)

So genannte *masks* oder *antidotes* verhindern die Manifestation etwa durch Manipulation der ‚Hintergrundsbedingungen', ohne die Disposition zu entfernen, „etwa wenn das Glas schlicht und einfach in Styropor verpackt ist" (Jaster und Vetter 2012: 432). Diese Fälle sollen also zeigen, dass die Wahrheit des kontrafaktischen Konditionals nicht notwendig dafür ist, um die entsprechende Disposition zu haben. Es wurden auch Fälle von sogenannten ‚umgekehrten' *finks* und *masks* (auch *mimics* genannt) präsentiert (siehe Smith 1977, Johnston 1992 und Martin 1994), die zeigen sollen, dass die Wahrheit eines Konditionals nicht hinreichend für das Haben der entsprechenden Disposition ist.

---

123 Bird (2007: Kap. 3.3.1 und 3.3.2) argumentiert, dass es keine *finks* auf dem fundamentalen Level gibt. Er vermutet überdies, dass fundamentale Dispositionen nur sehr wenige *antidotes* haben und diese somit durch explizite Auflistung im Antezedens ausgeschlossen werden können.

> So kann man sich vorstellen, dass ein Zauberer nur darauf wartet, einen Stein ganz genau dann zerbrechlich zu machen, wenn er einem Stoß ausgesetzt würde ("finkish lack of a disposition", Lewis 1997), oder dass der Stein mit einer Bombe verkabelt ist, die bei einem Stoß explodieren würde ("mimic", Johnston 1992). In diesen Fällen ist es offenbar wahr, dass der Stein bei einem Stoß zerbrechen würde, aber natürlich ist der Stein nicht tatsächlich zerbrechlich. (Jaster und Vetter 2012: 432)

Wenn wir wie Bird annehmen, dass es im Fall fundamentaler Potenzialitäten keine solchen Störfaktoren gibt, können wir das entsprechende kontrafaktische Konditional für $D_{(S,M)}x$ substituieren und erhalten, dass eine bestimmte kontrafaktische Beziehung zwischen Stimulus und Manifestation zur Natur fundamentaler Potenzialitäten gehört (siehe Bird 2007: 129). Im Falle von nicht fundamentalen Dispositionen, die Störfaktoren zulassen, muss das Antezedens des kontrafaktischen Konditionals um die Klausel "*finks* und *antidotes* zu $D_{(S,M)}$ sind abwesend" (Bird 2007: 60, unsere Übersetzung) entsprechend abgeändert werden (vgl. unsere Diskussion von *ceteris-paribus*-Gesetzen in Kap. 3.1).

Folgen wir also Bird und bezeichnen die Stimuluseigenschaft einer Potenzialität *P* mit *S* und ihre Manifestationseigenschaft mit *M*; dann bedeutet, dass *P* essenziell dispositional ist, dass *P* essenziell so ist, dass, wenn *P*s Instanzen *S* ausgesetzt wären, sie auch *M* sein würden. Wenn wir zusätzlich annehmen, dass essenzialistische Wahrheiten metaphysisch notwendig sind (vgl. Fine 1994), können wir dies formal durch $\Box(Px\rightarrow(Sx\Box\!\!\rightarrow Mx))$ ausdrücken.[124]

Dies sind die wesentlichen Komponenten von Birds Dispositionalem Essenzialismus. Bevor wir aber zu seiner Naturgesetzestheorie übergehen, möchten wir noch vier wichtige weitere Merkmale seines Dispositionalismus aufführen, die über diese Kernthese hinausgehen. Erstens vertritt Bird (2007: 4) nicht nur, dass es essenziell dispositionale fundamentale Eigenschafen gibt, sondern dass *alle* fundamentalen Eigenschaften Potenzialitäten sind. Diese These wird üblicherweise als *Pandispositionalismus* oder *Dispositionaler Monismus* bezeichnet. Zweitens argumentiert Bird, dass die dispositionalen Stimulus-Manifestationsbeziehungen nicht nur zur Natur fundamentaler Eigenschaften gehören (wie in DE_p im Zitat oben formuliert), sondern sogar, dass sich deren Natur in diesen dispositionalen Beziehungen *erschöpft*. Diese These wollen wir *dispositionalen Strukturalismus* nennen.[125] Formal ausgedrückt, gilt also nicht nur, dass $\Box(Px\rightarrow(Sx\Box\!\!\rightarrow Mx))$, son-

124 Nach Fine (1994) sind essenzialistische Wahrheiten primitiv und erklären metaphysische Notwendigkeit. Bird (2007: 149) scheint mit einer solchen Konzeption zu sympathisieren, drückt aber essenzialistische Wahrheiten ausschließlich in modalen Begriffen aus.

125 Der Pandispositionalismus und der dispositionale Strukturalismus sind jedoch logisch unabhängig voneinander. So ist beispielsweise ein Dualismus vertreten worden (siehe Molnar 2003), nach dem es sowohl kategorische als auch essenziell dispositionale Eigenschaften

dern sogar die Biimplikation, also dass $\Box(Px \leftrightarrow (Sx \Box\!\!\rightarrow Mx))$ gilt.[126] Drittens vertritt Bird (2007: Kap. 2.2.1), dass jede Disposition *single-track* ist, das heißt, dass jede Disposition nur ein einziges charakteristisches Stimulus-Manifestationspaar besitzt. Und viertens sympathisiert Bird zusätzlich zu diesen drei dispositionalistischen Thesen im engen Sinn mit einem platonischen Universalienrealismus.[127]

> There are two principal conceptions of universals, the Aristotelian *in re* conception [...] and the Platonic *ante rem* conception, which holds universals to be entities that themselves exist outside space and time. The former requires each universal to be instantiated at least once, the latter permits uninstantiated universals. For the most part, the argument of this book could accept either view, though I shall explore the consequences of the Platonic view [...] and so will elucidate there some of the reasons for preferring that view. (Bird 2007: 64)

Obwohl die Annahme uninstanziierter platonischer Universalien nicht unbedingt nötig für eine dispositionalistische Naturgesetzestheorie ist, werden wir im Folgenden sehen, dass sie einige Probleme vermeidet, die ein Dispositionalismus kombiniert mit einer aristotelischen Universalientheorie (siehe unser Kap. 2.3.2) hätte.

2.4.3 Birds dispositionalistische Naturgesetzestheorie

Diese Informationen zu Birds Eigenschaftsmetaphysik reichen aus, um seine dispositionalistische Naturgesetzestheorie zu präsentieren. Nach Bird können die Naturgesetze direkt daraus abgeleitet werden, dass Potenzialitäten essenziell dispositional sind. Schematisch verläuft diese Ableitung wie folgt (siehe Bird 2007: 46): Sie beginnt mit Birds essenzialistischer Kernidee:

(DE$_P$) $\Box(Px \rightarrow D_{(S,M)}x)$.

---

gibt, deren Natur sich in ihrer Dispositionalität erschöpft. Auch wurde eine Version des Pandispositionalismus vertreten, nach der zwar alle fundamentalen Eigenschaften essenziell dispositional sind, deren Essenzen aber auch einen irreduziblen qualitativen Aspekt ‚enthalten' (vgl. Heil 2003, Jacobs 2011, Martin 2008, Tugby 2012).

126 Armstrong (1997: 80) und Lowe (2010) haben Zirkularitäts- und Regressprobleme gegen diese Variante des dispositionalen Monismus vorgebracht. Bird (2007: 138–146) hat eine graphentheoretische Lösung auf diese Probleme vorgeschlagen.

127 Siehe auch Fales (1990: 215–219) und Tugby (2013) für Argumente dafür, den Dispositionalismus mit einem Platonismus zu kombinieren.

Da, wie wir oben gesehen haben, der dispositionale Charakter $D_{(S,M)}$ einer Potenzialität mit einer kontrafaktischen Beziehung zwischen Stimulus und Manifestation gleichgesetzt werden kann, ergibt sich aus DE_P:

(i) $\Box(Px \rightarrow (Sx \Box\!\!\rightarrow Mx))$.

Aus (i) kann nun eine universelle Regularität wie folgt abgeleitet werden: Nehmen wir an, dass in einer beliebigen Welt *w* gilt:

(ii) $Px \land Sx$.

Unter der Annahme gebräuchlicher (modal-)logischer Prinzipien[128] können wir nun aus (i) und (ii) schließen, dass in *w* auch gilt:

(iii) Mx.

(ii) und (iii) erlauben die Einführung eines entsprechenden materialen Konditionals, weshalb in *w* folgendes Konditional wahr ist:

(iv) $(Px \land Sx) \rightarrow Mx$.

Da diese schematische Ableitung für ein beliebiges *x* durchgeführt wurde, können wir (iv) universal quantifizieren und erhalten schließlich:

(v) $\forall x((Px \land Sx) \rightarrow Mx)$.

Bird fasst diese Ableitung wie folgt zusammen:

> Hence we have explained the truth of a generalization on the basis of the dispositional essence of a property. This is the core of the dispositional essentialist explanation of laws. Since the generalization is non-accidental it is a nomic generalization. (Bird 2007: 46)[129]

Da in der obigen Ableitung auch die Welt *w* beliebig gewählt war, erhalten wir nicht nur (v), sondern sogar $\Box\forall x((Px \land Sx) \rightarrow Mx)$.[130] Die Naturgesetze sind also metaphysisch notwendig. Deshalb ist es auch nicht möglich, dass eine funda-

---

128 Eine dieser modallogischen Annahmen besagt, dass jede Welt sich selbst mindestens so ähnlich ist wie jede andere Welt. Diese Annahme wird von Lewis (1973a: 14) als *centering* bezeichnet und ermöglicht den Schluss von *p* und $p \Box\!\!\rightarrow q$ auf *q*. Nur wenn die aktuale Welt, in der *p* gilt, auch die nächste *p*-Welt zur aktualen Welt ist, was *centering* sicherstellt, ist der Schluss, dass *q* in der aktualen Welt gilt, zulässig.

129 Allerdings ist der Dispositionale Essenzialismus nach Bird nicht darauf festgelegt, die Gesetze mit Regularitäten zu identifizieren: “The dispositional essentialist can be reasonably relaxed as regards the question, ‘what exactly are the laws of nature?” (Bird 2007: 47)

130 Siehe jedoch Schrenk (2010) für eine ausführliche Kritik daran, dass Stimulus und Manifestation einer Disposition mit metaphysischer Notwendigkeit verbunden sein können.

mentale Eigenschaft anderen Gesetzen als den aktualen ‚gehorcht'. Dass eine Potenzialität im Gegensatz zu einer kategorischen beziehungsweise quidditistischen Eigenschaft ihr nomologisches Profil nicht ändern oder sogar mit anderen Eigenschaften vertauschen kann, wird von den Vertretern des Dispositionalismus als großer Vorteil einer Dispositionenmetaphysik angesehen.

Bird sympathisiert sogar mit einer noch stärkeren These. Wenn es eine metaphysisch mögliche Welt gibt, in der eine Potenzialität P nicht existiert, ist dort die entsprechende Generalisierung $\forall x((Px \wedge Sx) \rightarrow Mx)$ nur leererweise erfüllt, da ein materiales Konditional wahr ist, wenn sein Antezedens falsch ist. In einer solchen Welt, in der andere Eigenschaften existieren, ist diese Generalisierung also plausibler Weise kein Gesetz, sondern nur diejenigen Generalisierungen, die aus den dort existierenden Potenzialitäten abgeleitet werden können. Demnach ist in einer Welt, in der es nur Massen gibt aber keine Ladungen, Coulombs Gesetz zwar nicht verletzt und bleibt wahr; aber in einer solchen Welt zählt es nicht zu den Naturgesetzen. Bird (2007) bezeichnet die dispositionalistische Position, nach der sich Welten in Bezug auf die nomischen Fakten, die in ihnen bestehen, ändern können, weil sie sich darin unterscheiden, welche Potenzialitäten in ihnen existieren, als *‚schwachen Nezessitarianismus'*. Wie wir gesehen haben, hält Bird jedoch einen platonischen Universalienrealismus für eine attraktive Position, verstanden als die These, dass in jeder möglichen Welt dieselben Universalien und somit fundamentalen Potenzialitäten existieren (obwohl einige von ihnen in manchen Welten nicht instanziiert sind[131]). Mit der zusätzlichen Annahme, dass sich alle Gesetze aus der dispositionalen Natur von Potenzialitäten ableiten lassen,[132] erhalten wir einen *starken Nezessitarianismus*, nach dem in allen Welten dieselben Fakten Gesetze sind. Oder anders ausgedrückt, alle Welten sind identisch bezüglich der nomischen Fakten: „According to strong necessitarianism there is no difference between possible worlds as regards their laws; nomologically, they are identical" (Bird 2007: 50).

Ungeachtet dessen jedoch, ob eine dispositionalistische Naturgesetzestheorie als schwacher oder starker Nezessitarianismus entwickelt wird, scheint sie Gesetze erfolgreich von Nicht-Gesetzen unterscheiden zu können: Während sich ein Naturgesetz aus der dispositionalen Natur einer fundamentalen Potenzialität ableiten lässt, ist dies im Falle einer bloß zufälligen Regularität nicht der Fall. So lässt sich nach dem Dispositionalismus beispielsweise das Faktum, dass sich

---

131 In einer Welt, in der eine Potenzialität verstanden als platonisches Universal nicht instanziiert ist, besteht das entsprechende Gesetz als uninstanziiertes Gesetz.

132 Bird (2007: 49) vertritt explizit die These (U), nach der eine Naturgesetzestheorie die Gesetze auf einheitliche Weise erklären muss: „(U) Whatever it is, the true account of fundamental laws is a unified account [...]."

negative Ladungen abstoßen, aus der dispositionalen Natur der Eigenschaft, negativ geladen zu sein, ableiten, das Faktum hingegen, dass alle Goldklumpen kleiner sind als eine Kubikmeile, jedoch nicht aus der Natur der Eigenschaft, aus Gold zu sein.

Betrachten wir nun einige alternative Varianten einer dispositionalistischen Naturgesetzestheorie.

2.4.4 Einige Varianten des Dispositionalismus

Eine dispositionalistische Theorie bezüglich der Gesetze ist erstens nicht auf eine Universalientheorie festgelegt, sondern prinzipiell mit alternativen Konzeptionen bezüglich natürlicher Eigenschaften kompatibel. Während beispielsweise Molnar (2003), Heil (2003) und Martin (2008) verschiedene tropen-theoretische Versionen des Dispositionalismus entwickelt haben, hat Whittle (2009) für eine klassen-nominalistische Konzeption dispositionaler Eigenschaften argumentiert.

Zweitens ist der Dispositionalismus nicht auf Birds Version des dispositionalen Monismus festgelegt. Wir haben gesehen, dass für Birds Ableitung $\Box(Px \rightarrow D_{(S,M)}x)$ ausreicht und nicht das stärkere $\Box(Px \leftrightarrow D_{(S,M)}x)$ benötigt wird, nach dem sich die Natur einer Potenzialität in ihrer Dispositionalität erschöpft. Somit ist Birds Ableitung der Gesetze prinzipiell mit einer Zwei-Aspekte-Theorie oder einer Version der Identitätstheorie bezüglich fundamentaler Eigenschaften verträglich (vgl. Heil 2003, Jacobs 2011).

Drittens ist der Dispostionalismus bezüglich der Gesetze *per se* nicht auf einen Platonismus festgelegt, sondern mit einer aristotelischen Eigenschaftstheorie verträglich (vgl. Swoyer 1982, Ellis 2002). Allerdings scheint ein aristotelischer Dispositionalismus darauf festgelegt, dass in verschiedenen möglichen Welten verschiedene fundamentale Potenzialitäten existieren, was zu einem schwachen Nezessitarianismus führen würde:

> [A] world could lack a law that another world possesses. It would achieve this by lacking the potency that underwrites that law. This requires an Aristotelian *in re* conception of universals according to which there are some worlds where the universals do not exist (namely those where they are not instantiated). That is a perfectly acceptable position as far as the dispositional essentialist is concerned. (Bird 2007: 64)

Viertens haben wir gesehen, dass Birds Ableitung der Gesetze auf einer kontrafaktischen Konzeption von Dispositionalität basiert. Diese ist allerdings unter Dispositionalistinnen sehr umstritten und keineswegs trivial (siehe die Problemfälle für die kontrafaktische Analyse von Dispositionen in unserem kurzen Exkurs zu *finks* und *masks* oben). So wurden alternative Konzeptionen dessen vorgeschlagen, was es heißt, dass eine Eigenschaft essenziell dispositional ist, wie beispielsweise nomologische (Swoyer 1982) oder kausale Versionen (Shoemaker 1980) des Dispositionalen Essenzialismus. Entsprechend charakterisieren Sungho Choi und Michael Fara (2018) den Dispositionalen Essenzialismus wie folgt: „The dispositionalist holds that the essence of a property *P* is wholly constituted by the nomic or causal roles *P* plays [...].“ Andere Dispositionalisten wie Mumford und Anjum (2011) und Vetter (2015) lehnen Birds Stimulus-Manifestationsmodell der Dispositionen ab und somit *a forteriori* auch die Äquivalenz von Dispositionalität und dem entsprechenden kontrafaktischen Zusammenhang zwischen Stimulus und Manifestation. Auch Molnar (2003) vertritt eine Position, nach der Dispositionalität nicht mit kontrafaktischen Stimulus-Manifestationsbeziehungen gleichgesetzt wird, sondern als eine *sui generis* Relation der physikalischen Gerichtetheit konzipiert wird.[133] Schließlich ist auch Birds These, dass jeder Disposition ein einziges charakteristisches Stimulus-Manifestationspaar entspricht, nicht unkontrovers (siehe Ellis und Lierse 1994: 29 und Vetter 2015: Kap. 2). Es sind also durchaus alternative dispositionalistische Naturgesetzestheorien vorstellbar, die auf anderen Konzeptionen von Dispositionalität beruhen als auf Birds Stimulus-Manifestationsmodell. Allerdings wurde nach unserem Wissen bisher keine solche Gesetzestheorie detailliert ausgearbeitet.

Fünftens, anstatt Bird in der Annahme zu folgen, dass alle Gesetze in fundamentalen Potenzialitäten begründbar sind, kann eine dispositionalistische Gesetzestheorie in einen weiteren essenzialistischen theoretischen Rahmen eingebettet werden, nach dem „die Naturgesetze ausdrücken, was die essenziellen Eigenschaften natürlicher Arten sind“ (Ellis 2002: 85, unsere Übersetzung).[134] Nach einer solchen umfassenderen essenzialistischen These haben nicht nur fundamentale Eigenschaften essenzielle dispositionale Naturen im oben erläuterten Sinne. Zusätzlich gibt es auch natürliche Arten von Substanzen, die ihrerseits eine essenzielle Natur haben. Alle Teilchen, die Elektronen sind, bilden nach Ellis eine natürliche Art in dem Sinne, dass sie alle essenziell eine bestimmte Klasse von Eigenschaften tragen, die sie von anderen Teilchen, wie etwa Protonen, unterscheidet. So tragen alle Elektronen beispielsweise essenziell negative Elementarladung, was nach Ellis begründet, warum das Gesetz besteht, dass

133 In Jaag (2014) werden diese und weitere Versionen des dispositionalen Essenzialismus kritisch diskutiert.

134 Soweit wir wissen, geht die Bezeichnung ‚Dispositionaler Essenzialismus‘ auf den gleichnamigen Aufsatz von Ellis und Lierse (1994) zurück und bezeichnet dort diese umfassendere essenzialistische These.

Elektronen negativ geladen sind.[135] Es sind auch weitere hybride Gesetzestheorien vorstellbar, nach denen nur manche Naturgesetze auf Potenzialitäten zurückgeführt werden, andere Gesetze hingegen auf eine abweichende Weise erklärt werden. So argumentiert Hüttemann (2014) dafür, dass zur Erklärung des Verhaltens komplexer Systeme zusätzlich zu fundamentalen Dispositionen (essenzielle) Kompositionsgesetze nötig sind.

Und schließlich, sechstens, ist der Dispositionale Essenzialismus *per se* nicht auf die These festgelegt, dass die Naturgesetze direkt aus den Naturen von Potenzialitäten ableitbar sind. So hat Barbara Vetter (2015: 289) dafür argumentiert, den Dispositionalen Essenzialismus mit einer Version der Beste Systeme Analyse zu kombinieren, nach der die Naturgesetze durch die effektivste Systematisierung der Gesamtheit aller partikulären Fakten festgelegt werden (siehe Kap. 2.2).[136] Grob gesprochen generieren hiernach irreduzible Potenzialitäten zwar die Verteilung der partikulären Fakten und die darin bestehenden Muster. Die Naturgesetze ergeben sich aber erst daraus, dass diese Verteilung auf eine effektive Weise systematisiert wird. Wir können diese interessante Fusion einer nicht-humeschen fundamentalen Metaphysik mit einer humeschen Gesetzestheorie hier nicht ausführlich besprechen, möchten aber auf eine potenzielle Schwierigkeit aufmerksam machen: Es droht eine Spannung zwischen der modalen Kraft, die mit den fundamentalen Potenzialitäten einhergeht und den charakteristischen modalen Merkmalen der Gesetze. Machen wir uns dies am Beispiel einer Ein-Partikel-Welt klar, in der nur ein einziges inertial bewegtes Masseteilchen existiert (und sonst nur leerer Raum). In dieser Welt besteht die beste Systematisierung plausibler Weise darin, dass sich alle Massepartikel inertial bewegen. Durch die Verbindung der Gesetze mit natürlicher Notwendigkeit und kontrafaktischen Konditionalen (siehe Desiderat *V*) erhalten wir, dass es in dieser Welt nomologisch notwendig ist, dass sich Massen inertial bewegen und damit auch, dass wenn es ein weiteres Massepartikel gegeben hätte, dieses Partikel sich ebenfalls inertial bewegt hätte. Wenn jedoch, wie der Dispositionale Essenzialismus besagt, Massen essenziell disponiert sind, andere Massen anzuziehen, scheint Folgendes zu gelten: Hätte ein weiteres Massepartikel existiert, hätten sich die Massepartikel angezogen und dadurch nicht mehr inertial bewegt. Es besteht also die Gefahr, dass die Dispositionalität, die essenziell mit einer Potenzialität verbunden ist,

---

135 Auch in E.J. Lowes Naturgesetzestheorie spielen natürliche Arten eine zentrale Rolle. Hiernach besteht ein Gesetz im einfachsten Fall darin, dass eine natürliche Art durch eine Eigenschaft charakterisiert wird, wie zum Beispiel *Elektronen tragen negative Elementarladung* (siehe Lowe 2002: 235).

136 Vgl. auch Demarest (2017). Bereits J.S. Mill (1843), einer der Urväter der BSA, spricht von einer Systematisierung dispositionaler Fakten. Siehe Schrenk (2007: 72) für Details.

und die Beste Systeme Gesetze, die diese beschreiben, inkompatible kontrafaktische Konditionale stützen.

2.4.5 Kritische Diskussion des Dispositionalismus

Wir werden uns im Folgenden weiterhin auf Birds (2007) Version des Dispositionalismus konzentrieren. Wir werden jedoch darauf hinweisen, wenn Abweichungen von Birds Dispositionalismus Vorteile bezüglich der Erfüllung der Desiderata einer Gesetzestheorie versprechen.

I. Objektivität. Nach Birds Dispositionalismus sind die dispositionalen Naturen fundamentaler Eigenschaften, also die Gesetzesmacher, gänzlich geistunabhängig. Wenn es beispielsweise zur Natur von Massen gehört, Gravitationskräfte auf andere Massen auszuüben, ist dieses Faktum in keiner Weise abhängig von Erkenntnissubjekten. Da sich die entsprechenden Regularitäten, die Gesetze sind, strikt aus diesen Naturen ableiten lassen, sind sowohl die Gesetze (z. B. ‚Massen üben Gravitationskräfte auf andere Massen aus') als auch die Gesetzesfakten (z. B. ‚es ist ein Naturgesetz, dass Massen Gravitationskräfte auf andere Massen ausüben'), die anzeigen, dass es sich bei einer Regularität um ein Gesetz handelt, gleichermaßen geistunabhängig.

II. Faktizität/Inferenz. Wenn man wie Bird annimmt, dass es sich bei den Gesetzen um Regularitäten wie (v) handelt, erscheint die Inferenz von Gesetzesfakten zu den entsprechenden Regularitäten genauso unproblematisch wie im Fall der BSA. Gesetze sind in beiden Fällen einfach Regularitäten. Der Unterschied besteht in den Gesetzesmachern. Während nach der BSA die Naturgesetzlichkeit einer Regularität darin besteht, zur besten Systematisierung des Humeschen Mosaiks zu gehören, ist nach dem Dispositionalismus der Gesetzescharakter einer Regularität darin begründet, dass sie sich aus der essenziell dispositionalen Natur einer entsprechenden Potenzialität ableiten lässt.

Wir wollen aber darauf aufmerksam machen, dass Birds Dispositionalismus wie auch die DTA-Theorie (Kap. 2.3) eine problematische Inferenz behauptet. Bird (2007: 44) postuliert zwar die (analytisch) notwendige Äquivalenz einer Disposition $D_{(S,M)}x$ mit dem entsprechenden Konditional $Sx \Box\!\!\rightarrow Mx$, der Übergang zwischen (DE_p) $\Box(Px \rightarrow D_{(S,M)}x)$ und (i) $\Box(Px \rightarrow (Sx \Box\!\!\rightarrow Mx))$ ist jedoch, selbst ungeachtet der Probleme bezüglich Störfaktoren, alles andere als trivial. Dies liegt daran, dass Birds strukturalistischer dispositionaler Monismus die Natur einer fundmentalen dispositionalen Eigenschaft P über höherstufige Relationen erklärt, in denen P zu anderen Eigenschaften steht:

> Dispositional monism is the view that all there is to (the identity of) any property is a matter of its second-order relations to other properties. [...] In dispositional monism the second-order relation in question is the relation that holds, in virtue of a property's essence, between that property and its manifestation property—which we will call the *manifestation relation*. (Bird 2007: 139)

Dementsprechend vertritt Bird mit seinem dispositionalen Monismus die strukturalistische These, dass bestimmte höherstufige Manifestationsrelationen die Essenzen fundamentaler Eigenschaften erschöpfen.[137] Insofern ähnelt Birds Dispositionaler Monismus stark den strukturalistischen Theorien von Swoyer (1982) und Armstrong (2004), wobei die kontingente armstrongsche *N*-Relation durch die essenzielle Manifestationsrelation ersetzt wird. Es scheint also, dass sich erststufige Fakten wie (i) in Birds Ableitung oben, die sich auf die (kontrafaktischen Verbindungen zwischen) Instanzen einer Eigenschaft beziehen, letztlich aufgrund der höherstufigen strukturellen Natur der betreffenden Eigenschaft bestehen (vgl. Tugby 2012: 724, siehe auch unsere Diskussion der Erklärungskraft unten).

Wenn dem aber so ist, stellt sich wie im Fall der DTA-Theorie auch im Fall von Birds Dispositionalem Monismus die folgende Frage: „But in virtue of what does this necessitation between the second-order fact [...] and the first-order patterns of tendency hold?“ (Barker und Smart 2012: 719 f.). Für Birds Dispositionalen Essenzialismus stellt sich also ein ähnliches Inferenzproblem wie für die DTA-Theorie.[138]

III. Invarianz/Universalität. Nach Bird lassen sich gesetzliche Regularitäten wie (v) alleine aus der dispositionalen Natur fundamentaler Eigenschaften ableiten. Somit sind sie absolut generell und gelten für beliebige konkrete Systeme, die die betreffenden Eigenschaften instanziieren. Da die essenziellen Fakten über die dispositionalen Naturen fundamentaler Eigenschaften notwendig bestehen, ändern sie sich auch nicht über den Raum und die Zeit hinweg. Deshalb gelten auch die Naturgesetze, die sich direkt aus diesen ableiten lassen, überall und zu allen Zeiten. Dementsprechend scheint Birds Dispositionalismus jedoch *a priori* raumzeitlich eingeschränkte Naturgesetze auszuschließen.

Kann Birds Dispositionalismus erklären, warum die Naturgesetze in dem Sinne invariant sind, dass sie für alle determinierten Eigenschaften oder Werte

---

137 Bird (2007: Kap. 6.3.3) reichert diese strukturalistische Eigenschaftskonzeption um Stimulusrelationen an.

138 Um dieses Problem zu vermeiden argumentiert Tugby (2012) für eine nicht-strukturalistische ‚qualitative‘ Variante des Dispositionalismus.

(beispielsweise *$1.6x10^{-19}$ Coulombs elektrostatische Ladung zu tragen*) unter einer determinablen Eigenschaft oder Variablen (im obigen Beispiel *elektrostatische Ladung zu haben*) gelten? Barbara Vetter (2009, 2012, 2015: Kap. 2.5) hat eingewendet, dass uns Birds Dispositionalismus lediglich Gesetze liefert, die eine universale Korrelation zwischen der Instanziierung einer determinierten Potenzialität und ihrer determinierten charakteristischen Stimuluseigenschaft auf der einen Seite und der Instanziierung der entsprechenden determinierten Manifestationseigenschaft auf der anderen Seite liefert. Ein funktionales Gesetz wie Coulombs Gesetz hingegen setzt beliebige determinierte elektrostatische Ladungswerte, Abstände und elektrostatische Kräfte miteinander in eine mathematische Beziehung. Vetter illustriert dies am folgenden Beispiel der negativen Elementarladung *e*. Angenommen es handelt sich hierbei um eine Potenzialität, liefert Birds Dispositionalismus in diesem Fall

> the regularity, for instance, that a given object [with unit negative charge *e*] exerts a force of $8x10^{-8}$N whenever it is $5.3x10^{-11}$m from a charge of $1.6x10^{-19}$C. But the crucial regularity is the similarity between these specific regularities: the fact that they all exhibit the same mathematical correlations between stimulus and manifestation. (Vetter 2012: 212)

Birds Dispositionalismus liefert uns also lediglich ‚horizontale' Verknüpfungen zwischen einer determinierten Potenzialität und deren charakteristischen Stimulus- und Manifestationseigenschaften; er erklärt aber nicht, warum Coulombs Gesetz alle determinierten elektrostatischen Ladungswerte, Abstände und elektrostatischen Kräfte in einer einheitlichen mathematischen Form miteinander in Beziehung setzt.

Vetter betrachtet eine mögliche Abwandlung von Birds Dispositionalismus, um funktionale Gesetze zu erklären. Wir haben in der vorigen Sektion bemerkt, dass die Annahme, dass Dispositionen *single-track* sind, das heißt, dass jeder Disposition nur ein einziges Stimulus-Manifestationspaar entspricht, abgelehnt werden kann. Nach einer alternativen Konzeption kann eine einzige Disposition *multi-track* sein, das heißt, sie ist durch eine große Konjunktion unterschiedlicher Stimulus-Manifestationspaare individuiert (siehe Ellis und Lierse 1994: 29). Bird (2007: 22) jedoch verneint, dass *multi-track* Dispositionen fundamental seien, da sie seiner Meinung nach lediglich eine Konjunktion von *single-track* Dispositionen darstellten und die Konjunkte einer Konjunktion fundamentaler seien als die Konjunktion selbst. Ohne Annahme solcher *multi-track*-Dispositionen muss jedoch verneint werden, dass es sich bei funktionalen Gesetzen um fundamentale Gesetze handelt. Stattdessen müssen sie als riesige Konjunktionen fundamentaler ‚partikulärer Gesetze' betrachtet werden, die sich aus den entsprechenden *single-track* Dispositionen ableiten lassen. Somit bleibt die einheitliche mathematische

Form funktionaler Gesetze jedoch unerklärt. Allerdings ist nicht einmal die Annahme von *multi-track* Dispositionen ausreichend, um Vetters Problemstellung vollständig zu lösen. Eine *multi-track* Disposition gibt im besten Fall eine einheitliche Erklärung des nomologischen Profils einer einzigen determinierten Eigenschaft. Sie erklärt aber nicht, warum sich alle determinierten Eigenschaften unter einer determinablen auf einheitliche Weise in einem funktionalen Gesetz zusammenfassen lassen. Die Einführung determinabler Potenzialitäten könnte ein möglicher Weg sein, diese Einheitlichkeit zu erklären (siehe Kap. 2.3.4, Desiderat *III* zu determinablen und determinierten Eigenschaften).

Nach Bird sind die fundamentalen Gesetze strikt und gelten in allen Umständen. Dies liegt daran, dass die entsprechenden fundamentalen Potenzialitäten keine Störfaktoren zulassen. Allerdings lässt Birds dispositionalistische Konzeption auch Raum für nicht fundamentale *ceteris-paribus*-Gesetze (siehe Bird 2007: Kap. 3.3.1). Der Manifestationsprozess nicht-fundamentaler dispositionaler Eigenschaften kann nach Bird gestört und abgebrochen werden. Deshalb kann deren Dispositionalität nicht einfach wie in Schritt (i) in der ursprünglichen Ableitung oben mit $Sx \Box\!\!\rightarrow Mx$ gleichgesetzt werden, sondern das Antezendens des kontrafaktischen Konditionals muss um die Klausel erweitert werden, dass *finks* und *antidotes* der entsprechenden Disposition abwesend sind. Im Falle einer nicht fundamentalen dispositionalen Eigenschaft *D* bekommen wir also nach Bird (2007: 60) durch eine zur ursprünglichen analoge Ableitung anstatt (v) nun:

(v*) $\forall x$(*finks* und *antidotes* zu *D* sind abwesend $\rightarrow ((Dx \wedge Sx) \rightarrow Mx)$)

oder indem der Ausschluss der Störfaktoren durch eine *ceteris-paribus*-Klausel ersetzt wird:

(v**) $\forall x$(*ceteris paribus* $((Dx \wedge Sx) \rightarrow Mx)$)

IV. Kontingenz. Im Unterschied zu Lewis' BSA und Armstrongs Version der DTA-Theorie sind die nomischen Fakten und damit auch die Gesetze selbst nach Birds starkem Nezessitarianismus metaphysisch notwendig, das heißt, sie gelten in allen metaphysisch möglichen Welten. Dementsprechend ist die Kontingenz der Gesetze klarerweise verletzt.

Es scheint also, als ob der Dispositionalismus unseren modalen Intuitionen über Gesetze widerspricht, da wir uns ohne Weiteres vorstellen können, dass die Gesetze anders hätten sein können. Des Weiteren scheint auch das Faktum, dass es sich bei den Gesetzen um empirische oder *a posteriori* Entdeckungen handelt, gegen die Notwendigkeit der Gesetze zu sprechen.

Bird erwidert auf diese Einwände, grob gesagt, dass bloße Vorstellbarkeit kein verlässlicher Indikator für metaphysische Möglichkeit darstellt. Des Weiteren weist Bird (2007: 171) die These zurück, dass die *a posteriorische* Erkenntnis eines Faktums der Notwendigkeit desselben widerspricht. Schließlich versucht Bird die Kontingenzintuitionen bezüglich Gesetzen ‚wegzuerklären', indem er auf Erwägungen von Kripke (1980) zurückgreift. Wir können die Plausibilität dieser Antworten hier nicht weiter diskutieren, da eine generelle Diskussion der Rolle von Intuitionen und Vorstellbarkeit für metaphysische Fragestellungen den Rahmen dieser Arbeit sprengen würde.[139]

Wie wir oben gesehen haben, ist der Dispositionalismus jedoch nicht auf den birdschen starken Nezessitarianismus festgelegt. Wenn der Dispositionalismus beispielsweise mit einer aristotelischen anstatt einer platonischen Eigenschaftstheorie kombiniert wird, resultiert nur ein schwacher Nezessitarianismus. Nach dem schwachen Nezessitarianismus können sich unterschiedliche mögliche Welten darin unterscheiden, welche fundamentalen Potenzialitäten in ihnen existieren beziehungsweise instanziiert sind. Die Gesetze bleiben damit zwar in allen möglichen Welten Wahrheiten, die nomischen Fakten jedoch variieren abhängig davon, welche Potenzialitäten existieren beziehungsweise instanziiert sind. Des Weiteren kann eine hybride von Bird abweichende Gesetzestheorie vertreten werden, nach der lediglich einige Gesetze in den Naturen von Potenzialitäten begründet sind, andere aber nicht; und diese letzteren Gesetze könnten durchaus kontingent sein.

V. Nomologische Notwendigkeit und Stützung kontrafaktischer Konditionale. Nach Birds Dispositionalismus sind die Naturgesetze im stärksten Sinne notwendig. Zur Erklärung der nomologischen Notwendigkeit benötigt der Dispositionalismus im Gegensatz zur BSA und der DTA-Theorie also keinerlei zusätzliche, möglicherweise arbiträre Einschränkung der Möglichkeiten: Es gibt genau eine Art der robusten Notwendigkeit, nämlich die metaphysische und die Gesetze sind in diesem Sinne notwendig.

Metaphysisch notwendige dispositionalistische Gesetze stützen natürlich auch die ihnen entsprechenden kontrafaktischen Konditionale. Falls die Regularität *alle Fs sind Gs* aus der Natur einer Potenzialität ableitbar ist, ist sie metaphysisch notwendig. Wäre also ein Partikular *a*, welches aktual kein *F* ist, ein *F*, würde es auch ein *G* sein. Im Gegensatz zu kontingentistischen Naturgesetzestheorien muss, um die Wahrheit solcher kontrafaktischen Konditionale zu garantieren, nicht extra sichergestellt werden, dass die Gesetze unter kontrafaktischen Suppositionen auch weiterhin gelten; aufgrund ihrer metaphysischen

---

139 In Gendler und Hawthorne (2002) finden sich viele wichtige Arbeiten zum Verhältnis von Vorstellbarkeit und Notwendigkeit.

Notwendigkeit gelten die Gesetze unter allen kontrafaktischen Suppositionen. Arbitraritätseinwände, wie sie gegen die BSA (Kap. 2.2.5.3) und die DTA-Theorie (Kap. 2.3.4) erhoben wurden, stellen sich also für den Dispositionalismus nicht.

Lange (2004) hat jedoch zwei wichtige Einwände erhoben, kontrafaktische Konditionale durch eine nezessitarianistische dispositionalistische Gesetzestheorie zu erklären. Erstens führt die Annahme metaphysisch notwendiger Gesetze zu unplausiblen Urteilen über kontrafaktische Konditionale, deren Antezedens den Gesetzen widersprechen. Unter der Annahme der metaphysischen Notwendigkeit der Naturgesetze erweisen sich alle kontrafaktischen Konditionale mit den Gesetzen widersprechenden Antezendensklauseln als trivialer Weise wahr, da es eben keine metaphysisch möglichen Welten gibt, in denen deren Antezendsbedingungen erfüllt sind. Dies scheint aber intuitiv nicht zu stimmen.[140] So scheint beispielsweise die Aussage, *würde die Lichtgeschwindigkeit im Vakuum nur minimal von c abweichen, dann würde unser Universum radikal anders aussehen*, auf nicht-triviale Weise wahr zu sein.

Zweitens lässt sich die Wahrheit bestimmter kontrafaktischer Konditionale, die Aussagen über die Eigenschaften natürlicher Arten unter kontrafaktischen Annahmen machen, nicht alleine durch metaphysisch notwendige Gesetze erklären. Lange diskutiert das folgende Beispiel: „[H]ad there been an electron at [location] *L*, then every proton would still have possessed a mass of 1.673×10^{-24} grams“ (Lange 2004: 229). Nach Lange besteht das Problem darin, dass die Notwendigkeit der Gesetze allein nicht sicherstellt, dass auch wirklich dieselben natürlichen Arten unter kontrafaktischen Annahmen bestehen. Lange fragt dementsprechend:

> How [...] does essentialism account for the further fact that had there been an electron at *L*, atomic nuclei would still have contained protons – rather than schprotons, which (I stipulate) are like actual protons except for having half their mass? (Lange 2004: 229)

Um dies sicherzustellen, müssten Dispositionalistinnen zusätzlich postulieren, dass dieselben natürlichen Arten unter kontrafaktischen Annahmen existieren. Der starke Nezessitarianismus stellt dies zwar *ex hypothesi* sicher.[141] Diese Stipulation sei aber, so Lange, ähnlich *ad hoc*, wie das humesche Postulat, die Ge-

---

140 Für dispositionalistische Entgegnungen auf diesen Einwand siehe Ellis (2002: 134) und Handfield (2004).

141 Auch Ellis (2001: 78) räumt explizit ein, dass der Essenzialismus auf dieses Postulat festgelegt ist.

setze unter kontrafaktischen Annahmen fixiert zu halten (siehe unsere Diskussion in Kap. 2.2.5.3).[142]

Obwohl der Dispositionalismus bezüglich der Gesetze also einige Probleme der BSA und der DTA-Theorie vermeidet, ist fraglich, ob er eine durchgängig befriedigende Theorie kontrafaktischer Konditionale liefern kann.

VI. Erklärungskraft. Nach Birds Theorie sind Naturgesetze Regularitäten, die sich aus den dispositionalen Essenzen entsprechender Potenzialitäten ableiten lassen. Wie im Falle der Regularitätstheorien können solche Gesetze Phänomene erklären, indem sie als Prämissen in deduktiven Argumenten dienen, wie vom deduktiv nomologischen Modell der Erklärung gefordert; oder alternativ, indem sie die Phänomene vereinheitlichen. Allerdings argumentiert Bird (2007: 4.3.2) wie die meisten anderen Vertreter nicht-humescher Theorien, dass die Annahme, Gesetze aufgefasst als Regularitäten erklärten ihre Instanzen, zu verwerfen sei, da sie zu explanatorischen Zirkeln führe (siehe Kap. 2.2.5.5).

Anstatt also einfach etwa das deduktiv nomologische oder Vereinheitlichungsmodell der Erklärung zu übernehmen, behauptet Bird, dass dispositionalistische „Gesetze erklären können aufgrund dessen, dass sie selbst durch Potenzialitäten erklärt werden" (Bird 2007: 197, unsere Übersetzung). Die Gesetze erben also all ihre Erklärungskraft von den eigentlichen Erklärern, nämlich den Potenzialitäten, oder wie Bird es ausdrückt, „[d]ie Gesetze sind [lediglich] Stellvertreter für die Potenzialitäten" (ebd., unsere Übersetzung).[143]

Allerdings gibt uns Bird wenig positive Anhaltspunkte, wie genau Fakten über Potenzialitäten Fakten über die konkreten Instanzen der entsprechenden Gesetze erklären. Um einen explanatorischen Zirkel zu vermeiden, dürfen die ersteren Fakten also nicht ontologisch oder explanatorisch von den letzteren Fakten abhängen. Birds strukturalistische Konzeption der Dispositionalität, wie wir sie oben in der Diskussion des Inferenzkriteriums *II* erläutert haben, scheint diese nötige Unabhängigkeit zu liefern:

> The dispositional monist, to recall, explains the first-order activity of the world using second-order modal relations [...]. But as with Armstrong's view, these second-order relational facts have to be distinct from the first-order instantiation patterns which they supposedly govern, otherwise the view would collapse into a regularity view of laws. (Tugby 2012: 724)

142 Siehe Handfield (2005) für eine dispositionalistische Antwort auf diesen Arbitraritätseinwand.

143 Nach Mumford (2004) zeigt dies, dass eine Dispositionen- oder Kräftemetaphysik Naturgesetze überflüssig macht.

Unter der Annahme allerdings, dass die Dispositionalität einer Potenzialität in solchen zweitstufigen Stimulus-Manifestationsrelationen besteht, stellen sich, wie Barker und Smart (2012) richtigerweise beobachtet haben, exakt dieselben Fragen und Probleme wie im Fall der DTA-Theorie (siehe unsere Diskussion in Kap. 2.3.4). Tugby (2012: 724) fasst diese Problemlage treffend wie folgt zusammen:

> But then the explanatory gap described above in the case of Armstrong's view opens up again here. If further third-order [Stimulus-Manifestations] relations are posited to close this explanatory gap, the threat of regress looms. An alternative solution is to posit a brute necessary connection between the second-order [Stimulus-Manifestations] facts and the first-order instantiation patterns, but such a solution, Barker and Smart point out, is also available to the rival Armstrongian view. Indeed, at this point, one might wonder whether there really are any significant differences between dispositional monism and the Armstrongian view.

Für den birdschen Dispositionalismus scheint sich also eine ganz ähnliche Problemlage zu stellen wie für die DTA-Theorie. Einerseits sollen die Gesetze sehr eng an die Eigenschaften gebunden werden, die sie miteinander in Beziehung setzen. Andererseits sollen die Gesetze, oder im Falle des Dispositionalismus die Gesetzesmacher, aber auch eine robuste Erklärung der partikulären Eigenschaftsinstanziierungen ermöglichen, die unter die Gesetze fallen. Weder die DTA-Theorie noch Birds Dispositionalismus bezüglich Gesetzen geben eine klare Antwort darauf, wie sich diese beiden Bedingungen miteinander vereinbaren lassen.[144]

VII. Steuerung und Unabhängigkeit. Nach dem Dispositionalismus ist es unmöglich, dass in zwei Welten dieselben Eigenschaften instanziiert sind, sich diese Welten aber in ihren Gesetzen unterscheiden. Dementsprechend gilt die folgende dispositionalistische Supervenienzthese bezüglich der Gesetze: „The laws of the world supervene on the totality of the instantiations of potencies“ (Bird 2007: 82, siehe auch Swoyer 1982).[145] Nehmen wir an, dass aktuale Massen Newtons Ge-

---

144 Siehe auch Mumfords (2004: Kap. 9) ‚zentrales Dilemma‘ für eine etwas andere Weise, diese Problemlage darzustellen.

145 Nach Birds platonischem Dispositionalen Monismus, der einen starken Nezessitarianismus impliziert, erweist sich die dispositionalistische Supervenienzthese „als trivialerweise wahr. Notwendige Wahrheiten supervenieren auf jedwedem“ (Bird 2007: 82, unsere Übersetzung). Hier ist zu beachten, dass sich Birds Supervenienzthese aber wesentlich von Lewis' Humescher Supervenienz unterscheidet (siehe Kap. 2.2.3). Im Falle des Dispositionalismus determiniert bereits die Existenz einer einzigen Potenzialität das Vorliegen des entsprechenden Gesetzes. Im Gegensatz dazu werden die Gesetze im Falle der lewisschen Humeschen Supervenienz erst durch das vollständige Muster der Instanziierungen fundamentaler Eigenschaften festgelegt. In diesem Sinne ist die dispositionalitische Supervenienz der Gesetze sehr viel ‚lokaler‘ als die lewissche.

setzen gehorchen. Dann muss sich nach dem Dispositionalismus auch jede inertial bewegte Masse notwendigerweise Newtons Gesetzen entsprechend verhalten. Dementsprechend gibt es auch keine metaphysisch mögliche Ein-Partikel-Welt, in der unser einsames Massepartikel unter andere Gesetze fällt, wie etwa, dass sich alle Massen (nicht nur die kräftefreien) inertial bewegen.

Die Unabhängigkeitsthese fordert, dass sich zwei mögliche Welten bezüglich ihrer nomischen Fakten unterscheiden können, obwohl sie bezüglich aller anderen Fakten, die in ihnen bestehen, übereinstimmen. Das ist klarerweise durch die Supervenienz der Gesetze auf der Verteilung der Potenzialitäten verletzt. Die Unabhängigkeitsthese ist jedoch eine notwendige Bedingung für die Steuerungsthese (siehe unsere Erläuterung in Kap. 1.4, Kriterium *VII*). Daher können dispositionalistische Gesetze ihre Instanzen nicht im relevanten Sinne steuern. Wenn man so will, steuern aber Potenzialitäten ihre eigene Verteilung qua ihrer dispositionalen Natur selbst. Mumford (2004) verzichtet daher auch gänzlich auf Gesetze und überlässt Dispositionen die Steuerungsaufgabe.

VIII. Innere Verknüpfung. Dispositionalistische Gesetze als Regularitäten liefern *per se* keinerlei innere Verknüpfung ihrer Instanzen. Es finden sich aber auf Seiten der Gesetzesmacher extrem enge essenzielle innere Verbindungen zwischen den entsprechenden Eigenschaften. An dieser Stelle wird ein interessanter Unterschied zur DTA-Theorie deutlich: Wenn nach der DTA-Theorie das Gesetz $N(F,G)$ gilt, dann ist die Nezessiierungsrelation N zwischen den Universalien F und G nur kontingenter Weise instanziiert. Im Dispositionalismus hingegen gehört die Relation einer Potenzialität P zu ihrer Manifestationseigenschaft M zur Natur von P und besteht somit mit metaphysischer Notwendigkeit. Nehmen wir an, $\forall x((Px \wedge Sx) \rightarrow Mx)$ sei ein dispositionalistisches Gesetz, das sich aus der Natur der Potenzialität P ableiten lässt. Sei des Weiteren $Pa \wedge Sa \wedge Ma$ eine seiner Instanzen. Dann hat Pa einen Konstituenten, nämlich P, der essenziell mit einem Konstituenten von Ma, nämlich M verbunden ist. Da diese Verbindung nach Birds Ableitung der Gesetze zu einer metaphysisch notwendigen Verknüpfung zwischen ihren Instanzen führt, ist diese Verbindung also so eng, wie sie nur sein kann.

Da sich diese notwendigen gesetzlichen Verknüpfungen alleine aus der Essenz der instanziierten Potenzialitäten ergeben, sind sie auch lokal in dem Sinne,

---

Dies hat zur Folge, dass dispositionalistische Gesetze auch sehr viel weniger sensitiv bezüglich Änderungen im Muster der partikulären Eigenschaftsinstanziierungen sind als humesche Gesetze.

dass sie nicht davon abhängen, welche partikulären Fakten in anderen Teilen der Raumzeit bestehen.[146]

IX. Induktive Bestätigung und Stützung induktiver Schlüsse. Da dispositionalistische Gesetze lediglich Regularitäten sind, trifft Dretskes und Armstrongs Einwand gegen die Bestätigbarkeit humescher Gesetze auch den Dispositionalismus: Wenn Regularitäten ihre Instanzen nicht erklären können und Bestätigung die Umkehrung von Erklärung ist, können auch dispositionalistische Gesetze nicht induktiv bestätigt werden.

Allerdings scheint eine indirekte dispositionalistische Rationalisierung induktiver Schlüsse verfügbar, ähnlich der von Armstrong und Dretske vorgeschlagenen (siehe Kap. 2.3.4, Desiderat *IX*). So behauptet Ellis, dass sein „Essenzialismus bedeutende Implikationen für die Theorie der Rationalität hat. Insbesondere verspricht er unser Denken über wissenschaftliche Rationalität und die Theorie induktiven Schließens zu transformieren" (Ellis 2002: 134 f., unsere Übersetzung).

Eine dispositionalistische Rationalisierung induktiver Schlüsse könnte wie folgt aussehen:

> All observed Fs have produced Gs. The best explanation of this is that the Fs are members of a natural kind K, whose essence is or includes the disposition to produce Gs. Hence all Fs (by virtue of membership of kind K) produce Gs. (Beebee 2011: 520)

Beebee argumentiert auch gegen diesen Rationalisierungsversuch. Ähnlich wie im Falle ihrer Kritik der DTA-Theorie bestreitet sie auch hier die Zulässigkeit des ersten abduktiven Schrittes. Ihr skeptischer Einwand lautet, dass die beste Erklärung oder zumindest eine gleich gute Erklärung dafür, dass alle bisher beobachteten *F*s *G*s sind, darin besteht, dass alle beobachteten *F*s von der Art *K* waren. Selbst unter der Annahme, dass die Naturen natürlicher Arten unwandelbar sind, so Beebee, könnten die Regularitäten im Falle zukünftiger *F*s ‚zusammenbrechen', weil es sich drastisch ändern könne, welche Arten es in Zukunft gibt.

> [N]othing in Ellis's metaphysics rules out the possibility of wholesale changes in which natural kinds there are. Perhaps, for example, the fundamental particles will start behaving in totally different ways. In that case, there will no longer be the kinds of fundamental particle that there previously were; there will be new kinds, with new dispositional essences, and the old kinds will have gone out of existence (or at any rate will no longer be instantiated).

---

146 Birds dispositionaler Monismus ist aber in anderer Hinsicht extrem holistisch. Die Identität einer einzelnen Potenzialität superveniert auf dem gesamten Netzwerk der höherstufigen Stimulus-Manifestationsrelationen (siehe Bird: 2007: Kap. 6.3).

> In other words, the immutability of natural kinds and the corresponding metaphysical necessity of the laws do not guarantee that which natural kinds are instantiated remains constant over time. (Beebee 2011: 522f.)

Beebees Einwand basiert also auf einer ähnlichen Beobachtung wie Langes (2004) Einwand gegen die kontrafaktische Invarianz dispositionalistischer Gesetze: Obwohl der Dispositionale Essenzialismus zwar notwendige Gesetze liefert, garantiert er *per se* weder, dass dieselben Potenzialitäten beziehungsweise natürlichen Arten auch in der Zukunft existieren, noch, dass die aktualen Potenzialitäten beziehungsweise natürlichen Arten in kontrafaktischen Situationen bestehen bleiben.

Birds Platonismus und der daraus folgende starke Nezessitarianismus, der besagt, dass in allen Welten auch dieselben Eigenschaften existieren, könnten dieses Problem lösen.[147] Allerdings ist es fraglich, ob die Stipulation, dass die Menge der aktual existierenden Eigenschaften (und natürlichen Arten) temporal und kontrafaktisch invariant bleibt, weniger *ad hoc* ist als die Stipulation, dass die aktualen bisherigen Regularitäten temporal und kontrafaktisch stabil bleiben.

X. Bedeutung für die Wissenschaften. Da der Dispositionale Essenzialismus die fundamentalen Gesetze an die Natur fundamentaler Eigenschaften bindet, erklärt er das Faktum sehr gut, dass die wissenschaftliche Entdeckung der fundamentalen Eigenschaften und die Entdeckung der fundamentalen Gesetze Hand in Hand gehen.

Viele Dispositionalistinnen sehen es als weiteren Vorteil an, dass sie eine gute Erklärung der Zulässigkeit von wissenschaftlichen Idealisierungen liefern können (siehe Ellis 2002 und Hüttemann 2007). Grob gesagt, ist die Idee die folgende: Die intrinsische Natur einer essenziell dispositionalen Eigenschaft alleine legt ihr charakteristisches Verhalten und das entsprechende Gesetz fest. Ein Verhalten ‚in Reinform' zeigen diese Eigenschaften jedoch nur in kontrollierten, idealen experimentellen Situationen, in denen keine Störfaktoren vorliegen (siehe Cartwright 1999).[148] Allerdings liegen die Eigenschaften *de facto* so gut wie nie in Isolation vor, sondern sind in physikalischen Situationen instanziiert, in denen

---

147 Jaag (2015) jedoch argumentiert, dass sich ganz ähnliche Problemfälle auch gegen eine platonistische Variante des Dispositionalen Essenzialismus konstruieren lassen. Um diese Problemfälle zu lösen, muss nicht nur stipuliert werden, dass dieselben Potenzialitäten und natürlichen Arten über die Zeit hinweg und unter kontrafaktischen Annahmen *existieren*, sondern dass dieselben Potenzialitäten und natürlichen Arten über die Zeit hinweg und unter kontrafaktischen Annahmen *instanziiert* sind.

148 Nach Hüttemann (2007) ist die Idee, dass Naturgesetze das Verhalten von Dispositionen in Idealbedingungen beschreiben, bereits bei Galileo Galilei angelegt.

zahlreiche potenzielle Störfaktoren anwesend sind. Deshalb zeigen sie in solchen Situationen ihr charakteristisches Verhalten im besten Fall näherungsweise. Trotzdem erklärt die Anwesenheit ein und derselben dispositionalen Eigenschaft in idealen und nicht-idealen Umständen, warum ihr Verhalten in idealisierten Umständen näherungsweise auf nicht-ideale Umstände extrapoliert werden kann (und umgekehrt).

Auch nicht-deterministische Gesetze sind prinzipiell im Rahmen einer dispositionalistischen Theorie erklärbar. So wurden sogenannte Propensitäteninterpretationen von objektiver Wahrscheinlichkeit vorgeschlagen.[149] Propensitäten können, grob gesprochen, als Dispositionen oder Tendenzen aufgefasst werden, die in wiederholbaren Umständen ein Verhalten mit einer bestimmten Häufigkeit zeigen.

Allerdings hat auch der Dispositionalismus einige Schwachpunkte bezüglich der Erklärbarkeit wissenschaftlicher Gesetze. So scheinen bei weitem nicht alle Kandidaten für Gesetzeskandidaten aus der Physik durch fundamentale essenziell dispositionale Eigenschaften erklärbar. Beispielsweise hat Joel Katzav (2004) argumentiert, dass im Rahmen dispositionalistischer Naturgesetzestheorien das Prinzip der kleinsten (oder genauer stationären) Wirkung nicht erklärbar sei, das Bertrand Russell wie folgt charakterisiert hat: „This states that, in passing from one state to another, a body chooses a route involving less action than any slightly different route – *again a law of cosmic laziness!*" (Russell 1925/2009: 103).[150] Dieses Prinzip ist jedoch essenziell für die modernen Formulierungen physikalischer Theorien.[151] In ähnlicher Weise haben Kritiker des Dispositionalismus argumentiert, dass auch Symmetrieprinzipien und die entsprechenden Erhaltungsgesetze nicht durch dispositionale Eigenschaften erklärbar sind (siehe Livanios 2010 und French 2014: Kap. 9.6.).

---

149 Das Konzept der Propensität geht auf Peirce (1910) und Popper (1957) zurück. Siehe Fetzer (1982, 1983) für eine modernere Variante einer Propensitätentheorie. Schurz (2015: Kap. 5.5) liefert einen guten Überblick über Propensitätentheorien der objektiven Wahrscheinlichkeit.

150 Die *Wirkung* (engl. *action*) kann, grob gesprochen, als Maß für die Veränderung eines physikalischen Systems angesehen werden. Mathematisch ist sie ein Funktional, die den möglichen Trajektorien eines Systems (selbst Funktionen) eine reelle Zahl zuweist. Die reelle Zahl ergibt sich aus dem Integral der Langrangefunktion der Trajektorie. Das Prinzip der stationären Wirkung besagt, dass die tatsächliche Trajektorie diejenige ist, an der das Wirkungsfunktional stationär wird (also einen Hoch-, Tief- oder Sattelpunkt besitzt).

151 Es lassen sich nicht nur die Newtonschen, Langrangeschen und Hamiltonschen Bewegungsgleichungen aus dem Prinzip der stationären Wirkung ableiten; auch die Maxwellschen Gleichungen und sogar die Einstein-Gleichungen der allgemeinen Relativitätstheorie sind darauf zurückführbar. Überdies findet es auch in der Thermodynamik, der Quantentheorie, bis hin zu String-Theorien Anwendung.

Es gibt zwei Gründe, warum diese Arten von Gesetzen für den Dispositionalismus problematisch sind. Erstens scheint es schlichtweg keinen Platz für zusätzliche ‚höherstufige' Gesetze zu geben, die nicht aus den dispositionalen Naturen von Eigenschaften herrühren (noch gibt es den Bedarf dafür):

> Properties are already constrained by their own essences and so there is neither need nor opportunity for higher-order properties to direct which relations they can engage in. (Bird 2007: 214)

Und zweitens ist es schwer zu sehen, welche fundamentalen dispositionalen Eigenschaften in Frage kommen, um beispielsweise globale Erhaltungsgesetze zu begründen. Deshalb behauptet Bird, dass „es verlockend ist, Prinzipien der kleinsten Wirkung als mathematische Werkzeuge anstatt als explanatorische Gesetze zu betrachten" (Bird 2007: 200, unsere Übersetzung). In ähnlicher Weise bezeichnet er Symmetrieprinzipien und die sich daraus via Noethers Theorem ergebenden Erhaltungssätze als ‚Pseudo-Gesetze', die sich eventuell sogar eliminieren lassen: „[I]t may be that symmetry principles and conservation laws will be eliminated as being features of our form of representation rather than features of the world [...]" (Bird 2007: 214). Diese Haltung ist allerdings hinsichtlich der zentralen Rolle von Symmetrieprinzipien in modernen physikalischen Theorien nicht unproblematisch. Steven French betrachtet die Schwierigkeiten, diese in eine dispositionalistische Gesetzestheorie zu integrieren, sogar als Widerlegung des gesamten Ansatzes:

> Given the significance of symmetries (and conservation laws) in modern physics, some might take this conclusion as a form of *reductio* of the whole dispositional essentialist enterprise. (French 2014: 249)

Da die Aussichten, diese Arten von Gesetzen in essenziell dispositionalen Eigenschaften zu begründen, eher schlecht sind, haben einige Essenzialistinnen versucht, solche globalen Prinzipien in einem erweiterten essenzialistischen Theorierahmen unterzubringen. So haben Bigelow, Ellis und Lierse (1992) und Ellis (2002, 2005) vorgeschlagen, dass unsere Welt als Ganze eine natürliche Art darstellt und dass es zur Essenz dieser natürlichen Art gehört, solche globalen Prinzipien zu begründen:

> However, to explain the necessity of the most fundamental laws of nature, e.g. the conservation laws, the principles of relativity, and the symmetry principles, it does not ring true to suppose that they are characterizing one specific kind of thing within the world. On the face of it, such laws neither ascribe properties to things within the world, nor describe correlations between things in the world. It is natural to construe them, rather, as characterizing

> not natural kinds within the world, but the world as a whole—as describing the kind of world in which we live. (Bigelow, Ellis and Lierse 1992: 384)

Diese Erklärung globaler naturgesetzlicher Prinzipien scheint allerdings *ad hoc* zu sein, da die vorgebliche Welt-Essenz ausschließlich deshalb eingeführt wird, um Gesetze zu begründen, die ansonsten nicht durch eine essenzialistische Theorie erklärbar wären. Bird (2007: 213) macht zusätzlich darauf aufmerksam, dass diese Strategie auch nicht erfolgreich ist, da beispielsweise die Energieerhaltung nicht nur für unsere Welt als Ganze, sondern auch in abgeschlossenen Subsystemen gelte (siehe Livanios 2010: 303 für einen weiteren Einwand gegen die Einführung einer Welt-Essenz).

Ähnlich wie die DTA-Theorie scheint auch eine dispositionalistische Naturgesetzestheorie zu wenig flexibel, um alle ernstzunehmenden Kandidaten für Naturgesetze aus unseren besten Wissenschaften einzufangen.

2.4.6 Abschließende Evaluation des Dispositionalismus

Der Dispositionalismus bezüglich der Gesetze bietet im Gegensatz zur DTA-Theorie eine nicht-arbiträre Erklärung der nomologischen Notwendigkeit, die allerdings die Kontingenz der Gesetze opfert. Ansonsten sind kaum Vorteile zur DTA-Theorie der Gesetze erkennbar. Zusätzlich sind die inflationären metaphysischen Grundannahmen des Dispositionalismus ähnlich problematisch wie die der DTA-Theorie.[152] Deshalb möchten wir uns Toby Handfields Einschätzung des Dispositionalismus bezüglich Gesetzen anschließen:

> Personally, I find the advantages of most necessitarian [i.e., dispositional essentialist] accounts of laws over DTA theories to be marginal. As far as I can tell, the essences of natural kinds which underwrite the metaphysically necessary laws are no less mysterious than the relation of nomic necessitation. (Handfield 2005: 83)

152 Barker (2009) argumentiert überzeugend, dass die essenziellen höherstufigen Manifestationsrelationen, die der Dispositionalismus *à la* Bird postuliert, ontologische Kosten darstellen.

Abschließend nochmals die Ergebnisse unserer Untersuchung des Dispositionalismus in Kurzform:

I. Objektivität

Die Naturgesetze, also bestimmte Regularitäten, sind vollständig durch essenzielle Fakten über dispositionale fundamentale Eigenschaften, die dispositionalistischen Gesetzesmacher, festgelegt. Da die letzteren geistunabhängig sind, erfüllen auch dispositionalistische Gesetze klarerweise die Objektivitätsbedingung.

II. Faktizität/Inferenz

Das Faktum, *dass p ein Gesetz ist*, besteht nach Birds Dispositionalismus darin, *dass p eine Regularität ist, die aus der Natur von Potenzialitäten ableitbar ist.* Demnach ist die Inferenz von Gesetzesfakten zu Regularitäten so unproblematisch wie im Fall der Regularitätstheorien.

Allerdings stellt sich für den Übergang von dispositionalistischen Gesetzesmachern, die nach Bird in höherstufigen Manifestationsrelationen zwischen fundamentalen Eigenschaften bestehen, zu den entsprechenden Regularitäten ein ähnliches Inferenzproblem wie im Falle der DTA-Theorie.

III. Invarianz/Universalität

Dass sich dispositionalistische Gesetze alleine aus der Natur von (dispositionalen) Eigenschaften (nach Bird Universalien) ableiten lassen, stellt auch sicher, dass sie universell sind, das heißt, dass sie für alle konkreten Systeme gelten und über Raum und Zeit hinweg invariant sind.

Allerdings lässt Birds Dispositionalismus *per se* das Faktum unerklärt, dass funktionale Gesetze beliebige Werte der in ihnen enthaltenen Variablen beziehungsweise determinablen Eigenschaften in eine einheitliche mathematische Beziehung zueinander setzen.

IV. Kontingenz

Dispositionalistische Gesetze, wie zum Beispiel $\forall x((Px \wedge Sx) \rightarrow Mx)$, lassen sich aus der Natur der Potenzialität, hier: P, ableiten. Deshalb ist die Generalisierung $\forall x((Px \wedge Sx) \rightarrow Mx)$ metaphysisch notwendig, also nicht kontingent.

Nach dem (aristotelischen) schwachen Nezessitarianismus können sich unterschiedliche mögliche Welten jedoch darin unterscheiden, welche Potenzialitäten existieren. Daher ist nur in Welten, in denen eine bestimmte Potenzialität P auch existiert, $\forall x((Px \wedge Sx) \rightarrow Mx)$ ein Gesetz. In Welten, in denen P nicht existiert, bleibt $\forall x((Px \wedge Sx) \rightarrow Mx)$ zwar wahr (weil leer erfüllt), ist aber dort kein Gesetz. Die nomischen Fakten können also nach dem schwachen Nezessitarianismus von Welt zu Welt variieren. Es gilt $Lp \rightarrow \Box p$ aber nicht $Lp \rightarrow \Box Lp$.

Nach dem (platonischen) starken Nezessitarianismus hingegen existieren alle Potenzialitäten notwendig, deshalb sind sogar alle mögliche Welten ununterscheidbar bezüglich der nomischen Fakten. Hier gilt also sogar $Lp \rightarrow \Box Lp$.

V. Nomologische Notwendigkeit und Stützung kontrafaktischer Konditionale

Der Dispositionalismus liefert eine nicht-arbiträre Erklärung der nomologischen Notwendigkeit, indem er sie mit metaphysischer Notwendigkeit identifiziert.

Es ist jedoch fraglich, ob notwendige dispositionalistische Gesetze eine durchgängig befriedigende Theorie kontrafaktischer Konditionale liefern können.

VI. Erklärungskraft

Dispositionalistische Gesetze als Regularitäten *per se* scheinen genauso (wenig) explanatorisch wie humesche Gesetze.

Ähnlich wie im Fall der DTA-Theorie ist unklar, inwiefern die dispositionalistischen Gesetzesmacher, also Fakten über die dispositionalen Naturen fundamentaler Eigenschaften, eine metaphysisch robuste Erklärung der Phänomene liefern können.

VII. Steuerung und Unabhängigkeit

Da die dispositionalistischen Gesetze essenziell an fundamentale Eigenschaften gebunden sind, können erstere nicht unabhängig von den Eigenschaften variieren. Aufgrund dieser fehlenden Unabhängigkeit scheinen solche Gesetze die Phänomene, die unter sie fallen, auch nicht im relevanten Sinne steuern zu können.

VIII. Innere Verknüpfung

Der Dispositionalismus liefert eine extrem enge innere Verknüpfung zwischen den Instanzen eines Gesetzes, da die instanziierten Eigenschaften essenziell durch Manifestationsrelationen miteinander verbunden sind.

IX. Induktive Bestätigung und Stützung induktiver Schlüsse

Es bietet sich ein ähnliches Modell der Rationalisierung induktiver Schlüsse an wie im Fall der DTA-Theorie. Es ist allerdings auch hier fraglich, ob sich dispositionalistische Gesetze beziehungsweise deren Gesetzesmacher für diese Rationalisierung eignen.

X. Bedeutung für die Wissenschaften

Der Dispositionalismus passt gut dazu, dass in physikalischen Gesetzen physikalische Eigenschaften miteinander in Beziehung gesetzt werden. Allerdings sind globale Symmetrieprinzipien und die entsprechenden Erhaltungssätze nicht in den Naturen einzelner fundamentaler Eigenschaften begründbar. Deshalb scheint der Dispositionalismus der Wichtigkeit solcher Prinzipien, die ihnen in modernen physikalischen Theorien zugemessen wird, nicht Rechnung tragen zu können.

2.5 Die Stabilitätstheorie

Wir stellen zunächst, in 2.5.1, die Grundidee von Marc Langes Theorie der Naturgesetze vor, nach der Gesetze kontrafaktisch stabile Wahrheiten sind. Die Definition ist komplex und voraussetzungsreich, deshalb stellen wir im Unterkapitel 2.5.2 zunächst das begriffliche Instrumentarium vor, das Lange benutzt, wie zum Beispiel: Fakten und kontrafaktische Konditionale, subnomische Fakten, Stabilität etc. Sodann stellen wir in 2.5.3 seine Definition von Naturgesetzlichkeit vor. In 2.5.4 diskutieren wir Langes Konzeption von Metagesetzen und Modalität. 2.5.5 stellt verschiedene Varianten der Stabilitätstheorie vor. Wir schließen mit einer kritischen Diskussion und Evaluation in 2.5.6 und 2.5.7

2.5.1 Die Grundidee: Kontrafaktisch stabile Wahrheiten

Naturgesetze stützen kontrafaktische Konditionale. Es stimmt, wenn ich sage: ‚Wenn ich diese Tasse losgelassen hätte, dann wäre sie zu Boden gefallen', weil es ein Naturgesetz ist, dass sich Massen (hier: Tasse und Erde) gegenseitig anziehen und, wenn nichts sie aufhält, sie sich aufeinander zubewegen. Andere bloß akzidentelle generelle Wahrheiten, zum Beispiel: ‚Alle Tassen in meinem Schrank sind aus Porzellan', stützen entsprechende kontrafaktische Konditionale nicht. Es ist falsch, dass diese Blechtasse aus Porzellan wäre, hätte ich sie in meinen Schrank gestellt. Vielmehr wäre, würde ich das tun, sodann die Behauptung, dass alle Tassen in meinem Schrank aus Porzellan sind, falsch.

Von Naturgesetzestheorien wird daher meist gefordert, dass sie erklären können müssen, wie und warum Naturgesetze die Eigenschaft aufweisen, kontrafaktische Konditionale zu stützen (siehe unsere Einleitung, Kriterium *V*). Alle Theorien, die wir bislang kennengelernt haben, sind darauf ausgerichtet, dieses Desiderat zu erfüllen.

Das Verhältnis von Naturgesetzen zu kontrafaktischen Konditionalen kann, bei gleichbleibender Nähe der beiden zueinander, allerdings in einer Art kopernikanischen Wende auf den Kopf gestellt werden. Statt zu sagen, dass Naturgesetze kontrafaktische Konditionale stützen (dass diese wahr sind, *weil* die Gesetze bestehen), könnten wir umgekehrt behaupten: Eine Regularität ist ein Naturgesetz, *weil* sie wahr bliebe, komme, was wolle, das heißt unter allen möglichen (kontrafaktischen) Umständen. Naturgesetze, nicht aber bloß akzidentelle Wahrheiten, sind diejenigen Generalisierungen, die auch in kontrafaktischen Situationen stabil oder invariant bleiben. Mit anderen Worten, wir könnten versuchen, Nomizität über Stabilität unter kontrafaktischer Variation zu definieren

https://doi.org/10.1515/9783110517842-014

oder wenigstens diese Stabilität als notwendige Bedingung für Nomizität zu fordern.

Marc Lange, einer der prominentesten Vertreter einer solchen Theorie von Naturgesetzen (in Lange 2000, 2005, 2009a)[153], gibt folgendes, aufschlussreiches Beispiel:

> The laws of nature would surely have been no different had Jones missed his bus to work this morning. [. . .] But had Jones missed his bus to work, then various accidental truths, such as his perfect attendance record, would not still have held. (Lange 2005: 415)

Abstrakt formuliert schreibt Lange über Naturgesetze (im Gegensatz zu bloß akzidentellen Regularitäten), dass ein Naturgesetz *p* immer noch bestünde beziehungsweise eine Naturgesetzesaussage *p* immer noch wahr wäre, selbst wenn *q* wahr wäre, wobei *q* für so gut wie jedes Ereignis stehen könnte (siehe Lange 2005: 415).[154] In der folgenden detaillierten Beschreibung von Langes Theorie ist es eine der Hauptaufgaben, diese generelle Idee zu präzisieren.

2.5.2 Das begriffliche Instrumentarium

2.5.2.1 Fakten und Kontrafaktisches

Nehmen wir an, wir hätten eine Liste aller wahren sub-nomischen Aussagen vorliegen, eine Liste also, die vollständig alle Fakten dieser Welt aufzählt, darunter sowohl partikuläre Fakten (z. B., dass Sie gerade dieses Buch lesen; dass die Erde einen Mond hat; etc.) als auch alle universellen Tatsachen (z. B., dass sich alle Massen anziehen; dass alle Menschen sterblich sind etc.; siehe zu ‚sub-nomisch' auch unser Kap. 1.3). Nennen wir diese Menge von Tatsachenaussagen griechisch Sigma ‚Σ'.[155] Langes Ziel ist nun, aus Σ die Naturgesetze herauszufiltern, also diejenige Untermenge von Σ zu bestimmen, die ausschließlich Naturgesetze enthält. (Wie wir sehen werden, gibt es sogar mehrere solcher Untermengen von Naturgesetzen.) Dazu bedarf es eines Tests, der uns für einen beliebigen Satz *p* aus Σ sagt, ob er eine naturgesetzliche Aussage ist oder bloß

153 Wir konzentrieren uns auf Marc Langes Theorie von 2005 und 2009a. Ähnliche Theorien wurden auch von James Woodward und John Roberts vorgestellt. Diese skizzieren wir später.

154 Wir möchten darauf aufmerksam machen, dass Lange in verschiedenen Publikationen die Satzvariablen *p*, *q* etc. an verschiedenen Stellen verwendet. Wir wählen das *p* für zu testende Gesetzeskandidaten; *q*, *r*, *s* etc. für (kontrafaktische) Tests.

155 Wir erlauben uns, wenn keine Verwirrung entstehen kann, manchmal von Σ *ontologisch* als Menge aller Tatsachen zu sprechen und manchmal *sprachlich* von allen wahren Tatsachenaussagen. Wahre Aussagen korrespondieren mit den von ihnen ausgedrückten Tatsachen.

akzidentell wahr ist, und Lange stellt uns ein solches Rezept vor, wie wir die (akzidentelle) Spreu in Σ vom (naturgesetzlichen) Weizen trennen können (vgl. Lange 2009a: ix).[156]

Die Grundidee haben wir schon vorgestellt. Mengen von Aussagen aus Σ, für die es richtig ist, dass sie immer noch wahr wären, selbst wenn alles andere anders wäre, sind gute Kandidaten für Mengen von Gesetzesaussagen (vgl. Lange 2005: 415). Mit anderen Worten, weil diese Sätze beziehungsweise die Fakten, die von ihnen beschrieben werden, (kontrafaktisch) *stabil* sind – sie blieben bestehen, käme, was wolle – sind sie hervorragende Anwärter für den Naturgesetzesstatus. Fakten hingegen, die sich durch Intervention beziehungsweise Manipulation ändern ließen, sind nicht robust genug, um als Naturgesetze durchgehen zu können. Ob solche Interventionen tatsächlich vorgenommen werden, ist dabei nebensächlich. Essenziell ist, dass das Konditional ‚*was auch immer anders wäre, sie blieben bestehen*' von ihnen wahr ist.

Bevor wir uns die kontrafaktischen ‚Tests' genauer anschauen, müssen wir unsere Redeweise erklären. ‚Testen' klingt, als ob wir, als epistemische Subjekte, tatsächlich auf diese Weise Σ auf Naturgesetze hin prüfen würden. Langes Theorie ist allerdings dezidiert eine metaphysische Theorie darüber, was Naturgesetze *sind*, nicht, wie wir (oder Wissenschaftlerinnen) sie aufspüren. Wenn hier also von ‚Test' und ‚Prüfen' die Rede ist, meinen wir das bloß als hilfreiche Metapher. Naturgesetze *sind* diejenigen Regularitäten, die bestehen blieben, selbst wenn alle anderen Fakten der Welt sehr verschieden wären. Diese kontrafaktische Stabilität oder Invarianz macht die Gesetze zu Gesetzen, und das hat nichts damit zu tun, ob *wir* sie tatsächlich *testen* oder nicht. Als bildhafte Redeweise behalten wir unsere pseudo-epistemische Formulierung aber bei.

Wenn wir Fakten aus Σ bestimmen wollen, die (kontrafaktisch) stabil sind, das heißt, die bestehen blieben, egal was sich sonst änderte, dann muss natürlich von vornherein feststehen, welche kontrafaktischen Konditionale wahr sind: wenn wir wissen wollen, ob p stabil ist, müssen wir ‚nachschauen' können, ob für jedes beliebige q (also für q_1, q_2, q_3, ... q_n) gilt: p wäre (immer noch) wahr, sogar wenn q der Fall wäre; formal: $q \Box\!\!\rightarrow p$. Gibt es hingegen ein q, sagen wir q_3, für das p falsch wird, also $q_3 \Box\!\!\rightarrow \neg p$ gilt, dann ist p nicht stabil, denn das hieße ja, dass, wäre q_3 der Fall, dann wäre p nicht länger wahr.

Im Folgenden wollten wir die Liste aller wahren kontrafaktischen Konditionale mit dem griechischen Buchstaben Kappa ‚K' bezeichnen. Auf ihr finden sich alle Einträge der Art: ‚Wäre die Erde etwas schwerer als sie ist, dann hätte der Mond eine andere Umlaufbahn', ‚Hättest Du geschwiegen, dann wärest Du Phi-

156 Lange sieht hier keine explizite Einschränkung auf Regularitäten vor.

losoph geblieben', ,Gäbe es ein Elektron mehr auf der Welt, dann würden sich Elektronen noch immer gegenseitig abstoßen', ,Hätte es weniger Sonnentage gegeben, dann wären die Äpfel auf diesem Baum *nicht* gereift' etc.

Bei Lange ist die Wahrheit oder Falschheit dieser kontrafaktischen Konditionale unabhängig davon, ob wir uns dafür interessieren oder nicht. Mehr noch, Lange hält kontrafaktische Wahrheiten der Art ,(selbst) wenn q der Fall wäre, dann bliebe p unberührt' für fundamental gegebene Tatsachen unserer Welt. Die Welt ist also in ihrem Grunde so, dass diese kontrafaktischen Konditionale von ihr wahr sind. Keineswegs dürften die Konditionale wiederum von den Naturgesetzen abhängen, sonst wäre Langes Theorie ja zirkulär. Daher übernimmt die angenommene Fundamentalität der kontrafaktischen Konditionale eine zentrale Rolle. Sowohl bei der Menge K der wahren kontrafaktischen Konditionale als auch bei der Menge Σ der sub-nomischen Fakten handelt es sich um fundamentale Wahrheiten (Lange 2009a: 136).

Wir fassen zusammen. Wenn es aus der Menge Σ aller sub-nomischen Fakten eine Untermenge gibt, sodass für alle Sätze p aus dieser Untermenge gilt: komme, was wolle, diese ps wären trotzdem immer noch der Fall, dann sind diese derart stabilen ps sehr gute Naturgesetzeskandidaten. Etwas formaler ausgedrückt, wenn für jedes q gilt:[157] wäre q der Fall, dann wäre p immer noch der Fall, also $(q \Box\!\!\rightarrow p)$, dann ist p ein guter Naturgesetzeskandidat.

Wie auch Lange selbst identifizieren wir manchmal diese kontrafaktische Stabilität direkt mit Naturgesetzlichkeit. Wir sollten uns aber bewusst sein, dass Lange zuerst Stabilität und dann, erst in einem zweiten Schritt, Naturgesetzlichkeit definieren wird: Stabilität ist eine notwendige Voraussetzung, eine Vorstufe von Naturgesetzlichkeit. Letztere wird mit Hilfe ersterer definiert. Stabile Sätze, so unser Zwischenziel, sind also zunächst ,nur' gute *Gesetzeskandidaten.*

In den nächsten Abschnitten wollen wir die oben skizzierte Theorie präzise beschreiben. Dazu gehört vor allem auch ein genauer Blick auf die Menge Σ (in Kap. 2.5.2.2) und K (in Kap. 2.5.2.5) und auf den kontrafaktischen Stabilitätstest für Naturgesetzlichkeit (in Kap. 2.5.2.3 und 2.5.2.4).

---

157 Wichtig ist hier, dass von *allen möglichen qs* die Rede ist, denn einige akzidentellen Wahrheiten blieben unter *manchen* aber eben nicht unter allen *qs* auch stabil: „Yet this accidental regularity [that there are only ripe apples on a certain tree] would still have held, had I worn a green shirt this morning or even had there been another apple on my tree. (Of course, this accidental regularity might not still have held, had there been fewer sunny days last summer.) So an accident may have a certain range of counterfactual suppositions under which it would still have held." (Lange 2005: 416)

2.5.2.2 Die sub-nomischen Fakten Σ

Was befindet sich insgesamt in Σ und was nicht? Σ beschreibt die Welt vollständig und wahrheitsgetreu. Essenziell ist dabei, dass alle Einträge in Σ *rein faktisch* und *nicht-modal* sind – Lange spricht von ‚*sub-nomischen* Behauptungen' (vgl. Lange 2009a: 17, siehe unser Kap. 1.3, wo wir ‚sub-nomisch' schon einmal eingeführt haben): ‚Alle Uranwürfel haben eine kleinere Seitenlänge als ein Quadratkilometer', ‚$E = mc^2$', ‚Der Mond hat eine Masse von $7{,}35 \times 10^{22}$ kg' und so weiter. Σ enthält aber keine Aussagen wie ‚*Es ist ein Gesetz*, dass Urankuben kleiner sind als... ' und auch nicht ‚*Es ist akzidentell*, also kein Gesetz, dass Goldkuben kleiner sind als... ' oder etwa ‚Es ist *nomologisch notwendig*, dass $E=mc^2$'. Letzteres etwa ist eine Meta-Behauptung über den nomischen Status des sub-nomischen ‚$E=mc^2$' (und nur dies ist in Σ enthalten). Wären solche Meta-Behauptungen schon Teil von Σ, dann gehörten die naturgesetzlichen, nomischen Fakten schon zu den gegebenen Fakten der Welt. Es wäre unnötig, sie auf anderes zurückzuführen. (Das ist, was z. B. Carroll (1994) und Maudlin (2007: 5–49) behaupten, deren Theorien wir in Kap. 2.6 beleuchten.) Hier ist nochmal Lange selbst:

> For example, the set [Σ] might include "All of the apples on my tree are ripe" or "All electrons are negatively charged", but the set cannot include "It is an accident that all of the apples on my tree are ripe", "It is a law that all electrons are negatively charged", or "A perpetual-motion machine is physically impossible". (Lange 2005: 419)

Ein Vergleich zu David Lewis' Theorie der Naturgesetze ist hilfreich (vgl. unser Kapitel 2.2). Fundamental gegeben ist bei Lewis das Mosaik humescher Fakten: ein Mosaik von Instanziierungen fundamentaler, punkt-großer, perfekt natürlicher, kategorischer Eigenschaften. Neben partikulären Fakten weist auch dieses Mosaik Regularitäten auf und wie bei Lange sind darunter solche, die sich später als Naturgesetze erweisen, und solche, die das nicht tun. Das lewissche Mosaik und Langes Σ sind dahingehend ähnlich, dass keine nomischen Fakten in ihnen vorkommen. Lange verpflichtet sich allerdings nicht explizit darauf, dass die wahren Aussagen in Σ ausschließlich Prädikate enthalten, die sich auf die lewisschen elitären Eigenschaften beziehen.[158] Was die beiden Theoretiker aber noch wesentlicher im Hinblick auf deren Naturgesetzestheorien unterscheidet, ist, welcher Mechanismus die Gesetze unter den Regularitäten im Mosaik bezie-

158 Lange schreibt: „Lewis's elite properties are not exactly those ascribed by my „sub-nomic" claims. For example, sub-nomic claims ascribe chances and perhaps dispositions, too" (Lange 2009a: 208, Endnote 12). In Lange (2005 & 2009a) finden sich keine weiteren expliziten Einschränkungen; in Lange (2000: 202) erlaubt er Prädikate mit Zeit- oder Ortsreferenzen: „I shall dispense with any prohibition on local predicates".

hungsweise in Σ herausfiltert: Bei Lewis ist es der Beste-Systeme-Wettbewerb, bei Lange ist es ein nicht-humesches Element, nämlich die fundamental gegebenen kontrafaktischen Konditionale. Was beide wiederum eint, ist, dass Naturgesetze keine fundamentalen Fakten der Welt sind, sondern auf außer-nomische Gegebenheiten zurückgeführt werden. Deshalb haben wir auch Langes Theorie in unserer Taxonomie in Kapitel 1 als nicht-humesche reduktionistische Theorie eingeordnet. Ähnlich wie Lewis fragt Lange, worauf Naturgesetzlichkeit beruht (superveniert):

> Accordingly, the natural thing for me to wonder is whether if we supplemented the actual truths with the counterfactual truths, then the laws would supervene on this expanded base. (Lange 2005: 418)

Beiden Theorien ist auch gemein, dass sie in folgendem Sinne holistisch sind: Gesetze werden nicht individuell bestimmt, sondern im Hinblick auf das Ganze herausgefiltert. (Darin unterscheidet sich beispielsweise die DTA-Theorie (vgl. Kapitel 2.3), für die Fakten wie *N(F,G)* ganz isoliert und individuell bestehen können.)

> [Laws] form a unified, integrated whole—a system. (In depicting lawhood as a team effort rather than an individual achievement, my account agrees with Lewis's and differs from Armstrong's and from scientific essentialism.) (Lange 2009a: 81)

2.5.2.3 Die (kontrafaktischen) Stabilitätstester

Wir ‚testen' Sätze *p* aus Σ auf ihre Stabilität, indem wir nachschauen, ob sie, komme, was wolle, immer noch wahr wären, das heißt, ob für jedes kontrafaktische *q* trotzdem noch gilt: wäre *q* der Fall, *p* hätte immer noch Bestand. Kann das wirklich für jedes beliebige *q* sein? Wie wir nun sehen werden, müssen wir die Menge der für diesen kontrafaktischen Stabilitätstest zulässigen *q*s (geringfügig) einschränken, denn andernfalls würde der Test keine Teilmengen von Σ isolieren, deren Mitglieder glaubhafte Naturgesetzeskandidaten wären. Wir betrachten nun nacheinander mehrere mögliche Einschränkungen für die *q*s, wollen aber noch kurz festhalten, dass auch die (kontrafaktischen[159]) *q*s sub-nomisch sein

---

159 Auch für faktisch wahre *q*s muss gelten: „wäre *q* erfüllt, *p* bestünde weiterhin". Zwar ist in den gängigsten, sogenannten ‚zentrierten' Modallogiken ein subjunktives Konditional $q \Box\!\!\rightarrow p$ bei faktisch wahren *q* und *p* trivial wahr. Allerdings legt sich Lange nicht auf zentrierte Modallogiken fest (Lange 2009a: 30, 203), sodass die Wahrheit von $q \Box\!\!\rightarrow p$ auch für ein faktisch wahres, nicht nur für ein wirklich kontrafaktisches *q* explizit bestehen muss.
Konditionale, von deren Antezedens nicht vorausgesetzt ist, dass es faktisch falsch, also *kon-*

sollen (Lange erwähnt das nur im Vorübergehen, z. B. in Lange 2009a: 20). Schauen wir uns zuerst an, welche Folgen es hätte, wenn es gar keine Restriktion für die *q*s gäbe:

(i) Nehmen wir also an, wirklich *alle* *q*s wären zulässig. Das würde insbesondere bedeuten, dass sogar solche *q*s berechtigt sind, die den zu testenden Mengen von Aussagen logisch widersprechen. Würden wir dann eine Klasse von *p*s finden, die sich in ihrer Stabilität von bloß akzidentellen Aussagen unterscheiden und, anders als diese, das Attribut ‚Naturgesetz' verdienten?[160]

Nehmen wir zunächst die intuitiv akzidentelle Wahrheit *s*, dass alle Äpfel eines Baums in Marc Langes Garten zu einem bestimmten Zeitpunkt reif sind. (Unser Wissen über Marcs Garten haben wir aus erster Hand, siehe Lange 2005: 415.) Wenn wir nun als Test folgende kontrafaktische Aussage *q* nehmen: ‚Angenommen, es gäbe einen unreifen Apfel auf dem Baum', dann besteht die Aussage *s* den kontrafaktischen Test nicht, denn *s*, also ‚alle Äpfel des Baums sind reif', wäre nicht mehr wahr, wäre einer nicht reif. Vielmehr gilt mit diesem *q*, dass $q\Box\!\!\rightarrow\neg s$. Die Apfelbaum-Regularität erweist sich also mit diesem Test als instabil und somit (wie erwünscht) als akzidentelle Wahrheit.

Allerdings ist das auch der Fall mit Regularitäten, die wir intuitiv für Gesetze halten. Wenn wir ein *q* erlauben, dass einem Gesetzeskandidaten logisch widerspricht, dann erweist sich natürlich auch dieser Kandidat als instabil. Nehmen wir als Gesetzeskandidaten, *p*, dass alle Ruhemassen m_0 der Energie $E{=}m_0c^2$ entsprechen, und als kontrafaktischen Stabilitätstest, *q:* ‚Die Ruhemasse *M* des Objekts *o* korrespondiert zur Energie $E{=}Mc^4$.' Nun gilt *nicht:* ‚Hätte ein Objekt *o* mit Ruhemasse *M* eine Energie der Größe $E{=}Mc^4$, dann entspräche immer noch allen Ruhemassen m_0 die Energie $E{=}m_0c^2$.' Vielmehr gilt: ‚Gehörte zu Objekt *o* mit Ruhemasse *M* eine Energie von $E{=}Mc^4$, dann entspräche *nicht* mehr allen Massen m_0 die Energie $E{=}m_0c^2$.' Unter diesem *q* ist also sogar ein zu testender Gesetzeskandidat $E{=}m_0c^2$ instabil. Mit anderen Worten erlauben wir Test-*qs*, die den Gesetzeskandidaten logisch widersprechen, dann entpuppen sich auch diese Kandi-

*tra*faktisch ist, bezeichnet man auch als „subjunktive Konditionale". Lange nutzt (wie z. B. auch David Lewis es tut) dennoch oft für beide den Terminus „counterfactual": „I shall use the symbol ' $p\Box\!\!\rightarrow q$" to represent both subjunctive and counterfactual conditionals, and I shall often use the term „counterfactuals" to encompass both" (Lange 2009a: 11).

160 Aus Gründen, die wir später (in 2.5.2.5 (iii)) benennen, geht es Lange immer um ganze Mengen von zu testenden Sätzen, nicht bloß um einzelne Sätze. Die Forderung oben nach logischer Kompatibilität gilt dementsprechend auch für die ganze Menge und nicht nur für jeden einzelnen Satz daraus: „*q* [...] is logically consistent with all of the members of Γ taken together (e. g., $\Gamma\cup\{q\}$ is logical consistent)" (Lange 2009b: 304). Dass das einen Unterschied macht, erkennt man an folgendem Beispiel: *q* ist mit jedem einzelnen Satz aus $\{\neg p, p\vee\neg q\}$ kompatibel, nicht aber mit der Menge als Ganzer.

daten als instabil. Sie wären hinsichtlich ihrer kontrafaktischen Stabilität also nicht von akzidentellen Regularitäten zu unterscheiden. Schlichtweg alle Aussagen würden sich als nicht-stabil, nicht-gesetzlich erweisen und es gäbe keine Naturgesetze. Das ist ein inakzeptables Resultat. Wir müssen also *qs* ausschließen, die den zu testenden *ps* logisch widersprechen. Es kann also nicht um Stabilität *komme, was immer wolle* gehen, sondern nur um Stabilität unter *fast* allen Umständen. Selbst dort, wo wir nicht mehr explizit drauf hinweisen, bitten wir, diese Einschränkung (‚fast alle *q*') ab jetzt immer mitzudenken.

Sollte es weitere Begrenzungen, außer logischer Kompatibilität, geben? Um das herauszufinden, experimentieren wir mit verschiedenen Einschränkungen.

(ii) Wir beginnen mit einer zugegebenermaßen eigenartigen Einschränkung (wir werden sie auch wieder verwerfen!), die sich aber als lehrreich erweist (vgl. Lange 2009a: 8): Erlauben wir für *q* probeweise einmal alle und nur die Gegebenheiten, die Bill Gates sich wünscht. Kurioserweise könnten diese *qs* für unseren prominenten Testfall, die Gold- und Uranwürfel-Sätze (vgl. Kap. 1.2), das richtige Ergebnis liefern: Selbst wenn Gates sich einen Urankubus größer als ein Kilometer Seitenlänge wünschen sollte, wären alle Uranwürfel kleiner, denn nichts in Gates Macht vermag es, solche Kuben zu bauen. Im Hinblick auf Bill Gates' Wunschliste ist die Uranregularität also stabil und somit ein würdiger Gesetzeskandidat. Anders der Satz über die Größe von Goldkuben, denn wenn es Gates, mit all seinem Vermögen, nach einem Goldklumpen verlangte, der größer ist als ein Kubikkilometer, dann (so nehmen wir mal an) würde er genügend Gold kaufen und ihn formen lassen. Aber dann wäre es nicht mehr richtig, dass alle Goldkuben kleiner sind als ein Kubikkilometer. Die Goldregularität ist somit nicht stabil unter solchen kontrafaktischen Variationen, denn wahr ist: ‚Wünschte sich Gates einen Klumpen, der größer ist, er würde ihn formen lassen und also wären nicht mehr alle Goldkuben kleiner'.

So weit, so gut, allerdings ist die Klasse von Gates' Wünschen (und seine Macht, sie umzusetzen) unbrauchbar als generelle Klasse für Stabilitätstest – es wäre ja auch höchst sonderbar, wenn die Naturgesetze von Microsoft abhingen! –, denn es gibt etliche intuitiv akzidentelle Regularitäten, die stabil sind, was immer Gates sich diesen bezüglich wünscht. Angenommen, es sei wahr, dass alle Galaxien mindestens ein Goldatom enthielten. Selbst wenn sich Gates goldfreie Galaxien wünschte (und alle seine Mitarbeiter darauf ansetzte, seinen Willen zu erfüllen), er könnte am Goldgehalt der Galaxien nichts ändern. Mit anderen Worten, im Hinblick auf Gates wären diese Akzidenzien stabil und sie qualifizierten sich also als Gesetze! Das ist nicht wünschenswert. Daher wäre eine Einschränkung möglicher Test-*qs* auf Bills Wünsche nicht zielführend. Zudem würden nach diesem Kriterium Naturgesetze vom Wünschen und Können einer Person abhängig und somit ihren objektiven Status verlieren.

(iii) Wir könnten versucht sein, Gates durch zukünftige Generationen von genialen Wissenschaftlerinnen zu ersetzen, die alles, was es über die Welt zu wissen gibt, herausgefunden haben und deren Technik so potent ist, dass sie alles tun können, was physikalisch möglich ist, sich also im Rahmen der physikalischen Gesetze abspielt. Jetzt sieht es zunächst so aus, als stünde alles in deren Macht, die Akzidenzien zu ändern (selbst die des tatsächlichen Goldgehalts von Galaxien), nicht aber die Gesetze. Das klingt als Test zunächst gut, ist aber wegen einer mehr oder weniger versteckten Zirkularität unhaltbar: Den fiktiven Wissenschaftlern wurde zugestanden, dass sie es vermögen, alles zu verändern, außer, was naturgesetzlich verboten wäre. Dann aber wären die Gesetze charakterisiert als genau diejenigen Fakten, die immer noch bestehen würden, selbst wenn sich alles ändern würde, *außer den Gesetzen*, und das ist bestenfalls eine zirkuläre Definition von Nomizität (vgl. Lange 2005: 415).

Wie können wir an der generellen Idee festhalten, dass die Naturgesetze Fakten sind, die unter kontrafaktischen Variationen stabil bleiben, während akzidentelle Regularitäten nach einer Variation nicht weiter fortbestünden, ohne dabei zirkulär zu werden? Schauen wir uns noch einmal Vorschlag (i) an, in dem alles als Test erlaubt war, sogar solche *qs*, die den Gesetzen logisch widersprechen. Das war zu viel des *Laissez-faire*. Aber die Einschränkungen in (ii) und (iii) waren zu eng beziehungsweise zirkulär.

Vielleicht ist alles, was wir an Einschränkung brauchen, ja tatsächlich die folgende Minimalforderung: für die *qs* sei alles erlaubt, außer solche (kontrafaktische) Aussagen, die in logischem Widerspruch zu einer zu testenden Untermenge von *ps* aus Σ stehen. Das vermeidet die Unterscheidungsschwäche von (i), unter der Naturgesetze und akzidentelle Wahrheiten nicht voneinander unterschieden werden können, ohne aber in der Einschränkung anthropozentrisch wie in (ii) oder zirkulär wie in (iii) zu werden.

Tatsächlich ist genau das Langes Vorschlag: Jede Untermenge Γ aus den rein faktischen, sub-nomischen Wahrheiten Σ ist eine Untermenge von Gesetzeskandidaten, wenn alle *ps* aus dieser Untermenge Γ weiterhin wahr wären, selbst wenn ein beliebiges *q*, das mit der Menge Γ *logisch vereinbar* ist, wahr wäre. Γ ist eine Menge von vielversprechenden Naturgesetzeskandidaten, weil sie eine (kontrafaktisch) stabile Menge ist. Von Mengen von Fakten hingegen, die unter kontrafaktischen Annahmen nicht mehr stabil sind, dürfen wir wegen ihrer Instabilität behaupten, dass sie bloß akzidentell wahre Sätze enthalten. Mit anderen Worten, *instabil sein* unter kontrafaktischen Variationen ist diejenige unliebige Eigenschaft, die Regularitäten zu bloß akzidentellen Wahrheiten macht.

Bevor wir uns der genauen Definition von Stabilität zuwenden und wichtige Eigenschaften der kontrafaktischen Konditionale benennen, möchten wir auf noch eine interessante Eigenschaft der Test-*qs* aufmerksam machen. Eine kontrafaktische Annahme, q, darf, wie wir oben erklärt haben, keiner der Aussagen p aus einer auf Stabilität hin zu testenden Teilmenge Γ von Σ logisch widersprechen. Das heißt, das zum kontrafaktischen q korrespondierende faktische $\neg q$ darf nicht in der zu testenden Menge Γ liegen, sonst läge der verbotene logische Widerspruch vor. Mit anderen Worten, nur Fakten aus dem Rest von Σ, also aus Σ ohne Γ ($\Sigma \backslash \Gamma$), dürfen verneint als kontrafaktische Tests für Γ benutzt werden. Unsere umgangssprachliche Redeweise für Stabilität, nämlich ‚bliebe wahr, *komme, was wolle*' ist auf diese Weise eingeschränkt zu denken.

2.5.2.4 Die sub-nomische Stabilität

Nachdem wir die *qs* unter die Lupe genommen haben, reichen wir nun Langes genaue Definition von *sub-nomische*[161] *Stabilität* für Untermengen Γ von Σ nach:

> Eine nicht leere Menge sub-nomischer Wahrheiten Γ ist ‚stabil' genau dann, wenn für alle Elemente p aus Γ das Folgende gilt:
>
> Nimm ein beliebiges q, das mit dem gesamten Γ logisch konsistent ist. Selbst wenn dieses q wahr wäre, dann wäre p immer noch der Fall; formal: $q \Box\!\!\rightarrow p$.[162]

Wohlgemerkt, damit ist die eigentliche Definition von Naturgesetzlichkeit zwar noch nicht ganz erreicht (wir haben oben im Zusammenhang mit Stabilität bewusst nur von guten Naturgesetzeskandidaten gesprochen), aber es ist eine essenzielle Vorbedingung formuliert; eine Vorbedingung übrigens, die sowohl im Definiendum als auch im Definiens den Naturgesetzesbegriff noch gar nicht enthält – sub-nomische Stabilität wird durch Wahrheit unter kontrafaktischen Bedingungen definiert. Sie ist also eine ausgezeichnete Kandidatin für ein Element einer nicht-zirkulären Definition für Naturgesetzlichkeit.

2.5.2.5 Die kontrafaktischen Konditionale K

Wir müssen uns noch einmal den kontrafaktischen Konditionalen zuwenden und weitere Überlegungen Langes dazu referieren. Wir schicken allerdings voraus, dass die drei nun darzustellenden Zusatzforderungen beziehungsweise -bemerkungen auch von Lange selbst in der Ausarbeitung seiner Naturgesetzestheorie oft im Hintergrund bleiben. Lange (und wir folgen ihm) macht dies aus didaktischen

---

161 Wir erinnern daran, dass wir hier rein faktische (sub-nomische) Aussagen betrachten, d. h. solche, die nicht schon Hinweise auf einen gesetzesartigen Charakter des Ausgesagten enthalten. Sowohl die kontrafaktischen *qs* als auch die getesteten *ps* sind sub-nomisch.

162 Wir haben hier Stellen in Lange (2005: 420) und in (2009: 29) leicht vereinfacht.

Gründen: während diese Bedingungen im Hintergrund immer mitgedacht werden sollen, würden sie den Kern der Theorie unnötig verkomplizieren, wenn sie stets explizit mitgenannt würden.

(i) Kontexte. Wir haben mit Lange geschrieben, dass, um p stabil nennen zu dürfen, alle Konditionale der Art $q\Box\!\!\rightarrow p$ für (fast) ***beliebige*** q wahr sein müssen. Nun haben es aber manche solcher konditionalen Aussagen an sich, dass ihre Wahrheit sehr stark vom Kontext abhängt, in denen sie geäußert werden:

> Now of course, counterfactual conditionals are notoriously context sensitive. In Quine's famous example, it is correct in some conversational contexts that had Caesar been in command in the Korean War, he would have used the atomic bomb. In other conversational contexts, it is correct that he would have used catapults. (Lange 2005: 421)

Wenn wir nämlich (in einem Äußerungskontext) den skrupellosen Charakter Caesars unterstreichen wollen, dann ist es richtig, zu sagen ‚Caesar hätte die Atombombe geworfen'. Wenn wir hingegen auf die Waffentechnik zu Caesars Zeit hinauswollen, ist es richtig, zu behaupten, er hätte Katapulte genutzt. Je nach Kontext ist also die eine oder die andere kontrafaktische Konditionalaussage wahr (vgl. Lange 2009a: 138).

Naturgesetze, p, müssen natürlich maximal stabil sein, um diesen Ehrentitel zu verdienen. Daher fordert Lange, dass für alle q die Konditionale $q\Box\!\!\rightarrow p$ *in allen Äußerungskontexten* wahr sein sollen (cf. Lange 2009a: 15). Denn wäre $q\Box\!\!\rightarrow p$ auch nur unter einer Interpretation falsch (und mitunter sogar $q\Box\!\!\rightarrow\neg p$ wahr), dann ist p nicht stabil genug für den Naturgesetzesstatus und entpuppt sich als bloß akzidentell wahr. Wie angekündigt, lassen wir im Folgenden den Zusatz ‚*in allen Äußerungskontexten*' weg.[163]

(ii) ‚Might Counterfactuals'. Wie auch Lange paraphrasieren wir manchmal die Forderung: ‚von Naturgesetzeskandidaten muss gelten, dass $q\Box\!\!\rightarrow p$ für alle q in allen Kontexten etc.' durch: ‚es darf kein q geben, für das $(q\Box\!\!\rightarrow\neg p)$ gilt, beziehungsweise für alle q gilt $\neg(q\Box\!\!\rightarrow\neg p)$'. Streng genommen sind diese Formulierungen aber nicht äquivalent.[164] Lange fordert daher von Naturgesetzen beides, was er aber durch ein einziges negiertes ‚*might*-Konditional' $\neg(q\Diamond\!\!\rightarrow\neg p)$ (lies: es ist nicht der Fall, dass, wenn q der Fall wäre, dann wäre p vielleicht nicht der Fall) auszudrücken versucht, das sowohl $q\Box\!\!\rightarrow p$ als auch $\neg(q\Box\!\!\rightarrow\neg p)$ logisch impliziere

163 Siehe aber Hall (2011) und Demarest (2012), die entgegen Lange argumentieren, dass die relevanten Konditionale nicht in allen Kontexten wahr sind.

164 Für metaphysisch unmögliche q gilt beispielsweise $q\Box\!\!\rightarrow p$ und das *nicht* negierte $(q\Box\!\!\rightarrow\neg p)$.

(vgl. Lange 2009a: 21). Wie Lange in seinen früheren Publikationen (z. B. in Lange 2005) bleiben wir der Einfachheit halber aber bei unserem ursprünglichen $q\Box\!\!\rightarrow p$ beziehungsweise nutzen wir manchmal die $\neg(q\Box\!\!\rightarrow\neg p)$ Formulierung, obwohl wir stets beides meinen.

(iii) Iterierte, verschachtelte Konditionale. Stabilität ist eine Bedingung für Naturgesetzlichkeit. Tatsächlich fordert Lange von Naturgesetzen aber sogar noch mehr. Sie sollen nicht nur *stabil sein*, das heißt für alle *q*: $q\Box\!\!\rightarrow p$, sie sollten sogar diese Stabilitätseigenschaft unter allen Umständen *r* beibehalten. Die Stabilität soll, sozusagen, nicht bloß akzidentell sein (cf. Lange 2005: 429). Wäre also *r* der Fall, *p wäre immer noch stabil,* beziehungsweise für alle r: $r\Box\!\!\rightarrow$(*für alle q:* $(q\Box\!\!\rightarrow p)$); und noch kürzer: für alle *r* und *q*: $r\Box\!\!\rightarrow(q\Box\!\!\rightarrow p)$; und so fort, Lange verlangt sogar beliebige weitere Iterationen. Letztendlich bedeutet das, dass *p* nicht nur bloß immer noch wahr wäre, komme, was wolle, sondern *p* wäre weiterhin ein Naturgesetz, komme was wolle. Diese Eigenschaft wollen wir als ‚Hyperresilienz' der Naturgesetze bezeichnen (siehe Loew und Jaag 2020b und vgl. Kap. 2.2.5.3).

Die Definition für Stabilität lautet also ausführlich (anders als unsere verkürzte Definition von oben in 2.5.2.4):

> Γ [a set of truths] is 'stable' exactly when for any member *p* of Γ and any claims *q, r, s* ... each of which is logically consistent with all of the members of Γ taken together (e. g., Γ∪{*q*} is logical consistent), the subjunctive conditionals (which will be counterfactuals if *q, r, s* ... are false)
>
> $q\Box\!\!\rightarrow p$,
>
> $r\Box\!\!\rightarrow(q\Box\!\!\rightarrow p)$,
>
> $s\Box\!\!\rightarrow(r\Box\!\!\rightarrow(q\Box\!\!\rightarrow p))$, etc.
>
> hold in any context. (Lange 2009b: 304)

Weil Lange davon ausgeht, dass solche iterierten kontrafaktischen Konditionale gelten, kann er auch sofort von der Richtigkeit der folgenden Überlegungen ausgehen: Wir dürfen annehmen, dass Coulombs Gesetz tatsächlich ein Naturgesetz unserer Welt ist und dass daher alle existierenden elektrischen (positiven und negativen) Ladungen tatsächlich von anderen entgegengesetzten angezogen beziehungsweise gleichnamigen abgestoßen werden. Es scheint nun (trotzdem) richtig, dass, enthielte unsere Welt aber nur noch ein einziges Elektron, dann würde keine elektrische Kraft auf es ausgeübt. Es scheint darüber hinaus sogar das folgende *iterierte Konditional* wahr zu sein: gäbe es (zunächst) nur ein einziges

Elektron, dann, gäbe es (plötzlich doch) ein weiteres, dann stießen sich die beiden ab.[165]

Was bei Lange quasi als Korollar seiner Theorie geliefert wird, stellt sich zum Beispiel für David Lewis' Theoriegebäude um Naturgesetze und kontrafaktische Konditionale als problematisch heraus. Das iterierte Elektron-Konditional ist in dessen Theorie nämlich nicht wahr (siehe Kap. 2.2.5.3 und eine mögliche humesche Antwort in Kap. 3.2.2, Punkt V). Unter anderem um diesen Vorteil vor Lewis zu sichern, fordert Lange also die Wahrheit iterierter kontrafaktischer Konditionale. Mit diesem Wissen im Hintergrund erlauben wir uns wieder zur einfacheren, nicht iterierten Form der Definition von Stabilität zurückzukehren. Wir tun das im Sinne Langes: „For the most part, I will ignore these nested counterfactuals, for the sake of simplicity." (Lange 2005: 420)

Wir müssen aber noch ein mögliches Missverständnis aus dem Weg räumen, was diese durch die Iteration gewaltig gewordene Stabilität[166] von Naturgesetzen betrifft. Trotz ihrer hohen modalen Resilienz sind Naturgesetze nicht metaphysisch oder gar logisch notwendig.[167] Das können wir auf zweierlei Weise sehen und am einfachsten, wenn wir uns klarmachen, dass (iterierte) kontrafaktische Stabilität immer relativ ist, und zwar bezogen auf die zu testende Klasse Γ von Naturgesetzeskandidaten p, und die Klasse der damit festgelegten zulässigen Test-qs, die in $\Sigma\backslash\Gamma$ liegen muss. Nehmen wir beispielsweise an, Γ enthielte neben anderen Gesetzen mindestens Einsteins spezielle Relativitätstheorie, insbesondere auch die Hypothese, dass der Ruhemasse m_0 eines Körpers die Energie $E=m_0 c^2$ entspricht. Dann wäre, komme sonst (aus $\Sigma\backslash\Gamma$) alles anders, $E=m_0c^2$ immer noch wahr und das sogar mit den mehrfach iterierten Konditionalen von oben.

Angenommen aber, wir betrachten ein Γ^*, das ausschließlich $E=m_0c^2$ enthielte (d. h. $\Gamma^*=\{E=m_0c^2\}$), dann wäre $E=m_0c^2$ nicht mehr wahr, komme was wolle! Denn jetzt ist es erlaubt, andere Teile der Relativitätstheorie sowie andere Gesetze kontrafaktisch zu variieren (die ja jetzt in $\Sigma\backslash\Gamma^*$ liegen): zum Beispiel könnte es sein, dass sich die Geschwindigkeit des Lichts ändert. Dann aber wäre die Konstante c = ca. 300 000 000 m/s keine besondere Konstante mehr. Das würde vermutlich dazu führen, dass $E=m_0c^2$ falsch würde, weil darin die nunmehr arbiträre Konstante c = ca. 300 000 000 m/s vorkommt, die aber nicht mehr der dann aktualen Lichtgeschwindigkeit entspräche. Das ist unser erster Grund, weswegen wir behaupten können, Naturgesetze seien nicht völlig unumstößlich, also nicht metaphysisch notwendig wahr.

---

165 Iterierte kontrafaktische Konditionale wie z. B. $r \,\Box\!\!\rightarrow (q \,\Box\!\!\rightarrow p)$ dürfen nicht mit einem einfachen Konditional $((r \wedge q) \,\Box\!\!\rightarrow p)$ verwechselt werden (siehe Fn. 94).

166 Lange bringt in Lange (2009a: 148 f.) diese Stabilität auf erhellende Weise auf den Punkt.

167 Wenige Ausnahmen werden wir weiter unten kennenlernen.

Eine Zwischenbemerkung: Wir haben gerade eine Menge Γ* betrachtet, die nur einen einzelnen zu testenden Naturgesetzeskandidaten, $E=m_0c^2$, enthält. Wir haben gesehen, dass diese Einermenge instabil ist und das, obwohl $E=m_0c^2$ doch ein vielversprechender Naturgesetzeskandidat ist. Wir haben aber oben auch gesehen, dass ein umfassenderes Γ, das zusätzlich die gesamte Relativitätstheorie und insbesondere die Lichtgeschwindigkeit als Höchstgeschwindigkeit enthält, dem Stabilitätstest wahrscheinlich standhält. Jetzt wird verständlich, weswegen Lange immer von größeren Teilmengen von Gesetzeskandidaten spricht, die zu testen seien (siehe Lange 2009a: 81 f.). (Wie Lange selbst fluktuierten wir in unserer Redeweise oft zwischen ‚wir testen ein *p*' und ‚wir testen eine Menge von Sätzen' auf Stabilität. Richtiger ist die letzte Formulierung.)

Hier ist ein zweiter Grund, weswegen trotz ihrer enormen (iterierten) Stabilität Naturgesetze nicht metaphysisch notwendig werden. Wechseln wir wieder das Γ, nun zu Γ**, so dass diesmal $E=m_0c^2$ nicht darin enthalten ist, dann dürfen wir durchaus kontrafaktische Konditionale mit verneintem $E=m_0c^2$ als Antezedens zum Test für Γ** heranziehen! Zum Beispiel ist vermutlich wahr: ‚Gälte nicht mehr $E=m_0c^2$, dann könnte sich m_0 schneller als mit Lichtgeschwindigkeit bewegen' und das entsprechende Gegenteil falsch: ‚... dann könnte sich m_0 immer noch nicht schneller als mit Lichtgeschwindigkeit bewegen'.[168]

Trotz ihrer hohen kontrafaktischen Stabilität sind die Naturgesetze nicht metaphysisch notwendig wahr. Wir hatten das alltagssprachliche ‚wahr, komme was wolle' schon eingeschränkt. Hier machen wir darauf aufmerksam, dass es auch immer relativ auf eine Komplementärklasse bezogen ist und dass Verneinungen von Naturgesetzen durchaus in die Antezedenzien von kontrafaktischen (kontranomischen!) Konditionalen eingehen dürfen.

Lange feilt noch weiter an den genauen Formulierungen für Stabilität. Um das Kapitel an Komplexität nicht zu überladen, sollen die obigen Anmerkungen aber genügen.[169]

2.5.2.6 Stabile und instabile (Unter-)Mengen von Σ

Nachdem wir die *sub-nomische Stabilität* beziehungsweise *Instabilität* definiert und einige Hinweise zu den kontrafaktischen Konditionalen gegeben haben,

---

168 Lange schreibt zu solchen ‚counterlegals', also solchen kontrafaktischen Konditionalen, die in ihren Antezedenzien einem Gesetz widersprechen, dies: „We are dealing here with a counterlegal, of course, but we should not be deterred by this. Counterlegals of this kind are not disreputable; they have a perfectly respectable place in scientific reasoning." (Lange 2005: 424)

169 Zum Beispiel ist es elegant, von allen stabilen Γ zu fordern, dass sie logisch abgeschlossen sind. Diese und andere Komplikationen können wir ignorieren (vgl. Lange 2009a: 205, Fn. 31).

wollen wir uns nochmal einen Beispiel-Test einer, wie sich herausstellen wird, instabilen Menge von Sätzen anschauen und uns sodann fragen, ob es denn überhaupt wirklich stabile Mengen gibt. Stabile Mengen sind ja unser Ziel, denn von denen wird Lange sagen, dass sie die Naturgesetzeskandidaten enthalten.

Betrachten wir wieder Marc Langes Garten und eine Menge korrekter Feststellungen über dessen Baumbestand. ‚Alle Äpfel sind reif (zu einem bestimmten Zeitpunkt)' sei genauso wahr wie beispielsweise, dass der Apfelbaum in drei Meter Entfernung neben dem Kirschbaum steht. Alles, was wir von dieser (nicht leeren) Menge von Aussagen über Marcs Garten sonst verlangen, ist, dass sie nur wahre sub-nomische Behauptungen enthält. Der nomische Satz: ‚Es ist ein Naturgesetz, dass Pflanzen Sauerstoff produzieren' ist also nicht enthalten, aber gegebenenfalls der sub-nomische ‚Pflanzen produzieren Sauerstoff'. Wie stabil unter kontrafaktischen Variationen ist diese sehr kleine Beispiel-Untermenge Γ (der Garten-Wahrheiten) aus allen Wahrheiten Σ der Welt?

Wir müssen Folgendes testen: Γ ist genau dann stabil, wenn für jeden Satz *p* aus Γ das folgende wahr ist: nimm jeden beliebigen Satz *q*, der logisch mit allen Sätzen aus Γ (und Γ gesamt) verträglich ist. Ist es wahr, dass, selbst wenn *q* wahr wäre, *p* immer noch wahr wäre? Umgekehrt gesagt: wenn auch nur für einen Satz *p* aus Γ ein *q* gefunden werden kann, so dass $q \Box\!\!\rightarrow \neg p$ gilt, dann ist Γ mindestens wegen dieses einen instabilen p keine stabile Menge von Sätzen (also auch keine Menge, die *ausschließlich* Naturgesetzeskandidaten enthält). Für die Gartenwahrheiten ist schnell so ein zerstörerisches *q* gefunden: Es ist wohl wahr, dass „hätte es viel weniger sonnige Tage letzten Sommer gegeben, als es tatsächlich gab (das ist ein kontrafaktisches *q* von dem wir annehmen, es läge nicht in Γ), dann wären nicht alle Äpfel reif geworden (das ist die Negation eines zentralen *ps* aus Γ)". $q \Box\!\!\rightarrow \neg p$ ist wahr für dieses *q* und jenes *p* aus Γ, und daher ist Γ nicht stabil. Deswegen ist die Menge von Wahrheiten über Marc Langes Garten keine stabile Menge sub-nomischer Wahrheiten und also auch kein Kandidat für eine Menge, die ausschließlich aus Naturgesetzen besteht (vgl. Lange 2005: 419).

Gerade haben wir eine instabile Beispielmenge betrachtet. Gibt es denn überhaupt stabile Mengen? Zwei stabile Mengen gibt es auf jeden Fall. Allerdings sind die trivialerweise stabil. Eine davon wird Lange (entgegen der Intuition vieler) als eine Menge von Naturgesetzen akzeptieren, die andere nicht (die wird er per nachvollziehbarem Dekret ausschließen). Letztere Menge ist die Gesamtmenge Σ selbst (siehe Lange 2005: 422), erstere ist die Menge der logischen Wahrheiten.

(i) Warum ist das gesamte Σ selbst stabil? Weil es trivialerweise kein *q* gibt, so dass, wäre *q* entgegen der Faktenlage wahr, ein *p* aus Σ falsch würde. Warum gibt es kein solches *q?* Nicht etwa, weil alle *ps* aus Σ so enorm stabil wären. An den *ps* liegt es nicht. Vielmehr liegt es daran, dass es überhaupt gar keine *qs* gibt, mit denen wir die *ps* testen könnten! Σ selbst, so ist es definiert, enthält ja absolut alle Fakten, alle Wahrheiten. Jedes kontrafaktische *q* kontra die Fakten würde seinem faktisch wahren *q*-Gegenteil (das, weil es wahr ist, in Σ liegt) logisch widersprechen.[170] Test-*qs*, die Mitgliedern der auf Stabilität zu testenden Menge logisch widersprechen, mussten wir allerdings aus gutem Grund ausschließen, da ja mit logischen Widersprüchen alles instabil, also alles zu akzidentell, nicht-gesetzlichen Wahrheiten würde. Σ als Ganzes genommen ist also auf triviale Weise stabil. Lange wird in seiner endgültigen Definition von Naturgesetzlichkeit Σ per Dekret ausschließen.

(ii) Wir haben oben angedeutet, dass auch eine bestimmte kleine Untermenge, nennen wir sie ‚Λ_0'[171], von Σ stabil ist, nämlich die, die alle und nur die logischen Wahrheiten enthält, also ‚*p* oder nicht-*p*' ($p \vee \neg p$), ‚alle *Fs* sind *Fs*' ($\forall x(Fx \rightarrow Fx)$) etc. Warum sind logische Wahrheiten stabil? Diesmal gibt es in der Restmenge $\Sigma \backslash \Lambda_0$ genügend viele wahre Sätze, die man in ihr kontrafaktisches Gegenteil verkehren könnte, um dann nachzuschauen, ob, wären sie kontrafaktisch wahr, die logischen Wahrheiten immer noch wahr wären. Allerdings haben die logischen Wahrheiten nichts zu befürchten, denn wir dürfen annehmen, dass sie tatsächlich wahr sind, komme, was wolle: Wäre der Mond aus grünem Käse, dann wäre ‚*p* oder nicht-*p*' immer noch wahr; würden elektrische Ladungen gleichnamige Ladungen nicht mehr abstoßen, alle *F*s wären immer noch *F*s; etc. Keine Änderung kontingenter Wahrheiten kann logische Wahrheiten erschüttern.

Es gäbe nur eine prinzipielle Möglichkeit, logische Wahrheiten umzustoßen: durch logische Kontradiktionen! Wäre ($p \vee \neg p$) nicht mehr der Fall, dann wäre eben ($p \vee \neg p$) falsch. Diese Tatsache kann uns aber nicht gefährlich werden, weil (wie zuvor bereits) Test-*q*s ausgeschlossen sind, die den Einträgen aus der zu testenden Menge Λ_0 logisch widersprechen. Logische Widersprüche widersprechen aber *per definitionem* den logischen Wahrheiten unserer Testklasse. Sie sind also als Tests von vornherein nicht erlaubt. Die Klasse der logischen Wahrheiten ist daher eine stabile Menge und damit qualifiziert sie sich bis auf Weiteres als Klasse von Naturgesetzeskandidaten.

Dass Sätze der Logik Kandidaten für Naturgesetze sein sollen, von denen wir doch sonst verlangen, dass sie empirisch entdeckte, kontingente Wahrheiten sind

---

170 Wie wir oben bereits anmerkten, müssen die *q*s eigentlich von außerhalb jeder zu testenden Menge Γ kommen, also aus $\Sigma \backslash \Gamma$. Wenn Σ die zu testende Klasse ist, gibt es aber ‚draußen' keine kontrafaktischen Wahrheiten, die nicht einem Eintrag aus Σ widersprächen; oder anders gesagt: $\Sigma \backslash \Sigma$ ist leer.

171 Griechisch ‚Λ' (Lambda) kann hier wahlweise für ‚law' oder ‚logic' stehen. Der Index „$_0$" soll hier bereits eingeführt werden, da wir später weitere Gesetzmengen Λ_1, Λ_2, Λ_3... Λ_n betrachten werden.

(siehe unsere Desiderata Liste), mag befremdlich wirken. Anders als mit der oben in (i) diskutierten Gesamtmenge Σ, die zur Klasse von Naturgesetzen zu werden drohte, spricht Lange hier allerdings kein Verbot für logische Wahrheiten als Naturgesetze aus. Später werden wir sehen, wie Lange diese Toleranz des naturgesetzlichen Status logischer Wahrheiten plausibilisieren kann.

Bevor wir uns Langes endgültiger Definition von Naturgesetzen zuwenden (bislang haben wir immer nur von stabilen *p*s als plausiblen Naturgesetzes*kandidaten* gesprochen), möchten wir uns, (iii), nochmal einer beliebigen dritten Menge von sub-nomischen Sätzen zuwenden, die ein paar Aussagen enthält, die wir intuitiv für Naturgesetze halten, und ein paar, die bloß wahre, akzidentelle Fakten beschreiben. Letztere bloß akzidentell wahre Fakten sind sicher nicht stabil. Aber wir könnten versuchen, sie zu stabilisieren.

Die Grundidee ist die: Angenommen ein *p* aus unserer zu testenden Menge Γ wäre instabil, weil es ein kontrafaktisches *q* gibt (wobei *q*s faktisches Gegenteil natürlich nicht in Γ liegt), so dass $q \Box\!\!\rightarrow \neg p$ gilt. Hier ist der vermeintliche Stabilisierungstrick: Nehmen wir doch *q*s faktisches Gegenteil, $\neg q$, einfach mit in Γ auf: $\Gamma \cup \{\neg q\}$. Die neue, vergrößerte Menge, nennen wir sie Γ*, ist gegen diesen *q*-Test abgeschirmt, weil ja kein Test-*q* Einträgen aus Γ* logisch widersprechen darf. Dass dieser vermeintliche Trick aber nicht funktioniert, machen wir uns an einem Beispiel klar, das Lange selbst anbringt (vgl. Lange 2009a: 32–36). Angenommen ein Γ enthielte neben manchem (vermeintlichen) Gesetz (z. B. über den Carnot-Kreisprozess) die akzidentelle Wahrheit *g*, dass, wenn immer das Gaspedal eines bestimmten Autos um *x* cm nach unten gedrückt wird, das Auto auf trockener flacher Fahrbahn mit *y* m/s^2 beschleunigt. Diese Wahrheit ist nicht stabil, denn, *q*, hätte das Fahrzeug mehr Zylinder, als es tatsächlich hat, dann würde es stärker beschleunigen. *g* wäre demnach falsch. Fügen wir also einfach eine faktische Beschreibung des Motors (‚hat 4 Zylinder‘, ‚ist ein Diesel‘ usw.) des Autos zu Γ hinzu. Der kontrafaktische Satz *q* würde dieser Beschreibung logisch widersprechen, darf also nun nicht mehr als kontrafaktischer Tester benutzt werden. Ist das neue Γ* also stabil? Nein! Das Problem dieses Stabilisierungsversuchs ist, dass wir neue instabile Sätze hinzugefügt haben, nämlich die Motorbeschreibung. Warum ist diese instabil? Lange schreibt: „But now to be stable, the set must also include a description of the engine factory, since had the factory been different, the engine might have been different.“ (Lange 2009a: 32)

Natürlich könnten wir nun die Fabrikbeschreibung addieren, aber damit würden wir uns ja bloß die nächste Instabilität einkaufen. Lange zufolge würde das darauf hinauslaufen, dass wir nach und nach so viel addieren müssten, dass wir schließlich das vollständige Σ erreicht hätten. Das führt zur folgenden Konsequenz, was Mengen mit Akzidenzien anbetrifft:

> By packing more and more into the set, will we ever achieve stability before the set contains every sub-nomic fact? I do not think so. (Lange 2009a: 33)

> No set containing an accidental truth is stable except for the set of all truths [Σ], laws and accidents, which is trivially stable [see above]. (Lange 2005: 420)

Wir haben Langes Postulat, dass instabile Mengen erst durch maximales Anreichern stabil werden, anhand seines Beispiels plausibilisiert. Er liefert dafür allerdings auch einen semi-formalen Beweis (den wir hier aus Platzgründen nicht ausführen wollen, siehe aber Lange 2009a: 34, auch 2005: 421), der sogar zeigt, dass, wenn man mit den Auto-Wahrheiten startet, schließlich auch alle anderen, inhaltlich unabhängigen Wahrheiten hinzufügen muss, um Stabilität zu erreichen.

Wir haben bereits zwei stabile Mengen gefunden: Λ_0 und ganz Σ, von denen Lange Σ als Menge von Naturgesetzen ausschließt. Wir haben auch festgestellt, dass Teilmengen Γ von Σ, die auch nur ein einziges instabiles *p* enthalten, nur stabilisiert werden können, indem man sie zu Σ aufbläht. Es ist an der Zeit zu sehen, (i) ob es außer Λ_0 echte Teilmengen Γ von Σ gibt, die ausschließlich stabile *p*s enthalten, (ii) wieviele solcher Teilmengen es gibt und (iii) wie sie sich zueinander verhalten.

2.5.2.7 Stabile Mengen von Gesetzeskandidaten

Die Menge von Wahrheiten über Langes Garten und die über das Fahrzeug waren keine stabilen Mengen, selbst wenn sie ein paar Sätze enthielten, die sich als Naturgesetze entpuppen sollten. Gibt es denn überhaupt, außer den trivial stabilen Σ und der kleinen Untermenge der logischen Wahrheiten, stabile Teilmengen? Teilmengen derart, dass, veränderten wir alles Mögliche außerhalb ihrer selbst, ihre Sätze dennoch wahr blieben? Die Behauptung Langes ist natürlich, dass dem so ist. Es gibt, so schreibt er, sogar eine ineinander geschachtelte Kaskade solcher Mengen. Die kleinste ist die eben besprochene Menge der logischen Wahrheiten – wir haben sie oben ‚Λ_0' genannt – die Größte ist Σ, die Menge aller Wahrheiten.

Wie haben wir uns die nächst größere stabile Menge Λ_1 vorzustellen (in der Λ_0 enthalten ist, $\Lambda_0 \subset \Lambda_1$, die aber noch nicht gleich Σ ist? Lange spricht von einer Menge der logischen Wahrheiten ‚im weiteren Sinne' und meint damit metaphysische ‚Gesetze', die er beispielhaft auflistet:

> Alongside the set of the logical truths narrowly speaking [Λ_0] the set of broadly logical truths [Λ_1] contains also metaphysical truths: Among the broadly logical truths, the metaphysical truths presumably include a diverse lot: the "laws" of mereology, eternalism (or

> presentism, whichever is true), realism (or nominalism, whichever is true) about properties (or propositions or numbers), and so forth—all of the fundamental abstract ontological truths—along with (some philosophers say) "Water is H_2O" and its colleagues. (Lange 2009a: 78)[172]

Es hat eine gewisse Plausibilität, dass, egal welche Fakten sich sonst änderten (d. h. Fakten aus $\Sigma\backslash\Lambda_1$), der Universalienrealismus wahr bliebe, wenn er denn die wahre metaphysische Eigenschaftstheorie bildet. Er ist also stabil, komme was sonst wolle. Andererseits dürfen wir auch annehmen, dass der Universalienrealismus keine logische Wahrheit im engsten Sinne ist. Er könnte, zumindest logisch gesehen, auch falsch sein. (Es stecken keine begrifflich-logischen Widersprüche in Gegenpositionen wie dem Nominalismus.) Angenommen er wäre falsch, alle logischen Wahrheiten im engeren Sinne, also in Λ_0, wären immer noch wahr. Kontrafaktische Tests aus $\Sigma\backslash\Lambda_1$ lassen Λ_1 unberührt, kontrafaktische Tests aus $\Sigma\backslash\Lambda_0$ lassen Λ_0 unberührt.

Schauen wir uns eine nächste plausible Menge Λ_2 an. Es ist glaubhaft, dass es neben den (im weiteren und engeren Sinne) logischen Wahrheiten Λ_0 und Λ_1 sehr fundamentale Sätze über die Natur gibt: zum Beispiel den Energieerhaltungssatz, vielleicht auch Newtons zweites Gesetz, dass Masse mal Beschleunigung einer Kraft entspricht ($F=ma$), oder den Satz über die vektorielle Kräfteaddition. Letzterer besagt (grob), dass die resultierende Kraft auf ein System die Summe aller Einzelkräfte ist, egal um welche Kräfte (elektromagnetische, schwache, starke oder Gravitationskräfte) es sich handelt. Vielleicht gibt es weitere solcher fundamentalen Wahrheiten. Nehmen wir an, sie wären alle in der Menge Λ_2 (in der ja außerdem auch Λ_1 und Λ_0 stecken). Dann, komme was wolle – das heißt, wäre alles in Σ aber außerhalb von Λ_2 anders –, würde trotzdem keiner der Sätze aus Λ_2 in irgendeiner Weise berührt. Das ist plausibel, wenn wir beliebige solche Fakten außerhalb von Λ_2 betrachten: hätten mein geschätzter Koautor und ich dieses Buch nicht geschrieben, dann gälte der Energieerhaltungssatz immer noch. Hätte die Erde keinen Mond, dann wäre der Satz der vektoriellen Kräfteaddition immer noch wahr, etc. Es ist plausibel, dass alle diese kontrafaktischen Konditionale wahr sind, aber kein gegenteiliges der Art: ‚Aber wäre q der Fall gewesen, dann gälte $F=ma$ nicht mehr'.

Auch außerhalb von Λ_2 könnten weitere Naturgesetzeskandidaten liegen, nämlich solche Naturgesetzesanwärter, die weniger fundamental sind. Dazu

---

172 Indem wir hier Λ_0, die ‚narrowly logical truth', von den ‚broadly logical', Λ_1, genannten Wahrheiten separieren, orientieren wir uns an Lange (2005: Fn. 10 und 2009a: 78). In seinem Schaubild auf Seite 41 (2009a) trennt er diese beiden Sphären nicht und betrachtet die ‚broadly logical truths' als die Menge mit der höchsten nomischen Stabilität.

könnten die speziellen Kraftgesetze zählen wie etwa Coulombs Gesetz über die Anziehung und Abstoßungen von Ladungen oder das Gravitationsgesetz. Da diese, so unsere Konstruktion von Λ_2, außerhalb von Λ_2 liegen, dürfen wir sie kontrafaktisch variieren und dabei bliebe, so eine plausible Annahme, dennoch alles in Λ_2 unberührt. Denn selbst wenn das Gravitationsgesetz ausfiele, es also keine Gravitationskräfte gäbe, es gälte immer noch, dass die resultierende Kraft auf ein System (nun zusammengesetzt aus den Restkräften ohne Gravitationskräfte) die Summe der (übrigen) einwirkenden Kräfte wäre. Lange plausibilisiert das wie folgt:

> In 1830, for example, the Astronomer Royal, George Biddell Airy, published a paper (Airy 1830) in which he investigated the consequences of various weird hypothetical force laws. Of course, in wondering how bodies would have behaved under these laws, Airy took the basic Newtonian laws of motion to be preserved under this sort of counterlegal. He seems to have believed that the laws form this sort of hierarchy. (Lange 2005: 424)

Nehmen wir nun an, die weniger fundamentalen, speziellen Kraftgesetze, die wir gerade zum Test von Λ_2 variiert haben, lägen in einer Menge Λ_3 (in der sowohl Λ_2, und also auch Λ_1 und Λ_0 enthalten wären). Was veranlasst uns dazu, Sätze aus Λ_3, zum Beispiel das ‚Gravitationsgesetz', Gesetz zu nennen, wenn wir es doch gerade variiert haben, es also doch irgendwie instabil zu sein scheint? Der Fokuswechsel macht das plausibel: Eben haben wir Λ_2 getestet mit allem, was außerhalb liegt, also auch $\Lambda_3\backslash\Lambda_2$. Jetzt, wenn wir Λ_3 selbst auf Stabilität testen, dürfen wir variieren, was außerhalb Λ_3 liegt, also im Rest $\Sigma\backslash\Lambda_3$ liegt.

Es ist nun wiederum plausibel, dass es keine kontrafaktischen Konditionale derart gibt, dass ein q aus $\Sigma\backslash\Lambda_3$ in deren Antezedens steht, aber ein Satz aus Λ_3 negiert im Konsequens. Zum Beispiel ist wohl das Konditional ‚Wäre die Erde größer als sie es ist, sie würde den Mond nicht mehr anziehen' nicht wahr. Plausiblerweise finden sich gar keine solcher wahren Konditionale, die Λ_3 gefährlich werden könnten.

Wenn all das stimmt, was wir (mit Lange) über Λ_0 bis Λ_3 gesagt haben, dann ist das interessante Ergebnis, dass Naturgesetzesanwärter in konzentrischen Sphären angeordnet sind. Einige fundamentaler, stabiler, als andere: In der Mitte, in Λ_0, liegen die logischen Gesetze, in Λ_1 zusätzlich die metaphysischen Gesetze, in Λ_2 kommen die fundamentalen Naturgesetze hinzu, wie der Energieerhaltungssatz, in Λ_3 zum Beispiel die individuellen Kraftgesetze. Gegebenenfalls gibt es weitere Sphären. Die letzte Sphäre, Λ_n, wird jedenfalls nur noch von den bloßen Akzidenzien aus Σ umhüllt. Λ_3 ist stabil unter Variationen von Wahrheiten aus $\Sigma\backslash\Lambda_3$; Λ_2 ist stabil unter Variationen von Wahrheiten aus $\Sigma\backslash\Lambda_2$ (inklusive Λ_3); Λ_1 ist stabil unter Variationen von Wahrheiten aus $\Sigma\backslash\Lambda_1$ (inklusive Λ_2 und Λ_3) etc. Die Gesetze bilden eine Hierarchie von Sphären unterschiedlicher Stabilität.

Wie viele solcher Sphären gibt es? Lange hält das für eine empirische Frage: „Now I am not trying to prejudge whether the laws actually do form *multiple* strata. Science may or may not eventually reveal that they do" (Lange 2005: 424; unsere Hervorhebung), und er plausibilisiert die Existenz mehrerer Sphären durch das oben Gesagte. *A priori* beweisbar ist das nicht.

Lange liefert allerdings ein Argument dafür, dass es keine zwei verschiedene stabile Mengen Λ_i und Λ_j gibt, die keine oder nur eine Schnittmenge von Elementen teilen: entweder ist Λ_i ganz in Λ_j enthalten oder umgekehrt (vgl. Lange 2005: 422f., auch 2009a 37–42). Nur wenn das gezeigt werden kann, ist bewiesen, dass, wenn es mehrere gibt, die Sphären konzentrisch ineinander liegen und daher eine natürliche Hierarchie formen.[173] Graphisch lässt sich Langes Hierarchie wie folgt darstellen:

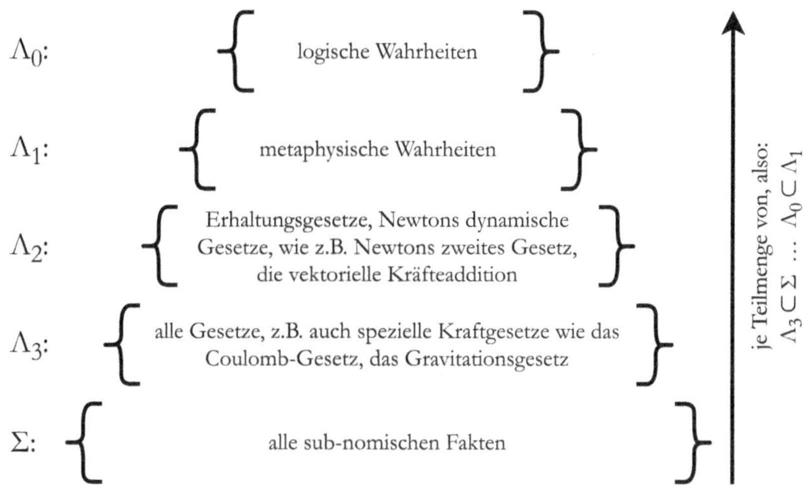

Abb. 3

173 Der Beweis ist eine *Reductio ad absurdum:* Angenommen wir hätten zwei stabile Mengen Λ_i und Λ_j, und t wäre ein Satz in Λ_i aber nicht in Λ_j, und umgekehrt für Satz s. Dann ist $(\neg s \vee \neg t)$ logisch konsistent mit jedem Satz aus Λ_i (weil s ja nicht in Λ_i liegt, und umgekehrt für Λ_j). Weil Λ_i stabil ist, gilt für jeden Satz daraus und insbesondere für t: $(\neg s \vee \neg t) \Box\!\!\rightarrow t$. Daraus folgt nun rein logisch, dass $(\neg s \vee \neg t) \Box\!\!\rightarrow \neg s$ wahr sein muss. Die umgekehrte Argumentation für Λ_j und s liefert aber $(\neg s \vee \neg t) \Box\!\!\rightarrow s$. Zusammengenommen hätten wir $(\neg s \vee \neg t) \Box\!\!\rightarrow (s \wedge \neg s)$. In der nächsten möglichen Welt in der $(\neg s \vee \neg t)$ wahr ist, gälte also ein logischer Widerspruch. Das kann nicht sein! Also gibt es entgegen der Annahme keine stabilen Mengen Λ_i und Λ_j, die Elemente enthalten, die die jeweils andere Menge nicht enthält. „So there is a hierarchy of stable sets [...]!" (vgl. Lange 2005: 422f.)

2.5.3 Die Definition von Naturgesetzlichkeit

Bislang haben wir uns bemüht, von den Sätzen aus stabilen Satzmengen als ‚Naturgesetzeskandidaten' zu sprechen, denn Stabilität unter kontrafaktischen Variationen wird zunächst unabhängig von Nomizität definiert und ist ‚bloß' deren wesentliches Merkmal. Lange kann aber nach so viel Vorarbeit ohne große weitere Umschweife die Definition für Naturgesetzlichkeit selbst liefern:

> It is a law that *m* if and only if *m* belongs to at least one non-maximally sub-nomically stable set [i. e. to one of the Λ_0, Λ_1 ...]. (Lange 2009a: 42; unsere Hinzufügung in eckigen Klammern)

Den Zusatz ‚non-maximally' hatten wir angekündigt: Er stellt sicher, dass Σ nicht dazu zählt. Wie angedeutet, gehören allerdings die Aussagen der Logik, die wir in die Menge Λ_0 gesteckt haben, zu den Gesetzen. Wir sind eine Begründung schuldig, warum letzteres akzeptabel sein könnte. Bevor wir im nächsten Abschnitt dazu kommen, wollen wir einige Worte zu ‚Meta-Gesetzen' einfügen, ohne dieses Thema aber sehr zu vertiefen.

2.5.4 Meta-Gesetze und Modalität

2.5.4.1 Meta-Gesetze und nomische Stabilität

Weiter oben haben wir die Menge Λ_2 sehr fundamentaler, stabiler Gesetze vorgestellt, in der zum Beispiel Sätze über Symmetrieprinzipien (wie die Invarianz bezüglich zeitlicher und räumlicher Translationen) und die entsprechenden Erhaltungsgrößen (Energie, Impuls etc.) enthalten sein könnten. Tatsächlich werden in der Physik diese zentralen Gesetze manchmal nicht, wie wir es bis hierher getan haben, als Gesetze über das Weltgeschehen (also über sub-nomische Fakten) aufgefasst, sondern sogar als *Gesetze über Gesetze*. Physiker sprechen nämlich manchmal zum Beispiel davon, dass die Kraftgesetze Lorenz-invariant sind (d. h. beispielsweise bei Raumspiegelungen oder Umkehrung des Zeitpfeils gleichbleiben). Lange zitiert an dieser Stelle die Nobelpreisträger Richard Feynman und Albert Einstein:

> Symmetry principles and conservation laws are often grouped together as standing loftily above the piddling idiosyncrasies of the various force laws. As Nobel physics laureate Richard Feynman says, "When learning about the laws of physics you find that there are a large number of complicated and detailed laws, laws of gravitation, of electricity and magnetism, nuclear interactions, and so on, but across the variety of these detailed laws there sweep great general principles which all the laws seem to follow. Examples of these are the principles of conservation, certain qualities of symmetry, the general form of quantum me-

> chanical principles...". (Lange 2009a: 112; das Zitat stammt aus Richard Feynmans *The Character of Physical Law* 1967: 59)

> The content of the [special] relativity theory can ... be summarized in one sentence: all natural laws must be so conditioned that they are covariant with respect to Lorentz transformations. (Einstein 1954, zitiert aus Lange 2011: 216)

Zwar besteht in der Wissenschaft und Wissenschaftsphilosophie keine Einigkeit darüber, ob Symmetrieprinzipien tatsächlich Gesetze über Gesetze sind – Lange bezeichnet sie als ‚Meta-Gesetze' – oder ob sie doch schlicht besonders fundamentale Gesetze erster Ordnung (für sub-nomische Fakten) sind (siehe z. B. Hicks 2019), aber Lange möchte erstere Interpretation in seiner Theorie der Naturgesetze zumindest ermöglichen. Anders als viele andere Naturgesetzestheorien (wie z. B. Lewis' oder Armstrongs, siehe Kap. 2.2 & 2.3) kann ihm das auch wie folgt gelingen: Für gewöhnliche Gesetze gilt, dass sie wahr blieben, komme, was wolle (was die sub-nomischen Fakten anbetrifft). Dazu haben wir die Menge sub-nomischer Wahrheiten Σ bemüht. Für Meta-Gesetze weitet Lange Σ aus, nämlich auf die Menge aller sub-nomischen *und* nomischen Fakten, also auch auf solche wahren Sätze wie zum Beispiel ‚*Es ist ein Gesetz*, dass $E=m_0c^2$' oder ‚*Es ist ein Gesetz*, dass sich alle Körper mit den Massen m_1 und m_2 im Abstand r mit $F=Gm_1m_2/r^2$ anziehen'. Im nächsten Schritt wird sodann Stabilität auf *nomische Stabilität* ausgedehnt:

> Just as the key difference between first-order laws and accidents involves a law's invariance, had the sub-nomic facts been different, so the key difference between meta-laws and byproducts of the first-order laws involves a meta-law's invariance, had the first-order laws been different. Meta-laws persist under any counterfactual supposition concerning the first-order laws that is logically consistent with the meta-laws. As we will now see, the meta-laws thereby form a set Λ^{meta} possessing *nomic* stability just as the first-order laws form a set Λ possessing *sub-nomic* stability. (Lange 2009a: 110 f.)

Die Erhaltungsgesetze und Symmetrieprinzipien *handeln* also nicht nur von Gesetzen erster Ordnung, sondern *sind in Hinblick auf diese stabil*, das heißt, sie blieben wahr, selbst wenn es andere Gesetze erster Ordnung gäbe: „Energy and momentum would still have been conserved, had there been additional or different kinds of forces." (Lange 2009a: 112)

Wir schließen diese Anmerkungen zu möglichen Meta-Gesetzen mit dem Hinweis, dass Meta-Gesetze, wenn es sie denn gibt, nicht in unserer herkömmlichen Kaskade von Sphären Λ_0, Λ_1, Λ_2, ... lägen, sondern ihre eigene Hierarchie ausbilden könnten (vgl. das Diagramm in Lange 2009a: 116). Meta-Gesetze wären eben Gesetze *über* Gesetze und stabil unter deren Variation (d. h. sie sind kontra*nomisch* stabil), nicht aber, wie die (einfachen) Gesetze, Gesetze über sub-nomische Fakten (die unter kontra*faktischer* Variation wahr blieben). Wir wenden uns nach diesem Exkurs wieder ganz den Gesetzen erster Ordnung zu.

2.5.4.2 Notwendigkeit und Möglichkeit

Eine Hierarchie und Verschachtelung ähnlich der, die, Lange gemäß, in den Sphären Λ_0, Λ_1, Λ_2, ... von Naturgesetzen vorliegt, kennen wir auch von verschiedenen starken Modalitäten: Wir unterscheiden zwischen logischer, begrifflicher, metaphysischer und physikalischer Notwendigkeit beziehungsweise Möglichkeit. Physikalische Möglichkeiten sind auch metaphysische Möglichkeiten, die wiederum auch begriffliche und logische Möglichkeiten sind. Umgekehrt gilt für die entsprechenden Notwendigkeiten:

> The traditional picture of the genuine modalities involves a series of concentric circles: the (narrowly) logical necessities are a proper subset of the conceptual necessities, which are a proper subset of the metaphysical necessities, which are a proper subset of the natural necessities. (Lange 2009a: 87)

Nun gibt es nicht nur diese Strukturähnlichkeit in der Hierarchisierung von Naturgesetzen einerseits und Notwendigkeiten andererseits. Notwendigkeit jedweder Art hängt außerdem mindestens so eng (oder noch direkter) mit kontrafaktischer Stabilität zusammen, wie es nach Lange Naturgesetze tun. Dies führt Lange zu einer Explikation von Notwendigkeit, die der Definition von Naturgesetzlichkeit sehr ähnlich ist:

> Accordingly, I suggest that membership in a nontrivially stable set is what it means for a truth to possess a kind of *necessity*. Intuitively, "necessity" is an especially strong sort of persistence under counterfactual perturbations. (Lange 2005: 425; vgl. auch Lange 2009a: 75)

Man könnte auch sagen, dass (hohe) kontrafaktische Stabilität ein gemeinsamer Grund sowohl für Naturgesetzlichkeit als auch für Notwendigkeit ist. Notwendigkeit ist intuitiv vielleicht sogar noch etwas näher verwandt mit Stabilität unter kontrafaktischen Variationen als Naturgesetzlichkeit (vgl. Lange 2009a: 77). In jedem Falle bedeutet die Nähe beider aber, dass Naturgesetze auf die oben definierte Weise notwendig sind: „*p* is a law in virtue of its necessity, and its necessity is constituted by its membership in a sub-nomically stable set" (Lange 2009a: 89).

Wichtig ist, hier noch einmal zu unterstreichen, dass diese Notwendigkeit der Gesetze je nach Gesetzessphäre verschieden stark ist und daher für die meisten Naturgesetze nicht mit einer absoluten (metaphysischen oder logischen) Notwendigkeit identifiziert werden darf.

Weiter oben hatten wir versprochen, mit Lange zu plausibilisieren, dass logische Wahrheiten zu den Naturgesetzen zählen.[174] Langes Assimilation der logischen Wahrheiten unter die Naturgesetze ist vielleicht nun leichter verdaulich, da wir auf die enge Verwandtschaft bezüglich der Stabilität und Hierarchisierung von Notwendigkeit und Naturgesetzlichkeit hingewiesen haben. Auch kulminiert ja die Stabilität der Naturgesetze auf natürliche Weise in der äußersten Stabilität der logischen Wahrheiten (vgl. Lange 2009a: 19). Lange jedenfalls beißt in den sauren Apfel und zählt logische Wahrheiten „aus Höflichkeit" zu den Naturgesetzen: „So they are ‚by courtesy' counted among the laws." (Lange 2009a: 15)

Damit ist der Kern der Langeschen Naturgesetzestheorie erfasst. Im Folgenden wollen wir uns noch ein paar Nebenschauplätze ansehen und abschließend, anhand unseres Desiderata-Kataloges, Langes Theorie bewerten.

2.5.4.3 Ein erneuter Blick auf Σ und K

Wir wissen, dass Σ, die vollständige faktische Beschreibung der Welt, ausschließlich sub-nomische Aussagen enthält. Aussagen wie ‚Es ist ein Gesetz, dass…' sind nicht in Σ enthalten. Es liegt auf der Hand, dass das natürlich auch von anderen Modalitäten inklusive logischer Notwendigkeit gelten muss (vgl. Lange 2009a: 18, dort besonders auch Fußnote 23). Es ist nun instruktiv, der Frage nachzugehen, ob Σ *dispositionale Aussagen* enthalten darf: Sind ‚Kochsalz ist wasserlöslich' oder ‚Rauchen ist krebserregend' zulässige Aussagen für Σ?

Nein! Das kann zwei verschiedene Gründe haben. Sollte nämlich ‚Kochsalz ist wasserlöslich' äquivalent zu der Aussage sein, dass es die ionische Struktur $Na^{+}Cl^{-}$ hat *und* dass es ein Naturgesetz ist, dass Wasser-Dipole Ione und Anione auseinanderreißen, dann ist eine solche dispositionale Aussage nicht sub-nomisch, weil sie eine versteckte Referenz auf ein Gesetz enthält, weshalb sie nicht in Σ enthalten sein darf (vgl. Lange 2009a: 195). Sollten, andererseits, dispositionale Aussagen Abkürzungen für kontrafaktische Konditionale und also zu diesen äquivalent sein – hier zum Beispiel: ‚Gäbe man Salz in Wasser, dann löste es sich auf' –, dann lägen dispositionale Aussagen auch nicht in Σ, sondern in der Menge kontrafaktischer Konditionale K.[175]

---

174 Die Argumentation kann man auch auf metaphysische Gesetze wie die Gesetze der Mereologie, des Eternalismus (oder Präsentismus, was immer von beiden wahr ist), des Universalienrealismus (oder Nominalismus, was immer von beiden wahr ist) etc. (vgl. Lange 2009a: 78) anwenden, die sicher nicht von allen Philosophinnen als Naturgesetze angesehen werden.

175 Ob dann Dispositionen (siehe unser Kapitel 2.4) neben den kontrafaktischen Konditionalen zu den Grundbausteinen der Welt gehören, lässt Lange (2009a) offen. In seinem Werk zur Phi-

Werfen wir auch nochmal einen Blick auf jene Menge wahrer kontrafaktischer Konditionale. Langes Theorie der Naturgesetze beruht wesentlich auf der vorrangigen, fundamentalen Wahrheit dieser Konditionale, denn diese machen aus sub-nomischen Fakten Naturgesetze. Wahre kontrafaktische Konditionale sind also die Gesetzesmacher: „I propose that with these subjunctive facts we have reached ontological bedrock. They are [...] primitive, lying at the bottom of the world. They are the lawmakers“ (Lange 2009a: 136).[176]

Das mag für viele Leserinnen und Leser unintuitiv erscheinen. Man könnte nach einer Erklärung verlangen, *warum* diese Konditionale wahr sind. Man könnte sogar die Intuition haben, dass das Erklärungsverhältnis doch gerade umgekehrt ist (siehe unseren Einstieg in dieses Kapitel): ‚Sollte ich versuchen, ohne Hilfe 10 m hoch zu springen, dann gelänge es mir nicht‘ ist doch wahr, weil das Gravitationsgesetz und diverse biologische Gesetze, die auf mich zutreffen, wahr sind.[177] Lange verneint diese Begründungsstrategie. Er muss sie sogar verneinen, weil seine Theorie sonst zirkulär wäre. Um seine Theorie akzeptabler zu machen, weist er allerdings darauf hin, dass epistemische Priorität und ontologische Priorität nicht in die gleiche Richtung zeigen müssen (vgl. Lange 2009a: 136). Während wir als Wissenschaftler gegebenenfalls zuerst die Gesetze entdecken (über unsere experimentelle und induktive Praxis) und daraus diverse kontrafaktische Konditionale ableiten (diese *erkenntnismäßig also nachranging* herausfinden/begründen), sind dennoch die kontrafaktischen Konditionale *ontologisch vorrangig.*

Wir wollen noch auf ein faszinierendes Faktum bzgl. der kontrafaktischen Konditionale hinweisen und dann die Theorien von James Woodward und John Roberts kurz vorstellen, die der langeschen ähnlich sind. Zunächst zu dem Kuriosum bezüglich kontrafaktischer Konditionale: Solche Konditionale könnten nämlich Faktisches ausdrücken beziehungsweise implizieren. Für jedes tatsächliche Faktum *p* (dass Sie gerade diese Zeile lesen, zum Beispiel) gibt es ein wahres

---

losophie der Physik (Lange 2002a: 76) sympathisierte er eher mit der Reduktion von Dispositionen auf Substrukturen und Gesetze, d. h. mit der ersten Option oben.

176 2005 schrieb Lange vorsichtiger, dass kontrafaktische Konditionale natürlich in noch etwas Fundamentalerem gegründet liegen könnten (Dispositionen wären eine Möglichkeit, die Lange an dieser Stelle aber nicht benennt): „As a third alternative, perhaps something else is ontologically prior to laws as well as to counterfactuals, serving as a truth-maker of each and thereby putting laws and counterfactuals into the relation that I have described. I have adopted no position regarding this very difficult issue. My concern has been limited to the relation between laws and counterfactuals.“ (Lange 2005: 427)

177 Tatsächlich stützen sich auch Standardsemantiken in der Formulierung für Wahrheitsbedingungen für kontrafaktische Konditionale wesentlich auf Naturgesetze: siehe z. B. Chisholm (1946), Goodman (1947) oder Stalnaker (1968) und Lewis (1973a).

kontrafaktisches Konditional ‚$T\Box\!\!\rightarrow p$', das p impliziert (wobei für T eine beliebige, in allen Welten geltende logische Wahrheit steht, z. B., dass es gerade regnet oder nicht regnet). Wir kommen dann per *modus ponens* von T und $T\Box\!\!\rightarrow p$ zu p. (Der *modus ponens* gilt in allen Standard-Auffassungen für kontrafaktische Konditionale.)

Wenn nun in der Menge aller wahren kontrafaktischen Konditionale K (die Lange für fundamentale ontologische Wahrheiten über die Welt hält) für alle tatsächlichen Fakten p ein Konditional $T\Box\!\!\rightarrow p$ bereit steht, dann ist Σ, die Liste aller faktischen Wahrheiten, in gewisser Weise obsolet beziehungsweise ist, logische Wahrheiten T vorausgesetzt, Σ eine logische Konsequenz aus K (siehe Lange 2009b: 304, Fn. 11).[178] Die Welt wäre dann, etwas überspitzt gesagt, fundamental nichts anderes als eine Menge kontrafaktischer Wahrheiten.

2.5.5 Varianten der Stabilitätstheorie

James Woodward hat schon 1992 eine Naturgesetzestheorie vorgestellt, die Stabilität beziehungsweise Invarianz unter (kontrafaktischer) Intervention als wesentliches Kriterium für Nomizität anerkennt:

> [I]n actual scientific practice, the notion of lawfulness is closely connected with the notions of stability and invariance. As a rough approximation, we may say that a law, in contrast to an accidentally true generalisation, expresses a relationship which not only holds in the actual circumstances but which will remain stable or invariant under some fairly wide range of changes or interventions. (Woodward 1992: 202; siehe auch sein 2003: 236 ff)

Ein Unterschied zwischen Lange und Woodward ist, dass letzterer keinen tiefgreifenden ontologischen Unterschied zwischen Naturgesetzen und akzidentellen Wahrheiten sieht. Die Differenz sei bloß eine graduelle (vgl. Woodward 1992: 203). Außerdem ist Woodward stärker an einer Theorie der Kausalität interessiert (speziell in Woodward 2003) als an Naturgesetzen und er verteidigt explizit die Idee, dass Dispositionen für die Wahrheit von kontrafaktischen Konditionalen verantwortlich sein können und daher auch für Naturgesetze (vgl. Kap. 2.4):

---

178 In dieser Fußnote meldet Lange allerdings Zweifel an, ob die Gegenrichtung gilt: $p\rightarrow(T\Box\!\!\rightarrow p)$.

> An account of laws which relies on notions like invariance and stability seems to fit naturally with the idea [...] that laws are abstract [...] descriptions of capacities and dispositions characteristic of particular objects or systems. (Woodward 1992: 205)[179]

John Roberts präsentierte jüngst einen erwähnenswerten Vorschlag zu Naturgesetzen, der sowohl Teile der hier besprochenen kontrafaktischen Stabilität enthält, als auch die Ideen anderer in unserem Buch vorgestellten Theorien aufgreift. Er nennt sein Modell den „measurability account of laws" (Roberts 2008: 28 – 30). Roberts' Zugang teilt, (i), mit den frühen Regularitätstheorien der Empiristen (siehe unser Kapitel 2.1), eine Affinität zu dem, was in Experimenten beobachtbar/messbar ist (daher ‚measurability'). (ii) Roberts liebäugelt auch mit Formulierungen, die an einen Inferenzialismus erinnern (vgl. Ryle 1949/2000, 116 f. und unser Einleitungskapitel): Gesetze sind diejenigen Aussagen unserer Theorien, die uns zur Vorhersage von Messergebnissen befähigen. Drittens, (iii), übernimmt Roberts das *langesche Stabilitätskriterium:* „∀Q (if Q is logically consistent with P, then Q □→ (still) P" (Roberts 2008: 179).

> What it is for someone to *regard* something *as a law* of nature is for it to be one of the principles that guarantee the *reliability* of the methods they regard as good *measurement* methods. (Roberts 2008: 37; unsere Hervorhebung)

Anders als Lange versucht Roberts allerdings eine Theorie vorzustellen, die mit dem Humeanismus (vgl. Kap. 2.2) kompatibel ist (vgl. Roberts 2008: 363). Dazu muss er natürlich eine humesche Analyse von kontrafaktischen Konditionalen liefern, was er ansatzweise tut, indem er ihre Begründung in epistemischen Normen sieht (siehe Roberts 2013: 36). Darauf wollen wir allerdings nicht näher eingehen und uns nun der Evaluation von Langes Theorie zuwenden.

2.5.6 Abschließende Evaluation der Stabilitätstheorie

In unserer Einleitung haben wir zwischen (i) *sub-nomischen Fakten*, (ii) *Gesetzesfakten* und (iii) *Gesetzesmachern* unterschieden. Wie lassen sich Bestandteile von Langes Theorie in diese Kategorien einordnen? Tatsächlich ist die Dreiteilung bei Lange leicht auffindbar. Sub-nomische Fakten, (i), kennen wir bei Lange explizit: ‚Der Baum trägt ausschließlich reife Äpfel' oder ‚Nichts bewegt sich

179 Woodward schreibt: "The truth-makers for laws have to do with facts about the capacities, powers or dispositions of particular objects and systems" (Woodward 1992: 196). Siehe Reutlinger (2013) für eine eingehende Diskussion der Thesen Woodwards.

schneller als das Licht' drücken solche sub-nomischen Fakten aus. Naturgesetze sind bei Lange eine Teilmenge aller sub-nomischen Fakten, nämlich diejenigen sub-nomischen Fakten, die sich als stabil erweisen unter (fast) allen kontrafaktischen Variationen. Die *Gesetzesmacher*, (iii), sind die wahren kontrafaktischen Konditionale, die den Stabilitätstests zugrunde liegen. Es bleiben, (ii), die *Gesetzesfakten:* Lange nennt sie ‚nomic facts'. Nomische Fakten werden durch Aussagen wie ‚Es ist ein (Natur-)gesetz, dass sich nichts schneller bewegt als das Licht' ausgedrückt.

An dieser Stelle möchten wir nochmals auf folgendes Kuriosum hinweisen, das leicht zu Missverständnissen führen könnte (siehe unsere Diskussion in Kap. 1.3). Ein sub-nomisches Faktum (zum Beispiel, dass sich nichts schneller bewegt als das Licht) ist ein Gesetz, weil es sich als stabil unter kontrafaktischer Variation erweist. *Naturgesetze* sind (ganz besondere) *sub-nomische(!)* Fakten (auch wenn es unintuitiv klingen mag, Gesetze ‚sub-nomisch' zu nennen). *Nomische Fakten* sind Fakten über den *Gesetzesstatus* von sub-nomischen Fakten; positive nomische Fakten weisen sub-nomischen Fakten Gesetzesstatus zu: ‚Es ist ein (Natur-)Gesetz, dass sich nichts schneller bewegt als das Licht'; negative nomische Fakten sprechen sub-nomischen Fakten Gesetzesstatus ab: ‚Es ist kein (Natur-)Gesetz, dass der Baum ausschließlich reife Äpfel trägt'.

---

i

Erfüllt die kontrafaktische Theorie die Kriterien, die von Gesetzen gefordert werden könnten? Das werden wir jetzt im Einzelnen überprüfen. Klar ist, dass Langes Theorie schon in ihrem Kern ein eindeutiges Demarkationskriterium anbietet: Gesetze, nicht aber bloß akzidentelle Wahrheiten, sind im obigen Sinne stabil unter kontrafaktischer Variation.

I. Objektivität

Was ein Naturgesetz ist und was nicht, das entscheidet sich allein aufgrund der Wahrheit verschiedener kontrafaktischer Konditionale. Kontrafaktische Konditionale sind die Gesetzesmacher. Wenn diese objektiv sind, dann sind es die Naturgesetze auch. Und Lange behauptet genau das und sogar, dass die Wahrheit der kontrafaktischen Konditionale in K zu den fundamentalen Fakten der Welt gehört (cf. Lange 2009a: 136). Die Objektivität der Naturgesetze scheint also gesichert.

Es gibt aber einen kleinen Schönheitsfehler, der nicht unerwähnt bleiben soll. Nehmen wir an, ‚Alle Raben sind schwarz' stellte sich als kontrafaktisch stabil heraus. Dann ist die logisch äquivalente Aussage ‚Alle Dinge, die nicht schwarz sind, sind keine Raben' ebenso kontrafaktisch stabil. Allerdings würden wir ja nur vom ersten Satz behaupten wollen, er sei eine Gesetzesaussage. In seinem früheren Buch *Natural Laws in Scientific Practice* (Lange 2000) bietet Lange die pragmatische Lösung an, dass die wissenschaftliche Praxis den Unterschied mache (cf. Lange 2000: 188). Wissenschaftlerinnen nutzen eben den ersten, nicht den zweiten Satz in ihrer Erklärungs- und Vorhersagepraxis. Daher qualifiziert sich nur der erstere als Gesetz. Damit erhielte allerdings ein anthropozentrisch/nicht-geistunabhängiges Kriterium Einzug in die Theorie. Was freilich völlig objektiv bleibt, ist die nomische Notwendigkeit beider (logisch äquivalenter) Sätze.

II. Faktizität/Inferenz

Das Kriterium der Faktizität/Inferenz verlangt, dass wenn es ein Naturgesetz ist, dass alle *Fs Gs* sind, dann muss es auch rein faktisch der Fall sein, dass alle *Fs Gs* sind, oder kurz: $Lp \rightarrow p$. Diese Forderung ist für Lange völlig unproblematisch, weil er ja gerade (über den kontrafaktischen Stabilitätstest) aus der Menge der bestehenden Fakten eine Untermenge als Gesetze identifiziert. Gesetze sind also zuallererst sub-nomische Fakten. Wenn *p* ein Gesetz ist, dann ist *p* also *a forteriori* wahr.

III. Invarianz/Universalität

Wenn von Naturgesetzen gesagt wird, sie seien invariant oder universell gültig, dann kann das mindestens viererlei bedeuten: sie sind (a) unter allen Umständen, (b) an allen raumzeitlichen Positionen, (c) für alle Systeme, (d) für alle (determinierten) Werte der im Gesetz enthaltenen Quantitäten gültig.

Da Naturgesetze unter (fast) allen kontrafaktischen Umständen erhalten bleiben, ist (a) bei Lange erfüllt. Zur Invarianz bzgl. der Zeit, (b), findet sich in (Lange 2008, 2009a: Kap. 3.2) ein Argument, das einerseits für temporale Invarianz spricht: die Gesetze selbst ändern sich nicht durch die Zeit (das ist ein Korollar aus der kontrafaktischen Stabilität). Andererseits ist nicht ausgeschlossen, dass ein (zeitlich invariantes) Gesetz von verschiedenen Zeiten Verschiedenes behauptet. Was die Universalität bzgl. räumlicher Positionen (ebenfalls Punkt (b)) anbetrifft, schreibt Lange: „I shall dispense with any prohibition on local predicates" (Lange 2000: 202). Gesetze über lokal eingegrenzte Gebiete (zum Beispiel Smiths Garten, siehe Kap. 2.3.4, Desiderat III, in unserem Buch) möchte Lange also nicht von vorneherein ausschließen. (Allerdings liegt die Vermutung nahe, dass räumliche Kuriositäten formal ähnlich wie zeitliche Veränderungen gehandhabt werden müssen.) Ob Langes Gesetze für alle Systeme gelten müssen, (c), also keine indexikalischen oder andere singuläre Terme enthalten dürfen, ist nicht klar. Einerseits bemüht Lange fast ausschließlich rein qualitativ formulierte, allquantifizierte Gesetzesaussagen als Beispiele für Gesetze, andererseits deutet die Erlaubnis von Gesetzen über Smiths Garten Gegenteiliges an. Wie steht es schließlich um (d), dass Gesetze für alle (determinierten) Werte der in ihnen enthaltenen Quantitäten gültig sein sollen? Nichts in Langes Theorie steht der Erfüllung dieses Desiderats entgegen: Wenn sub-nomische Fakten mit funktionalen Zusammenhängen (z. B. $F = Gm_1m_2/r^2$ für alle Werte von m_1, m_2 und r) kontrafaktisch stabil ist, dann ist also das Gravitationsgesetz für alle determinierten Werte der in ihm enthaltenen Quantitäten gültig.

Langes Theorie weist also in Sachen Invarianz/Universalität Flexibilität auf. Dies muss kein Nachteil sein, insbesondere wenn die Theorie dadurch offen gegenüber den Ergebnissen der Naturwissenschaften bleibt. Die Theorie oktroyiert Gesetzen keine Eigenschaften auf, die Physikern gemäß den von ihnen entdeckten Gesetzen nicht zukommen (vgl. Lange 2009a: 94)

Bemerkenswert ist an dieser Stelle noch, dass sich Lange (2000 & 2002b) ausführlich mit *ceteris-paribus*-Gesetzen der Spezialwissenschaften, wie Biologie und Chemie, beschäftigt und ausdrücklich erlaubt, dass es dort Gesetze gibt, die bei verschiedenen Störfaktoren zusammenbrechen. Da wir uns in unserer Diskussion hier auf fundamentale Gesetze beschränken und in Kapitel 3.1 unsere eigene Theorie der *ceteris-paribus*-Gesetze vorstellen, verzichten wir auf eine Darstellung von Langes ausgefeilter Theorie.

IV. Kontingenz

Welche sub-nomischen Fakten Gesetze sind, das hängt ganz davon ab, welche kontrafaktische Konditionale wahr sind, und welche Konditionale wahr sind, das, so interpretieren wir folgende Stelle bei Lange, ist kontingent: „Could there have been *no* laws of nature at all? I don't see why not. There could have been nothing in the hierarchy of stable sets anywhere between the set of logical truths and the set of all truths" (Lange 2005: 432). Es liegt nahe, dass es auch andere (statt keine) Gesetze hätte geben können, dann nämlich, wenn andere kontrafaktische Konditionale wahr gewesen wären anstelle derer, die tatsächlich fundamental von unserer Welt gelten. Welche sub-nomischen Tatsachen also *de facto* Gesetze sind, ist metaphysisch kontigent.

In einem anderen Sinne sind die Gesetze allerdings notwendig. Daran erinnern wir unter der Überschrift des nächsten Desiderats. Dass dieser Spagat zwischen Kontingenz und Notwendigkeit gelingt, das ist ein besonderer Verdienst der langeschen Theorie: „Laws manage to be genuinely necessary yet contingent" (Lange 2009a: 89).

V. Nomologische Notwendigkeit und Stützung kontrafaktischer Konditionale

Wir haben im Haupttext oben gesehen, dass eine (hohe) kontrafaktische Stabilität ein gemeinsamer Grund sowohl für Naturgesetzlichkeit als auch für Notwendigkeit ist (vgl. Lange 2005: 425). Naturgesetzlichkeit und Notwendigkeit sind eins-zu-eins korreliert.

Zudem wissen wir von Lange, dass seine Theorie unterschiedliche Grade von Notwendigkeit erlaubt, je nachdem auf welcher Sphäre Λ_0, Λ_1, ..., Λ_n der Fokus liegt. Die Gesetze in verschiedenen Sphären sind unterschiedlich stark notwendig: logisch, metaphysisch, physikalisch etc. (vgl. unser Kapitel 2.5.4.2).

Auch möchten wir, was Notwendigkeit und Nomizität anbetrifft, daran erinnern, dass in Langes Theorie Gesetze *hyperresilient* sind, dass also nicht nur gilt, dass wenn *p* ein Gesetz ist, dann auch p (nomisch) notwendig ist, sondern dass dann auch das *nomische* Faktum, *dass p ein Gesetz ist*, nomisch notwendig ist: $Lp \rightarrow \Box_{nom} Lp$ (vgl. 2.5.2.5). Die Hyperresilienz impliziert natürlich zusammen mit Desiderat *II*, der Faktizität, auch die (einfache) Resilienz: $Lp \rightarrow \Box_{nom} p$. Allerdings bleiben die meisten Gesetze nichtsdestotrotz metaphysisch kontingent: siehe Desiderat *IV* oben.

Was schließlich die *Stützung kontrafaktischer Konditionale* anbetrifft, verhält es sich strenggenommen bei Langes Theorie genau umgekehrt: kontrafaktische Konditionale sind die Gesetzesmacher, sie stützen die Gesetze. In einem abgeleiteten Sinne ist das Desiderat der Stützung kontrafaktischer Konditionale durch Gesetze aber trivial erfüllt: wenn ‚Alle *Fs* sind *Gs*' ein Gesetz ist, dann gilt auch für ein beliebiges Objekt: wäre es ein *F*, dann wäre es auch ein G. Denn *per definitionem* gilt ja bei Lange, dass, komme was wolle, das Gesetz ‚Alle *Fs* sind *Gs*' immer noch wahr wäre. Das heißt, für jedes (kontrafaktische) *q* gilt: $q \Box\!\!\rightarrow$ (Alle *Fs* sind *Gs*). Insbesondere gilt also für ein beliebiges Objekt *o*, das nicht *F* ist: wäre es *F*, also wäre *Fo* der Fall, dann wäre immer noch ‚Alle *Fs* sind *Gs*' wahr. Also muss dann auch speziell von *o* gelten, weil es ja nun ein *F* ist, dass es auch *G* ist, *Go* wäre also der Fall. Das Gesetz ‚Alle *Fs* sind *Gs*' stützt also in diesem übertragenen Sinne sein zugehöriges kontrafaktisches Konditional.[180]

180 Weil wahre kontrafaktische Konditionale zu den fundamentalen Grundbausteinen der Welt gehören, ist das Konditional $Fo \Box\!\!\rightarrow Go$ ohnehin schon wahr und es braucht natürlich keiner Stützung von Seiten der Naturgesetze. Daher schreiben wir oben: „in diesem übertragenen Sinne".

VI. Erklärungskraft

Zu wissenschaftlichen Erklärungen schreibt Lange: „I take the core notion of scientific explanation to be that in virtue of the explainer, the fact to be explained was bound to be, could not have been otherwise, was inevitable." (Lange 2000: 269) Dieses Verständnis von Erklärungen ist trefflich von naturgesetzlichen Erklärungen erfüllt: Wenn wir erklären, dass das Objekt *o G* ist, indem wir anführen, dass *o F* ist und außerdem ‚Alle *F*s sind *G*s' zu den Naturgesetzen zählt, dann haben wir (siehe Desiderat *V*) auch gezeigt, dass *Go* sein musste, nicht hätte anders sein können, unabdingbar war. Wir haben also eine wissenschaftliche Erklärung mithilfe eines Naturgesetzes gegeben.

In 2.5.4.3 haben wir hervorgehoben, dass allerdings eine Erklärungsrichtung unseren Intuitionen entgegenlaufen könnte. Dass ein bestimmtes kontrafaktisches Konditional wahr ist, begründen wir im Alltag und in der Wissenschaft mit Bezugnahme auf ein Naturgesetz. Da bei Lange die kontrafaktischen Konditionale jedoch den Naturgesetzen metaphysisch vorrangig sind, ist diese Begründungsrichtung höchsten epistemisch akzeptabel: Als Wissenschaftlerinnen entdecken wir gegebenenfalls zuerst die Gesetze (über unsere experimentelle und induktive Praxis) und leiten daraus diverse kontrafaktische Konditionale ab, die jedoch ontologisch fundamental sind.

VII. Steuerung und Unabhängigkeit

Von Gesetzen oder den Gesetzesmachern wird oft (wenngleich nicht immer) verlangt, dass sie das Geschehen in der Welt steuern oder in Schranken weisen. Manchmal steckt der Gedanke dahinter, dass die Gesetze das Geschehen produzieren oder hervorbringen, und oft wird Modalität mitgemeint: es hätte nicht anders sein können, wenn es ein Gesetz so will. Wenn Gesetze das Weltgeschehen lenken sollen, dann müssen sie von ihm unabhängig sein; daher die Überschrift ‚Steuerung *und Unabhängigkeit*'.

Tatsächlich bemüht Lange eingangs in seinem Buch *Laws and Lawmakers* eine solche Lenkungs- oder Steuerungsmetapher: „The sub-nomic facts are, roughly speaking, the facts that laws might „govern"" (Lange 2009a: 18; Langes Anführungszeichen).

Inwiefern Langes Gesetze oder Gesetzesmacher die Steuerungsidee erfüllen und inwiefern Gesetze(smacher) von ihren Instanzen unabhängig sind, das lässt sich aber noch genauer beleuchten: Gesetze sind durch ihre Gesetzesmacher, die kontrafaktischen Konditionale, mit modaler Kraft ausgestattet (siehe *V*), diese Lesart von Steuerung ist also erfüllt: Naturgesetzliches geschieht mit Notwendigkeit. Und wenn diese modale Kraft mit Steuerung oder in-Schranken-weisen identifiziert wird, dann ist das Desiderat erfüllt. (Von Produktion oder Hervorbringung kann allerdings weniger die Rede sein.)

Wie steht es um die Unabhängigkeit der Gesetze (oder Gesetzesmachern) von ihren Instanzen, den Regularitäten? Gesetze sind selbst sub-nomische (Regularitäts-)Fakten; allerdings von besonderer Art: nämlich diejenigen, die kontrafaktisch stabil sind. Ihr Gesetzesstatus wird also unabhängig von den Fakten, durch die Konditionale, erworben. Diese Gesetzesmacher, die kontrafaktischen Konditionale, sind unabhängig von den (sub-nomischen) Fakten: K ist, wie auch Σ, fundamental.

VIII. Innere Verknüpfung

Zwischen den konkreten Instanzen (z. B. *Fa* und *Ga*) eines Naturgesetzes (z. B. $\forall x(Fx \rightarrow Gx)$) besteht bei Lange keine *primitive innere, lokale Verknüpfung*, jedenfalls keine kausal-produktive. Freilich stehen *Fa* und *Ga* in einem fundamentalen (kontrafaktischen) konditionalen Zusammenhang ($Fa \Box\!\!\rightarrow Ga$), es ist sogar nomisch notwendig, dass, wenn *Fa*, dann auch *Ga*, ob wir das aber eine ‚innere Verknüpfung' nennen sollten, ist streitbar. Dass ein bestimmter sub-nomischer Zusammenhang Gesetzesstatus hat, ist in jedem Falle keine Angelegenheit lokaler, innerer Verknüpfungen: das entscheidet sich holistisch über die Zugehörigkeit zu (kontrafaktisch) stabilen Sphären von sub-nomischen Fakten.

IX. Induktive Bestätigung und Stützung induktiver Schlüsse

Wir möchten nicht im Detail auf das epistemische Problem der induktiven Bestätigung eingehen, aber den Lesern und Leserinnen dennoch zwei Aussagen Langes dazu präsentieren. In seinem *Natural Laws in Scientific Practice* (vgl. Lange 2000: 130) hält Lange Notwendigkeit für eine Bedingung induktiver Bestätigbarkeit (akzidentelle Regularitäten können hingegen nicht induktiv bestätigt werden). Gesetze erfüllen also mindestens diese Vorbedingung der Induktion.

Oben, unter Desiderat *I*, haben wir allerdings auch erfahren, dass Lange auf die Schwierigkeit stößt, dass wir nur eine der beiden kontrafaktisch stabilen, nomologisch notwendigen Aussagen – ‚Alle Raben sind schwarz' und ‚Alle nicht schwarzen Dinge sind keine Raben' – für eine Gesetzesaussage halten. Wie lässt sich das begründen? Wie bereits oben angedeutet, schlägt Lange unsere induktive Praxis vor: „In virtue of our choice of inductive strategies, we regard „All ravens are black" as a law but „All nonblack things are nonravens" as a physically necessary nonlaw" (Lange 2000: 308).

X. Bedeutung für die Wissenschaften und deskriptive Adäquatheit

Eine befriedigende Theorie der Naturgesetze sollte ernstzunehmende Kandidaten für Gesetze aus unseren besten wissenschaftlichen Theorien auch als solche klassifizieren und nicht *a priori* ausschließen, dass es sich hierbei um Gesetze handeln kann. Tatsächlich schreibt Lange Naturgesetzeskandidaten wenig vor, weder eine mathematische Form, noch zum Beispiel ob sie dynamische oder statische Gesetze sein sollen. Oben haben wir auch erwähnt, dass Erhaltungs- oder Symmetriegesetze als Meta-Gesetze (Gesetze über Gesetze) gelten können, wenn sich das in der Physik als richtig herausstellt. Insofern scheint Langes Theorie deskriptiv adäquat. Eine kleine Differenz zu den Wissenschaften dürfte allerdings darin bestehen, dass bei Lange auch logische Wahrheiten Naturgesetze sind. Zu den naturwissenschaftlich-empirischen Entdeckungen zählen diese aber intuitiv wohl kaum.

Naturgesetze haben bei Lange Erklärungs- und Vorhersagekraft und ihre Nähe zu kontrafaktischen Konditionalen ist unbestreitbar. Von daher ist ihre Bedeutung für die Wissenschaft aus der Theorie heraus begründet. Allerdings steht, wir erinnern uns, die (metaphysische) Abhängigkeit der Gesetze von Konditionalen der wissenschaftlichen (epistemischen) Erklärungsrichtung von Gesetzen zu Konditionalen entgegen.

2.6 Der Naturgesetzesfundamentalismus

Wir haben gesehen, dass nach dem Inferenzkriterium und der Universalität der Gesetze eine sehr enge Verbindung zwischen Gesetzesfakten und universellen Regularitäten besteht. Regularitätstheoretikerinnen (siehe Kap. 2.1 und 2.2) nehmen diese Verbindungen zum Anlass, Gesetze mit bestimmten Regularitäten zu identifizieren. Die enge Verbindung von Naturgesetzen und den natürlichen Modalitäten wiederum legt nahe, die Naturgesetze durch letztere zu erklären. So haben wir bisher drei unterschiedliche nicht-humesche Ansätze diskutiert, die Naturgesetze jeweils mittels verschiedener natürlicher Modalitäten zu begründen suchen. Die DTA-Theorie identifiziert die Naturgesetze mit den Instanziierungen einer irreduziblen Erzwingungs- beziehungsweise Kausalrelation (Kap. 2.3), der Dispositionalismus erklärt die Gesetze über essenziell dispositionale Eigenschaften (Kap. 2.4) und Langes Ansatz erklärt die Naturgesetzlichkeit bestimmter Fakten über ihre charakteristische kontrafaktische Stabilität (Kap. 2.5).

Wir wollen unsere Diskussion der wichtigsten zeitgenössischen Naturgesetzestheorien mit einer radikal anderen Gesetzestheorie abschließen, die auf jegliche Erklärungs- beziehungsweise Analyse- und Reduktionsversuche der Naturgesetze verzichtet. Wir werden zuerst die zentrale Idee dieses Naturgesetzesfundamentalismus vorstellen (Kap. 2.6.1) und dann prüfen, inwiefern dieser die Desiderata einer Naturgesetzestheorie erfüllt (Kap. 2.6.2).

2.6.1 Die Grundidee: Metaphysisch fundamentale Entitäten

Die Grundidee des Naturgesetzesfundamentalismus (NGF), wie er von Tim Maudlin (2007) und John Carroll (1987, 1994) vorgeschlagen wurde, besteht darin, Naturgesetze als fundamentale Bausteine der Realität anzusehen, die weder durch andere Fakten metaphysisch erklärbar noch in irgendwelchen anderen Begriffen analysierbar sind:[181]

181 Carroll gibt sich an einigen Stellen liberaler, wenn er behauptet, dass „[d]ie Erklärung des Nomischen erfordert, dass Gesetze *oder ein anderes nomisches Konzept* (z. B. physikalische Notwendigkeit oder Kausalität) als primitiv und irreduzibel anerkannt werden muss" (Carroll 1987: 276, unsere Übersetzung und Hervorhebung).

https://doi.org/10.1515/9783110517842-015

> My analysis of laws is no analysis at all. Rather, I suggest we accept laws as fundamental entities in our ontology. Or, speaking at the conceptual level, the concept of a law cannot be reduced to other more primitive notions. (Maudlin 2007: 18)[182]

Die zentrale These des NGF ist also etwas vage formuliert die folgende:

(NGF) Die Naturgesetze(sfakten) sind primitive, metaphysisch fundamentale Entitäten.

Die Motivation für den NGF besteht nach Ansicht seiner Hauptvertreter Maudlin und Carroll in erster Linie in der Unzulänglichkeit der bestehenden Analyseversuche von Naturgesetzen.[183] Dementsprechend bemerkt Carroll, dass die Hauptmotivation für den NGF darin besteht, dass „[a]lle reduktiven Gesetzestheorien gescheitert sind" (Carroll 1987: 275). Er gründet diese Diagnose auf seine Untersuchung von Lewis' BSA und der DTA-Theorie. Carroll betrachtet die Fälle, die zeigen sollen, dass die Gesetze unabhängig von den partikulären nicht-nomischen Fakten variieren können (siehe unser Unabhängigkeitskriterium *VII*), als schlagendes Argument gegen die in Kapitel 2.2.3 diskutierte Humesche Supervenienz der Gesetze. Carrolls Haupteinwand gegen die DTA-Theorie (Kap. 2.3) besteht darin, dass dessen „zentrale These nicht erhellend ist" (Carroll 1987: 265, unsere Übersetzung). Genauer gesagt erklärt die DTA-Theorie nicht

> how the relations between universals entail that corresponding universal generalisations are true or [...] how the relations between universals "impose a modal quality" on events which would or do fall within the scope of laws. (Carroll 1987: 266)

Im Wesentlichen also bestehen Carrolls Einwände gegen die DTA-Theorie im Inferenzproblem und dem Fehlen einer befriedigenden Erklärung der nomologischen Notwendigkeit, die wir ausführlich in unsere Diskussion der DTA-Theorie vorgestellt haben.

Maudlin motiviert seine Version des NGF mit Bezug auf die wissenschaftliche Praxis:

> [M]etaphysics, insofar as it is concerned with the natural world, can do no better than to reflect on physics. Physical theories provide us with the best handle we have on what

---

182 Manchmal wird der NGF auch als die These formuliert, dass der Operator *es ist ein Naturgesetz, dass* als primitiv angenommen wird. Dementsprechend würde sich der Fundamentalismus auf die Gesetzesfakten und nicht die Gesetze selbst beziehen.

183 Hier ist allerdings anzumerken, dass die einflussreichste dispositionalistische Theorie (Bird 2007) und die am besten ausgearbeitete Stabilitätstheorie (Lange 2009a) der Gesetze Maudlin und Carroll zur Entstehungszeit ihrer Werke noch nicht vorlagen.

> there is, and the philosopher's proper task is the interpretation and elucidation of those theories. In particular, when choosing the fundamental posits of one's ontology, one must look to scientific practice rather than to philosophical prejudice. (Maudlin 2007: 1)

Und diese wissenschaftliche Praxis spricht nach Maudlin gegen die bestehenden philosophischen Analyseversuche der Naturgesetze. So kritisiert Maudlin beide Komponenten der Humeschen Supervenienz mit Bezug auf die wissenschaftliche Praxis: Wie wir in unserer Diskussion in Kapitel 2.2.3 erläutert haben, sprechen nach Maudlin quantenmechanische Verschränkungsrelationen gegen die humesche Annahme der ‚Separabilität' (engl. *separability*, siehe Maudlin 2007: 51), das heißt gegen die These, dass der komplette physikalische Zustand der Welt durch die Verteilung der *intrinsischen* Eigenschaften von Raumzeitpunkten (oder punktgroßen Objekten) und raumzeitlichen Relationen festgelegt ist.

Wichtiger aber ist Maudlins Behauptung, dass die wissenschaftliche Praxis gegen die These des *physical statism* (siehe Maudlin 2007: 51; vom englischen ‚*state*' für Zustand, nicht von ‚statisch' als Gegensatz zu ‚dynamisch') spricht, der besagt, dass alle Fakten über die Welt einschließlich der Naturgesetzesfakten durch ihren gesamten physikalischen Zustand vollständig festgelegt sind.[184] Die letztere Kritik ist deshalb von größerer Bedeutung, da die Supervenienz oder Reduktion der Gesetze im Gegensatz zur Separabilität essenziell für humesche Gesetzestheorien ist. Maudlin behauptet, dass der ‚physical statism' nicht durch die wissenschaftliche Praxis motiviert werden kann: „Physicists seek laws, announce laws, and use laws, but they do not even attempt to analyze them in terms of the total physical state of the universe or anything else" (Maudlin 2007: 67). Dies scheint allerdings kein starkes Argument gegen eine philosophische Analyse von Naturgesetzen zu sein (vgl. Lange 2009c: 200). Soweit uns bekannt ist, unternehmen Physiker auch keinerlei Versuche, Zahlen zu analysieren. Dies spricht aber nicht zwingend dafür, dass Zahlen zum fundamentalen Inventar der Welt zu zählen sind. Wichtiger aber ist Maudlins stärkere Behauptung, dass der ‚physical statism' nicht einmal mit der wissenschaftlichen Praxis vereinbar sei.[185] Wir

184 Es ist jedoch zu bemerken, dass Lewis' Formulierung der Humeschen Supervenienz *per se* lokale nicht-physikalische Eigenschaften (etwa mentale oder proto-mentale) zulässt. Allerdings treffen Maudlins Einwände *mutatis mutandis* auch diese liberalere Lesart der Humeschen Supervenienz.

185 Nach Maudlin (2007: 71) lässt sich der ‚physical statism' auch philosophisch nur schlecht motivieren, zumindest nicht durch den Physikalismus. Siehe allerdings Jaag und Loew (im Erscheinen) dazu, inwiefern die Humesche Supervenienz den Physikalismus stützt.

werden Maudlins Argument für die letztere These in der Diskussion des Unabhängigkeitskriteriums genauer unter die Lupe nehmen.

In Bezug auf die DTA-Theorie ist Maudlin mit Carroll weitgehend einig: Das Inferenzproblem sei ungelöst und der Begriff der nomologischen Nezessiierung sei weder besser verstanden noch weniger problematisch als der des Naturgesetzes selbst (siehe Maudlin 2007: 11).[186]

Da Maudlin (2007) den ausführlichsten Versuch unternimmt, die Annahme primitiver Naturgesetze ‚positiv' zu rechtfertigen, halten wir uns weitgehend an seine Darstellung des NGF. Maudlins Version des NGF ist wie die DTA-Theorie in zweifacher Hinsicht nicht-humesch. Erstens, wie aus Maudlins Kritik der Humeschen Supervenienz klar wird, sind die Gesetze nicht durch die Gesamtheit der nicht-nomischen partikulären Fakten festgelegt. Zweitens werden wir sehen, dass der NGF auch Humes Diktum widerspricht. Obwohl die Gesetze *sui generis* Entitäten sind, die metaphysisch unabhängig von ihren partikulären Instanzen sind, sollen sie zusammen mit dem Anfangszustand des Universums alle späteren Zustände des Universums erzwingen.

Nach Maudlin sind jedoch nicht alle Gesetze metaphysisch primitiv, sondern lediglich die fundamentalen physikalischen Gesetze der zeitlichen Entwicklung (so genannte *FLOTE*s, abkürzend für engl. *fundamental laws of temporal evolution*). Paradigmatische Beispiele solcher *FLOTE*s sind die Schrödingergleichung, also die dynamische Gleichung der Quantenmechanik, oder Newtons zweites Gesetz, also die dynamische Gleichung der klassischen Physik $F=ma$. Hier drückt a, die Beschleunigung, eine zeitliche Änderung des Bewegungszustandes aus. Nach Maudlin sind es auch solche dynamischen Gleichungen, die charakteristisch für bestimmte physikalische Theorien sind. Entsprechend behauptet er, dass es Bewegungsgesetze der Newtonschen Mechanik und nicht eben die atemporalen Kraftgesetze wie das Gravitationsgesetz $F=Gm_1m_2/r^2$ seien, die die Newtonsche Mechanik kennzeichnen:

> [T]he principle of temporal change is the motor of the enterprise. Supplying a force function for electrical interactions, frictional forces, etc. yields instances of Newtonian mechanics. One can change the form of a force function but stay within the Newtonian regime. Changing the law of temporal evolution, though, constitutes a rejection of Newtonian mechanics. (Maudlin 2007: 12)[187]

---

186 Maudlin kritisiert zusätzlich, dass sowohl die BSA als auch die DTA-Theorie auf raumzeitlich invariante Gesetze festgelegt seien, es aber eine offene empirische Möglichkeit sei, dass sich die Gesetze änderten.

187 Siehe auch Lange (2009a), nach dem die dynamischen Gesetze eine höhere modale Stabilität aufweisen als die Kraftgesetze (siehe unser Kap. 2.5).

Dass es die dynamischen Gesetze sind, die fundamental sind, passt auch sehr gut zu der zweiten Grundannahme Maudlins, nämlich dass „es ein fundamentales, irreduzibles Faktum über die raumzeitliche Struktur der Welt ist, dass die Zeit vergeht" (Maudlin 2007: 107).

Der NGF leistet die Unterscheidung der Gesetze von den bloß akzidentellen Regularitäten. Zunächst sind Naturgesetze wie Newtons Bewegungsgesetz gar keine Regularitäten, sondern *per definitionem* metaphysisch primitive *sui generis* Entitäten. Außerdem kommt Regularitäten wie der, dass alle Goldwürfel kleiner als eine Kubikmeile sind, kein solcher ausgezeichneter metaphysischer Status zu.

2.6.2 Kritische Diskussion des Naturgesetzesfundamentalismus

Wir wollen nun auch den NGF anhand unserer zehn Desiderata einer Gesetzestheorie evaluieren:

I. Objektivität. Nach dem NGF gehören die dynamischen Gesetze zum fundamentalen Inventar der Welt und sind somit nicht abhängig von anderen Fakten, *a fortiori* nicht von Meinungen oder Wünschen von Erkenntnissubjekten. Das Objektivitätskriterium ist somit klarerweise erfüllt.

II. Faktizität/Inferenz. Wir haben gesehen, dass sowohl Carroll als auch Maudlin gegen die DTA-Theorie einwenden, dass der Übergang zwischen den Gesetz(esfakt)en und ihren Instanzen ungeklärt bleibt. Jedoch scheint die These, dass Naturgesetze primitive *sui generis* Entitäten sind, nicht dazu beizutragen, diesen Übergang zu erhellen. Da die Gesetze ontologisch unabhängig von den physikalischen Zuständen sind, auf denen sie operieren, kann es sich – wie im Fall der DTA-Theorie – nicht einfach um einen logischen Übergang handeln. Wenn es sich aber nicht einfach um einen logischen Übergang handelt, wie erzwingt dann ein deterministisches *FLOTE* zusammen mit dem Anfangszustand des Universums die darauffolgenden Zustände?

Nach Maudlin (2007: 175) ermöglicht deren ontologische Unabhängigkeit, dass die Gesetze physikalische Zustände produktiv erklären: die wohl notwendige Bedingung für produktive Erklärungskraft ist erfüllt. Wie wir in der Diskussion des Erklärungsdesiderats näher erläutern werden, ist allerdings unklar, worin diese produktive Erklärung besteht. Dass Maudlin (2007: 3) das Verhältnis zwischen Gesetzen und physikalischen Zuständen sogar als kausales charakterisiert, erschwert die Lösung des Inferenzproblems zusätzlich (vgl. unsere Diskussion der DTA-Theorie).

III. Invarianz/Universalität. Wie wir bei der Einführung des Invarianzkriteriums erklärt haben, verneint Maudlin explizit, dass die raumzeitliche Universalität ein essenzielles Merkmal von physikalischen Gesetzen ist:

> The laws are generally presumed to be universally valid. But this is not a feature directly represented in the formulae, nor does it appear to be essential to their status as laws. It is not contradictory to assert, or does not at first glance seem to be, that the evolution of physical states of particles is governed by Newton's laws around here, or that it has been for the last 10 billion years (but not before that). (Maudlin 2007: 12)

Dementsprechend garantiert die Existenz primitiver maudlinscher Gesetze auch nicht, dass sie universell, überall und immer gültig sind.[188]

Im Gegensatz zur Regularitätstheorie, der DTA-Theorie und dem Dispositionalismus legt der NGF den Naturgesetzen kein *a priorisches* logisches Korsett an: Weder muss es sich bei Gesetzen um universelle Regularitäten der Form $\forall x(Fx \rightarrow Gx)$ handeln noch um Fakten über die Instanziierung einer nomologischen Erzwingungsrelation zwischen (aristotelischen) Universalien. Somit gibt es auch keinerlei Hindernis, primitive funktionale Naturgesetze zuzulassen, die universell in dem Sinne sind, dass sie beliebige (ggf. auch uninstanziierte) Werte der in ihnen vorkommenden Variablen miteinander in Verbindung setzten.

Obwohl Maudlin fundamentale raumzeitlich beschränkte Naturgesetze zulässt, scheint er keine fundamentalen *ceteris-paribus*-Gesetze zuzulassen:

> The mark that we believe a law to be a fundamental law is that exceptions are not tolerated. If the law describes the pattern that nature respects in generating the future from the past then those patterns must appear wherever the law is in force. (Maudlin 2007: 45)

Das heißt, dass ein fundamentales *FLOTE* keinerlei Ausnahmen erlaubt, wann und wo immer es in Kraft ist. Ähnlich wie Bird (siehe unser Kap. 2.4) erlaubt Maudlin jedoch nicht-fundamentale spezialwissenschaftliche *ceteris-paribus*-Gesetze, sogenannte *SLOTE*s (kurz für *Special Laws of Temporal Evolution*): Spezial-wissenschaftliche Gesetze haben dieselbe logische Form wie fundamentale Gesetze, allerdings mit dem Zusatz der Klausel ‚wenn nichts dazwischenkommt' (siehe Maudlin 2007: 45). *SLOTE*s sind auch deswegen nicht-fundamental, weil sie letztlich von den *FLOTE*s abhängen (vgl. Maudin 2007: 47).

IV. Kontingenz. Dass maudlinsche Naturgesetze nicht einmal raumzeitlich invariant sein müssen, legt nahe, dass sie auch nicht modal invariant und somit

---

188 Die universelle Gültigkeit ist also kein essenzielles Merkmal von Gesetzen. Die aktualen Naturgesetze könnten natürlich kontingenterweise trotzdem universell gültig sein.

kontingent sind (vgl. Maudlin 2007: 12, 67 und unsere Diskussion des Desiderats VII unten).

V. Nomologische Notwendigkeit und Stützung kontrafaktischer Konditionale. Die Fundamentalität der Gesetze alleine stellt nicht sicher, dass ihnen ein besonderer modaler Status zukommt. Wie also ‚erzeugen' primitive Gesetze nomologische Möglichkeit und Notwendigkeit? An dieser Stelle ist es nützlich, Maudlin selbst ausführlich sprechen zu lassen:

> The first obvious connection is to physical possibility. Our world seems to be governed by laws, at least around here. When we say that an event or situation is physically possible we mean that its occurrence is consistent with the constraints that derive from the laws. The possible worlds consistent with a set of laws are described by the models of a theory that formulates those laws. (Maudlin 2007: 18)

Einige Seiten später fährt Maudlin fort:

> The content of the laws can be expressed without modal notions, and suffices to determine a class of models. The models can then be treated as 'possible worlds' in the usual way, and so provide truth conditions for claims about nomic possibility and necessity. The laws themselves, of course, turn out to be nomically necessary, since they obtain in all the models. We can give a clear account of the 'had to' in claims like 'The bowling ball had to fall once the support beneath it was removed': in every model of the laws with an unsupported bowling ball, the bowling ball falls. So we have all the 'physical necessity' we need without having invoked anything beside the laws. (Maudlin 2007: 21)

Diese Strategie, nomologische Möglichkeit und Notwendigkeit zu erklären, klingt sehr vertraut. Obwohl Lewis, Armstrong und Maudlin deutlich verschiedene Naturgesetzeskonzeptionen vertreten, ist ihre Erklärung der nomologischen Notwendigkeit im Wesentlichen dieselbe. Alle drei priorisieren die Gesetze und definieren die nomologische Möglichkeit als diejenigen Welten, Szenarien oder Modelle, die mit den Naturgesetzen kompatibel sind.

Allerdings gibt es einen wichtigen Unterschied. Nach Maudlin reiche es dafür, dass eine Welt nomologisch möglich beziehungsweise ein Modell der Gesetze ist, nicht aus, dass diese Welt kompatibel mit den Gesetzen ist. Sie müsse überdies auch damit kompatibel sein, dass die Gesetze dort Gesetze sind (siehe Maudlin 2007: 67 und unsere einschlägigen Diskussionen in Kap. 2.2 und 3.2); oder formal ausgedrückt, es müsse nicht nur Lp, dann $\Box_{nom}p$, sondern auch Lp, dann $\Box_{nom}Lp$ gelten. Bezüglich der Bewertung iterierter kontrafaktischer Konditionale scheint diese modale Resilienz der Gesetzesfakten, die wir als *Hyperresilienz* bezeichneten (siehe Kap. 2.2.5.3), dem NGF einen Vorteil im Vergleich zu humeschen Theorien zu verschaffen (siehe jedoch Kap. 3.2).

Wie zu erwarten, erklärt der NGF auch die Eigenschaft der Gesetze, kontrafaktische Konditionale zu stützen, dadurch, dass die modale Invarianz der Gesetze in die Semantik kontrafaktischer Konditionale eingebaut ist. Betrachten wir das folgende Beispiel von Maudlin (2007: 22, unsere Übersetzung): „Wenn die Bombe, die auf Hiroshima abgeworfen wurde, Titan anstatt Uran enthalten hätte, wäre sie nicht explodiert." Um dieses kontrafaktische Konditional zu bewerten, schlägt Maudlin das folgende dreischrittige Rezept vor (siehe Maudlin 2007: 22 f.): Vereinfacht gesagt, besteht der erste Schritt darin, den Moment auszuwählen, an dem die Bombe abgeworfen wurde.[189] Der Zustand der Welt zu diesem Moment spezifiziert die Werte aller physikalischen Größen. Der zweite Schritt besteht darin, einen alternativen Zustand zu konstruieren, an dem alle Werte gleich sind mit dem einzigen Unterschied, dass Uran durch Titan ersetzt wird. Im dritten Schritt schließlich sollen die *FLOTE*s an diesem geänderten Zustand operieren. Da die Bombe in diesem Modell nicht explodiert, ist das obige kontrafaktische Konditional wahr.

Es ist nicht überraschend, dass auch Maudlins kontingentistische ‚Gesetze-zuerst-Theorie' der nomologischen Möglichkeit und der kontrafaktischen Konditionale im Wesentlichen mit demselben Arbitraritätseinwand konfrontiert ist, der auch schon gegen Lewis' und Armstrongs Erklärungsversuche der natürlichen Möglichkeit vorgebracht wurde. Die ‚Erklärung' der nomologischen Möglichkeit und der Stützung kontrafaktischer Konditionale erfolgt durch Stipulation und erscheint deshalb arbiträr. Es ist nicht klar, inwiefern diese bloße Festlegung erklärt, warum Wissenschaftler auf diesen primitiven Gesetzen und nicht etwa an Fakten über die Existenz von Albinokätzchen in ihren kontrafaktischen Überlegungen festhalten.

Marc Lange hat sogar argumentiert, dass der NGF noch weniger Raum als reduktive Theorien lässt, um diese stipulative Festlegung zu plausibilisieren. Wie wir in unserer Diskussion der BSA in Kapitel 2.2 gesehen haben, betont Lewis, dass gesetzliche universelle Regularitäten herausstechende und deshalb wichtige Merkmale unserer Welt sind, und deshalb ihren ausgezeichneten modalen Status verdienen. Lange behauptet, dass eine vergleichbare Plausibilisierung im Fall des NGF *ex hypothesi* aber nicht verfügbar ist:

> Primitivists about law cannot appeal to some reductive account of what laws *are* to explain why we should care about facts that privilege laws. Nor can they appeal to an analysis of

---

189 Maudlin formuliert dieses Rezept allerdings für den Fall einer relativistischen Raumzeit. Einem Moment entspricht hierbei, grob gesprochen, eine (dreidimensionale raumartige) Cauchy-Fläche, die die (vierdimensionale) Raumzeit in zwei Hälften schneidet. Um die grundlegende Idee zu veranschaulichen, reicht allerdings unsere vereinfachte Präsentation aus.

> what lawhood *is* to explain why *p* acquires a kind of *necessity* by virtue of following from the laws. Suppose we take some other class of facts and identify *p* as possessing a given variety of "necessity" exactly when *p* follows from those facts. Why are we more mindful of natural necessity than of this other "variety of necessity"? Why does only the former ground scientific explanations and have a special role in connection with counterfactual conditionals? Primitivists leave themselves few resources for answering such questions. (Lange 2009a: 140)

Es ist allerdings nicht ausgemacht, dass der NGF schlechter dasteht als reduktive Theorien. Alleine daraus, dass maudlinsche Gesetze primitiv sind, folgt nicht, dass sie nicht auf substanzielle Weise charakterisiert werden können. So sind sie nach Maudlin für die zeitliche Entwicklung unseres Universums zentral, indem sie zusammen mit dem kompletten Anfangszustand des Universums alle späteren Zustände generieren. Dies scheint schon Grund genug, warum wir maudlinsche Gesetze akzidentellen Fakten über Albinokätzchen vorziehen. Wenn es aber für Gesetze ausreicht, besonders wichtige Merkmale der Welt zu sein, um einen ausgezeichneten modalen Status zu haben, erscheint eine primitivistische Erklärung der nomologischen Notwendigkeit nicht weniger beliebig als die humesche (siehe Kap. 2.2.5.3).

VI. Erklärungskraft. Maudlin (2007: 182) argumentiert, dass die primitiven dynamischen Gesetze zusammen mit den Anfangsbedingungen des Universums alle späteren Zustände erklären. Da jeder spätere Zustand des Universums das Produkt der fundamentalen Gesetze und des Anfangszustandes ist, kann er nach Maudlin sogar als metaphysisch derivativ betrachtet werden. Aufgrund welcher ontologischen Beziehung aber besteht diese produktive Erklärung? Hierüber gibt uns Maudlin (2007) leider nur wenig Aufschluss. Am Anfang seines Buches schreibt er, dass uns die Annahme primitiver Gesetze und einer primitiven Richtung der Zeit erlaubt, „eine Art kausaler Erklärung des [...] gesamten physikalischen Zustandes des Universums zu geben" (Maudlin 2007: 3, unsere Übersetzung). Maudlin erläutert dies später weiter, indem er sich auf eine Unterscheidung von Ned Hall (2004) zwischen zwei Arten der kausalen Erklärung bezieht; nämlich die zwischen einer Abhängigkeitskonzeption und einer Produktionskonzeption von Kausalerklärungen. Und nach Maudlin erklären die Gesetze die Gesamtheit der nicht-nomischen Fakten in diesem letzteren Sinn. Genauer gesagt, besteht die Idee darin, dass die *FLOTE*s zusammen mit dem Anfangszustand des Universums alle späteren Zustände des Universums produzieren (siehe hierzu Loew 2018):

> The universe started out in some particular initial state. The laws of temporal evolution operate, whether deterministically or stochastically, from that initial state to generate or pro-

> duce later states. And the sum total of all the states so produced is the Humean Mosaic. This counts as an explanation exactly because the *explanans* (namely the initial state, or the state up to some time, and the laws) are ontologically distinct from the *explanandum* (namely the rest of the Mosaic). The laws can operate to produce the rest of the Mosaic exactly because their existence does not ontologically depend on the Mosaic. (Maudlin 2007: 174 f.)

Allerdings beantwortet der Hinweis auf die ontologische Unabhängigkeit des Gesetzes immer noch nicht die Frage, welche ontologische Relation diese produktive Erklärung stützt. Natürlich liegt die Behauptung einer produktiven kausalen Erklärung nahe, dass es sich hierbei um eine *Kausalrelation* handelt. Wie wir allerdings bereits in der Diskussion der DTA-Theorie in Kapitel 2.3 festgestellt haben, ist diese These wenig plausibel. Sicherlich, der Anfangszustand des ganzen Universums mag eine produktive Ursache der darauffolgenden Zustände sein. Diese globalen Zustände des gesamten Universums mögen zwar für uns begrenzte Wesen nicht fassbar sein, aber sie scheinen wenigsten von der passenden ontologischen Kategorie zu sein, um prinzipiell in Kausalrelationen einzugehen. Die primitiven Gesetze allerdings scheinen nicht in der Raumzeit lokalisiert, oder zumindest nicht in der gleichen Weise wie physikalische Zustände.[190] Das soll natürlich nicht bedeuten, dass sie deshalb nicht real sind. Raum und Zeit selbst sind plausibler Weise ebenfalls nicht in Raum und Zeit lokalisiert, was aber nicht gegen ihre Realität spricht. Allerdings scheint die fehlende raumzeitliche Lokalisierung der Gesetze dagegen zu sprechen, dass sie auf dieselbe Weise mit den physikalischen Zuständen interagieren wie es physikalische Zustände untereinander tun. Anders formuliert: Die Relata von Kausalrelationen sind raumzeitlich lokalisiert, daher kommen Naturgesetze nicht als Relata einer Verursachungsbeziehung in Frage.

Des Weiteren scheint Kausalität auch eine Relation zwischen Entitäten derselben ontologischen Art zu sein. Maudlinsche Gesetze allerdings gehören *ex hypothesi* einer fundamental anderen metaphysischen Kategorie an als die Zustände, die sie erklären sollen. Und schließlich sind Gesetze auch nicht die Art von ‚Entitäten', die manipuliert werden können und Interventionen zulassen, weshalb sie auch nach einem interventionistischen Kausalkriterium (vgl. Woodward und Hitchcock 2003) nicht als Ursachen in Frage kommen. Vor diesem Hintergrund ist es wenig überraschend, dass Maudlin selbst die These verwirft, dass die Gesetze selbst Ursachen sind. „[I]t sounds odd to say that the Law of Inertia itself causes

---

190 Armstrongs DTA-Gesetze mögen hier eine Ausnahme bilden. Wie wir in der Diskussion der DTA-Theorie gesehen haben, gibt es aber genügend andere Gründe, die dagegensprechen, die Gesetze als Ursachen ihrer partikulären Instanzen anzusehen.

the body to remain at rest, since it seems similar to a category mistake to ascribe causality to the very laws“ (Maudlin 2007: 155 f.). Was auch immer also die produktive Erklärung der Gesetze stützt, es scheint unterschieden vom kausalen Einfluss, den physikalische Zustände gegenseitig aufeinander ausüben.

VII. Steuerung und Unabhängigkeit. Obwohl uns Maudlin eine erhellende Erklärung schuldig bleibt, worin der explanatorische Einfluss der Gesetze besteht und damit auch wie Gesetze eventuell sogar Zustände steuern könnten, liefert er ein viel diskutiertes Argument für die Unabhängigkeit der Gesetze. Da nach dem NGF die *FLOTE*s primitive Entitäten sind, ist es natürlich möglich, dass sich zwei Welten bezüglich der nicht-nomischen Fakten, die in ihnen bestehen, vollständig gleichen, aber sich dennoch bezüglich der Gesetze unterscheiden.

Maudlin argumentiert, dass die Verneinung des Unabhängigkeitskriteriums unseren Intuitionen und sogar der physikalischen Praxis widerspricht: Zentral ist die Beobachtung, dass verschiedene inkompatible Gesetze ein- und dasselbe Modell haben können; oder anders ausgedrückt, in Welten mit der exakt gleichen Verteilung der sub-nomischen Fakten Gesetze sein können. So ist beispielsweise eine leere (Minkowksi-)Raumzeit sowohl ein Modell der Allgemeinen Relativitätstheorie als auch ein Modell der Speziellen Relativitätstheorie gepaart mit einer passenden von der Allgemeinen Relativitätstheorie abweichenden Theorie der Gravitation. Wenn man annimmt, dass ein und dieselbe Welt nicht verschiedene rivalisierende Gesetze haben kann, folgt, so Maudlin, dass „der physikalische Gesamtzustand der Welt nicht immer die Gesetze determinieren kann“ (Maudlin 2007: 67, unsere Übersetzung) und damit die Humesche Supervenienz verletzt ist.

Allerdings ist diese Konklusion nicht ohne Weiteres gerechtfertigt. Erinnern wir uns an die humesche Theorie der nomologischen Notwendigkeit (Kap. 2.2.5.3): Damit ein Szenario oder eine Welt w^* physikalisch möglich ist relativ zu einer Welt w und damit w^* ein Modell der Gesetze von w ist, müssen die Gesetze von w lediglich wahr in w^* sein (und nicht unbedingt Gesetze in w^*). Demnach ist es entgegen Maudlin durchaus möglich, dass zwei inkompatible Mengen von Gesetzen ein und dasselbe Modell teilen. Dafür, dass Maudlins Argument gegen den Humeanismus und für die Unabhängigkeit der Gesetze erfolgreich ist, ist also eine weitere substanzielle Annahme nötig: nämlich, dass die Gesetze nicht nur in allen ihren Modellen wahr sind, sondern, dass sie dort auch Gesetze sind. Und Maudlin macht genau diese Annahme, wenn er behauptet:

> Let’s suppose (and how can one deny it) that every model of a set of laws is a possible way for *a world governed by those laws* to be. (Maudlin 2007: 67)

Nun verneinen humesche Theorien der nomologischen Notwendigkeit aber gerade diese Hyperresilienz-Annahme. So bemerkt Marc Lange (2009c: 198; unsere Übersetzung) in seiner Rezension von Maudlin (2007): „[W]ie Maudlin weiß, verneint David Lewis die Prämisse, von der Maudlin fragt, ‚Wie kann das jemand verneinen?' (Vermutlich hatte Maudlin hier den Schalk im Nacken.)." Um zu vermeiden, dass die Argumentation eine *petitio principii* gegenüber der humeschen BSA darstellt, muss Maudlins weitere Hyperresilienz-Prämisse unabhängig gestützt werden. Es ist allerdings zweifelhaft, ob die wissenschaftliche Praxis diese Stützung liefert. So hat Wolfgang Schwarz (2012) argumentiert, dass, wenn Physiker beispielsweise Modelle der newtonschen Mechanik betrachten, sie sich lediglich darum kümmern, ob die hypothetischen Szenarien die relevanten Gleichungen erfüllen, nicht aber darum, ob die Gleichungen dort auch Gesetze sind. Auch Richard Healey hat in seiner Rezension von Maudlin (2007) Zweifel daran angemeldet, dass die physikalische Praxis Maudlins Annahme stützt:

> If asked whether an infinite, empty Minkowski spacetime is „governed" by the laws of Special or General Relativity (or perhaps some other theory), the practicing scientist should decline to answer, on pain of turning metaphysician. (Healey 2008)

Eine indirekte Weise, diese Hyperresilienz-Annahme zu stützen, besteht darin, selbst kontrafaktische Annahmen über diese Modelle zu betrachten. So hat Lange (2009a: 54 f.) dafür argumentiert, dass eine humesche Theorie der nomologischen Möglichkeit dazu führt, dass sich bestimmte iterierte kontrafaktische Konditionale, also kontrafaktische Aussagen über kontrafaktische Szenarien, als falsch erweisen, die wir intuitiv für wahr halten (vgl. Carroll 1994). Uns erscheint Langes Argumentation als aussichtsreicheres indirektes Argument für die Unabhängigkeit der Gesetze. Wie oben angekündigt, werden wir diese Argumentation für die Hyperresilienz in Kapitel 3.2 genauer diskutieren.

Wir haben also gesehen, dass die Gesetze nach dem NGF ontologisch unabhängig von den nicht-nomischen Fakten sind. Allerdings beruht Maudlins Argument für die Unabhängigkeit der Gesetze auf kontroversen Annahmen über die wissenschaftliche Praxis.

VIII. Innere Verknüpfung. Nach Maudlins NGF generiert der komplette Anfangszustand des Universums zusammen mit den fundamentalen dynamischen Gesetzen alle späteren Zustände des Universums. Es scheint also, dass eine kausal produktive innere Verknüpfung zwischen den Gesamtzuständen des Universums besteht.

Angesichts dessen, dass die *FLOTE*s auf gesamten Weltzuständen operieren (siehe Maudlin 2007: 178), mag die Frage, ob die Verknüpfungen zwischen ihnen lokal sind, etwas seltsam erscheinen. Allerdings gibt es zumindest einen recht klaren Sinn, in welchem die Beziehung zumindest lokaler ist, als im Fall humescher Gesetzestheorien. Nach den letzteren sind die Fakten darüber, ob zwei physikalische Zustände oder Ereignisse nomologisch miteinander verknüpft sind, erst durch die komplette Geschichte des gesamten Universums festgelegt. Im Falle des NGF hingegen scheinen hierfür die betreffenden Weltzustände und die primitiven *FLOTE*s auszureichen.

IX. Induktive Bestätigung und Stützung induktiver Schlüsse. In Maudlin (2007) wird die induktive Bestätigung der Gesetze und die Rolle der Naturgesetze in induktiven Schlüssen kaum thematisiert. Wie wir gesehen haben, sind die Gesetze nach Maudlin fundamentale (nicht direkt beobachtbare) Entitäten in der Welt, die ihre Instanzen (produktiv) erklären. Demnach haben sie einen ähnlichen Status wie andere theoretische Entitäten aus den Wissenschaften, wie beispielsweise Quarks oder Elektronen. Es liegt also nahe, dass es sich beim Schluss von den nicht nomologischen beobachteten Tatsachen auf die Gesetze um einen Schluss auf die beste Erklärung handelt. Wenn dem aber so ist, ist der NGF mit einer ähnlichen Rationalisierung der Induktion verträglich, wie sie von Armstrong vorgeschlagen wurde (siehe Kap. 2.3.4, Desiderat *IX*). [191]

X. Bedeutung für die Wissenschaften. Wie wir eingangs erwähnt haben, sieht Maudlin die wissenschaftliche Praxis als Hauptmotivation für den NGF an. Der NGF macht keinerlei *a priorische* Einschränkungen bezüglich der ‚logischen Form' der Naturgesetze, wie beispielsweise, dass es sich bei Gesetzen um universelle Generalisierungen oder Instanziierungen einer Erzwingungsrelation handeln muss. Dies scheint gut zur wissenschaftlichen Praxis zu passen, da, wie wir in den Kapiteln 2.1 bis 2.4 erläutert haben, sich die Kandidaten für Gesetze aus den Wissenschaften nur schwerlich in ein einziges festes ‚logisches' Korsett pressen lassen: „No doubt these [laws] can be tortured into a form similar to $(x)(Fx \rightarrow Gx)$, but it is hard to see what the purpose of the exercise would be" (Maudlin 2007: 11). Maudlins NGF lässt sowohl deterministische als auch indeterministische *FLOTE*s

---

191 Carroll bezieht sich explizit auf Dretskes und Armstrongs Konzeption der Induktion, versieht sie aber mit drei Abänderungen: „In trying to resurrect something of the picture of inductive reasoning endorsed by Dretske and the others, I have altered that picture in three key respects. First, I have explicitly restricted it to a certain, vaguely delineated, range of cases. Second, laws and lawhood fade from the picture; the relevant nonaccidental connection between the evidence and the conclusion need not be a law itself, and it need not be a hypothesis to the effect that some generalization is a law. Third, the cognizer needn't even believe that this nonaccidental connection obtains; it suffices that she merely have [sic] evidence of its existence." (Carroll 1994: 98)

zu (siehe Maudlin 2007: 182). Wir haben überdies gesehen, dass *FLOTE*s zwar strikt sind, er aber zumindest nicht fundamentale nicht-strikte Gesetze erlaubt.

Allerdings macht Maudlin zwei substanzielle Annahmen bezüglich der Gesetze, die im Lichte der wissenschaftlichen Praxis nicht ganz unkontrovers erscheinen. Die erste höchst nicht-triviale Annahme betrifft den Charakter fundamentaler Gesetze: Wie wir oben erläutert haben, handelt es sich hierbei ausschließlich um *FLOTE*s, also um dynamische Gesetze. Es scheint also, dass nicht-dynamische Gesetze *ex hypothesi* nicht fundamental sein können. Maudlin (2007: 13) argumentiert, dass sich nicht-dynamische sogenannte ‚Koexistenzgesetze' wie etwa das ideale Gasgesetz aus den fundamentalen *FLOTE*s ableiten lassen. Allerdings fehlt eine generelle Auseinandersetzung damit, wie sich *FLOTE*s zu anderen offenbar nicht-dynamischen Kandidaten für fundamentale Gesetze verhalten. Er bemerkt lediglich etwas lapidar:

> Sorting out the status of these various adjunct principles and consequences of law is a task requiring nice discriminations that is foreign to our present purpose. (Maudlin 2007: 13)

Es ist also fraglich, welcher Status den Erhaltungsgesetzen und den entsprechenden Symmetrien oder Prinzipien der kleinsten Wirkung in Maudlins NGF zukommt.

Die zweite Annahme betrifft die Art, wie fundamentale Gesetze physikalische Zustände erklären. Wie wir oben erläutert haben, nimmt Maudlin an, dass die *FLOTE*s zusammen mit dem Anfangszustand des Universums die späteren Zustände kausal-produktiv erklären. Da diese Art der Erklärung aber keine Zirkel zulässt, sind bestimmte kosmologische Modelle ausgeschlossen:

> I think this sort of productive explanation cannot abide closed timelike curves or backward time travel (even if there is a unique, primitive direction of time). The explanans must be ontologically independent of the explanandum, the producers of that which is produced, so nothing can be the producer of itself. [...] Production is clearly transitive, so production-in-a-circle would imply self-production, but an item cannot be the ontological ground of its own production. This means that the existence of closed timelike curves would imply the non-existence of this sort of productive explanation [...]. (Maudlin 2007: 175)

Allerdings wurden Lösungen der Gleichungen der Allgemeinen Relativitätstheorie entdeckt, die solche geschlossenen zeitartigen Kurven zulassen (siehe z. B. Gödel 1949). Maudlin (2007: 175) erwidert hierauf, dass es trotz dieser Lösungen keinerlei Belege gebe, dass aktual solche geschlossenen Kurven existieren. Zudem insistiert Maudlin, dass bereits seine Annahme einer fundamentalen Zeitrichtung solche geschlossenen Kurven ausschließe.

> [O]ne is free to maintain that it is in the fundamental metaphysical nature of time itself that closed timelike curves are not possible, that moving forward in time from any given event cannot bring one back to that event. (Maudlin 2007: 190)

Allerdings ist auch die Annahme einer ausgezeichneten Zeitrichtung nicht klarerweise durch die Physik rechtfertigbar, da die fundamentalen dynamischen Gleichungen *per se* keine bevorzugte Richtung der Zeit ‚eingebaut' zu haben scheinen (siehe Loew 2018 für eine Diskussion).

2.6.3 Abschließende Evaluation des Naturgesetzesfundamentalismus

Die wissenschaftliche Praxis und die Schwierigkeiten der bisherigen Analyseversuche der Naturgesetze legt nahe, Naturgesetzlichkeit als ein primitives Merkmal der Realität anzunehmen. Im Lichte unserer Diskussion des NGF ist es allerdings fraglich, inwiefern die Annahme nicht analysierbarer primitiver Gesetze erklärt, warum Gesetze die vielfältigen wichtigen Merkmale aufweisen, die sie so einzigartig machen.

---

i Wir schließen dieses Kapitel mit einer Kurzusammenfassung der wichtigsten Ergebnisse unserer Diskussion ab:

I. Objektivität
Die fundamentalen dynamischen Gesetze sind nach dem NGF nicht nur objektiv, sondern irreduzibel und gehören zum fundamentalen Inventar der Realität.

II. Faktizität/Inferenz
Da die Gesetze nach dem NGF ontologisch unabhängig von den physikalischen Zuständen, auf denen sie operieren, sind, kann es sich nicht einfach um einen logischen Übergang zwischen Gesetze(sfakte)n und subnomischen Fakten handeln. Allerdings bleibt ungeklärt, worin der Übergang stattdessen besteht.

III. Invarianz/Universalität
Der NGF lässt zwar zu, dass die fundamentalen Gesetze invariant nach allen vier Lesarten der Universalität sind. Allerding ist die raumzeitliche Universalität der Gesetze nach dem NGF keines ihrer essenziellen Merkmale. Somit ist es prinzipiell möglich, dass ein Gesetz nur in einem eingeschränkten Raumzeitgebiet gilt.

IV. Kontingenz
Da die Gesetze nach dem NGF nicht einmal raumzeitlich invariant sein müssen, liegt es nahe, sie auch nicht als modal invariant und somit als kontingent zu betrachten.

V. Nomologische Notwendigkeit und Stützung kontrafaktischer Konditionale
Maudlins NGF bietet interessante gesetzesbasierte Erklärungen der nomologischen Möglichkeit und der kontrafaktischen Konditionale an. Allerdings scheinen sie für dieselben Arbitraritätseinwände anfällig wie die entsprechenden Erklärungen aller anderen kontingentistischen Naturgesetzestheorien.

VI. Erklärungskraft
Maudlin argumentiert dafür, dass die primitiven dynamischen Gesetze zusammen mit den Anfangsbedingungen des Universums alle übrigen Zustände produktiv erklären. Es bleibt allerdings ungeklärt, welche metaphysische Beziehung diese Erklärung stützt.

VII. Steuerung und Unabhängigkeit
Maudlin liefert ein vielbeachtetes Argument für die Unabhängigkeit der Naturgesetze und somit gegen die Humesche Supervenienz. Allerdings scheint eine seiner zentralen Prämissen das Beweisziel bereits vorauszusetzen und ist nur schwer unabhängig (wissenschaftlich) motivierbar.

VIII. Innere Verknüpfung
Nach Maudlin erklären frühere Zustände des Universums zusammen mit den *FLOTE*s produktiv alle späteren Zustände des Universums. Dies legt die Existenz einer engen metaphysischen Verknüpfung zwischen den Zuständen nahe. Wie bereits erwähnt, bleibt jedoch ungeklärt, welche metaphysische Beziehung diese Erklärungen stützt.

IX. Induktive Bestätigung und Stützung induktiver Schlüsse
Auch im Falle des NGF bietet sich ein ähnliches Modell der Rationalisierung induktiver Schlüsse an wie im Fall der DTA-Theorie.

X. Bedeutung für die Wissenschaften
Da der NGF die Gesetze nicht in ein festes logisches Korsett ‚zwingt', erscheint er flexibel genug, um den sehr verschiedenartigen wissenschaftlichen Gesetzen Rechnung zu tragen. Allerdings erscheint Maudlins Einschränkung auf fundamentale dynamische Gesetze und die Annahme produktiver gesetzlicher Erklärungen im Lichte aktualer physikalischer Gesetze als nicht unproblematisch.

Teil 3: **Eigene Ansätze**

3.0 Zwei Weiterentwicklungen der Beste Systeme Analyse

In diesem Teil des Buches wollen wir, die Autoren, unsere eigenen Naturgesetzestheorien vorstellen. Obwohl einer von uns auch mit manchen nicht-humeschen Positionen sympathisiert (vgl. Schrenk 2010, 2014b), sehen wir in David Lewis' *Beste Systeme Analyse* (BSA), die wir ausführlich in Kapitel 2.2 vorgestellt und diskutiert haben, die vielversprechendste Naturgesetzestheorie.

Zuerst werden wir Markus Schrenks Version einer *Besseren Beste Systeme Analyse* (BBSA) präsentieren, die insbesondere die nicht-strikten Gesetze der Spezialwissenschaften im Blick hat und die er unter anderem in Schrenk (2007, 2008, 2014a, 2017b) ausgearbeitet hat. Danach stellen wir eine von Christian Loew und Siegfried Jaag in einer Reihe von gemeinsamen Arbeiten entwickelte ‚pragmatische' Version der BSA vor, die den Nutzen der Gesetze für epistemische Subjekte mit begrenzten kognitiven Ressourcen in den Mittelpunkt stellt (siehe Jaag und Loew 2020, Loew und Jaag 2020a, Loew und Jaag 2020b, Jaag und Loew Manuskript, und Hicks, Jaag und Loew (unter Vertrag)).

Die jeweiligen Verbesserungsvorschläge haben eine gewisse Radikalisierungstendenz in Richtung eines Pragmatismus: Die zwei Stellschrauben, an denen Schrenk dreht, sind die Natürlichkeit der Eigenschaften und die Striktheit der Gesetze (beides wird aufgegeben). Loew und Jaag modifizieren darüber hinaus die Parameter Einfachheit und Stärke und fordern (stattdessen), dass die Gesetzeskandidaten den kognitiven Nutzen für Kreaturen, wie wir es sind, maximieren. Letztere Änderung kann dabei die von Schrenk vorgeschlagenen Abwandlungen enthalten oder sogar deutlich darüber hinaus gehen.[192]

192 Unsere Theorien sind, so möchten wir im Vorübergehen erwähnen, einem übergreifenden Programm verpflichtet, nämlich dem der *Induktiven Metaphysik*. Die induktive Metaphysik kann durch ihre Methoden und Quellen charakterisiert werden. *Induktiv* (im weitesten Sinne des Wortes als *nicht-deduktiv*) ist die Induktive Metaphysik, weil sie den abduktiven Schluss auf die beste Erklärung zulässt (siehe Lipton 1991). Zudem müssen ihr gemäß metaphysische Thesen nicht (vollständig) *a priori* rechtfertigbar sein: Metaphysik, wie hier die der Naturgesetze, soll und darf auf die zugegebenermaßen vorläufigen Resultate der empirischen Wissenschaften (Daten, Phänomene und Theorien) aufbauen und Elemente der wissenschaftlichen Praxis einbeziehen. Für eine Darstellung und Verteidigung der *Induktiven Metaphysik* siehe insbesondere die Homepage der Forschungsgruppe *Induktive Metaphysik* (https://indmet.weebly.com) sowie Williamson (2016) und, für deren Geschichte, Scholz (2018).

https://doi.org/10.1515/9783110517842-016

3.1 Die Bessere Beste Systeme Analyse

Dieses Kapitel beschäftigt sich, in 3.1.2., mit der Beobachtung, dass manche Gesetze – insbesondere die der Spezialwissenschaften wie der nicht-fundamentalen Physik, Chemie, Biologie etc. – Ausnahmen zulassen und somit dem Desiderat *III* der Invarianz und Universalität widersprechen. In 3.1.3 schauen wir uns an, wie die lewissche *Beste Systeme Analyse* (BSA) Gesetze mit Ausnahmen tolerieren könnte. Im Anschluss, in 3.1.4, stellen wir die *Bessere Beste Systeme Analyse* (BBSA) und einige ihrer Varianten vor. Wir zeigen ebenfalls, wie die BBSA Gesetze mit Ausnahmen tolerieren könnte, kritisieren aber auch ihre problematischen Aspekte. Wir schließen in 3.1.5 mit der Diskussion unserer Desiderata-Liste. Zunächst, in 3.1.1, skizzieren wir die Leitidee, die der BBSA zu Grunde liegt.

3.1.1 Die Grundidee: Beste Systeme für die Spezialwissenschaften

Die Idee, die hinter der BBSA steckt, ist denkbar einfach. Von der Diskussion um die Original-BSA wissen wir, dass Lewis sich genötigt sah, die Existenz perfekt natürlicher Eigenschaften zu postulieren und zu verlangen, dass die konkurrierenden Systeme ausschließlich ein Vokabular benutzen, dessen Prädikate mit jenen natürlichen Eigenschaften korrelieren. Dies war nötig, weil sich sonst mit artifiziellen Prädikaten Systematisierungswettbewerbe gewinnen lassen, die inakzeptable Gesetzeskandidaten generieren (siehe Kap. 2.2.4). BBSA-Theoretiker erkennen dieses Problem an, beschreiten aber nicht den lewisschen Weg der Einschränkung des Gesetzesvokabulars auf solche Prädikate, die sich auf (angeblich existierende) perfekt natürliche Eigenschaften beziehen, sondern weisen darauf hin, dass jede andere angemessene Einschränkung und Fixierung des Vokabulars ebenfalls zu einer Lösung führt (siehe Kap. 2.2.5.1). Die Vokabularbeschränkungen, die BBSA-Vertreterinnen vorsehen, orientieren sich an den bestehenden Spezialwissenschaften: Es möge je ein separater Beste-Systeme-Wettbewerb stattfinden für die Chemie mit ihrem Vokabular, das heißt den ihr eigenen Prädikaten für die Biologie mit ihrem Vokabular, das heißt den ihr eigenen Prädikaten etc. Auch die gegenwärtige Physik mit ihrem Vokabular kann separat einer BBSA unterworfen werden. Auf diese Weise wird das Problem der artifiziellen Prädikate gelöst (die in diesen Vokabularen nicht enthalten sind) und es werden zugleich Gesetze der Spezialwissenschaften Chemie, Biologie etc. gewonnen, die unabhängig (autonom) sind von fundamentaleren Wissenschaften. Zusätzlich ist

https://doi.org/10.1515/9783110517842-017

es möglich, die Striktheit dieser Gesetze aufzugeben und ihren *ceteris-paribus*-Charakter anzuerkennen. Letzteres Themengebiet diskutieren wir nun zuerst.

3.1.2 Das Problem der Gesetze mit Ausnahmen

Die wissenschaftstheoretischen und metaphysischen Schwierigkeiten, die die sogenannten „*ceteris-paribus*-Gesetze" verursachen – Gesetze, die vermeintlich Ausnahmen haben können –, werden in der generellen Debatte um den Charakter von Naturgesetzlichkeit meist ausgelassen und separat behandelt. Armstrong (1983) integriert die von ihm „*oaken laws*" getauften, Ausnahmen tolerierenden Gesetze in seine Haupttheorie zusätzlich zu den strikten „*iron laws*" der Physik (siehe Kap. 2.3). Andere, wie zum Beispiel Marc Lange (1993 & 2002b), die sowohl eine wegweisende generelle Theorie der (strikten) Naturgesetze (siehe Kap. 2.5) als auch wichtige Beiträge zu *ceteris-paribus*-Gesetzen vorlegen, tun das getrennt. Weitere Philosophinnen beteiligen sich nur an einer der Debatten[193] und wenige[194] sehen im vermeintlichen *ceteris-paribus*-Charakter sogar einen Wesenskern aller Gesetze.

Weil die Debatten häufig nebeneinander herlaufen, und aus Gründen der Einfachheit, haben auch wir uns entschlossen, uns zunächst weitgehend auf die Darstellung allgemeiner Theorien der Nomizität zu beschränken. Wir möchten uns jetzt, wo wir ein generelles Verständnis von Naturgesetzen erarbeitet haben, aber auch den *ceteris-paribus*-Gesetzen zuwenden und die Schwierigkeiten benennen, die sie der Wissenschaftstheorie bereiten.

All jene Naturgesetzeskandidaten für die Spezialwissenschaften, die wir in unserer Einleitung erwähnten, sind Beispiele für *ceteris-paribus*-Gesetze:

> Das Gesetz der konstanten Proportionen, nach dem chemische Elemente immer in bestimmten, gleichbleibenden Masseverhältnissen miteinander reagieren. (Chemie)
>
> Das Hardy-Weinberg-Gleichgewicht, welches besagt, dass die Häufigkeit der Allele und Genotypen einer Population von Generation zu Generation konstant bleibt. (Biologie)
>
> Das Gesetz von Angebot und Nachfrage, das besagt, dass ein Anstieg der Nachfrage nach einem Gut zu einer Erhöhung seines Preises führt. (Ökonomie)

---

193 Paul Pietroski und Georges Rey (1995), Clark Glymour (2002), Gerhard Schurz (2001 & 2002), Wolfgang Spohn (2002) etwa schreiben fast ausschließlich zu *ceteris-paribus*-Gesetzen, David Lewis (siehe Kap. 2.2) hingegen nur zu einer allgemeinen Theorie strikter Naturgesetze.
194 Vgl. vor allem Cartwright (1983). Hierher passen auch neue dispositionalistische Theorien wie die von Mumford und Anjum (2011).

Diese Gesetze gelten nur dann, wenn es keine äußeren Störfaktoren gibt beziehungsweise die Umstände und Hintergrundbedingungen optimal oder zumindest normal sind. Das Attribut ‚*ceteris paribus*' (kurz ‚*cp*' und lateinisch für ‚alles Übrige bleibt gleich'), das sich für nicht-strikte Gesetze als Kürzel etabliert hat, will genau dies andeuten: dass der gesetzesgeleitete Vorgang von anderen Einflüssen abgeschirmt zu denken ist beziehungsweise, dass die Umstände (störungsfrei) konstant bleiben.

Diese unschuldig anmutende Vorsichtsklausel birgt allerdings Sprengstoff: Nicht nur steht die Möglichkeit, dass Naturgesetze in diversen Umständen solche Ausnahmen haben, der Forderung nach Universalität der Gesetze entgegen (siehe unser Desiderat *III: Invarianz/Universalität*). Mehr noch, die Kritiker der *cp*-Gesetze weisen darauf hin, dass es schwierig oder unmöglich ist, solchen Vorsichtsklauseln einen akzeptablen Sinn abzugewinnen. Eine (Gesetzes-)Aussage, wie ‚Alle *F*s sind *G*s, *ceteris paribus*', so wenden sie ein (vgl. Lange 1993: 235), ist entweder (i) tautologisch wie: ‚Alle *F*s sind *G*s, außer in den Fällen, in denen sie es nicht sind', oder (ii) sie sind lückenhaft, weil sie die Umstände der Ausnahmen nicht vollständig erfassen: ‚Alle *F*s sind *G*s, außer in den Fällen *a*, *b*, *c*, ...': entweder wir kennen nicht alle diese Fälle und/oder es gibt unendlich viele.

Letzteres Problem, (ii), könnte man zu umgehen versuchen, indem man die Einzelfälle zu klassifizieren versucht: ‚Alle *F*s sind *G*s, außer in Fällen der Art *A*, *B*, *C*, ...'. Aber die Einzelfälle könnten sich als zu heterogen herausstellen. Das einzige, was sie eint, könnte sein, dass sie eben das Gesetz falsifizieren. Wenn wir diese allgemeine Beschreibung in die Gesetzesaussage aufnehmen, landen wir allerdings wieder im tautologischen ersten Fall, (i).

Auch darf eine *cp*-Klausel von Naturwissenschaftlerinnen keineswegs als Immunisierungsstrategie verwendet werden, wie es zum Beispiel die Pseudo-Wissenschaften Astrologie oder die Homöopathie tun: Solche fragwürdigen Theorien postulieren vermeintliche *cp*-Gesetze und behaupten bei jeder klaren Falsifikation, die *cetera* seien eben nicht *paria* gewesen, die Astrologie oder Homöopathie sei also nicht widerlegt, sondern die (Überprüfungs-)Umstände nicht die richtigen.

Manche Philosophen sind aufgrund dieser Schwierigkeiten eher skeptisch, was den Status der Spezialwissenschaften angeht. Sie argumentieren, dass, weil deren angebliche Gesetze alle *cp*-lastig sind, es aber keine befriedigende Interpretation der *cp*-Klausel gibt, die Spezialwissenschaften eben gar keine Gesetze aufweisen. Ausschließlich die strikten Regularitäten der fundamentalen Physik haben Gesetzesstatus (vgl. z. B. Earman & Roberts 1999 und Earman et al. 2002b).

Andere geben detaillierte Analysen der *cp*-Klausel an, die Gesetze mit Ausnahmen davor retten könnten, lückenhaft, leer oder tautologisch zu sein.[195]

Die Dialektik unserer eigenen Argumentation wird nun wie folgt sein: Wir zeigen, dass schon eine geringe Variation der originalen lewisschen Theorie sogar in Bezug auf fundamentale Gesetze mit möglichen Ausnahmen zurechtkommen könnte (3.1.3). Dann weiten wir eben diese Lewis-Variante auf die Spezialwissenschaften aus (3.1.4) und zeigen somit, erstens, dass die Chemie, die Biologie etc. unabhängig von den fundamentalen Gesetzen ihre eigenen autonomen (*cp*-) Gesetze haben und, zweitens, wie die genannten Probleme der *cp*-Klausel gelöst werden können. Ferner wird die in Kapitel 2.2 schon angesprochene Loslösung von der Forderung, nur perfekt natürlichen Eigenschaften Einzug in konkurrierende Systeme zu gewähren, vollzogen.

3.1.3 Lewis' Theorie und Gesetze mit Ausnahmen

Die Fundamentalphysik sucht nach strikten Regularitäten. Werden vermehrt Ausnahmen zu einer Gesetzeshypothese gefunden, die sich nicht durch experimentelle Ungenauigkeiten oder Störfaktoren erklären lassen, dann ist das eine starke Motivation dafür, diese Hypothese zu verwerfen und neue zu formulieren. Der methodologische Glaube an die Uniformität der Natur (vgl. Desiderat *III*) liegt im Herzen der wissenschaftlichen Praxis.

Und doch könnte uns die Natur mit Unregelmäßigkeiten überraschen, statt ausschließlich perfekte Regularitäten aufzuweisen.[196] Nehmen wir modellhaft an, die Welt wäre nur fast so regelmäßig wie erwartet, dass also an einigen sehr kleinen Raum-Zeit-Gebieten die sonst perfekten Regularitäten Aussetzer haben (vgl. Smiths Garten aus Kap. 2.3.4). Nehmen wir beispielsweise an, es gäbe eine Sphäre – mit einem Nanometer Durchmesser, deren Zentrum am Punkt $<x,y,z,t>$ liegt und die für eine Nanosekunde existiert – derart, dass dort die Coulomb Kraft F_E nicht gleich $q_1q_2/(4\pi\varepsilon_0 r^2)$ beträgt, und so weiter für andere derartige Mini-Raum-Zeit-Gebiete, gegebenenfalls mit Aussetzern anderer „Gesetze". Wir können uns vorstellen, dass die Folgen dieser Aussetzer in diesen Sphären abge-

195 Für eine Klassifikation der Weisen, wie Philosophinnen mit der *cp*-Klausel und dem Status von Gesetzen der Spezialwissenschaften umgehen, siehe Schrenk (2007: Kapitel 1.1 & 1.2). Für eine generelle Darstellung der *cp*-Gesetze siehe Reutlinger, Schurz, Hüttemann & Jaag (2019). Für einen Einblick in die Forschungsliteratur siehe vor allem die beiden *Erkenntnis*-Bände Earman et al. (2002a) und Reutlinger & Unterhuber (2014).

196 Die nun folgenden Abschnitte orientieren sich insgesamt vorwiegend an Schrenk (2007 und 2014b).

schirmt bleiben. Nennen wir einen solchen Ort „Index“[197] und verlangen wir weiterhin von solchen Indizes, dass sie sich qualitativ nicht von anderen Orten unterscheiden, an denen sich alles regelmäßig ereignet. (Sonst wären die vermeintlichen gestörten Regularitäten einfach etwas komplexer: statt, sagen wir: „Alle *F*s sind *G*s“, dann „Alle *F*s, die nicht in *H*-Umgebungen sind, sind *G*s“, wobei das Prädikat *H* die Indizes generisch-qualitativ herausgreifen würde.)

Natürlich kann man auch in Ermangelung einer qualitativen Differenz der Indizes von regulären Orten die gestörte Regularität nichtsdestotrotz in einem abgeschwächten Allsatz festhalten, der aber weiterhin eine universell quantifizierte Formel bleibt. Hier fordern wir – mit dem Ausdruck: $\neg@(x_0,y_0,z_0,t_0)u$ – im Antezedens, dass sich das Objekt *u* nicht am Index-Ort (x_0,y_0,z_0,t_0) befindet: $\forall u(Fu\wedge\neg@(x_0,y_0,z_0,t_0)u\rightarrow Gu)$.[198] Wenn wir allerdings „solche linguistischen Repräsentationen außer Acht lassen und uns stattdessen auf die Klassen gesetzlicher und nichtgesetzlicher Ereignisse konzentrieren“ (Lewis 1986b: 55; unsere Übersetzung), dann haben wir klarerweise in der Welt eine beinahe Regularität vorliegen, die von einer Ausnahme an jenem Ort (x_0,y_0,z_0,t_0) geplagt wird.[199]

Da wir auf Lewis’ Theorie abzielen, stellen wir uns schließlich eine solche (teils) unregelmäßige Welt als eines der lewisschen Mosaike vor (siehe Kap. 2.2.3). Ein solches irreguläres Mosaik zählt, nicht zuletzt wegen der freien Rekombinierbarkeit seiner kategorialen natürlichen Eigenschaften, zweifelsohne zu den lewisschen möglichen Welten. Wie würde aber die lewissche BSA mit einer solchen Welt umgehen? Würde sie ein bestes System liefern, so dass dessen Axiome Gesetze (mit Ausnahmen) wären? Ja! Und dafür werden wir nun argumentieren.

In Lewis finden wir nur wenige (und sogar etwas widersprüchliche) Aussagen darüber, ob Naturgesetze Ausnahmen zulassen, also *weniger* als universelle Regularitäten sein könnten. Meistens wird er so interpretiert, dass seine Theorie ausschließlich strikte Naturgesetze vorsieht und auch nur diese tolerieren kann. Zwei Zitate scheinen das zu belegen:

---

197 „Index“ steht für „*ind*ividual *ex*ceptional space time region“ (vgl. Schrenk 2007: 53).

198 Man könnte sogar ein artifizielles Prädikat C definieren (vgl. die Taschenspielertricks mit Prädikaten in Kap. 2.1): *Cu* genau dann, wenn sich *u* nicht am Index (x_0,y_0,z_0,t_0) befindet, und dann schreiben: $\forall u(Fu\wedge Cu\rightarrow Gu)$, aber dieses Manöver würde Lewis’ Verbot nicht-natürlicher Prädikate missachten.

199 Man könnte weiter versucht sein zu sagen, dass solche Regularitäten mit Ausnahmen doch nichts anderes sind als probabilistische Gesetze mit hoher positiver Wahrscheinlichkeit, die aber eben nicht gleich eins ist. In Schrenk (2014b: 1790 und 2007: 49) findet sich ein Argument, warum das sein kann, aber durchaus nicht sein muss. In Schrenk (2007: 48) wird auch argumentiert, warum die Bezugnahme auf Individuen unschädlich ist.

> Admittedly, we do speak of defeasible laws, laws with exceptions, and so forth. But these, I take it, are rough-and-ready approximations to the real laws. There [sic!] real laws have no exceptions, and never had any chance of having any. (Lewis 1980: 125)

> Whatever else a law may be, it is at least an exceptionless regularity. (Lewis 1979: 469)

Dennoch finden wir die Grundbausteine der Argumentation für die Möglichkeit von Gesetzen mit Ausnahmen bereits bei Lewis selbst:

> I am using 'miracle' [i.e., violation of law] to express a relation between different worlds. A miracle at w_1, relative to w_0, is a violation at w_1 of the laws of w_0, which are *at best the almost-laws* of w_1. The laws of w_1 itself, if such there be, do not enter into it. (Lewis 1979: 469; unsere Hervorhebung und Hinzufügung)

Was wir allerdings untersuchen wollen, ist eine Verletzung der Gesetze Zuhause, in unserer Welt, w_0. Hier ist ein Anfang:

> A *localized violation* is not the most serious sort of difference of law. The violated deterministic law has presumably not been replaced by a contrary law. Indeed, *a version of the violated law, complicated and weakened by a clause to permit the one exception, may still be simple and strong enough to survive as a law.* (Lewis 1973a, 75; unsere Hervorhebung)

Der letzte Satz liefert uns den entscheidenden Hinweis. Einfacher wäre (wenn wahr!) sicher der strikte und informative Satz ‚$\forall u(Fu \rightarrow Gu)$', aber wenn der in einer unregelmäßigen Welt stattdessen wahre Satz ‚$\forall u(Fu \wedge \neg @(x_0, y_0, z_0, t_0)u \rightarrow Gu)$' noch immer so einfach ist, dass er aufgrund seiner Stärke im besten System vorkommt, dann gilt er als Gesetz. Welche und wie viele solcher Sätze in einem besten System enthalten sein können, das kommt natürlich darauf an, wie zahlreich und raumzeitlich ausgedehnt die Ausnahmen sind. Wenn es sich lediglich um wenige lokale, kleine, unaufdringliche Wunder handelt (vgl. Lewis 1973a: 75), dann ist es leicht vorstellbar, dass ein System, das diese Sätze enthält, seine robust beste Position nicht verliert. Es ist ja nicht so, dass andere Systeme an seiner Statt strikte Regularitäten enthalten würden, denn diese wären ja falsch und dürfen *per se* in besten Systemen nicht auftauchen. Und sie ganz auszulassen wäre eine zu große Einbuße an Stärke. Mit anderen Worten, Sätze, die ein lückenhaftes Muster im Mosaik beschreiben, könnten durchaus Axiome des für diese Welt besten Systems sein.

Je ungeordneter das Mosaik, je mehr und ausgedehntere Regularitätsverletzungen vorliegen, desto unwahrscheinlicher wird es, dass es überhaupt eine (beste) Systematisierung gibt. Das ist aber unproblematisch: Wie bereits in 2.2 erwähnt, würden wir viel zu unordentlichen Welten intuitiv ohnehin nomischen Charakter absprechen.

Wie dem auch sei, die Möglichkeit von mehr oder weniger ordentlichen Welten mit nicht-strikten Gesetzen besteht jedenfalls und die Antwort auf die Frage, ob die lewissche BSA Naturgesetze mit Ausnahmen zulassen kann, ist positiv. Das generelle Argument – das hier insofern sehr abstrakt ist, als dass es für Lewis' Mosaike und mögliche fundamentale Gesetze formuliert wurde – werden wir in Abschnitt 3.1.4.4 auf spezialwissenschaftliche Gesetze übertragen. Dort skizzieren wir auch, wie (sperrige) Aussagen, wie ‚$\forall u(Fu \wedge \neg @(x_0,y_0,z_0,t_0)u \rightarrow Gu)$', in Relation zur üblichen Weise, Gesetze mit Ausnahmen aufzuschreiben, stehen, nämlich als: ‚*Fs* sind *Gs*, *ceteris paribus*'.[200]

3.1.4 Kritische Diskussion der Bessere Beste Systeme Analyse: Die *ceteris-paribus*-Gesetze der Spezialwissenschaften

Die ‚*Better Best Systems Analysis*', wie sie von Cohen und Callender genannt, aber vor dieser treffenden Benennung auch von Schrenk und anderen entwickelt wurde,[201] hat sich, vor allem in unserer eigenen Variante, dreierlei zum Ziel gesetzt:

(a) das lewissche Postulat der natürlichen Eigenschaften soll zwar nicht unbedingt wegen seiner metaphysischen Geladenheit, sondern wegen seiner eventuellen Ferne zur wissenschaftlichen Praxis ausgeklammert oder sogar abgelehnt werden;
(b) dadurch wird auch den Spezialwissenschaften, wie der Chemie, der Biologie, gegebenenfalls der Psychologie und Ökonomie, die Möglichkeit eröffnet, ihre eigenen, autonomen Naturgesetze aufzuweisen, die (unter einem wichtigen

200 David Braddon-Mitchell (2001) hat eine Variante der lewisschen Theorie vorgestellt, die unsere Ideen zum Thema Gesetze mit Ausnahmen stark beeinflusst hat. Im Gegensatz zur oben skizzierten Herangehensweise erlaubt es Braddon-Mitchell den Gesetzesaussagen, nicht ganz wahr zu sein. Er optiert dafür, bei „$\forall u(Fu \rightarrow Gu)$" zu bleiben, selbst wenn einige *Fs* nicht *G* sind. Für eine Diskussion des Für und Wider der beiden Positionen siehe Schrenk (2007: 92 ff.).

201 Vgl. Schrenk (2007, 2008, 2014b, 2017b), Callender & Cohen (2010); Cohen & Callender (2009). Für ähnliche Theorien siehe Taylor (1993: 97), Roberts (1999), Albert (2000), Halpin (2003), Loewer (2007); für Kritiken daran siehe Kowalenko (2011), Frisch (2011, 2014b), Weslake (2014) und Backmann & Reutlinger (2014).

Aspekt zumindest) unabhängig von den Gesetzen der fundamentalen Physik sind;[202]

(c) dem Phänomen, dass die Spezialwissenschaften *de facto* keine oder kaum strikte Gesetze aufweisen – sondern *ceteris-paribus*-Gesetze –, wird Rechnung getragen.

Das Erreichen dieser Ziele kommt einer Verbesserung oder mindestens Ergänzung der lewisschen BSA gleich, die wir in 2.2.5 kritisiert haben. Wie zudem unschwer zu erkennen ist, sind die drei Punkte ganz der in unserer Einleitung 3.0 erwähnten induktiven Metaphysik verpflichtet.

3.1.4.1 Nicht-fundamentale Gesetze in Lewis' Originaltheorie

Unseren weiteren Überlegungen zu (a) und (b) sei vorangestellt, dass es unklar bleibt, ob und wie Lewis' Originaltheorie nicht-fundamentale Gesetze einfängt. Zwar liegt die Vermutung nahe, dass die Gesetze der Chemie, Biologie etc. als Theoreme aus den lewisschen fundamentalen Gesetzen (den Axiomen des besten Systems) folgen könnten. Das ist allerdings anzweifelbar. Denn entweder müssten dafür die Eigenschaften dieser Spezialwissenschaften selbst perfekt natürlich sein, sonst würden sie vom System gar nicht als Prädikate erwähnt,[203] oder aber es müssten sogenannte „Brückengesetze" (à la Ernest Nagel 1961) an geeigneter Stelle addiert werden, also solche Aussagen, die fundamentale, perfekt natürliche Eigenschaften/Prädikate mit den (nicht-perfekt natürlichen) Eigenschaften/Prädikaten der Chemie, Biologie etc. korrelieren. Denn erst dann kann es eine deduktive Folgerungsbeziehung der spezialwissenschaftlichen Theoreme aus den (physikalischen) fundamentalen Axiomen geben (vgl. S. 81, Fn. 75, und S. 84, Fn. 81).

Selbst bei positivem Befund bliebe aber folgende Differenz zwischen Lewis' Theorie und den tatsächlichen Spezialwissenschaften bestehen: Zwar gibt es extrem fruchtbare Kooperationen zwischen den Wissenschaften wie zum Beispiel

---

202 Aber, wie oben bereits erwähnt, kann letztere freilich auch einer BBSA unterworfen werden. Die Wissenschaft Physik steht für BBSA-Anhänger dann als *primus inter pares* neben den anderen Wissenschaften.

203 Das ist allein deswegen schon unwahrscheinlich, weil viele Eigenschaften, über die spezialwissenschaftliche Gesetze quantifizieren, nicht intrinsisch an einzelnen Raum-Zeit-Punkten instanziiert sein können, aus der Biologie beispielsweise *ein Abkömmling sein von*. Wie verschiedene solcher Eigenschaften aus den Spezialwissenschaften auch der BBSA Schwierigkeiten bereiten können, das deuten wir weiter unten an.

in der Biochemie, Biophysik oder der physikalischen Chemie. Die Chemie, Biologie, Psychologie, Ökonomie etc. arbeiten aber in weiten Teilen bei der Auffindung ihrer Gesetze autonom, das heißt ohne Rückbezug auf die jeweils fundamentaleren Wissenschaften. Lewis' Bild spiegelt diese Autonomie aber nicht wider. Schließlich wäre das Rätsel um die Ausnahmen, die alle spezialwissenschaftlichen Gesetze wahrscheinlich haben, noch nicht gelöst. Um all das kümmern wir uns jetzt.

3.1.4.2 Die Bessere Beste Systeme Analyse im Detail

Wie wir uns erinnern, hat Lewis die Existenz natürlicher Eigenschaften postuliert, um die Möglichkeit des unerwünschten Gesetzes $\forall xFx$ auszuschließen (siehe Kap. 2.2.4). Die BBSA stimmt Lewis zwar zu, dass ein sinnvolles Vokabular vor dem Wettbewerb um das beste System festgelegt werden muss, da uns sonst $\forall xFx$ als Gesetz droht. Statt aber zu verlangen, dass die Prädikate der Systematisierungen, die in Konkurrenz stehen, postulierte natürliche Eigenschaften herausgreifen sollen, bieten diese Philosophen eine andere Lösung an.

Da Schrenk, Cohen und Callender etc. nämlich nicht nur oder nicht in erster Linie an einer Theorie der fundamentalen Naturgesetze interessiert waren, sondern eben auch an den spezialwissenschaftlichen Gesetzen, sahen sie die notwendige Vokabularrestriktion darin, dass eine zugehörige Menge von Prädikaten pro Spezialwissenschaften festgelegt wird. Für jedes dieser verschiedenen Vokabulare aus den verschiedenen Wissenschaften wird dann separat ein Beste-Systeme-Wettbewerb durchgeführt, der einen je eigenen Gewinner hat (vgl. Schrenk 2008: 124; Cohen & Callender 2009: 21).

Mit anderen Worten, wir vergleichen, erstens, axiomatische Systeme, die in der Sprache der Chemie geschrieben sind (= Wettbewerb W_C für Systeme im Vokabular V_C mit der Prädikatenmenge P_C), dann, zweitens, separat, axiomatische Systeme, die in der Sprache der Biologie geschrieben stehen (= Wettbewerb W_B für Systeme im Vokabular V_B mit der Prädikatenmenge P_B), drittens... und so weiter. Das Ergebnis ist eine Mehrzahl von unterschiedlichen Systemen von Gesetzen, eines für jede spezielle Wissenschaft.[204]

Lewis selbst bemühte die Metapher eines allwissenden Gottes (Lewis 1973a: 74) und auch andere haben sich diese zu eigen gemacht (u. a. Schrenk 2008: 126, Albert 2015: 23; siehe unser Kap. 3.2.1 für Alberts Variante). Auch an dieser Stelle

204 Die Konjunktion aller dieser einzelnen Mengen von Gesetzen könnte man dann als ‚*die Gesetze der Welt*' bezeichnen (siehe Frisch 2011: 1008, Fn. 2).

ist es hilfreich, dieses Bild zur Erläuterung des oben Gesagten zu verwenden: Angenommen also, wir hätten die Chance, ein allwissendes Wesen zu konsultieren, und wir wären vor allem an Biologie (Chemie, Ökonomie etc.) interessiert. Wir würden ihm unser biologisches (chemisches...) Vokabular überreichen und es darum bitten, uns eine möglichst umfassende Beschreibung zu liefern, die allerdings auch auf Eleganz und Einfachheit in der Darstellung Wert legt. Dem allwissenden Wesen ist bekannt, an welchem Ort und zu welcher Zeit die Eigenschaften, die unseren Prädikaten entsprechen, instanziiert sind. Es kennt das Mosaik, wie es durch die Brille dieser Prädikate aussieht, und liefert uns ein bestes Beschreibungssystem nach den Parametern der Eleganz und Einfachheit und ihrer Balance. Wie bei Lewis entsprechen die Axiome (und Theoreme) dieses Systems den Naturgesetzen, diesmal aber relativ zur Wissenschaft des Vokabulars: für chemisches Vokabular erhalten wir das chemisch beste System mit seinen chemischen Naturgesetzen, für biologisches das beste biologische, für ökonomisches das beste ökonomische System etc.

Dabei ist ‚$\forall xFx$' vermieden, weil die oben genannten Wissenschaften das F-Prädikat mit großer Sicherheit nicht enthalten (vgl. 3.2). Nicht nur wird das $\forall xFx$-Problem gelöst, ohne auf die metaphysische Annahme natürlicher Eigenschaften zurückgreifen zu müssen. Die Akzeptanz einer Pluralität von Vokabularen für die je eigenen Spezialwissenschaften erlaubt zudem eine nicht-reduktionistische Haltung diesen (autonomen) Wissenschaften gegenüber. Den Punkten (a) und (b) (spezialwissenschaftliche Gesetze ohne Annahme perfekt natürlicher Eigenschaften) ist somit auch Genüge getan.

3.1.4.3 Anarchie versus Imperialismus. Varianten der Bessere Beste Systeme Analyse

Wir schrieben, dass viele Befürworter der BBSA eine nicht-reduktionistische Haltung einnehmen (Cohen & Callender 2009, Frisch 2011 & 2014b). Weslake (2014) nennt diese Theoretiker (sich selbst eingeschlossen) ‚Anarchisten'. Und tatsächlich kristallisieren sich hier BBSA-Wettbewerbs-Gewinner autonom heraus, ohne dass beispielsweise auf die fundamentale Physik und ihre Gesetze Rücksicht genommen würde. Was auch immer die grundlegenderen Gesetze (und Eigenschaften) sein mögen, sie werden nicht in den Findungsprozess der weniger grundlegenden BBSA-Wettbewerbe einbezogen. Mit anderen Worten: Nomizität wird pro BBSA-Wettbewerb intrinsisch und autonom verliehen.

Wie Schrenk (2017b) argumentiert, muss das allerdings nicht bedeuten, dass die Gesetze der Spezialwissenschaften metaphysisch völlig von fundamentaleren ontologischen Ebenen losgelöst sind. Es ist nämlich plausibel, dass die Eigenschaften der Spezialwissenschaften, die in ihren Gesetzen vorkommen, auf fundamentaleren Eigenschaften supervenieren: keine Änderung der spezialwissenschaftlichen Eigenschaften ohne eine Änderung der, sagen wir, physikalischen (vgl. Kap. 2.2.3). Kein chemisches Molekül kann sich ändern ohne Änderung der Anordnung seiner Elemente; kein Lebewesen kann sich wandeln, zum Beispiel wachsen, ohne Modifikation der es konstituierenden Materie etc. Die Supervenienz der spezialwissenschaftlichen Eigenschaften auf den fundamentalen Eigenschaften wiederum erzeugt, so darf angenommen werden, die Supervenienz spezialwissenschaftlicher Regularitäten auf fundamentaleren Regularitäten. Welche dieser supervenierenden Regularitäten aber nomischen Status erhalten, das entscheidet nicht die fundamentalere (‚subveniente'), sondern das BBSA der supervenierenden Wissenschaft. Dieser Gedanke wird in Schrenk (2017b: Abschnitt 4.3) formal ausgeführt.

Andere BBSA-Theoretiker, die ‚Imperialisten' (Albert 2000; Loewer 2007 & 2012; für die Namensgebung vgl. Weslake oben), glauben hingegen wie Lewis an die Vorherrschaft der Physik und die Reduktion aller spezialwissenschaftlichen Gesetze auf diese fundamentale Wissenschaft. Barry Loewer schlägt dazu eine neue Variante des *Package Deal* vor, den Lewis verworfen hatte (vgl. Kap. 2.2.4). Wie Schrenk, Cohen & Callender etc. weist Loewer (2007: 324) zunächst darauf hin, dass eine BBSA für jedes beliebige fixe Vokabular durchgeführt werden kann. Für jedes solche Vokabular $V_1, \ldots, V_n$, gibt es eine zugehörige Systematisierung $S_{V1}, \ldots, S_{Vn}$, die bei Weitem besser ist, als jede andere, die in diesem ihrem eigenen Vokabular formuliert ist. Aber welches dieser vielen vokabularrelativ besten Systeme, $S_{V1}, \ldots, S_{Vn}$, ist nun dasjenige System, das die Naturgesetze liefert?

Hier tritt nicht nur Loewers Affinität zur tatsächlichen wissenschaftlichen Praxis und Theoriebildung zum Vorschein, sondern auch die Differenz zu den Anarchisten: Die gegenwärtige (fundamentale) Wissenschaft, die Physik, hat ihr eigenes Vokabular und ihre eigenen Weisen, nach einfachen, starken, kohärenten Theorien maximaler Erklärungs- und Voraussagekraft zu suchen. (Die gegenwärtige Wissenschaftssprache ist *Englisch* angereichert mit mathematischem, physikalischem, chemischem, biologischem etc. Vokabular.) Die rationale Fortentwicklung unserer jetzigen Physik wird weitere theoretische Terme finden und weitere Fortschritte erzielen, also etwa zu einer Physik$^+$ führen. Diese Entwicklung extrapoliert Loewer nun: Unter den obigen Systemen $S_{V1}, \ldots, S_{Vn}$ ist dasjenige das beste, auf das unsere Wissenschaft mit ihrem Vokabular und ihren Gütekriterien zur Theorienfindung zusteuert (vgl. Loewer 2007: 325). Dieses System enthält die Naturgesetze als Axiome beziehungsweise Theoreme. Nichts deutet dabei darauf hin, dass die Wissenschaft auf das System S_{V*} mit einem einzigen Axiom $\forall xFx$ hinauslaufen würde. Diese Gefahr scheint also auch hier gebannt. Außerdem kann es eine Diskrepanz, die ein bestes System im lewisschen Sinne zum naturwissenschaftlich extrapolierten System haben könnte, nicht mehr geben (vgl. Loewer 2007: 326 und unsere Kap. 2.2.5.1 & 2.2.5.2).

Wie wir geschrieben haben, ist Loewer auf die sich fortentwickelnden Sprachen der Physik fixiert. Wie steht es nun um die Gesetze der Spezialwissenschaften? Diese sollen aus den (teils probabilistischen) Gesetzen der Physik zuzüglich der sogenannten ‚*past hypothesis*', das heißt dem Postulat eines geringen Entropiezustands des Universums zu seinem Beginn, probabilistisch folgen (vgl. Loewer 2012: 23 ff.). Von der Intention ähnlich wie bei Lewis diktiert die Physik (imperialistisch) die Spezialgesetze. Die Meinungsverschiedenheit zwischen *Imperialisten* und *Anarchisten*, welche BBSA-Variante die adäquatere (Spezial-)Gesetzestheorie liefert, ist und bleibt ein lebhafter Forschungsgegenstand. Die Anarchisten werfen den Imperialisten vor, es könnten niemals die spezialwissenschaftlichen Gesetze, die wir aus der Chemie, der Biologie etc. kennen, auf die von den Imperialisten anvisierte Weise folgen. Hier gäbe es mit großer Wahrscheinlichkeit keine Übereinstimmung (vgl. Weslake 2014: 249 ff.; Frisch 2011: Abschnitt 5 ff., 2014b: Abschnitt 3 ff.). Die Imperialisten drehen den Spieß herum: Die Gesetze der Anarchisten nämlich könnten den Gesetzen der Physik widersprechen, jedenfalls abweichende Vorhersagen treffen und in ihrem modalen Gehalt divergieren. Diesen Streit können wir hier leider nicht weiterverfolgen, denn wir müssen uns nun der Problematik der *cp*-Gesetze zuwenden (siehe unseren Punkt (c) oben).

3.1.4.4 *Ceteris-Paribus*-Gesetze in der Bessere Beste Systeme Analyse

Wie kann die BBSA mit Gesetzen mit Ausnahmen umgehen? Erinnern wir uns an unsere Überlegungen in 3.1.3 zur Möglichkeit für Lewis' eigene Theorie, Gesetze mit Ausnahmen zu tolerieren. Schrenk (2007, 2008 & 2014b) zeigt, wie diese Erwägungen auf BBSA übertragen werden können:

Dort, wo in der BSA individuelle Raumzeitpunkte, das heißt Index-Orte (x_0,y_0,z_0,t_0), Ausnahmen zu Gesetzen instanziieren könnten, sind es für die spezialwissenschaftlichen Gesetze der BBSA einzelne Entitäten oder Kreaturen (Moleküle, Pflanzen, Tiere etc.), die sich unregelmäßig verhalten können. Anstelle von Gesetzeskandidaten wie oben – $\forall u(Fu \land \neg @(x_0,y_0,z_0,t_0)u \rightarrow Gu$ – sind wir hier mit Sätzen wie zum Beispiel: ‚Tiger haben schwarze und orangefarbene Streifen, außer Siegfrieds und Roys Albino-Tiger Montecore etc.', das heißt mit $\forall u(Tu \land u \neq Montecore\ etc. \rightarrow Su)$ konfrontiert. Etwas formeller und allgemeiner haben wir es mit Gesetzeskandidaten wie $\forall x(Fx \land x \neq a_1 \land \ldots \land x \neq a_n \rightarrow Gx)$ zu tun. Die weiteren Erwägungen bleiben mehr oder weniger die gleichen wie oben in 3.1.3 (vgl. Schrenk 2014b: 1795 f.). Trotzdem wollen wir ein paar Zweifel aus dem

Weg räumen, die manche Leser und Leserinnen am Gelingen des Projekts haben mögen.

Man könnte beispielsweise glauben, dass ein Bündel von Gesetzesanwärtern, die all diese individuellen Ausnahmen auflisten, viel zu kompliziert ist, um einen BBSA Wettbewerb gewinnen zu können. Hier darf dieselbe Antwort stehen wie bei der Abwandlung des lewisschen Originals: Wir verlangen von keinem Gesetzessystem, dass es perfekt ist. Vielmehr suchen wir unter allen das *vergleichsweise* beste System. Wenn wir Glück haben, ist eines dieser Systeme (einschließlich der Gesetzesaussagen, die die außergewöhnlichen Individuen in ihrem Antezedens ausschließen) weit besser als die anderen. Wenn nicht, nicht: wie bei den Fundamentalwissenschaften könnte die Welt oder könnten die Aspekte der Welt, mit denen wir es zu tun haben, einfach zu unordentlich sein, um irgendwelche Gesetze aufweisen zu können. Gibt es aber einen Gewinner in Sachen Einfachheit und Stärke, und seien seine Gesetze auch noch so komplex, dann haben wir ein System von Gesetzen der betrachteten Spezialwissenschaft.

Weiterhin könnte man zweifelnd der Meinung sein, dass das Problem mit spezialwissenschaftlichen *ceteris-paribus*-Gesetzen doch genau darin besteht, dass wir unmöglich all diese individuellen Ausnahmen kennen und in unseren Gesetzeshypothesen auflisten können. Die erste Antwort auf diese Sorge ist, dass wir vorerst von einem allwissenden Standpunkt aus operieren: Für die metaphysische Theorie der Gesetze der Spezialwissenschaften haben wir angenommen, dass wir allwissend sind, also die Gesamtverteilung aller betrachteten Eigenschaften kennen: Erinnern Sie sich an Lewis' Metapher eines allwissenden, göttlichen Wesens. Diese Hilfsannahme bemühen auch wir. Wenn unsere Annahme hier problematisch sein sollte, dann ist sie es auch für alle anderen Varianten der BSA und BBSA.

Wir wollen die Dinge aber nicht im metaphysischen Himmel lassen. Denn wir müssen anerkennen, dass die eigentlichen Spezialwissenschaften, wie sie von Menschen praktiziert werden, nicht die Mittel haben, alle Ausnahmefälle in den Antezedenzien ihrer Gesetzesaussagen aufzulisten. Aus diesem Grund tragen ja die Gesetzesaussagen in der tatsächlichen Wissenschaft stattdessen die berüchtigten unspezifischen *cp*-Klauseln. Es stellt sich also in der Tat die dringende Frage, wie wir vom metaphysischen Ideal zur eigentlichen epistemischen Praxis der Wissenschaft gelangen (vgl. Schrenk 2014b: 1797 f.).

Dazu sollten wir uns zunächst daran erinnern, wie die Beziehung zwischen den wissenschaftlichen Gesetzen der Fundamentalwissenschaft und den metaphysischen Naturgesetzen, wie Lewis sie ursprünglich in seiner BSA vorgesehen hatte, aussah: Die von Schrödinger aufgestellte Gleichung zum Beispiel, die eine unserer besten Kandidaten für ein Fundamentalgesetz ist, ist in der Tat ein Naturgesetz, wenn zwei Dinge übereinstimmen: (i) die Eigenschaften, die die

Schrödingergleichung erwähnt (potentielle & kinetische Energie, Masse etc.) sind perfekt natürliche Eigenschaften; und (ii) die Gleichung gehört zu den Axiomen oder Theoremen des besten Systems. Dies sind die metaphysischen Fakten, die bestehen müssen, damit die Schrödingergleichung wirklich ein Naturgesetz ist.

Wie sieht die äquivalente Argumentation für (metaphysische) BBSA-Gesetze und die (epistemischen) *cp*-Gesetzeshypothesen der Spezialwissenschaften aus? Das (freilich nur beispielhaft) verwendete ‚Tiger haben, *ceteris paribus*, schwarze und orangefarbene Streifen' ist wirklich ein Gesetz, wenn zwei etwas kompliziertere Bedingungen erfüllt sind: (i*) die Eigenschaften Tiger, Schwarz, Gelb etc. sind Elemente der Menge der biologischen Eigenschaften; (ii*),Tiger haben schwarze und orangefarbene Streifen, außer den folgenden Tigern: t_1, t_2, ... , t_n', gehört zu den Axiomen oder Theoremen des besten Systems. Allgemeiner ausgedrückt: Wir sind berechtigt, ‚*cp*, *F*s sind *G*s' als Gesetz zu bezeichnen, genau dann, wenn sich $\forall u(Fu \wedge (u \neq a_1) \wedge (u \neq a_2) \wedge ... \wedge (u \neq a_n) \rightarrow Gu)$ als ein Axiom innerhalb des zugehörigen BBSA erweist, dessen Vokabular unter anderem die Prädikate *F* und *G* enthalten (vgl. Schrenk 2014b: 1797).

Die Anfügung von ‚*cp*' an einen unserer spezialwissenschaftlichen Kandidaten drückt die Zuversicht aus, dass die beiden oben genannten Bedingungen erfüllt sind. Wenn, kurz gesagt, ein *cp*-Kandidat, dessen Antezedens durch das allwissende Wesen komplettiert wird, tatsächlich ein Mitglied dieses besten Systems ist, dann drückt unser Gesetzeskandidat mit der *cp*-Klausel tatsächlich ein (*cp*-)Gesetz aus. Die *cp*-Klausel ist daher, wenn treffend verwendet, weder tautologisch noch leer.[205]

3.1.4.5 Problemfelder für die Bessere Beste Systeme Analyse und Lösungsansätze

Resultiert aus der Idee, dass nicht die Natur die perfekt natürlichen Eigenschaften und somit das Vokabular für den Beste-Systeme-Wettbewerb bestimmt (siehe Lewis' BSA), sondern wir es sind, die in der BBSA das Vokabular frei wählen, ein unerwünschter Gesetzesrelativismus, im schlimmsten Falle sogar ein Anthropozentrismus und eine Geistabhängigkeit der Gesetze? Radikal antirealistische

205 Die hier offerierte Theorie zählt zu den *Completer Accounts*, die Wahrheitsbedingungen für „‚Alle *F*s sind *G*s, *cp*' ist ein Gesetz" angeben, in denen die *cp*-Hülse mit präzisen Ausschlussfaktoren vervollständigt/ausgetauscht wird (vgl. Fodor 1991: 23; Reutlinger et al. 2019). Da die Vervollständigung hier aber im metaphysischen Ideal vollzogen wird und epistemisch nicht direkt zugänglich ist, klafft eine gewisse Lücke zwischen wissenschaftlicher Praxis und der Metaphysik dieser Gesetze. Insbesondere die pragmatischen Ansätze in 3.2 sehen dieses Faktum kritisch.

Merkmale bis hin zur Behauptung der sozialen Konstruktion der Naturgesetze wären sicherlich unerwünscht.

BBSA-Gesetze sind in der Tat immer relativ zur Menge der Prädikate, die zuvor ausgewählt wurden. Soweit ist es richtig, hier von einem Relativismus zu sprechen. Aber dieser Relativismus kann aus folgenden Gründen von BBSA-Vertreterinnen guten Gewissens akzeptiert werden: Die Wahl des Vokabulars ist zugegebenermaßen von menschlichen Interessen geprägt.[206] Die Verteilung der zu diesen Prädikaten gehörenden Eigenschaften in der Welt ist es aber nicht. (Ob man sich für Beeren oder Pilze interessiert, ist jedem frei überlassen, ob es Beeren oder Pilze im Wald zu finden gibt, das bestimmt die Natur.) Und es ist diese objektive, naturgegebene Verteilung, die maßgeblich für die Systematisierungen sind.

Um die Objektivität noch deutlicher hervorzuheben, können wir die BBSA-Systematisierung als eine Funktion mit zwei Variablen auffassen: $BBSA(V, M)=G_V$, wobei V für ein Vokabular steht, M für die Verteilung der zu den Prädikaten des Vokabulars gehörenden Eigenschaften in der Welt („M" für Mosaik) und G_V für die Menge der Axiome und Theoreme der besten Systematisierung, also für die Gesetze. Die Eigenschaftsverteilung M ist geistunabhängig, weltgegeben. Wenn wir nun auch den Systeme-Wettbewerb selbst (hier: die Funktion BBSA), insbesondere die Faktoren Einfachheit und Stärke darin, für mehr oder minder objektiv halten (für Zweifel daran siehe 2.2.5.2 und 3.2.2), dann sind die Gesetze G_V, bei einem ausgewählten, dann fixem Vokabular V, objektiv gegeben.[207]

Es gibt weitere Herausforderungen für die BBSA, die es zu bewältigen gilt. Die Vokabularauswahl ist nämlich nicht ganz so einfach, wie oben stets angenommen. Betrachten wir wieder die Biologie als Beispiel. Viele Gesetzeskandidaten aus der tatsächlichen biologischen Praxis enthalten nämlich im Wesentlichen

---

206 Das wird insbesondere von Vertretern einer pragmatischen BSA sogar als Tugend angesehen (siehe 3.2). Natürlich bieten sich hier die Vokabulare der verschiedenen aktuellen Wissenschaften als kanonische Wahl an, wenn die Systemgewinner als ‚Naturgesetze' bezeichnet werden sollen. Dies schränkt die Fülle an Vokabularen deutlich ein.

207 Wir können des Argumentes halber annehmen (vgl. Lewis 1973a: 73), dass, gegeben ein Mosaik und ein fixes Vokabular, die Gewinner der BBSAs bereits objektiv als abstrakte (platonische) Entitäten existieren. In der Sprache unserer Gottesperspektiven-Metapher: der allwissende, allmächtige Helfer hat die Berechnungen für jede mögliche Vokabelmenge bereits durchgeführt und so wählen wir bei der Festlegung einer zu systematisierenden Prädikatmenge (plus der zugehörigen Eigenschaftsverteilung) nur aus dem aus, was abstrakt und objektiv bereits existiert. Einige Vokabulare werden freilich so ungeeignet sein, die Welt zu systematisieren (weil es z. B. keine konkreten Gesetzmäßigkeiten gibt, die durch ihre Linsen zu sehen sind), dass es keine Systematisierung geben wird, die ihren Konkurrentinnen weit genug voraus ist.

auch physikalische und/oder chemische Prädikate/Eigenschaften.[208] Denken Sie an das bio-medizinische Gesetz, dass der Mensch ohne Wasser, das heißt H_2O, plus mindestens bestimmte gelöste isotonische Salze, nicht viel länger als zehn Tage überleben kann. Wenn wir uns solche Gesetze auch von einer BBSA der Biologie erhoffen, dann müssen wir dem „biologischen" Vokabular auch physikalische und chemische Prädikate beifügen. Nun wird aber eine beste Systematisierung mit großer Wahrscheinlichkeit dann auch ihrer Stärke und Einfachheit wegen reine physikalische oder chemische Generalisierungen enthalten. Das BBSA der ‚Biologie' generierte also Gesetze, die wir physikalisch oder chemisch nennen würden. Schrenk (unter Vertrag) schlägt vor, in Biologie-BBSA-Wettbewerben zu fordern, Sätzen, die kein biologisches Prädikat enthalten, erstens, standardmäßig Stärke Null zuzuordnen, damit sie nicht zur Güte eines biologischen Systems beitragen. Sollten sie im besten biologischen System dennoch zur Axiomatisierung gehören (weil sie dem Gesamtsystem beispielsweise durch Vereinheitlichung Stärke verleihen), dann muss dem BBSA eine Regel hinzugefügt werden wie „nur alle wahren, kontingenten Generalisierungen, *die mindestens ein biologisches Prädikat enthalten*, können als biologische Gesetze gelten". Eine solche Zusatzregel ist unschön, aber unvermeidlich.

Die Vokabularauswahl bereitet eine weitere Schwierigkeit und das hängt mit der Dynamik unserer Wissenschaften zusammen. Über welche Eigenschaften die Physik, die Chemie, die Biologie etc. heute sprechen, das unterscheidet sich stark vom Vokabular dieser Wissenschaften vor hundert oder zweihundert Jahren. Die variierenden Vokabulare könnten sogar in einem kuhnschen Sinne (siehe Kuhn 1962) inkommensurabel sein. Freilich können wir pro Wissenschaft pro Jahrzehnt ein Vokabular fixieren und einer BBSA unterziehen. Realistischerweise werden wir dann mit alternativen Mengen von Gesetzen konfrontiert, sogar für ein und dieselbe Wissenschaft: Vokabular V_1 wird Gesetze G_{V1} liefern, Vokabular V_2 Gesetze G_{V2}. Welche Gesetze dann aber die ‚echten' Gesetze sind, kann die BBSA alleine nicht entscheiden. Ähnlich wie Loewer könnten wir hier spekulieren, dass die Wissenschaften je auf ein finales Vokabular zusteuern. Wenn sich diese Hoffnung erfüllt, dann gibt es eine ultimative Gesetzesmenge $G_{V\text{-}final}$ und zeitweise konkurrierende G_{V1}, G_{V2} etc. sind eventuell weniger problematisch (vgl. Schrenk unter Vertrag).

Schließlich sind die Eigenschaften, über die die Spezialwissenschaften sprechen, höchst wahrscheinlich oft dispositionaler Natur: Ein Tiger zu sein bedeutet, jagen und fressen zu können; ein Säugetier zu sein, dass Junge lebend

208 Das gilt natürlich *a forteriori* für Zwischendisziplinen wie die Biochemie, Biophysik oder die physikalische Chemie.

zur Welt gebracht und gesäugt werden etc. Mit anderen Worten, diese Eigenschaften sind essenziell mit einem modalen Profil ausgestattet. Und das steht *prima facie* im Widerspruch zur (humeschen) Vorstellung, dass erst über die Beste Systeme Analyse nomologische Fakten generiert und die Eigenschaften mit einem modalen Profil ausgestattet werden. Wir erinnern uns, dass sich Lewis zum Quidditismus bekennt und dieser auch ein Herzstück des humeschen Supervenienzgedankens ist (siehe Kap. 2.2.2.).

Schrenk (unter Vertrag) schlägt vor, diese Spannung über eine semantische Betrachtung der zugehörigen Prädikate aufzulösen. Die Grundidee besteht darin, die nomologische Rolle bloß als Teil des stereotypischen Profils der Prädikate zu betrachten, das dazu dient, ihre Referenz, also ihre Extensionen, zu fixieren. Die Extensionen hingegen, die Eigenschaften selbst, können dann als nicht-modale Entitäten angesehen werden.[209]

3.1.5 Abschließende Evaluation der Bessere Beste Systeme Analyse

In den letzten Abschnitten haben wir einige für die BBSA problematische Angelegenheiten, aber auch Lösungsansätze skizziert. Damit ist sicher nicht das letzte Wort gesprochen, denn die BBSA wird zur Zeit der Veröffentlichung dieses Buchs heiß diskutiert und weitere Varianten werden formuliert: siehe beispielsweise die verwandte pragmatische Theorie, die wir nun in 3.2 vorstellen.

Wie immer wollen wir abschließend die besprochene Theorie anhand unserer Desiderata-Checkliste zusammenfassen. Dabei teilt die BBSA natürlich Charakteristika mit der lewisschen BSA. Für andere Desiderata wiederum sind BBSA-Gesetze noch nicht gut genug erforscht, um hier eindeutige Aussagen treffen zu können.

209 Es gibt weitere Schwierigkeiten spezialwissenschaftlicher Prädikate (Schrenk unter Vertrag). Eine könnte ihre teils bestehende Vagheit sein. Ob Viren schon Lebewesen sind, ist beispielsweise fraglich. Dann ist aber die Extension von ‚Lebewesen' vage und das würde sich auf die Systematisierung vererben. Zu leeren Prädikaten verworfener Theorien (‚Phlogiston', ‚*élan vital*') müsste auch ein Wort verloren werden und zu semantischen Verschiebungen, zum Beispiel von Newtons Massebegriff zu Einsteins. Wenn Prädikate mit einer Frege-Carnap-Semantik behandelt werden (Intension fixiert die Extension), dann führen diese Prädikate zu inkommensurablen Gesetzen. Wenn Prädikate einer Kripke-Putnam-Semantik gehorchen (Extension fixiert die Intension), dann führt das gegebenenfalls zu Reibungen mit dem anti-essentialistischen Ethos der BBSA.

Wichtig ist zudem, dass wir uns Folgendes vor Augen halten: Gesetzestheorien, die Gesetze mit Ausnahmen akzeptieren, könnten hier Theorien gegenüber im Nachteil sein, die *cp*-Gesetze außen vor lassen, denn diese Gesetze erfüllen einige der Desiderata *prima facie* nicht (s.u.). Andererseits spielen *cp*-Gesetze in der wissenschaftlichen Praxis eine zentrale Rolle und Theorien, die deren Bedeutung für die Wissenschaften gerecht werden, haben hier ihren entscheidenden Vorteil.

Entweder also wir lassen *cp*-Gesetze zu – und die wissenschaftliche Praxis legt uns das nahe –, dann sind wir bezüglich einiger Desiderata im Nachteil, oder wir behaupten, wie es zum Beispiel Earman, Roberts und Smith taten (siehe oben), *cp*-Gesetze seien eben keine Gesetze. Dann allerdings laufen wir Gefahr, dem Desiderat *X* der Bedeutung für die Wissenschaften nicht angemessen Rechnung zu tragen.

Besprechung der BBSA anhand unserer Desiderata-Checkliste: **i**

I. Objektivität

Lewis forderte nicht nur Wahrheit von Gesetzeskandidaten (‚*true* deductive systems'), sondern auch, dass sich die Prädikate, die in den Gesetzesaussagen vorkommen, auf natürliche Eigenschaften beziehen. Es wurde ihm aber vorgeworfen, dass mit Einfachheit, Stärke und deren Abwägung anthropozentrische Vorlieben ins Spiel kommen. Sofern BBSA-Varianten die lewisschen Kriterien beibehalten, erben sie letztere nicht-objektive Eigenschaft. BBSA-Gesetze sind zudem immer vokabularrelativ. Wir haben allerdings argumentieren können, dass, gegeben ein Vokabular, die Gesetze objektiv von der Welt und nicht mehr vom Menschen abhängen.

II. Faktizität/Inferenz

Auch die *Faktizität/Inferenz* wird zu einem gewissen Grad von der lewisschen BSA geerbt: wenn *p* ein Gesetz ist, dann ist *p* auch wahr. Allerdings werfen *ceteris-paribus*-Gesetze hier einige Schwierigkeiten auf, denn wenn ‚Alle *F*s sind *G*s, *cp*' ein Gesetz ist, dann folgt jedenfalls nicht, dass irgendein spezifisches *F* auch *G* ist. Diese Inferenz ist bei *cp*-Gesetzen eine bloß wahrscheinlich wahrheitserhaltende. (Das gilt auf der epistemischen Ebene; die korrespondierenden metaphysischen ‚*completer*' erfüllen die Inferenz!)

III. Invarianz/Universalität

BBSA-Gesetze, sofern sie *cp*-Gesetze sind, geben die Invarianz oder Universalität bewusst preis, denn chemische, biologische, ökonomische Gesetze gelten eben nicht an allen raumzeitlichen Positionen, unter allen Umständen und für alle Systeme.

Um das Desiderat zu retten, könnte man hier wieder den radikalen Schritt gehen und behaupten, dass *cp*-Gesetze, also fast alle angeblichen Gesetze der Spezialwissenschaften, gar keine Gesetze sind. Oder aber man geht zum Gegenangriff über und argumentiert, dass hier kein Makel der BBSA vorliegt, sondern dass das Desiderat zu verwerfen ist. (Siehe aber die Bemerkung zum metaphysischen ‚*completer*' in *II*, der auch hier gilt.)

IV. Kontingenz

Es besteht der Verdacht, dass spezialwissenschaftliche Eigenschaften nicht frei rekombinierbar sind: Tiger könnten nicht Vögel oder Reptilien sein, denn dann wären es eben keine Tiger. Wenn es aber gelingt, die spezialwissenschaftlichen Eigenschaften ihres inhärenten modalen Profils zu entledigen (siehe oben), dann sind BBSA-Gesetze kontingent. Und gerade bezüglich der Spezialwissenschaften besteht die Intuition der Kontingenz der Gesetze: Wäre die Evolution anders verlaufen, dann gälten andere biologische Gesetze und ein BBSA-Wettbewerb würde auch andere hervorbringen.

V. Nomologische Notwendigkeit und Stützung kontrafaktischer Konditionale

Für strikte BBSA-Gesetze gilt hier das Gleiche wie für lewissche BSAs. Bei *cp*-Gesetzen ist das anders. Weil für diese schon Aspekte der Faktizität fraglich sind, ist es deren Notwendigkeit oder die Stützung kontrafaktischer Konditionale erst recht. Wir dürfen bloß mit Vorsichtsklausel schließen: Wäre dies ein *F*, dann, *cp*, wohl auch ein *G*. Und auch nur die *cp*-Formulierung ‚Alle *F*s sind *G*s, *cp*‘ ist nomologisch notwendig. (Der oben vorgestellte *completer account* steht hier allerdings vor einer Schwierigkeit, denn die vervollständigte Proposition sollte nicht als nomologisch notwendig gelten, weil die in ihr vorkommenden Individuen bloß kontingenterweise Ausnahmen darstellen sollten.)

VI. Erklärungskraft

Ob Naturgesetze, so wie sie von Regularitätstheorien aufgefasst werden, die von Gesetzen verlangte Erklärungskraft für Ihre Instanzen haben, ist ja *per se* umstritten (siehe 2.2.5.5). Eine weitere Hürde bilden wieder die *cp*-Gesetze: ‚Alle *F*s sind *G*s, *cp*‘ erklärt höchstens, dass dieses *F* auch ein *G* ist, wenn zusätzlich gewährleistet ist, dass die *cetera paria* waren.

VII. Steuerung und Unabhängigkeit

Hier kann wiederholt werden, was wir schon bei Lewis schrieben: Naturgesetze *sind* bestimmte Regularitäten. Da hier eine Identitätsbeziehung vorliegt, können Naturgesetze die Regularitäten (die sie ja selbst sind) nicht auch noch in einem starken Sinne steuern oder lenken (zumal durch die Identifizierung auch die Unabhängigkeitsbedingung verletzt ist). Dazu bedürfte es einer Auffassung von Naturgesetzen, die sie als von eben jenen Regularitäten distinkte Entitäten ansehen.

VIII. Innere Verknüpfung

Wenn der dispositionale Charakter spezialwissenschaftlicher Eigenschaften umgangen werden kann, dann ist auch, wie bei Lewis, keine innere Verknüpfung zwischen regulär korrelierten Eigenschaften vorgesehen. Auch von Lokalität kann keine Rede sein, weil auch die BBSA nur holistisch, die gesamte Welt und ihre Regularitäten betrachtend, die Naturgesetze festlegt.

IX. Induktive Bestätigung und Stützung induktiver Schlüsse

Auch hier dürfen wir hoffen, dass wir BBSA Gesetze durch (wiederholte) Beobachtung ihrer Instanzen induktiv erschließen können. Allerdings erschwert, wie so oft, ihr *cp*-Charakter dieses Unterfangen.

X. Bedeutung für die Wissenschaften

Die Naturwissenschaftsnähe ist noch stärker gegeben als in Lewis' Original, weil BBSAs Vokabulare aktueller Wissenschaften verwenden. Die BBSA passt von daher besser zur wissenschaftlichen Praxis als die ursprüngliche BSA.

3.2 Die Pragmatische Beste Systeme Analyse

Zuerst werden wir die Grundideen der pragmatischen BSA präsentieren (3.2.1) und dann untersuchen, ob sie eine tragfähige Gesetzestheorie darstellt und im Besonderen, inwiefern sie die ‚klassische' lewissche BSA verbessert (3.2.2).[210]

3.2.1 Die Grundidee: Beste Systeme als *am besten für uns*

Wir haben zu Beginn dieses Buches auf den immensen Nutzen, den das Wissen um Naturgesetze mit sich bringt, hingewiesen. Eine naheliegende Idee besteht darin, diesen Nutzen als notwendige Bedingung für die Güte eines Gesetzessystems zu betrachten. Die Naturgesetze sind nach einer solchen Version der BSA auf die Fähigkeiten kognitiv begrenzter Wesen, wie wir es sind, zugeschnitten. Sie lässt sich wie folgt motivieren: Nicht alle Wahrheiten über die Welt sind gleich nützlich für begrenzte Kreaturen, die lediglich über limitierte kognitive Ressourcen verfügen (siehe Morton 2012 und Caton 2014). So wäre beispielsweise ein vollständiger Weltalmanach, der jede einzelne partikuläre Wahrheit über die Geschichte unseres Universums auflistet, für uns sehr wenig nützlich: Es würde enormer Ressourcen bedürfen, um eine solche Liste zu speichern und eines riesigen komputationalen Aufwandes, um die für uns relevanten Informationen aus einer solchen Liste zu extrahieren. Ein System, welches für uns nützlich ist, muss also Informationen in einer für uns effektiveren Weise bereitstellen (siehe Jaag & Loew 2020: Sek. 3).

Dieser Ansatzpunkt findet sich bereits bei einigen wichtigen Vertreterinnen der BSA, die diese zumindest informell mit Bezug auf den Nutzen für limitierte Subjekte motiviert haben.[211] So betont Helen Beebee (2000: 547, unsere Übersetzung), dass die Gesetze „verständlich für unseren schwachen, endlichen Geist"

210 Die hier vorgestellte pragmatische BSA wurde in einer Reihe gemeinsamer Arbeiten von Christian Loew und Siegfried Jaag entwickelt (siehe Jaag und Loew 2020, Loew und Jaag 2020a, Loew und Jaag 2020b, und Jaag und Loew Manuskript). Ähnliche Gesetzestheorien wurden unabhängig von Hicks (2018) und Dorst (2018) entwickelt. Die vorliegende Präsentation der Theorie entspricht im Wesentlichen der Darstellung in Jaag und Loew (2020: Sek. 3).

211 Nützlichkeitserwägungen spielen natürlich schon bei Anhängern projektivistischer Gesetzestheorien eine zentrale Rolle (siehe auch Kap. 2.0 und 2.1). So betont bereits Ernst Mach: „Die Naturgesetze sind nach unserer Auffassung ein Erzeugnis unseres psychologischen Bedürfnisses, uns in der Natur zurecht zu finden [...]" (Mach 1906: 453 f.). Wir werden in der Diskussion des Objektivitätskriteriums *I* genauer darauf eingehen, welche Auswirkungen die zentrale Rolle von Nützlichkeitserwägungen auf die Objektivität der Naturgesetze hat.

https://doi.org/10.1515/9783110517842-018

sein müssen. David Albert illustriert die Notwendigkeit von Gesetzen, die für uns nützlich sind, mittels einer fiktiven Audienz mit Gott:

> You get to have an audience with God. And God promises to tell you whatever you'd like to know. And you ask Him to tell you about the world. And He begins to recite the facts: such-and-such a property (the presence of a particle, say, or some particular value of some particular field) is instantiated at such-and-such a spatial location at such-and-such a time, and such-and-such another property is instantiated at such-and-such another spatial location at such-and-such another time, and so on. And it begins to look as if all this is likely to drag on for a while. And you explain to God that you're actually a bit pressed for time, that this is not all you have to do today, that you are not going to be in a position to hear out the whole story. (Albert 2015: 23)

Anstatt einer Aufzählung aller einzelnen partikulären Fakten erbitten wir deshalb etwas Kürzeres, das Informationen in einer für uns leichter fassbaren und somit nützlicheren Weise bereitstellt: „Something that will serve you well, or reasonably well, or as well as possible, in making your way about in the world" (ebd.).

Anstatt solche Nützlichkeitserwägungen lediglich als informelle Motivation zu betrachten, haben Jaag und Loew (2020) die Nützlichkeit der Gesetze in den Mittelpunkt ihrer Theoriebildung gestellt und ausgehend davon eine pragmatische Version der BSA entwickelt. Diese erklärt die Unterscheidung zwischen Gesetzen und anderen, bloß akzidentellen Fakten dadurch, dass die ersteren eine besondere Nützlichkeit für uns aufweisen, die den letzteren fehlt (vgl. Hall 2015: 268). Im Folgenden soll gezeigt werden, dass eine solche pragmatische BSA eine plausible Interpretation der aktualen wissenschaftlichen Praxis darstellt und Probleme löst, die in Lewis' ‚offizieller' nicht-pragmatischer BSA unüberwindbar erschienen (siehe vor allem Kap. 2.2.5.3 zum modalen Status der Gesetze).[212]

Bevor wir diese Theorie detaillierter darstellen, wollen wir kurz aufzeigen, warum und inwiefern eine Gesetzestheorie, die pragmatische Erwägungen in den Mittelpunkt stellt, überhaupt als humesche Theorie zu klassifizieren ist. Wie wir in Kapitel 2.2 erläutert haben, ist die Kernthese aller humescher Theorien, die auch unserer pragmatischen BSA zugrunde liegt, dass sich die fundamentale Struktur der Welt in der gesamten Verteilung nicht-modaler partikulärer Tatsachen (dem humeschen Mosaik) erschöpft. Trotzdem leugnet der Humeanismus keineswegs, dass die Gesetze und andere Formen natürlicher Modalität wie kontrafaktische Konditionale, Kausalität oder Dispositionalität eine zentrale

212 Hall (2015: Sek. 17.4.2) weist darauf hin, dass einige Ausführungen von Lewis selbst eine weniger objektive „nicht-offizielle" Version der BSA nahelegen. So schreibt Lewis: „The standards of simplicity, of strength, and of balance between them are to be those that guide us in assessing the credibility of rival hypotheses as to what the laws are" (Lewis 1986b: 123).

Rolle in der wissenschaftlichen Praxis und unserer alltäglichen Konzeption der Welt spielen. Wenn aber die Welt fundamental ein gänzlich nicht-modaler Ort ist, kann der Naturgesetzesstatus bestimmter Fakten nicht etwa dadurch erklärt werden, dass es sich hierbei um fundamentale Fakten handelt, die modal auf eine besondere Weise ausgezeichnet sind. Darin unterscheiden sich humesche Theorien auch grundlegend von diversen Varianten nicht-humescher Theorien, nach denen die Gesetze selbst fundamentale modale Strukturen darstellen oder in einer bestimmten primitiven modalen Struktur fundiert sind (siehe Kap. 2.3 – 2.6). Stattdesessen ist es aus humescher Sicht naheliegend, anzunehmen, dass der ausgezeichnete Status der Naturgesetze (und der natürlichen Modalitäten im Allgemeinen) damit zu tun hat, dass sie dem humeschen Zweck dienen, die nicht-modalen Fakten auf für uns nützliche Weise zu systematisieren. Die hier dargestellte pragmatische BSA erklärt dementsprechend den Gesetzesstatus bestimmter Fakten dadurch, dass sie uns helfen, auf für uns effektive Weise an Informationen über nicht-modale humesche Fakten zu gelangen.

Diese pragmatische Grundidee wird dadurch in die BSA implementiert, dass die kognitive Nützlichkeit (KN) für limitierte Subjekte als zusätzliche notwendige Bedingung an eine beste Systematisierung gefordert wird:

(KN) Eine beste Systematisierung maximiert den kognitiven Nutzen für Kreaturen, wie wir es sind.

Bevor wir aufzeigen, welche theoretische Arbeit KN leistet, wollen wir sie etwas näher erläutern: Wir meinen mit ‚Kreaturen, wie wir es sind' Kreaturen mit begrenzten kognitiven Ressourcen in einem weiten Sinne. Das heißt, wir meinen hierbei nicht spezifische Menschen Anfang des 21. Jahrhunderts, die mit unseren gegenwärtigen Technologien ausgestattet sind. Die kognitiven Limitationen sollen stattdessen generischer verstanden werden, so dass sie von allen verkörperten endlichen Wesen geteilt werden, wie derzeitige Menschen, zukünftige Menschen oder außerirdische Wissenschaftlerinnen (angenommen, es sollte solche geben). ‚Kreaturen, wie wir es sind' sind also idealisiert in dem Sinne, dass sie lediglich die prinzipiellen kognitiven Einschränkungen haben, die alle begrenzten Wesen, wie wir es sind, teilen.

Zu den kognitiven Beschränkungen solcher Wesen zählen die folgenden: Erstens haben begrenzte Wesen nur fragmentarische Information zur Verfügung; das heißt, sie kennen niemals den vollständigen Zustand des Universums mit voller Präzision. Aufgrund der Begrenztheit ihres Wahrnehmungsapparates und Unzulänglichkeiten ihrer Messinstrumente ist die ihnen zur Verfügung stehende Information über den Zustand der Welt bruchstückhaft und oft ungenau. Zweitens haben sie Beschränkungen bezüglich der Informationsverarbeitung. So können sie nicht beliebige große Datenmengen speichern, geschweige denn verarbeiten. Und drittens verfügen sie nur über endliche materielle Ressourcen und endliche Zeit. Deshalb haben solche Wesen ein Interesse daran, Aufgaben möglichst effizient zu erledigen, indem sie die Information minimieren, die sie sammeln, speichern und verarbeiten müssen.[213]

Was meinen wir mit kognitivem Nutzen? Kenntnis der Gesetze zu erlangen, ist kein reiner Selbstzweck. Eine zentrale Funktion der Gesetze, die sie so eminent nützlich für uns machen, besteht darin, dass sie es uns ermöglichen, zahlreiche Vorhersagen über die Welt zu treffen. Hierunter verstehen wir sowohl Aussagen über die Zukunft als auch die Gegenwart und Vergangenheit. Die Kenntnis der Gesetze erweitert unser Wissen über die Welt, indem sie uns erlaubt, aus bekannten Tatsachen auf neue, unbekannte Tatsachen zu schließen. So erlauben uns beispielsweise Newtons Bewegungsgesetze und das Gravitationsgesetz, die zukünftigen (und vorhergehenden) Positionen der Erde aus dem derzeitigen Zustand der Erde und einigen Randbedingungen abzuleiten. Natürlich erfüllen die Gesetze weitere (kognitive) Funktionen, indem sie Erklärungen ermöglichen (siehe Desiderat *VI*), zur Handlungssteuerung beitragen und die Entwicklung von Technologien ermöglichen. Im Folgenden wollen wir uns aber auf die Vorhersagefunktion konzentrieren, da diese plausibler Weise die zentrale Funktion der Gesetze in der wissenschaftlichen Praxis darstellt (siehe auch Dorst 2018). Gegeben, dass Vorhersagen zu ermöglichen, den zentralen kognitiven Nutzen der Gesetze darstellt, besagt KN das Folgende: Eine beste Systematisierung muss Informationen in einer solchen Weise bereitstellen, dass sie es begrenzten Kreaturen, wie wir es sind, ermöglicht, auf möglichst effiziente Weise so viele Vorhersagen wie möglich zu machen.

Ein bestes System, welches *am besten für uns* ist, hilft uns also dabei, möglichst viele Vorhersageprobleme zu lösen, aber dabei unsere kognitiven Ressourcen so wenig wie möglich zu beanspruchen.[214] Solche Probleme bestehen

213 Was aber, wenn es ‚unbegrenzte' Wissenschaftlerinnen geben würde, deren kognitive Fähigkeiten radikal von den unseren verschieden wären? Nehmen wir beispielsweise an, dass sie, wie laplacesche Dämonen, die vollständige Information über den exakten Zustand der Welt haben könnten und keinerlei Beschränkungen bezüglich der Speicherung und Verarbeitung dieser Information hätten. Vermutlich hätten solche Kreaturen einen Naturgesetzesbegriff – wenn sie überhaupt eines solchen bedürften –, der sehr verschieden vom unsrigen ist, und deren Gesetze hätten folglich vermutlich nicht viel mit unseren gemein. Unsere ‚negative' Charakterisierung der Limitationen der kognitiven Fähigkeiten von endlichen Wesen und die resultierende Abgrenzung von unbegrenzten ‚laplaceschen' Kreaturen ist zugegebenermaßen recht grob. Wie wir im Folgenden zeigen werden, reicht sie aber aus, um mit ihrer Hilfe die wichtigsten (modalen) Merkmale von Naturgesetzen zu erklären.

214 Unsere Version der BSA ist in dieser Hinsicht sehr ähnlich zu einem Vorschlag von Jenann Ismael (2015: 197, unsere Übersetzung), nach dem die Gesetze „partiell erstellte Lösungen für

typischerweise darin, die zeitliche Entwicklung eines physikalischen Systems aus unvollständiger und möglicherweise leicht fehlerhafter Information über seinen Anfangszustand abzuleiten. Der Vorschlag von Jaag und Loew (2020) besteht darin, die Naturgesetze mit denjenigen Fakten zu identifizieren, die derartigen besten Systemen angehören. Entsprechend besteht das Gesetzesfaktum, *dass es ein Naturgesetz ist, dass p* genau dann, wenn das sub-nomische Faktum, dass *p* dem besten System angehört, welches im erläuterten Sinne am besten für uns ist.

Veranschaulichen wir uns dies anhand eines vereinfachten Beispiels. Nehmen wir an, wir wollen jetzt vorhersagen, wo sich die Erde morgen um 12:33 Uhr befindet. Ein System, welches die Information über den exakten momentanen Mikrozustand des gesamten Universums zum jetzigen Zeitpunkt erfordert, um diese Vorhersage zu machen, ist praktisch kaum nützlich für uns, da wir nicht über diese Information verfügen. Dasselbe gilt für einen kompletten Weltalmanach, der einfach nur jedes einzelne partikuläre Faktum auflistet. Er benötigt zwar keinerlei zusätzliche ‚Inputinformation' über den Zustand der Welt, um die morgige Position der Erde zu bestimmen, da er sie unter unzähligen anderen partikulären Fakten explizit auflistet. Allerdings beansprucht ein solcher Almanach gigantische Speicherkapazitäten und es bedarf eines enormen komputationalen Aufwandes, um die relevante Information aus dieser riesigen Datenmenge herauszudestillieren. Im Gegensatz dazu ist ein System aus einigen (Differential-)Gleichungen, welches relativ einfach zu speichern ist und es uns erlaubt, die zukünftige Position der Erde aus grobkörniger Information über ihren jetzigen Ort und Bewegungszustand und über relativ wenige Umgebungsfaktoren zu bestimmen, von enormem praktischen Nutzen. Ein solches System erlaubt es uns beispielsweise, die zukünftige Position der Erde aus Information vorherzusagen, die wir erwerben, speichern und verarbeiten können.

Wie im Falle von Lewis' Version der BSA müssen auch im Falle der pragmatischen BSA konkurrierende theoretische Tugenden gegeneinander abgewogen werden. Einerseits sollen nützliche Systeme die Komplexität der Gesetze selbst minimieren: Komplexe Systeme mit hohem Informationsgehalt (wie beispielsweise ein vollständiger Weltalmanach) sind schwieriger zu speichern und zu verarbeiten als einfachere Systeme mit weniger Informationsgehalt. Andererseits jedoch sollten nützliche Systeme die Information minimieren, die benötigt wird, um mit Hilfe der Gesetze Vorhersagen zu machen.[215] So ist beispielsweise ein

häufig vorgefundene Probleme" darstellen. Allerdings ist Ismael keine Verfechterin einer humeschen Gesetzestheorie.

215 Diese Eigenschaft nützlicher Systeme ähnelt Sobers (1975) und Thagards (1978: 88) Begriffen der Einfachheit.

System, welches uns erlaubt, die zukünftige Position der Erde aus ihrem groben Makrozustand zu errechnen, einfacher zu handhaben als ein System, welches hierfür die Information über den exakten Mikrozustand der Erde und deren Umgebung erfordert. So gilt *ceteris paribus* für dynamische Gleichungen: je weniger freie Parameter sie enthalten, desto leichter sind sie anzuwenden. Diese beiden Tugenden jedoch konfligieren miteinander. Die Information, die ein System benötigt, um Vorhersagen zu machen, kann dadurch minimiert werden, dass dem System selbst Information hinzugefügt wird. Wenn wir beispielsweise den momentanen Zustand der Erde zum System bestehend aus Newtons Bewegungsgleichungen und dem Gravitationsgesetz hinzufügen, verringert sich die Information, die dem System ‚von außen' hinzugefügt werden muss, um Vorhersagen über die Trajektorie der Erde zu machen. Gleichzeitig erhöht sich dadurch jedoch die Komplexität des Systems selbst. Ein System ist also umso nützlicher, je weniger (externe) Information benötigt wird, um Vorhersagen zu ermöglichen, und je weniger Speicherkapazität und komputationale Ressourcen es beansprucht. Ein System, welches am besten für uns ist, ermöglicht maximal viele Vorhersagen aus möglichst wenig (eventuell ungenauer) Information über die Hintergrundbedingungen und bei möglichst geringer Beanspruchung unserer Speicherkapazitäten und komputationalen Ressourcen.

Die hier dargestellte pragmatische Version der BSA unterscheidet sich in zwei wichtigen Hinsichten von Lewis' BSA. Erstens enthält ein lewissches bestes System so viel Information über die Gesamtheit der nicht-nomischen Fakten wie möglich in einer möglichst einfachen Weise. Ein für uns bestes System hingegen enthält diese Information nicht bereits allein, sondern erlaubt es uns, neue Fakten (etwa die zukünftige Trajektorie der Erde) effektiv von Informationen abzuleiten, zu denen wir relativ leicht Zugang haben (den momentanen makroskopischen Zustand der Erde plus einige wenige Hintergrundbedingungen). Zweitens besteht Lewis darauf, dass die Standards von Stärke und Einfachheit und deren Abwägung objektiv sein müssen. Die theoretischen Tugenden hingegen, die unser bestes System auszeichnen, sind explizit auf die kognitiven Fähigkeiten limitierter Erkenntnissubjekte zugeschnitten (siehe auch Loewer 2007: 324). Wir werden hierauf genauer am Anfang der folgenden Sektion eingehen, wenn wir das Objektivitätskriterium diskutieren.

Die pragmatische BSA leistet die Unterscheidung zwischen Gesetzen und bloß zufällig wahren Generalisierungen wie folgt: Reichenbachs Generalisierung über Uran-235 beispielsweise lässt sich aus Wahrheiten über kritische Massen und nukleare Kettenreaktionen ableiten. Letztere sind Teil eines für uns besten Systems, da es uns ermöglicht, auf effiziente Weise zahlreiche Vorhersagen zu machen. Deshalb klassifiziert die pragmatische BSA die Urangeneralisierung als gesetzlich. Es gibt allerdings keine entsprechende Ableitung der Goldgeneralisierung. Die Aufnahme der Goldregularität würde eine Systematisierung deutlich komplexer machen, während ihre Vorhersagekraft nur marginal gesteigert würde. Deshalb ist die Goldgeneralisierung nicht in einem besten System enthalten, das den praktischen Nutzen für uns maximiert und somit auch kein Gesetz. Wir werden in der folgenden Diskussion erläutern, dass die pragmatische BSA im Gegensatz zur klassischen BSA eine weitere wichtige Unterscheidung erklärt, nämlich die zwischen Anfangs- oder Randbedingungen und Gesetzen.

3.2.2 Kritische Diskussion der pragmatischen Beste Systeme Analyse

Wir wollen auch die pragmatische BSA mittels unserer Liste von Kriterien untersuchen und überprüfen, inwiefern sie eine Verbesserung der klassischen lewisschen Orthodoxie darstellt.

I. Objektivität. Das Objektivitätskriterium stellt wohl die größte Herausforderung an die pragmatische BSA dar. In der Diskussion des Objektivitätskriteriums in Kapitel 2.2 haben wir gesehen, dass schon Lewis' Version der BSA mit dem Einwand konfrontiert wurde, dass die Tugenden Einfachheit und Stärke und deren Abwägung die Objektivität der Naturgesetze in Frage stellen. Lewis (1994: 479) versuchte dieses Bedenken wie folgt auszuräumen: Erstens seien die Merkmale Einfachheit und Stärke und deren Abwägung höchstens partiell subjektiv; zweitens hätten wir Grund zur Annahme, dass unsere Welt so verfasst sei, dass sich ein einziges System als robust bestes erweisen würde, egal welche Standards von Einfachheit und Stärke und deren Abwägung angewendet würden.

Wie oben dargestellt, besteht die Kernidee einer pragmatischen Version der BSA darin, dass explizit akzeptiert wird, dass unsere Verfasstheit als begrenzte Kreaturen konstitutiv dafür ist, dass Gesetzen ihr Gesetzesstatus zukommt. Bevor wir die resultierende Anthropozentrizität der Gesetze bewerten, müssen wir qualifizieren, worin genau diese besteht. Die pragmatische BSA hat nicht etwa zur Folge, dass dasjenige, was die Gesetze über unsere Welt aussagen, in irgendeiner Weise von unseren kognitiven Fähigkeiten abhängt: Wenn sich beispielsweise Newtons zweites Gesetz als im pragmatisch besten System enthalten und somit als Gesetz herausstellt, dann ist das sub-nomische Faktum, dass sich Massen in der Weise verhalten, wie Newtons dynamische Gleichung besagt, in keiner Weise von unseren begrenzten kognitiven Fähigkeiten abhängig. Lediglich welchen Fakten Gesetzesstaus zukommt, hängen von unserer Verfasstheit als begrenzte Kreaturen ab (vgl. Cohen & Callender 2009: 30; Schrenk 2014b: 1794; und unser Kap. 3.1.4.5). Mit anderen Worten, nicht die Gesetze selbst (wie $F=ma$), sondern die

Gesetzesfakten (wie *es ist ein Gesetz, dass F=ma*) bestehen zumindest teilweise aufgrund von Fakten über unsere Verfasstheit als begrenzte Wesen.

Jaag und Loew (2020: Sek. 3) argumentieren dafür, dass diese Anthropozentrizität nicht problematisch ist: Erstens hat die pragmatische BSA nicht zur Folge, dass die Gesetzesfakten von unseren Überzeugungen und Wünschen abhängig sind, und deshalb mehr oder weniger beliebig variieren können. Die einzigen relevanten Fakten über unsere Verfasstheit sind, wie oben erläutert, unsere generischen Limitationen bezüglich der Gewinnung, Speicherung und Verarbeitung von Informationen, die alle uns bekannten endlichen Wesen teilen und die sich plausibler Weise auch nicht durch technischen Fortschritt vollständig überwinden lassen. Diese Einschränkungen sind unabhängig davon, was wir glauben oder wünschen, weshalb die Gesetzesfakten also keineswegs ‚uns überlassen' sind. Die pragmatische BSA lässt dementsprechend auch zu, dass sich zukünftige wissenschaftlich entdeckte Gesetze für uns als nützlicher erweisen werden als unsere gegenwärtigen.

Zweitens liefert diese Anthropozentrizität plausible Erklärungen charakteristischer Merkmale bestehender wissenschaftlicher Gesetze. Es ist hingegen schwer zu sehen, wie Gesetzestheorien, nach denen die Gesetzesfakten vollständig unabhängig von unserer kognitiven Verfasstheit sind, erklären können, warum Gesetze diese Merkmale aufweisen, die sie so nützlich für limitierte Kreaturen wie uns machen. Wir werden diese zentralen Merkmale wissenschaftlicher Gesetze in der Diskussion der Kriterien *V* und *X* näher erläutern.

Drittens plausibilisiert die moderate Anthropozentrizität der Gesetze die sparsame fundamentale Ontologie, die humesche Gesetzestheorien postulieren. Sie erlaubt es, Gesetze von nicht-gesetzlichen Fakten zu unterscheiden lediglich unter Annahme einer minimalen fundamentalen nicht-modalen metaphysischen Struktur (siehe Kap. 2.2). Im Gegensatz dazu postulieren Theorien, nach denen sich Gesetze durch Merkmale auszeichnen, die gänzlich unabhängig von unserer kognitiven Situation sind, zusätzliche fundamentale metaphysische Strukturen, um den Gesetzesstatus bestimmter Fakten zu erklären (siehe Kap. 2.2–2.6). Dadurch, dass diese explanatorische Funktion von unserer Verfasstheit als begrenzte Wesen übernommen wird, ist diese ontologische Maschinerie verzichtbar. Zusätzlich wird dadurch, dass Gesetze konstitutiv über ihre kognitive Nützlichkeit erklärt werden, unmittelbar klar, warum die Gesetze eine solche Bedeutung für die aktuale wissenschaftliche Praxis haben (vgl. Loewer 2017: 325 und Loew, Jaag & Hicks Manuskript).

Angesichts dieser drei Erwägungen erscheint die Anthropozentrizität der Gesetzesfakten, die die pragmatische BSA behauptet, vertretbar.

II. Faktizität/Inferenz. Das Faktizitätskriterium beziehungsweise die Inferenz von Gesetzesfakten der Form *es ist ein Gesetz, dass p* zu sub-nomischen Fakten der Form *dass p* ist im Rahmen einer pragmatischen BSA gleich unproblematisch wie im Falle der klassischen lewisschen BSA. Beide Versionen stimmen darüber überein, dass es sich bei den Gesetzen um eine bestimmte Klasse sub-nomischer Fakten handelt, nämlich der Klasse von Fakten, die die Gesamtheit der nicht-modalen sub-nomischen Fakten am besten systematisiert. Sie unterscheiden sich lediglich darin, welche Kriterien herangezogen werden, um zu bestimmen, welche dieser Fakten der besten Systematisierung angehören.

III. Invarianz/Universalität. Die pragmatische BSA liefert ein sehr viel nuancierteres Bild der diversen Dimensionen der naturgesetzlichen Invarianz als die klassische BSA: Letztere fängt die Invarianz-Merkmale, dass Gesetze *an allen Raumzeit-Stellen*, *unter allen Umständen* und *für alle Systeme* gelten, dadurch ein, dass sie die Gesetze stipulativ mit den (kontingenten) universellen Regularitäten in den besten Systematisierungen identifiziert (siehe Lewis 1994: 478 und unser Kap 2.2). Die pragmatische BSA hingegen erklärt, warum die Gesetze zumindest ein hohes Maß von Invarianz aufweisen. Gesetze, die nur in sehr begrenzten Raumzeitgebieten gelten oder ganz spezifische partikuläre Systeme beschreiben, sind *ceteris paribus* sehr viel weniger nützlich als Gesetze, die sich jederzeit und überall auf viele Systeme anwenden lassen. So wären zum Beispiel Gesetze, die sich massiv unterscheiden würden, abhängig davon, wo und wann Wissenschaftler ihre Experimente durchführen, praktisch nutzlos. Auf analoge Weise wären Gesetze, die ausschließlich die Bahn der Erde beschreiben, sehr viel weniger nützlich als Gesetze, die auch die Trajektorien anderer Planeten (wie Keplers Gesetze) oder sogar beliebiger Massen (wie die Newtonschen Gesetze) beschreiben.

Die pragmatische BSA erklärt überdies mögliche Verletzung der gesetzlichen Invarianz: Erstens halten zahlreiche Physikerinnen und Philosophen es für eine offene empirische Möglichkeit, dass sich die fundamentalen Gesetze über die Zeit und den Raum hinweg ändern könnten (siehe unsere Diskussion des Invarianzmerkmals in Kap. 1.4). Um diese Möglichkeit nicht *a priori* auszuschließen, könnte die klassische BSA dadurch modifiziert werden, dass die besten Systematisierungen auf bestimmte kosmische Epochen relativiert werden. So hat Marc Lange (2009a: 103, unsere Übersetzung) bemerkt, dass „[d]er Begriff „das beste System für die Periode [t1, t2]" nicht weniger kohärent sei, als der Begriff „das beste System für die gesamte Geschichte des Universums". Die pragmatische BSA hingegen muss nicht *ad hoc* modifiziert werden, um die Möglichkeit raumzeitlich begrenzter Gesetze einzuräumen. Die Universalität der Gesetze ist nach der pragmatischen BSA, wie oben erläutert, kein ‚Selbstzweck'. So könnten Gesetze, deren Invarianz lediglich auf unsere kosmische Epoche beschränkt ist, ausreichend sein, um nützlich für uns zu sein. Analog dazu ist auch die *Invarianz der Gesetze unter allen Umständen* und deren *Gültigkeit für alle Systeme* nach der pragmatischen BSA keine *sine-qua-non*-Bedingung an Gesetze. So könnten auch nicht-strikte *ceteris-paribus*-Gesetze, die nur unter bestimmten Umständen oder für bestimmte Systeme gelten, Eingang in ein pragmatisch bestes System finden, solange sie viele Vorhersagen auf effektive Weise ermöglichen (vgl. auch Kap 3.1).

Zweitens schließt die stipulative Identifikation der Gesetze mit Regularitäten, wie sie in der klassischen BSA vorgenommen wird, partikuläre Fakten als Kandidaten für Gesetze aus. Wie wir bei der Einführung des Invarianzmerkmals *III* in Kap. 1.4 erläutert haben, handelt es sich jedoch bei einigen Kandidaten für Naturgesetze, wie beispielsweise der Vergangenheitshypothese, die grob ausgedrückt besagt, dass unser Universum in einem bestimmten Zustand niedriger Entropie begonnen hat, nicht um universelle Regularitäten. Nach David Albert (2015) ist die Vergangenheitshypothese ein fundamentales Gesetz, da sie unabdingbar dafür ist, effektiv Vorhersagen zu machen: Ihre Hinzunahme zu den Gesetzen schließt vielerlei bizarres Verhalten aus (bzw. macht dieses extrem unwahrscheinlich), welches die dynamischen Gesetze alleine zuließen. Wenn Albert diesbezüglich recht hat, hat die Vergangenheitshypothese auch nach der pragmatischen BSA Gesetzesstatus, da ihre Hinzunahme die Vorhersagekraft der Gesetze und somit deren praktischen Nutzen enorm steigert (siehe Jaag & Loew 2020, Sek. 4).[216]

Prinzipiell könnten Vertreter der klassischen BSA die Bedingung aufgeben, dass es sich bei den Gesetzen um universelle Regularitäten handeln muss (siehe Hall 2015). Somit würden die partikulären Fakten im besten System ebenfalls als Gesetze gelten. Allerdings stellt sich dann das Problem, dass weitere partikuläre Fakten als Gesetze gelten würden, die Physiker als bloße Randbedingungen behandeln. So hat Hall (2015: 270) ein Rezept skizziert, nach dem der gesamte Zustand des Universums zu einem Zeitpunkt durch eine einzige reelle Zahl, eine so genannte „unechte Konstante" (bei Hall: „*phony constant*") kodiert werden kann. Da diese Konstante extrem viel Information auf sehr einfache Weise kodiert, fände sie nach Hall Eingang in eine lewissche beste Systematisierung und würde daher von der klassischen BSA fälschlicherweise als Gesetz klassifiziert.[217]

---

216 Hierzu ist nach Albert (2015: 15) zusätzlich das „statistische Postulat" nötig. Dieses spezifiziert, grob gesagt, eine (probabilistische) Gleichverteilung über die Mikrostände, die mit der Vergangenheitshypothese kompatibel sind.

217 Lange (2009a: 57) und Woodward (2014: 97) haben dafür argumentiert, dass eine ähnliche Schwierigkeit auftritt, selbst wenn an der Bedingung festgehalten wird, dass es sich bei den

Die pragmatische BSA erklärt, warum Kodierungen partikulärer Randbedingungen wie die ‚unechte Konstante' im Gegensatz zu ‚echten' physikalischen Konstanten, wie beispielsweise die Gravitationskonstante *G*, nicht einem für uns besten System angehören. Obwohl die erste zwar objektiv extrem viel Information kodiert, ist diese Information nicht für begrenzte Subjekte, wie wir es sind, zugänglich: Solche Wesen können die ‚unechte Konstante' im besten Falle näherungsweise kennen. Das Wissen um beispielsweise die ersten eintausend Stellen dieser Konstante liefert jedoch praktisch keine Information über den Zustand des Universums und hilft uns nicht dabei, irgendwelche Vorhersagen zu machen (siehe Hall 2015: 273 f. und Loew & Jaag 2020 für weitere Details). Im Gegensatz dazu reicht ein solcher ungefährer Wert der Gravitationskonstanten *G* aus, um mit Hilfe des Gravitationsgesetzes die Gravitationskräfte zwischen beliebigen zwei Massen in guter Annäherung zu bestimmen. Die pragmatische BSA klassifiziert also im Gegensatz zur klassischen BSA bestimmte partikuläre Fakten als Gesetze, ohne partikulären Fakten Gesetzesstatus zuzuweisen, die Physiker als bloße Randbedingungen betrachten (vgl. Hicks 2018).

(Auf analoge Weise löst die pragmatische BSA ein weiteres wichtiges Problem der klassischen BSA. Wie wir in Kapitel 2.2 erläutert und in 3.1.4.2 nochmal aufgegriffen haben, kann die Stärke und Einfachheit von Systemen auf triviale Weise maximiert werden, wenn keine Bedingungen an die Prädikate gestellt werden, in denen die besten Systematisierungen formuliert sind. Bei geeigneter Definition des Prädikats *F* (zum Beispiel durch *auf alle und nur die Ereignisse zuzutreffen, die in der aktualen Welt existieren*) lässt sich die beste Systematisierung mittels $\forall xFx$ axiomatisieren. Lewis schließt solche ‚künstlichen' Systematisierungen aus, indem er fordert, dass sich die Prädikate, in denen eine Systematisierung formuliert ist, auf perfekt natürliche Eigenschaften beziehen müssen. Dies jedoch birgt die Gefahr, dass eine prinzipielle Kluft zwischen wissenschaftlich entdeckten und ‚echten' metaphysischen Naturgesetzen entsteht (siehe van Fraassen 1989: 53 und Cohen & Callender 2009). Die hier vorgestellte pragmatische BSA benötigt keine solche Natürlichkeitsforderung, da $\forall xFx$ schlichtweg Information nicht auf eine Weise bereitstellt, dass sie von endlichen Wesen speicher- und extrahierbar ist (vgl. Loewer 2007: 324 – 326). Deshalb ist $\forall xFx$ nicht kognitiv nützlich und nach der pragmatischen BSA auch kein Gesetz. Somit fängt sie auch eine zentrale Einsicht der ‚Besseren Beste Systeme Analyse' (siehe Kap 3.1) und des loewerschen ‚Package Deal Accounts' ein (siehe Loewer 2007: 324), nämlich dass eine Naturgesetzestheorie keine Natürlichkeitsbedingung an die Sprache stellen sollte,

Gesetzen um Regularitäten handeln muss und somit partikuläre Fakten wie die unechte Konstante als Gesetze ausgeschlossen werden (vgl. Hicks 2018 und Jaag & Loew 2020).

in der die besten Systematisierungen verfasst sind, die von außerhalb der Wissenschaften kommt.)

Schließlich liefert die pragmatische BSA Erklärungen, warum funktionale Gesetze in dem Sinne invariant sind, *dass sie für alle Werte, der in ihnen enthaltenen Variablen, gelten*, die im Rahmen der klassischen BSA nicht verfügbar scheinen. Wenn man Newtons Gesetze oder Coulombs Gesetz für bare Münze nimmt, gelten sie nicht nur für aktual instanziierte Werte, sondern für eine Vielzahl nicht-aktualer uninstanziierter Werte. So liefert Coulombs Gesetz beispielsweise für alle möglichen Ladungswerte und relativen Abstände entsprechende elektrostatische Kräfte, obwohl nur ein Bruchteil von ihnen jemals aktual instanziiert ist. Wenn der einzige Zweck der Gesetze aber darin besteht, die aktualen Fakten effektiv zu systematisieren, wie Humeanerinnen dies behaupten, erscheint dieser bloß ‚modale Gehalt' der Gesetze rätselhaft: Warum sollten Wissenschaftler nach Gesetzen streben, die eine Vielzahl bloß möglicher, aktual uninstanziierter Werte beziehungsweise Anfangsbedingungen abdecken? Die Kompatibilität der Gesetze mit bloß möglichen Anfangsbedingungen verringert die Stärke eines Gesetzessystems. Eine traditionelle Antwort besteht darin, dass Gesetze, die auch uninstanziierte Werte abdecken, einfacher sind als solche, die nur auf instanziierte Werte anwendbar sind. Der Ausschluss uninstanziierter Werte würde verhindern, dass wir zum Beispiel Newtons zweites Gesetz als eine relativ einfache Differentialgleichung formulieren können (siehe Armstrong 1983: 22f. und Lange 2008: 209).

Diese Einfachheitserklärung des ‚modalen Gehalts' der Gesetze ist sicherlich nicht unplausibel und mag auch erklären, warum funktionale Gesetze Eingang in ein lewissches bestes System finden. Indem die pragmatische BSA unser Bedürfnis, die Gesetze auf fragmentarische und oft inakkurate Information anzuwenden, in den Mittelpunkt stellt, liefert sie zwei weitere Gründe, warum die Gesetze nicht-aktuale Situationen abdecken. Durch Unzulänglichkeiten unserer Mess- und Wahrnehmungsapparate liegen wir erstens oft falsch bezüglich der exakten tatsächlichen Werte beobachteter Größen. Da aber viele Gesetze kontinuierlich in dem Sinne sind, dass kleine Fehler in den Daten nur geringe Fehler in der Lösung zur Folge haben, können wir oft annähernd korrekte Vorhersagen von inakkuraten Daten machen, indem wir die Gesetze auf nicht-aktuale Werte anwenden (siehe Callender 2017: Kap. 7).[218] Wenn wir beispielsweise die newton-

---

218 Dies ist jedoch im Falle chaotischer Systeme nicht der Fall, bei denen kleinste Änderungen der Anfangsbedingungen zu massiven Änderungen in der zeitlichen Entwicklung der Systeme führen können. In solchen Fällen können minimale Messfehler der Anfangsbedingungen dazu führen, dass das vorhergesagte Verhalten des Systems und sein aktuales Verhalten massiv divergieren.

schen Gesetze auf nicht-aktuale Werte für Ort und Bewegungszustand der Erde anwenden, die nur minimal von den aktualen Werten abweichen, wird auch die berechnete Trajektorie der Erde nur minimal von der zukünftigen aktualen Trajektorie abweichen. Zweitens kennen wir oft nur den annähernden Wert bestimmter physikalischer Größen. Es ist deshalb extrem nützlich, wenn wir die Gesetze auf eine Vielzahl von präzisen Werten anwenden können, die kompatibel mit unserem epistemischen Zustand sind. Wenn sich herausstellt, dass bestimmte Vorhersagen für alle oder die große Vielzahl aller epistemisch möglichen Werte (annähernd) gleich sind, können wir zuversichtlich sein, dass sie auch für das aktuale System gelten. In beiden Fällen ist es also enorm nützlich, dass die Gesetze auch uninstanziierte Werte abdecken, da uns dies erlaubt, annähernd korrekte Vorhersagen aus unvollständigen oder inakkuraten Daten zu machen.

IV. Kontingenz. Bei der pragmatischen BSA handelt es sich, wie oben erläutert, um eine humesche Theorie, nach der die fundamentalen Bausteine der Natur nicht-modal und somit frei rekombinierbar sind. Demnach ist das humesche Mosaik, das heißt das komplette Muster der (sub-nomischen) Eigenschaftsinstanziierungen in der Raumzeit, metaphysisch kontingent und hätte anders sein können. Die Gesetze sind nach der pragmatischen BSA effektive Systematisierungen der sub-nomischen okkurrenten Fakten. Im Falle also, dass die Gesamtheit der sub-nomischen Fakten drastisch abgeändert wird, können sich auch die für uns beste Systematisierung und somit die Gesetze ändern. Betrachten wir exemplarisch eine einfache metaphysisch mögliche Welt, in der nichts weiter als ein einziges ruhendes, elektrisch neutrales Massepartikel existiert. Dort ist Coulombs Gesetz kein Gesetz mehr, da es schlichtweg keine elektrostatischen Kräfte gibt und somit nicht dazu beiträgt, die sub-nomischen Fakten in dieser Welt effektiv zu systematisieren. Da die Gesetzesfakten also nach der pragmatischen BSA über metaphysisch mögliche Welten hinweg variieren können, haben die aktualen Gesetze wie Coulombs Gesetz nur kontingenterweise Gesetzesstatus.

V. Nomologische Notwendigkeit und Stützung kontrafaktischer Konditionale. Wir haben in Kapitel 2.2 erläutert, dass ein zentraler Einwand gegen die klassische lewissche BSA darin besteht, dass sie bloß stipulative Explikationen der nomologischen Notwendigkeit und kontrafaktischen Invarianz beziehungsweise Resilienz der Gesetze liefert. So wird p als nomologisch notwendig definiert, wenn es aus den BSA-Gesetzen folgt. Die kontrafaktische Resilienz der Gesetze wiederum wird in die Semantik kontrafaktischer Konditionale eingebaut: Ein kontrafaktisches Konditional $p \Box\!\!\rightarrow q$ ist wahr, genau dann, wenn alle nächsten p-Welten zur aktualen Welt auch q-Welten sind; und nach der lewisschen Standardsemantik kontrafaktischer Konditionale ist es eine Bedingung an die Nähe zwischen Welten, dass dieselben Gesetze in ihnen gelten.[219]

Kritiker der humeschen Theorie haben eingewendet, dass diese Definitionen *per se* keinerlei Motivation liefern, warum den humeschen Gesetzen, die keinen ausgezeichneten metaphysischen Status genießen, ein derart besonderer modaler Status zukommen soll (siehe Armstrong 1983: 69, Lange 2009a: 55, und Wilson 2013: 657).

Lewis (1973a: 75) selbst begründet die kontrafaktische Resilienz der Gesetze damit, dass die *wichtigen* Fakten über eine Welt unter kontrafaktischen Annahmen festgehalten werden; und da die BSA-Gesetze das Weltgeschehen am besten systematisieren, zählen sie nach Lewis zu den wichtigen Fakten über eine Welt.

Unabhängig davon jedoch, ob diese Erklärung plausibel ist, scheint die lewissche Standardsemantik gekoppelt mit der BSA die charakteristische kontrafaktische Resilienz der Gesetze nicht vollumfänglich zu erfassen. Dies zeigt sich darin, dass sie offenbar falsche Urteile über bestimmte verschachtelte, so genannte *iterierte kontrafaktische Konditionale* liefert. So erweist sich beispielsweise das intuitiv wahre iterierte kontrafaktische Konditional „hätte es nichts weiter als ein einziges Elektron gegeben, dann hätte es mehr als nur ein Elektron gegeben, hätte die Kraft zwischen je zwei Elektronen Coulombs Gesetz entsprochen" (Lange 2009a: 54, unsere Übersetzung; siehe auch Hall 2012 und Bhogal im Erscheinen; siehe auch unsere Kap. 2.2.5.3 & 2.5.2.5) nach der lewischen Standardsemantik als falsch. Das liegt daran, dass nach der BSA in der nächsten Welt w_l zur aktualen, in der es nichts weiter als ein Elektron gibt, andere Gesetze gelten als in der aktualen Welt. Zwar ist die Existenz nur eines einzigen (inertial bewegten) Elektrons kompatibel mit Coulombs Gesetz. Da es in w_l jedoch keinerlei elektrostatische Kräfte gibt, ist Coulombs Gesetz nicht Teil der besten Systematisierung der partikulären Fakten von w_l und somit kein Gesetz in w_l (siehe unsere Erläuterungen zur Kontingenz *IV*). Die Fakten in w_l lassen sich stattdessen etwa durch *alle Partikel bewegen sich inertial* am effektivsten systematisieren, weshalb auch dieses Gesetz und nicht Coulombs Gesetz dafür entscheidend ist, welches die nächsten Welten zu w_l sind. In der nächsten Welt w_m zu w_l also, in der die kontrafaktische Annahme gilt, dass es mehrere Elektronen gegeben hätte, verhalten sie sich entsprechend der Gesetze von w_l und nicht entsprechend Coulombs Gesetz. Dies bedeutet jedoch, dass sich das obige iterierte kontrafaktische Konditional als falsch erweist. Loew und Jaag (2020b: Sek. 4) argumentieren, dass

219 Siehe Lewis (1973a). Lewis lässt minimale Verletzungen der Gesetze (so genannte ‚kleine Wunder') zu (siehe dazu auch 3.1.3). Allerdings sind diese Verletzungen nach Lewis extrem klein und begrenzt, sodass die Gesetze im Grunde genommen als resilient unter kontrafaktischen Annahmen betrachtet werden können.

dieses Konditional nicht einfach als irrelevanter Einzelfall abgetan werden kann, da ähnliche ebenso problematische kontrafaktische Konditionale eine wichtige Rolle in der wissenschaftlichen Praxis und in humeschen reduktiven Analysen von Kausalität und Dispositionen spielen. Dies zeigt, dass die lewissche Standardsemantik gekoppelt mit der BSA den charakteristischen modalen Status und die kontrafaktische Resilienz der Gesetze nicht adäquat abbildet.

Eine einfache Lösung bestünde darin, wiederum einfach zu stipulieren, dass die aktualen Gesetze nicht nur unter einfachen, sondern auch iterierten kontrafaktischen Annahmen konstant gehalten werden (siehe Lange 2009a: 55). Allerdings scheint die Annahme einer solchen semantischen Resilienzregel nicht durch Lewis' eigene Erklärung der kontrafaktischen Resilienz motivierbar. Schlimmer noch, sie scheint ihr sogar direkt zuwiderzulaufen: Nach Lewis halten wir die Gesetze unter kontrafaktischen Annahmen fest, da sie besonders wichtige Fakten über unsere Welt darstellen. In der kontrafaktischen Welt w_l jedoch, in welcher andere Naturgesetze gelten, zählen die aktualen Gesetze nicht mehr zu den wichtigen Fakten. Deshalb erscheint es komplett unmotiviert, die aktualen Gesetze wie Coulombs Gesetz anstatt der Gesetze von w_l festzuhalten, wenn wir weitere kontrafaktische Annahmen machen. Die Anhänger einer humeschen Gesetzestheorie brauchen also eine alternative Begründung für die kontrafaktische Resilienz der Gesetze, die die Annahme der Resilienzregel motiviert.[220]

Loew und Jaag (2020b) haben eine pragmatische Motivation der kontrafaktischen Resilienz humescher Gesetze vorgeschlagen,[221] die sich auf natürliche Weise auf iterierte kontrafaktische Annahmen ausweitet und somit die richtigen Urteile über die problematischen iterierten kontrafaktischen Konditionale liefert. Diese Motivation ist humesch, da sie auf der Rolle von kontrafaktischen Erwägungen in Vorhersagen aktualer Fakten basiert. Wie oben erläutert, kennen wir aufgrund unserer begrenzten kognitiven Ressourcen niemals den gesamten Zu-

---

220 Das Hinzufügen einer von Lange vorgeschlagenen Resilienzregel ist nur ein Weise, wie Humeanerinnen ihre Theorie kontrafaktischer Konditionale abändern können, um die problematischen iterierten kontrafaktischen Konditionale in den Griff zu bekommen. Für weitere alternative Vorschläge siehe Loew und Jaag (2020b: Sek. 3). Jedoch bedürfen alle humeschen Manöver einer genuin humeschen Motivation.

221 Wenn wir hier von der kontrafaktischen Resilienz der Gesetze reden, meinen wir, dass die Gesetze unter kontrafaktischen Annahmen wahr bleiben und nicht die stärkere Eigenschaft, dass die Gesetze unter kontrafaktischen Annahmen auch Gesetze bleiben. Die letztere stärkere Eigenschaft, nach der auch die Gesetzesfakten der Form ‚es ist ein Gesetz, dass *p*' modal resilient sind, bezeichnen wir nach Loew und Jaag (2020b) als Hyperresilienz (sie auch Kap. 2.2.5.3). Lange (2009a; vgl. auch unser Kap. 2.5.2.5 und Punkt *V* in 2.5 unter den Desiderata) erklärt die kontrafaktische Resilienz der Gesetze durch ihre Hyperresilienz. Unser folgender Vorschlag erklärt die kontrafaktische Resilienz der Gesetze ohne Annahme ihrer Hyperresilienz.

stand der Welt oder den genauen Mikrozustand eines physikalischen Systems mit vollständiger Präzision. Wenn wir also die Gesetze benutzen, um Vorhersagen über ein bestimmtes physikalisches System zu machen, sind wir gezwungen, viele der aktual existierenden Hintergrundbedingungen zu vernachlässigen und es als mehr oder weniger isoliert zu betrachten (siehe Jaag & Loew 2020: Sek. 4 für Details). Mit anderen Worten, wir wenden die Gesetze auf nicht-aktuale Szenarien an, um herauszufinden, wie sich unser System in diesen Umständen verhalten würde. Solche Vorhersagen umfassen kontrafaktische Konditionale, da wir die Gesetze auf Umstände anwenden, von denen wir wissen, dass sie aktual nicht vorliegen. In diesen Fällen stellen kontrafaktische Umstände vereinfachte Modelle dar, die zahlreiche aktuale physikalische Details auslassen, die uns die Anwendung der Gesetze erschweren würden.

Unsere besten Kandidaten für fundamentale physikalische Gesetze haben die äußerst nützliche Eigenschaft, dass ihre Anwendung auf derartige vereinfachte kontrafaktische Umstände oft annähernd wahre Vorhersagen über das Verhalten aktualer physikalischer Systeme machen (siehe Jaag und Loew 2020 und Hicks 2018). So hat Adam Elga darauf hingewiesen, dass wir mithilfe der Gesetze beispielsweise annähernd wahre Vorhersagen über das (makroskopische) Verhalten eines bestimmten Steins auf der Erde machen können, unter der kontrafaktischen Annahme, dass er isoliert von den meisten entfernteren Einflüssen wäre:

> [W]hen it comes to the rough behavior of your rock, you can often treat it as if it were isolated from distant influences. Note the qualifications, though. Your rock isn't *really* isolated from distant influences. For example, the exact microscopic trajectories of the rock's molecules are sensitive to goings-on in the next room, due to gravitational effects. But who cares about the exact trajectories of rock molecules? When it comes to getting around in the world, the rough macroscopic behavior of rocks is much more important. (Elga 2007: 109)

Elga betont hier explizit die kontrafaktische Natur dieser Vorhersage. Natürlich gibt es aktual unzählige entfernte Körper, die Kräfte auf unseren Stein ausüben. Allerdings sind solche Kräfte üblicherweise vernachlässigbar, wenn es um das ungefähre makroskopische Verhalten unseres Steins geht. Deshalb können wir oft (annähernd) wahre Aussagen über die Trajektorien von Steinen machen, indem wir kontrafaktisch annehmen, dass keine solche Kräfte auf sie einwirken.[222] In-

222 Makroskopische Systeme können selbst dann oft als relativ isoliert von ihrer Umwelt betrachtet werden, wenn die Lokalität etwa aufgrund von Quantenverschränkung verletzt ist (siehe Elga 2007: 109, Fn. 7, Loew und Jaag 2020). Dies liegt unter anderem daran, dass Verschränkungsphänomene sehr fragil und deshalb oft vernachlässigbar sind, wenn es um das Verhalten makroskopischer Systeme geht (siehe auch Dorst 2018).

dem wir solche Annahmen machen, betrachten wir ein vereinfachtes kontrafaktisches Modell unseres Steins, welches auf unsere eingeschränkten kognitiven Fähigkeiten zugeschnitten ist. Dies bildet auch die aktuale wissenschaftliche Praxis sehr gut ab. So hat Mathias Frisch darauf hingewiesen, dass Physiker die Gesetze üblicherweise nicht auf die vollständigen Anfangs- oder Randbedingungen anwenden, sondern auf ‚partielle Modelle', das heißt solche Modelle, die die relevanten Bedingungen lediglich unvollständig und grobkörnig spezifizieren (siehe Frisch 2014a: 62–66).

Diese Rolle von kontrafaktischen Erwägungen bei Vorhersagen liefert eine humesche Motivation für die kontrafaktische Resilienz der Gesetze. Wir erklären sie durch den Nutzen, die die Anwendung unserer aktualen Gesetze in kontrafaktischen Szenarien hat, nämlich Wahrheiten über die aktuale Welt herauszubekommen: Unser Ziel ist es, vorherzusagen, wie sich aktuale physikalische Systeme in aktualen Umständen über die Zeit hinweg entwickeln. Unsere besten Instrumente, um solche Vorhersagen zu machen, sind die Naturgesetze. Allerdings hindern uns unsere begrenzten kognitiven Fähigkeiten daran, die Gesetze auf die exakten aktualen Umstände anzuwenden. Deshalb wenden wir die aktualen Gesetze auf kontrafaktische Umstände an, die als epistemisch besser zugängliche Stellvertreter fungieren. Diese Motivation für die kontrafaktische Resilienz der Gesetze und dem damit verbundenen erhöhten modalen Status als nomologisch notwendig ist eine durch und durch humesche: Die kontrafaktische Resilienz dient dem erz-humeschen Zweck, aktuale Fakten vorherzusagen.

Diese Motivation lässt sich auf natürliche Weise auf iterierte kontrafaktische Konditionale ausweiten. Iterierte kontrafaktische Konditionale helfen uns ebenfalls dabei, aktuale Wahrheiten zu gewinnen. Ihre Rolle hierbei ist jedoch weniger direkt. Nehmen wir an, wir wollen vorhersagen, wie sich ein bestimmtes Elektron in einem bestimmten experimentellen Aufbau verhalten wird. Wie wir oben erläutert haben, ist es viel zu komplex für uns, die Gesetze auf den gesamten Zustand des Universums anzuwenden. Stattdessen wenden wir die Gesetze auf ein vereinfachtes kontrafaktisches Modell an, welches den Anfangszustand des Elektrons näherungsweise korrekt spezifiziert, es aber als von äußeren Einflüssen vollständig isoliert repräsentiert. Wie können wir aber sicher sein, dass die Vorhersagen, die wir in diesem massiv vereinfachten kontrafaktischen Modell machen, auch für unser aktuales Elektron zutreffen, das nicht auf diese Weise isoliert ist?

An dieser Stelle kommen iterierte kontrafaktische Konditionale wie das von Lange (2009a: 54) diskutierte ins Spiel. Sie sind dabei behilflich, solche Vorhersagen zu rechtfertigen, indem sie das Auslassen bestimmter Faktoren in vereinfachten kontrafaktischen Modellen legitimieren. Eine offensichtliche Weise, unser vereinfachtes Ein-Elektron-Modell zu testen, besteht darin, dieses Modell um einige der ausgelassenen Faktoren, wie beispielsweise einige entfernte Elektronen, zu erweitern und die aktualen Gesetze zu benutzen, um zu bestimmen, wie diese hinzugefügten Elektronen das Verhalten unseres Elektrons beeinflussen würden. Wir machen also eine zusätzliche kontrafaktische Annahme über unser vereinfachtes und deshalb bereits kontrafaktisches Ausgangsmodell. Mit anderen Worten, wir betrachten die iterierte kontrafaktische Annahme ‚wenn es nichts Anderes als nur unser Elektron gegeben hätte, dann, wenn es einige zusätzliche entfernte Elektronen gegeben hätte, dann...'. Wir benutzen die aktualen Gesetze wie Coulombs Gesetz, um zu evaluieren, wie sich unser Elektron unter dieser iterierten kontrafaktischen Annahme verhalten würde.[223] Wenn es sich herausstellt, dass diese hinzugefügten entfernten Elektronen nur wenig oder keinen Unterschied machen würden, bestärkt dies unser Vertrauen in die Vorhersagen unseres ursprünglichen vereinfachten kontrafaktischen Modells, welches diese entfernten Elektronen komplett auslässt.

Wir halten die aktualen Gesetze also unter iterierten kontrafaktischen Annahmen fest, um vereinfachte kontrafaktische Modelle zu untersuchen und zu rechtfertigen, die es uns wiederum erlauben, Vorhersagen über das Verhalten aktualer physikalischer Systeme zu machen. Die kontrafaktische Resilienz der Gesetze und die entsprechende Resilienzregel ist also dadurch motiviert, dass sie uns erlaubt, Schlüsse über das Verhalten aktualer Systeme zu machen.

Diese Erklärung der kontrafaktischen Resilienz humescher Gesetze passt auch gut zur allgemeinen humeschen Sicht der Modalität. Der Kern einer humeschen Gesetzestheorie besteht in der Ablehnung der These, dass irgendeine Art von Modalität zu den fundamentalen Bausteinen der Realität gehört (siehe Kap. 2.2). Deshalb kann auch der Zweck kontrafaktischer Erwägungen nicht darin bestehen, irgendwelche fundamentalen modalen Fakten über die Welt abzubilden. Hierin unterscheidet sich der Humeanismus grundsätzlich von allen nicht-humeschen Theorien, die in den Kapiteln 2.3 bis 2.6 diskutiert wurden. Kontra-

223 Hier ist zu bemerken, dass es sich bei der Hinzunahme der entfernten Elektronen um eine weitere (iterierte) kontrafaktische Supposition über die (einfache) kontrafaktische Supposition der Ein-Elektron-Welt handelt und nicht um eine einfache kontrafaktische Supposition ‚wenn es nichts als ein einziges Elektron gegeben hätte und einige weitere entfernte Elektronen gegeben hätte'. Letztere Supposition ist metaphysisch unmöglich, da es keine Welt gibt, in der es sowohl nichts als ein einziges Elektron gibt als auch mehr als ein Elektron gibt. Wie wir bereits in Kap. 2.5 darauf hingewiesen haben, nehmen wir mit Lange (2005: 429, Fn.4) an, dass ein iteriertes kontrafaktisches Konditional $r \Box\!\!\rightarrow (q \Box\!\!\rightarrow p)$ nicht mit einem einfachen kontrafaktischen Konditional mit komplexem konjuktiven Antezedens $(r \wedge q) \Box\!\!\rightarrow p$) äquivalent ist (siehe Starr 2019 für eine Diskussion der Import-Export-Regel für kontrafaktische Konditionale).

faktische Konditionale müssen also eine andere Rolle spielen. Nach dem von Loew und Jaag (2020b) entwickelten Vorschlag besteht der primäre Zweck, kontrafaktische Situationen zu untersuchen und kontrafaktisch abzuändern, darin, Vorhersagen über aktuale nicht-modale Geschehnisse zu machen und zu rechtfertigen.[224] Und dieser Zweck wird am besten erfüllt, wenn die Gesetze unter einfachen und iterierten kontrafaktischen Annahmen konstant gehalten werden oder, mit anderen Worten, wenn die Gesetze in dieser Weise kontrafaktisch resilient sind.

VI. Erklärungskraft. Nach der pragmatischen BSA erlauben die Gesetze es uns, möglichst viele partikuläre Fakten aus für uns zugänglicher Information über die Anfangsbedingungen abzuleiten. Wenn also, wie das deduktiv nomologische Modell der Erklärung besagt, eine Erklärung eines Faktums darin besteht, es aus Gesetzen und Anfangsbedingungen abzuleiten, sind die Gesetze der pragmatischen BSA Erklärer *par excellence* (siehe Loewer 1996: 113). Auch passt die pragmatische BSA sehr gut zu einer bestimmten Version der Vereinheitlichungstheorie der Erklärung (vgl. Loewer 1996: 120). Hall charakterisiert diese wie folgt:

> [U]nderstanding is really targeted at a whole *range* of phenomena and is achieved once one has seen how to *organize one's view of these phenomena* in a cognitively effective manner; this, I think, is the guiding idea behind so-called "unificationist" approaches to explanation. (Hall 2011, siehe auch Miller 2015: 1326)

Die Gesetze der pragmatischen BSA sind wie gemacht für diese Art von Erklärungen, da sie gerade mit den Fakten identifiziert werden, die die partikulären Fakten auf die kognitiv effektivste Weise organisieren.

VII. Steuerung und Unabhängigkeit. Nach der pragmatischen BSA sind die Naturgesetze diejenigen sub-nomischen Fakten, die die Gesamtheit aller sub-nomischen Fakten auf die für uns effektivste Weise systematisieren. Da Gesetze demnach identisch mit bestimmten sub-nomischen Fakten sind, erzwingen sie zwar logisch Fakten über ihre Instanzen (siehe Desiderat *II*); aufgrund dieser Identität können sie die sub-nomischen Fakten aber nicht, wie von vielen nicht-Humeanern gefordert, in einem metaphysisch substanzielleren Sinn steuern. Wie wir in den Kapiteln 2.3 bis 2.6 erläutert haben, besteht allerdings selbst innerhalb des Lagers der Befürworter steuernder Gesetze wenig Klarheit darüber, um welche

---

224 Wir wollen hier nicht behaupten, dass schlichtweg jedes kontrafaktische Konditional dazu dient, Vorhersagen zu machen. Vorhersagen zu ermöglichen scheint jedoch eine zentrale Rolle zu sein, die kontrafaktische Konditionale in wissenschaftlichen Argumentationen spielen.

Art von Relation es sich bei der Steuerungsrelation genau handeln soll. Das einzige unkontroverse (notwendige) Merkmal steuernder Gesetze scheint zu sein, dass sie (ontologisch) unabhängig von den zu steuernden Instanzen sein müssen.

Hier ist es hilfreich, zwei Sinne von Unabhängigkeit zu unterscheiden, die oft nicht explizit auseinandergehalten werden (siehe Jaag & Loew Manuskript): Der erste ist die Bedingung, dass sich Welten mit denselben Gesetzesfakten massiv bezüglich der sub-nomischen Fakten, die in ihnen gelten, unterscheiden können. Loewer (1996: 115, unsere Übersetzung) drückt diese erste Unabhängigkeitsbedingung wie folgt aus: „Wenn ein dynamisches Gesetz Ereignisse steuert, kann jede Anfangsbedingung, die kompatibel mit den [...] Gesetzen ist, durch die Gesetze gesteuert werden", oder kürzer: Ein Gesetz muss in allen seinen Modellen ein Gesetz bleiben können (siehe Maudlin 2007: 67). Die zweite komplementäre Unabhängigkeitsbedingung besagt, dass es metaphysisch möglich sein muss, dass sich zwei Welten mit derselben totalen Verteilung der fundamentalen physikalischen Eigenschaften bezüglich der Gesetze, die in ihnen gelten, unterscheiden (vgl. Armstrong 1983: 106, Beebee 2000 und Hildebrand 2019).

Beide Bedingungen sind inkompatibel mit einer humeschen Gesetzestheorie: Die zweite Unabhängigkeitsbedingung ist schlichtweg die Verneinung der humeschen Supervenienzthese bezüglich Gesetzen (siehe Kap. 2.2). Dass die erste Bedingung mit der humeschen BSA inkompatibel ist, haben wir in unserer Diskussion des Kriteriums *V* erläutert: Die Ein-Elektron-Welt ist kompatibel mit – und damit ein Modell von – Coulombs Gesetz. Allerdings schließt die BSA aus, dass Coulombs Gesetz auch ein Gesetz in der Ein-Elektron-Welt sein kann, da die Fakten dort auf viel einfachere Weise systematisiert werden können.

Im Rahmen der pragmatischen BSA können aber zumindest humesch motivierte pragmatische Erklärungen dafür angeboten werden, warum Wissenschaftlerinnen oft Schlüsse ziehen, als ob die Gesetze in diesen Weisen unabhängig wären. Wir können diese hier aber nur andeuten und verweisen auf Jaag und Loew (Manuskript) und Loew und Jaag (2020b) für die Details. Beginnen wir mit der ersten Unabhängigkeitsintuition: Wie wir in unserer Diskussion der kontrafaktischen Resilienz der Gesetze (Desiderat *V*) erläutert haben, scheinen Wissenschaftler, wenn sie kontrafaktische Schlüsse über vereinfachte kontrafaktische Modelle ziehen, die aktualen Naturgesetze als weitgehend unabhängig von kontrafaktischen Abänderungen der sub-nomischen Fakten zu betrachten. Die humesche Motivation, die wir für diese Praxis angeboten haben, besteht darin, dass sie uns erlaubt, nicht-aktuale, simplifizierte Szenarien zu benutzen, um mit Hilfe unserer aktualen Gesetze Vorhersagen über aktuale Systeme zu machen und diese Vorhersagen zu rechtfertigen. Für diesen Zweck sind zweifellos die aktualen Gesetze unsere besten Instrumente, weshalb wir sie auch benutzen, wenn wir das Verhalten aktualer Systeme in vereinfachten kontrafaktischen Szenarien bestimmen wollen. Wenn wir also ein vereinfachtes kontrafaktisches Modell betrachten, um aktuale Vorhersagen zu machen und zu rechtfertigen, interessieren wir uns nicht für das simplifizierte Modell *per se* und die Gesetze, die in ihm herrschen (und ggf. von den aktualen Gesetzen abweichen). Wir benutzen dieses Modell lediglich dafür, um die Anwendung unserer aktual besten Vorhersageinstrumente, nämlich der aktualen Gesetze, zu erleichtern; und für diesen Zweck ist es irrelevant, welche Gesetze in dem vereinfachten Modell herrschen mögen. Die wissenschaftliche Praxis, dass die aktualen Gesetze in Überlegungen über vereinfachte kontrafaktische Szenarien konstant gehalten werden, kann also pragmatisch erklärt werden, ohne anzunehmen, dass die aktualen Gesetze in diesen Szenarien noch Gesetze sind.

Kommen wir kurz zum zweiten Unabhängigkeitskriterium, nach dem die Gesetzesfakten trotz gleichbleibender sub-nomischer Fakten variieren können. Auch hier ist eine pragmatische Erklärung verfügbar, warum Wissenschaftlerinnen oft Schlüsse ziehen, als ob die Gesetze in dieser Weise unabhängig wären: Wissenschaftler nutzen nicht nur vereinfachte Modelle, um Vorhersagen zu erleichtern, sondern oft auch vereinfachte Gesetze. Um die Bahn der Erde um die Sonne annähernd akkurat vorherzusagen, ist es einfacher und deshalb zweckmäßiger die newtonschen Gesetze zu benutzen als die Gesetze der allgemeinen Relativitätstheorie, obwohl wir wissen, dass letztere und nicht die klassischen Gesetze die korrekte Beschreibung der Gravitation darstellen. Um solche Vorhersagen jedoch zu rechtfertigen, müssen die Vorhersagen der klassischen Mechanik mit den Vorhersagen der Relativitätstheorie näherungsweise übereinstimmen. Mit anderen Worten, es macht oft Sinn, inkompatible Gesetze auf dieselben Fakten anzuwenden, um Vorhersagen mittels vereinfachter Gesetze zu rechtfertigen.[225]

Es gibt also pragmatische Erklärungen dafür, warum Wissenschaftlerinnen Schlüsse ziehen, als ob die Gesetze in den relevanten Weisen unabhängig wären. Nach beiden Erklärungen ist die relevante wissenschaftliche Praxis im Dienste, Vorhersagen zu machen und dient damit dem humeschen Zweck, Wissen über aktuale okkurrente Fakten zu gewinnen. Im Rahmen der pragmatischen BSA können also zumindest die Unabhängigkeitsintuitionen (weg)erklärt werden, die eine *sine qua non* Bedingung für steuernde Gesetze zu sein scheinen.

VIII. Innere Verknüpfung. Die klassische BSA ist vollständig kompatibel damit, dass die Instanzen eines kausalen Gesetzes durch eine Kausalrelation verknüpft

---

225 Für Details und weitere Fälle, in denen Wissenschaftlerinnen inkompatible Gesetze auf dieselbe Situation anwenden, siehe Jaag und Loew (Manuskript).

sind. Nach der lewisschen (1973b) Auffassung von Kausalität werden Kausalrelationen durch kontrafaktische Abhängigkeitsbeziehungen erklärt, die wiederum über die Gesetze erklärt werden (siehe Lewis 1973a). Dieselben Erklärungen sind auch mit der hier vorgestellten pragmatischen BSA verträglich. Allerdings kann es sich wie im Falle der klassischen BSA auch nach der hier vorgestellten pragmatischen Variante nicht um einen primitiven lokalen naturgesetzlichen Nexus handeln, wie ihn beispielsweise Armstrong gefordert hat (siehe Kap. 2.3). Nach beiden Spielarten der BSA sind die Fakten darüber, welche partikulären Fakten naturgesetzlich verknüpft sind, letztlich durch die besten Systematisierungen der Gesamtheit aller partikulären Fakten metaphysisch begründet.

Allerdings kann die pragmatische BSA die Lokalitätsintuition zu einem gewissen Grad erklären: Wie wir oben erläutert haben, erlauben Gesetze, die für uns nützlich sind, ‚lokale' Vorhersagen über ein System in dem Sinne, dass wir oft Einflüsse raumzeitlich weit entfernter Hintergrundbedingungen vernachlässigen können. So können wir beispielsweise oft (annähernd) wahre Aussagen über die Trajektorien von Steinen machen, ohne die zahllosen Kräfte zu berücksichtigen, die weit entfernte Körper auf sie ausüben. Diese ‚lokale' Anwendbarkeit der Naturgesetze ist jedoch vollkommen kompatibel damit, dass die Gesetze letztlich durch die besten Systematisierungen aller Fakten festgelegt sind.

IX. Induktive Bestätigung und Stützung induktiver Schlüsse. Ihre lokale Anwendbarkeit erklärt auch, warum die Gesetze der pragmatischen BSA leicht induktiv bestätigbar sind. Die Leitidee von Michael Hicks' (2018) ‚Epistemic Role Account', der der hier dargestellten pragmatischen BSA sehr ähnlich ist, besteht darin, dass die Gesetze von limitierten Wesen entdeckbar und bestätigbar sein müssen. Da solche Wesen den genauen Zustand des gesamten Universums nicht wissen können, müssen die Gesetze auf sehr viel weniger komplexe Subsysteme des Universums anwendbar sein. Grob gesagt besteht die Idee darin, dass, wenn wir ein aktuales physikalisches Subsystem wie unser Sonnensystem als absolut isoliert von externen Faktoren betrachten, die Gesetze es immer noch annähernd korrekt beschreiben sollten. Die Gesetze sind umso leichter bestätigbar, desto mehr Subsysteme sie abdecken und je mehr akkurate Vorhersagen sie über jedes System machen. Da die Gesetze nach der pragmatischen BSA es uns erlauben, möglichst viele Vorhersagen von aus uns zugänglicher, unvollständiger Information zu machen, sind sie auch leicht bestätigbar.

Die BSA *per se* liefert keine genuin neue Rationalisierung induktiver Schlüsse.[226] Allerdings erklärt die pragmatische BSA, warum es rational ist, den Gesetzen

226 Angenommen jedoch, dass pragmatische BSA-Gesetze ihre Instanzen erklären können

zu folgen, da sie genau diejenigen Fakten sind, die aufgrund ihres prädiktiven Erfolgs selektiert werden (siehe Dorst 2018 und Loew, Jaag & Hicks Manuskript).

X. Bedeutung für die Wissenschaften. Da nach der pragmatischen BSA die Naturgesetze genau in den Fakten bestehen, die uns erlauben, möglichst viele Fakten auf effiziente Weise vorherzusagen, ist unmittelbar klar, warum sie von immenser Bedeutung für die wissenschaftliche Praxis sind. Da die pragmatische BSA ohne Bezug auf natürliche Eigenschaften auskommt und die epistemische Situation endlicher Wissenschaftler als konstitutiv für Naturgesetzlichkeit betrachtet werden, droht, im Gegensatz zu allen anderen hier diskutierten Gesetzestheorien, auch keine prinzipielle Kluft zwischen den Naturgesetzen und unseren finalen wissenschaftlichen Gesetzen. In dieser Hinsicht passt die pragmatische BSA auch gut zur im vorherigen Kapitel 3.1 diskutierten Bessere Beste Systeme Analyse, die ebenfalls auf das Postulat natürlicher Eigenschaften verzichtet.

Wir haben auch erläutert, dass die pragmatische BSA flexibel genug ist, funktionale (dynamische und nicht-dynamische) Gesetze zu erklären, prinzipiell partikuläre Fakten als Gesetze erlaubt und auch nicht-strikte Gesetze zulässt (siehe Merkmal *III*). Auch macht sie keine metaphysischen Einschränkungen, die etwa nicht-kausale Gesetze oder Symmetrien als Kandidaten für fundamentale Gesetze ausschließen würden. Schließlich ist die pragmatische BSA mit einer Bessere Beste Systeme Theorie kompatibel, die eine plausible Erklärung spezialwissenschaftlicher Gesetze liefert (siehe Kap. 3.1).[227]

Des Weiteren erklärt die pragmatische BSA, warum unsere wissenschaftlichen Gesetze Merkmale aufweisen, die sie so nützlich für Wesen für uns machen (siehe Jaag und Loew 2020 und Dorst 2018). Auf einige haben wir bereits im Zuge unserer vorangegangenen Diskussion hingewiesen: Erstens weisen viele wissenschaftliche Gesetze ein hohes Maß an Fehlertoleranz auf, sodass kleine Ungenauigkeiten in den Daten nur zu kleinen Ungenauigkeiten in den Lösungen führen. Zweitens erlauben sie es uns, aus relativ wenig und räumlich lokaler Information über die Hintergrundbedingungen ziemlich akkurate Vorhersagen über Systeme zu machen (siehe auch Ismael 2009: 91 f. und Loew 2017). Drittens weisen die Gesetze bemerkenswerte Invarianzen auf. Wenn sich vermeintliche

(siehe *VI*), dann ist prinzipiell auch eine armstrongsche Rationalisierung beziehungsweise Stützung induktiver Schlüsse im Rahmen der pragmatischen BSA verfügbar, wie sie in unserem Kap. 2.3 vorgestellt wurde.

227 Im Rahmen dieses Buches können wir nicht darauf eingehen, wie die pragmatische BSA indeterministische Gesetze und objektive Wahrscheinlichkeiten erklärt. Siehe allerdings Hoefer (2019) für eine pragmatische humesche Theorie der objektiven Wahrscheinlichkeit.

Gesetze aber massiv änderten, je nach dem, wo und wann Wissenschaftlerinnen Experimente machen oder wie Systeme räumlich orientiert sind, wären sie praktisch nutzlos für Wesen wie uns. Viertens erlauben die modernen nicht-klassischen Gesetze (beispielsweise die Spezielle Relativitätstheorie) oft die Anwendung viel einfacherer klassischer Gesetze (wie beispielsweise die Newtonschen Gesetze) als Spezialfälle, solange die Werte ihrer Parameter sich in einem eingeschränkten Bereich befinden (im Beispiel, dass die Geschwindigkeiten sehr gering sind im Vergleich zur Lichtgeschwindigkeit im Vakuum *c*). Fünftens erlauben unsere wissenschaftlichen Gesetze nicht nur Vorhersagen von räumlich lokaler, sondern auch von zeitlich lokaler Information, das heißt, sie erlauben es uns, Vorhersagen über ein System zu machen, ohne Faktoren zu berücksichtigen, die weit in dessen Vergangenheit liegen (siehe Callender 2017). Und sechstens lassen sich die Gesetze als berechenbare Funktionen formulieren, was sie extrem nützlich für uns macht. Hätten die Gesetze diese Eigenschaft nicht, könnten wir sie nicht benutzen, um Vorhersagen zu machen (siehe Deutsch 2012).

Wenn wir annehmen, dass die Gesetze auf unsere epistemischen Bedürfnisse zugeschnitten sind, ist es kristallklar, warum die Gesetze alle diese Merkmale haben, die sie so enorm nützlich für uns machen. Wenn die Gesetzesmacher und damit die Gesetzesfakten völlig unabhängig von unserer kognitiven Situation sind, erscheint dies hingegen extrem überraschend.

3.2.3 Abschließende Evaluation der pragmatischen Beste Systeme Analyse

Die pragmatische BSA hat deutliche Vorzüge gegenüber der klassischen BSA: Im Gegensatz zur letzteren liefert sie nuancierte Erklärungen der Invarianz und der modalen Eigenschaften der Gesetze. Da sie überdies keine perfekt natürlichen Eigenschaften postuliert und zentrale Merkmale wissenschaftlicher Gesetze erklärt, vermeidet sie eine Kluft zwischen Naturgesetzen und wissenschaftlichen Gesetzen. Schließlich erklärt sie auch einige zentrale Intuitionen, wie die Unabhängigkeitsintuition und die Lokalitätsintuition, die einige Philosophen als zentrale Motivation für die Annahme nicht-humescher Gesetzesmacher betrachten.[228]

Der Preis hierfür besteht darin, dass die Objektivität der Gesetzesfakten aufgegeben wird: Ob ein sub-nomisches Faktum ein Naturgesetz ist, hängt davon

228 Die pragmatische BSA ermöglicht überdies eine Lösung weiterer Probleme der BSA, die entstehen, wenn mehrere inkompatible beste Systematisierungen der sub-nomischen Fakten miteinander konkurrieren (siehe Loew und Jaag 2020a und Kap. 3.1.4.5).

ab, ob es für begrenzte Wesen im oben erläuterten Sinne nützlich ist. Dass die Gesetzesfakten im Rahmen einer humeschen Theorie zumindest teilweise von Fakten über unsere kognitive Verfasstheit abhängen, scheint jedoch intern gut motiviert zu sein und für Humeanerinnen ohnehin schwer vermeidbar, zumal schon die klassische BSA durch die Kriterien der Stärke und Einfachheit und vor allem deren gegenseitige Abwägung anthropozentrische Elemente zu involvieren scheint (siehe unsere Diskussion in Kap. 2.2).

---

i Abschließend wollen wir die Diskussion der pragmatischen BSA kurz zusammenfassen:

I. Objektivität
Nach der pragmatischen BSA sind die Gesetzesfakten, jedoch nicht die Gesetze selbst, teilweise durch ihren kognitiven Nutzen festgelegt. Allerdings erklärt diese eingeschränkte Anthropozentrizität zahlreiche Merkmale von Gesetzen, die sonst unerklärt bleiben würden.

II. Faktizität/Inferenz
Der Übergang von Gesetzesfakten, Lp, zu sub-nomischen Fakten, p, ist unproblematisch: *dass es ein Gesetz ist, dass p* besteht schlichtweg darin, dass das Faktum *dass p* zur für uns besten Systematisierung der sub-nomischen Fakten gehört.

III. Invarianz/Universalität
Die pragmatische BSA liefert ein sehr nuanciertes Bild der verschiedenen Dimensionen der Invarianz der Gesetze.

IV. Kontingenz
Nach der pragmatischen BSA sind die Gesetze kontingent: Wenn sich zwei Welten massiv bezüglich der in ihnen geltenden sub-nomischen Fakten unterscheiden, können sie sich auch bezüglich ihrer effektivsten Systematisierungen und somit bezüglich der in ihnen geltenden Gesetze voneinander unterscheiden.

V. Nomologische Notwendigkeit und Stützung kontrafaktischer Konditionale
Die pragmatische BSA erklärt die kontrafaktische Resilienz und somit die Notwendigkeit der Gesetze durch die Rolle, die kontrafaktische Erwägungen in Vorhersagen aktualer Fakten spielen.

VI. Erklärungskraft
Die Gesetze der pragmatischen BSA passen sehr gut zu deduktiv-nomologischen und Vereinheitlichungs-Modellen der Erklärung.

VII. Steuerung und Unabhängigkeit

Nach der pragmatischen BSA erzwingen Gesetze zwar Regularitäten, aber sie steuern oder produzieren die sub-nomischen Fakten nicht in einem metaphysisch substanziellen Sinne, wie viele nicht-Humeaner fordern. Auch sind die Gesetze nicht in den für Steuerung relevanten Weisen unabhängig von den Fakten über ihre Instanzen. Allerdings kann die wissenschaftliche Praxis (weg)erklärt werden, warum Wissenschaftlerinnen oft Schlüsse ziehen, als ob die Gesetze unabhängig von ihren Instanzen wären.

VIII. Innere Verknüpfung

Nach der pragmatischen BSA gibt es keinen primitiven inneren nomologischen Nexus zwischen den Instanzen eines Gesetzes. Sie lässt allerdings zu, dass die Instanzen in kausalen Beziehungen zueinanderstehen und erklärt die Lokalitätsintuition.

IX. Induktive Bestätigung und Stützung induktiver Schlüsse

Da die Gesetze der pragmatischen BSA uns ermöglichen, möglichst viele Vorhersagen von aus uns zugänglicher, unvollständiger Information zu machen, sind sie auf viele Subsysteme anwendbar und damit auch leicht bestätigbar.

X. Bedeutung für die Wissenschaften

Die pragmatische BSA erklärt zentrale Merkmale wissenschaftlicher Gesetze, die sie so nützlich für uns machen, und sie benötigt keine metaphysischen Annahmen, die den Kandidaten für Gesetze aus den Wissenschaften ihren Naturgesetzesstatus absprechen würden. Sie schafft also keine Kluft zwischen den Naturgesetzen und den wissenschaftlichen Gesetzen.

Fazit

Die in unserem Buch diskutierten Theorien hatten zunächst einen linguistischen, dann einen metaphysischen und schließlich einen epistemischen Fokus:

Wir haben unsere Darstellung der wichtigsten Naturgesetzestheorien in Teil 2 mit den empiristischen Regularitätstheorien begonnen (Kap. 2.1). Als Ausgangspunkt für die Explikation des Naturgesetzesbegriffs lag das Augenmerk hier auf der *Sprache*, in der wir Naturgesetzesaussagen formulieren. Jedoch haben wir gesehen, dass den Gesetzen bloß mit *semantischen Analysen* nicht beizukommen ist.

Wir haben danach fünf weitere Theorien betrachtet, die die *Metaphysik* in den Mittelpunkt stellen und die Gesetze mittels unterschiedlicher *metaphysischer Strukturen* zu erklären versuchen – natürliche Eigenschaften (2.2), Nezessiierungsrelationen (2.3), essenziell dispositionale Eigenschaften (2.4), subjunktive Fakten (2.5), primitive Naturgesetze (2.6). Jedoch scheint auch der Einsatz diverser ontologischer Maschinerien nicht unproblematisch zu sein.

In unseren eigenen Ansätzen in Teil 3 (vor allem 3.2) schließlich haben wir den Versuch unternommen, die Gesetze mit Bezug auf unsere *epistemische Situation* als begrenzte kognitive Agenten zu erklären. Für diesen neuartigen und, wie wir finden, aussichtsreichen Vorschlag ist die philosophische Diskussion nun eröffnet!

https://doi.org/10.1515/9783110517842-019

Literatur

Albert, David Z. (1992): *Quantum Mechanics and Experience.* Cambridge, MA: Harvard University Press.

Albert, David Z. (2000): *Time and Chance.* Cambridge, MA: Harvard University Press.

Albert, David Z. (2015): *After Physics.* Cambridge, MA: Harvard University Press.

Armstrong, David M. (1978): *Universals and Scientific Realism.* Cambridge: Cambridge University Press.

Armstrong, David M. (1983): *What is a Law of Nature?* Cambridge: Cambridge University Press.

Armstrong, David M. (1989): *Universals: An Opinionated Introduction.* Boulder: Westview Press.

Armstrong, David M. (1993): The Identification Problem and the Inference Problem. In: *Philosophy and Phenomenological Research* 53, S. 421–422.

Armstrong, David M. (1997): *A World of States of Affairs.* Cambridge: Cambridge University Press.

Armstrong, David M. (2004): How Do Particulars Stand to Universals? In: Dean W. Zimmerman (Hg.): *Oxford Studies in Metaphysics.* Vol. 1. Oxford: Oxford University Press, S. 139–154.

Armstrong, David M. (2010): *Sketch for a Systematic Metaphysics.* Oxford: Oxford University Press.

Ayer, Alfred J. (1956): What is a Law of Nature? In: *Revue Internationale de Philosophie* 10, S. 144–165.

Backmann, Marius & Reutlinger, Alexander (2014): Better Best Systems – Too Good To Be True. In: *Dialectica* 68(3), S. 375–390.

Barker, Stephen (2009). Dispositional Monism, Relational Constitution and Quiddities. In: *Analysis* 69(2), S. 242–250.

Barker, Stephen & Smart, Ben (2012): The Ultimate Argument Against Dispositional Monist Accounts of Laws. In: *Analysis* 72(4), S. 714–722.

Bartels, Andreas (2015): Naturgesetze in einer kausalen Welt. Paderborn: Mentis.

Beebee, Helen (2000): The non-governing Conception of Laws of Nature. In: *Philosophy and Phenomenological Research* 61(3), S. 571–594.

Beebee, Helen (2011): Necessary Connections and the Problem of Induction. In: *Noûs* 45(3), S. 504–527.

Bennett, Karen & McLaughlin, Brian (2018): Supervenience. In: Edward N. Zalta (Hg.): *The Stanford Encyclopedia of Philosophy*, https://plato.stanford.edu/archives/win2018/entries/supervenience/ (zuletzt aufgerufen am 14.05.2019).

Bergmann, Gustav (1949): On Non-Perceptual Intuition. In: *Philosophy and Phenomenological Research* 10(2), S. 263–264.

Bhogal, Harjit (im Erscheinen): Nomothetic Explanation and Humeanism about Laws of Nature. In: *Oxford Studies in Metaphysics.*

Bhogal, Harjit, & Perry, Zee (2017): What the Humean Should Say About Entanglement. In: *Noûs* 51(1), S. 74–94.

Bigelow, John, Ellis, Brian, & Lierse, Caroline (1992): The World as one of a Kind: Natural Necessity and Laws of Nature. In: *British Journal for the Philosophy of Science* 43(3), S. 371–388.

Bird, Alexander (1998a): *Philosophy of Science.* Montreal, Kingston: McGill-Queen's University Press

https://doi.org/10.1515/9783110517842-020

Bird, Alexander (1998b): Dispositions and Antidotes. In: *Philosophical Quarterly* 48(191), S. 227–234.
Bird, Alexander (2005a): The Ultimate Argument against Armstrong's Contingent Necessitation View of Laws. In: *Analysis* 65(286), S. 147–155.
Bird, Alexander (2005b): Laws and Essences. In: *Ratio* 18(4), S. 437–461.
Bird, Alexander (2007): *Nature's Metaphysics: Laws and Properties.* Oxford: Oxford University Press.
Black, Robert (2000): Against Quidditism. In: *Australasian Journal of Philosophy* 78(1), S.87–104.
Blackburn, Simon (1990): Hume and Thick Connexions. In: *Philosophy and Phenomenological Research* 50, Supplement, S. 237–250.
Bostock, Simon (2008): In Defence of Pan-Dispositionalism. In: *Metaphysica* 9(2), S. 139–157.
Bottin, Francesco (2006): Gesetze der Natur und Gesetze Gottes vom Mittelalter bis zur Moderne. In: Karin Hartbecke & Christian Schütte (Hg.): *Naturgesetze. Historisch-systematische Analysen eines wissenschaftlichen Grundbegriffs.* Paderborn: Mentis, S. 55–83.
Boyle, Robert (1690/1999–2000): The Christian Virtuoso, shewing, that by being addicted to experimental philosophy, a man is rather assisted, than indisposed, to be a good Christian. London. In: Michael Hunter & Edward D. Davis. (Hg.): *The Works of Robert Boyle, Vol. 11: The Christian Virtuoso and other publications of 1687–91.* London und Brookfield: Pickering & Chatto.
Braddon-Mitchell, David (2001): Lossy Laws. In: *Noûs* 35(2), S. 260–277.
Braithwaite, Richard B. (1927): The Idea of Necessary Connexion. In: *Mind* 36(144), S. 467–477.
Callender, Craig & Cohen, Jonathan (2010): Special Sciences, Conspiracy and the Better Best System Account of Lawhood. In: *Erkenntnis* 73(3), S. 427–447.
Callender, Craig (2017): *What Makes Time Special?* Oxford: Oxford University Press.
Carnap, Rudolf (1931): Überwindung der Metaphysik durch logische Analyse der Sprache. In: *Erkenntnis* 2, S. 219–241.
Carroll, John W. (1987): Ontology and the Laws of Nature. In: *Australasian Journal of Philosophy* 65(3), S. 261–276.
Carroll, John W. (1994): *Laws of Nature.* Cambridge: Cambridge University Press.
Carroll, John W. (2012): Laws of Nature. In: Edward N. Zalta (Hg.): *The Stanford Encyclopedia of Philosophy:* http://plato.stanford.edu/archives/spr2012/entries/laws-of-nature/ (zuletzt aufgerufen am 14.05.2019).
Cartwright, Nancy (1983): *How the Laws of Physics Lie.* Oxford: Oxford University Press.
Cartwright, Nancy (1999): *The Dappled World: A Study of the Boundaries of Science.* Cambridge: Cambridge University Press.
Caton, Jacob (2014): Resource Bounded Agents. In: *The Internet Encyclopedia of Philosophy:* http://www.iep.utm.edu/re-bo-ag/ (zuletzt aufgerufen am 28.07.2019).
Chisholm, Roderick M. (1946): The Contrary-to-Fact Conditional. In: *Mind* 55(220), S. 289–307.
Choi, Sungho & Fara, Michael (2018): Dispositions. In: Edward N. Zalta (Hg.): *The Stanford Encyclopedia of Philosophy,* https://plato.stanford.edu/archives/fall2018/entries/dispositions (zuletzt aufgerufen am 02.08.2019)
Cohen, Jonathan & Callender, Craig (2009): A Better Best System Account of Lawhood. In: *Philosophical Studies* 145(1), S. 1–34.

Demarest, Heather (2012): Do Counterfactuals Ground the Laws? A Critique of Lange'. In: *Philosophy of Science* 79(3), S. 333–344.
Demarest, Heather (2017): Powerful Properties, Powerless Laws. In: Jonathan D. Jacobs (Hg): *Causal Powers*. Oxford: Oxford University Press, S. 38–53.
Descartes, René (1641/1986): *Meditations on First Philosophy With Selections from the Objections and Replies*. Hg. von John Cottingham. Cambridge: Cambridge University Press.
Deutsch, David (2012): What is Computation? (How) Does Nature Compute? In: Hector Zenil (Hg.): *A Computable Universe: Understanding and Exploring Nature as Computation*. Singapore: World Scientific Publishing, S. 551–566.
Dirac, Paul A. M. (1939): The Relation between Mathematics and Physics. In: *Proceedings of the Royal Society* 59, S. 122–129.
Dirac, Paul A. M., Kapitza, Piotr, Zichichi, Antonio (1982) *Erice Statement*. http://www.ccsem.infn.it/em/erice_statement/Erice_Statement.pdf
Dorato, Mauro (2005): *The Software of the Universe: An Introduction to the History and Philosophy of Laws of Nature*. Aldershot: Ashgate.
Dorr, Cian & Hawthorne, John (2013): Naturalness. In: Karen Bennett & Dean Zimmerman (Hg.): *Oxford Studies in Metaphysics, Volume 8*. Oxford: Oxford University Press, S. 3–77.
Dorst, Chris (2018): Toward a Best Predictive System Account of Laws of Nature. In: *British Journal for the Philosophy of Science* 70(3), S. 877–900.
Dretske, Fred I. (1977): Laws of Nature. In: *Philosophy of Science* 44(2), S. 248–268.
Earman, John (1986): *A Primer on Determinism*. Dordrecht: D. Reidel.
Earman, John (1993): In Defense of Laws: Reflections on Bas Van Fraassen's laws and Symmetry. In: *Philosophy and Phenomenological Research* 53(2), S. 413–419.
Earman, John, & Roberts, John (1999): ‚Ceteris Paribus', There Is No Problem of Provisos. In: *Synthese* 118(3), S. 439–478.
Earman John; Glymour, Clark; Mitchell, Sandra D. (Hg.) (2002a): Ceteris Paribus Laws. In: *Erkenntnis* 57(3). [Special Issue on *Ceteris paribus* Laws]
Earman, John; Roberts, John; Smith, Sheldon (2002b). *Ceteris paribus* Lost. In: (Earman et al. 2002a: 281–301).
Earman, John & Roberts, John (2005): Contact with the Nomic: A Challenge for Deniers of Humean Supervenience about Laws of Nature. Part I: Humean Supervenience. In: *Philosophy and Phenomenological Research* 71 (1), S. 1–22.
Earman, John (2006): The ‚Past Hypothesis': Not even false. In: *Studies in History and Philosophy of Modern Physics* 37(3), S. 399–430.
Elga, Adam (2007): Isolation and Folk Physics. In: Huw Price & Richard Corry (Hg.): *Causation, Physics and the Constitution of Reality*. Oxford: Oxford University Press, S. 106–119.
Ellis, Brian D. (2001): *Scientific Essentialism*. Cambridge: Cambridge University Press.
Ellis, Brian D. (2002): *The Philosophy of Nature: A Guide to the New Essentialism*. Chesham: Acumen.
Ellis, Brian D. (2005): Katzav on the Limitations of Dispositionalism. In: *Analysis* 65(285), S. 90–92.
Ellis, Brian D., & Lierse, Caroline (1994): Dispositional Essentialism. In: *Australasian Journal of Philosophy* 72(1), S. 27–45.
Emery, Nina (2019): Laws and their Instances. In: *Philosophical Studies* 176(6), S. 1535–1561.
Fales, Evan (1990): *Causation and Universals*. London: Routledge.

Fales, Evan (1993): Are Causal Laws Contingent? In: John Bacon, Keith Campbell, & Lloyd Reinhardt (Hg.): *Ontology, Causality and Mind: Essays in Honour of D.M. Armstrong.* Cambridge: Cambridge University Press.

Feynman, Richard (1967): *The Character of Physical Law.* Cambridge, MA: MIT Press.

Feynman, Richard, Leighton, Robert & Sands, Matthew (1963): *The Feynman lectures on physics.* Reading, MA: Addison-Wesley Pub. Co.

Fetzer, James H. (1982): Probabilistic Explanations. In: *PSA: Proceedings of the Biennial Meeting of Philosophy of Science Association* 2, S. 194 – 207.

Fetzer, James H. (1983): Probability and Objectivity in Deterministic and Indeterministic Situations. In: *Synthese* 57, S. 367 – 386.

Fine, Kit (1994): Essence and Modality. In: *Philosophical Perspectives* 8, S. 1 – 16.

Fine, Kit (2002): Varieties of Necessity. In: Tamar Szabó Gendler & John Hawthorne (Hg.): *Conceivability and Possibility.* Oxford: Oxford University Press, S. 253 – 281.

Fine, Kit (2012): Guide to Ground. In: Fabrice Correia & Benjamin Schnieder (Hg.): *Metaphysical Grounding.* Cambridge: Cambridge University Press, S. 37 – 80.

Fischer, Florian (2018): *Natural Laws as Dispositions.* Philosophische Analyse / Philosophical Analysis 76. Berlin: DeGuyter.

Fodor, Jerry A. (1974): Special sciences or: The disunity of science as a working hypothesis. In: *Synthese* 28(2), S. 97 – 115.

Foster, John (1983): Induction, Explanation and Natural Necessity. In: *Proceedings of the Aristotelian Society* 83, S. 87 – 101.

Foster, John (2004): *The Divine Lawmaker* Oxford: Clarendon Press.

French, Steven (2014): *The Structure of the World: Metaphysics and Representation.* Oxford: Oxford University Press.

Frisch, Mathias (2011): From Arbuthnot to Boltzmann: The Past Hypothesis, the Best System, and the Special Sciences. In: *Philosophy of Science* 78 (5), S. 1001 – 1011.

Frisch, Mathias (2014a): *Causal reasoning in physics.* Cambridge: Cambridge University Press.

Frisch, Mathias (2014b): Why Physics Can't Explain Everything. In: Alastair Wilson (Hg.): *Chance and Temporal Asymmetry.* Oxford: Oxford University Press, S.221 – 241.

Fuhrmann, André (1991): Tropes and Laws. In: *Philosophical Studies* 63, S. 57 – 82.

Galilei, Galileo (1638/2007): *Unterredungen und mathematische Demonstrationen über zwei neue Wissenszweige, die Mechanik und die Fallgesetze betreffend.* Hg. und übers. von A. J. von Oettingen. Leipzig 1890 – 1891. Neudruck: Frankfurt am Main und Thun: Harri Deutsch (2007).

Gendler, Tamar S. & Hawthorne, John (2002): *Conceivability and Possibility.* Oxford: Oxford University Press.

Giere, Ronald N. (1995): The Skeptical Perspective: Science without Laws of Nature. In: Friedel Weinert (Hg.): *Laws of Nature: Essays on the Philosophical, Scientific and Historical Dimensions.* Berlin: Walter de Gruyter, S. 120 – 138.

Glymour, Clark (2002): 'A Semantics and Methodology for *Ceteris Paribus* Hypotheses'. In: (Earman J. et al. 2002a: 395 – 405).

Gnassounou, Bruno & Kistler, Max (Hg.) (2007): Introduction. In: Max Kistler & Bruno Gnassounou (Hg.): *Dispositions and Causal Powers.* Aldershot: Ashgate, S. 1 – 42.

Gödel, Kurt (1949): An Example of a New Type of Cosmological Solution of Einstein's Field Equations of Gravitation. In: *Rev. Mod. Phys.* 21(3), S. 447 – 450.

Göhner, Julia F. & Schrenk, Markus (2019): Metaphysics of Science. In: *Internet Encyclopedia of Philosophy (IEP)*. Abrufbar unter: https://www.iep.utm.edu/met-scie/ (zuletzt aufgerufen am 14.12.2019).

Goodman, Nelson (1947): The Problem of Counterfactual Conditionals. In: *Journal of Philosophy* 44(5), S. 113–128.

Goodman, Nelson & Quine, Willard V. O. (1947): Steps Toward a Constructive Nominalism. In: *The Journal of Symbolic Logic* 12(4), S. 105–122.

Goodman, Nelson (1955/1983): *Fact, Fiction, and Forecast.* Cambridge, MA: Harvard University Press.

Goodman, Nelson (1956/1964): A World of Individuals. In: Innocentius M. Bochenski et al. (Hg.): *The Problem of Universals.* Notre Dame: University of Notre Dame Press.

Hall, Ned (2004): Two Concepts of Causation. In: John Collins, Ned Hall & Laurie Paul (Hg.): *Causation and Counterfactuals.* Cambridge, MA: MIT Press, S. 225–276.

Hall, Ned (2011): Review of „Laws and Lawmakers: Science, Metaphysics, and the Laws of Nature". In: Notre Dame Philosophical Reviews, 2011.09.27.

Hall, Ned (2012): *Humean reductionism about laws of nature.* Unveröffentlichtes Manuskript. Abrufbar unter: http://philpapers.org/go.pl?id=HALHRA&proxyId=&u=http%3 A%2F%2Fphilpapers.org%2Farchive%2FHALHRA.pdf (zuletzt aufgerufen am 23.06.2019).

Hall, Ned (2015): Humean Reductionism about Laws of Nature. In: Barry Loewer & Jonathan Schaffer (Hg.): *The Blackwell Companion to David Lewis.* Oxford: Blackwell.

Halpin, John F. (2003): Scientific Law: A Perspectival Account. In: *Erkenntnis* 58(2), S.137–168.

Hampe, Michael (2007): *Eine kleine Geschichte des Naturgesetzbegriffs.* Frankfurt a. M.: Suhrkamp.

Handfield, Toby (2004): Counterlegals and Necessary Laws. In: *Philosophical Quarterly* 54(216), S. 402–419.

Handfield, Toby (2005): Lange on Essentialism, Counterfactuals, and Explanation. In: *Australasian Journal of Philosophy* 83(1), S. 81–85.

Hanson, Norwood R. (1970): *Perception and Discovery: An Introduction to Scientific Inquiry.* San Francisco: Wadsworth.

Harré, Rom & Madden, Edward H. (1975): *Causal Powers: Theory of Natural Necessity.* Oxford: Blackwell.

Hartbecke, Karin & Schütte, Christian (Hg.) (2006): *Naturgesetze: Historisch-systematische Analysen eines wissenschaftlichen Grundbegriffs.* Paderborn: Mentis.

Hartbecke, Karin & Schütte, Christian (2006): Einleitung. In: Karin Hartbecke & Christian Schütte (Hg.): *Naturgesetze. Historisch-systematische Analysen eines wissenschaftlichen Grundbegriffs.* Paderborn: Mentis, S. 9–23.

Hattab, Helen (2018): Early Modern Roots of the Philosophical Concept of Law of Nature. In: Walter Ott & Lydia Patton (Hg.): *Laws of nature.* Oxford: Oxford University Press, S. 18–41.

Hawking, Stephen W., & Sagan, Carl (1988): *A Brief History of Time: From the Big Bang to Black Holes.* New York: Bantam. Deutsch: Hawking, Stephen: *Eine kurze Geschichte der Zeit.* Reinbeck bei Hamburg: Rowohlt.

Hawthorne, John (2001): Causal Structuralism. In: *Noûs* 35, S. 361–378.

Healey, Richard (2008). Review of „The Metaphysics within Physics". Notre Dame Philosophical Reviews, https://ndpr.nd.edu/news/23334-the-metaphysics-within-physics (zuletzt aufgerufen am 02.08.2019).

Heil, John (2003): *From an Ontological Point of View.* Oxford: Clarendon Press.

Heil, John (2005): Dispositions. In: *Synthese* 144(3), S. 343–356.

Hempel, Carl G. (1965): *Aspects of Scientific Explanation and Other Essays in the Philosophy of Science.* New York: The Free Press, S. 67–70.

Hempel, Carl G. (1966). *Philosophy of Natural Science.* Englewood Cliffs, NJ: Prentice-Hall.

Hempel, Carl G., & Oppenheim, Paul (1948): Studies in the Logic of Explanation. In: *Philosophy of Science* 15(2), S. 135–175.

Hicks, Michael T. (2018): Dynamic Humeanism. In: *British Journal for the Philosophy of Science* 69, S. 983–1007.

Hicks, Michael T. (2019): What Everyone Should Say About Symmetries (and how Humeans get to say it). In: *Philosophy of Science* 86(5): S. 1284–1294.

Hicks, Michael T., Jaag, Siegfried & Loew, Christian (Hg.) (unter Vertrag): *Humean Laws for Human Agents.* Oxford: Oxford University Press.

Hicks, Michael T. & van Elswyk, Peter (2015): Humean Laws and Circular Explanation. In: *Philosophical Studies* 172(2), S. 433–443.

Hildebrand, Tyler (2013): Tooley's Account of the Necessary Connection Between Law and Regularity. In: *Philosophical Studies* 166(1), S. 33–43.

Hildebrand, Tyler (2019): Scientific Practice and the Epistemology of Governing Laws. In: *Journal of the American Philosophical Association* 5(2), S. 174–188.

Hobbes, Thomas (1655): De Corpore (Concerning Body). In: William Molesworth (Hg.): *The English Works Vol. I.* London: Scientia Aalen.

Hochberg, Herbert (1967): Dispositional Properties. In: *Philosophy of Science* 34, S. 10–17.

Hochberg, Herbert (1981): Natural Necessity and Laws of Nature. In: *Philosophy of Science* 48(3), S. 386–399.

Hoefer, Carl (2019): *Chance in the Word.* Oxford: Oxford University Press.

Hofmann, Frank (2008): *Die Metaphysik der Tatsachen.* Paderborn: Mentis.

Howson, Colin & Urbach, Peter (1993): *Scientific Reasoning: the Bayesian Approach.* Zweite Auflage. Chicago: Open Court.

Hume, David (1739–40/1978): *A Treatise of Human Nature.* 2nd OUP edition. Hg. von Selby-Bigge. Oxford: Clarendon Press.

Hume, David (1748/1998): *Inquiries concerning Human Understanding and concerning the Principles of Morals.* 3rd OUP edition. Hg. von Selby-Bigge. Oxford: Clarendon Press.

Hüttemann, Andreas (2002): Chaos und Naturgesetz: Cartesische Probleme. In: *Zeitschrift für philosophische Forschung* 56(4), S. 517–544.

Hüttemann, Andreas (2006): Materie, Chaos und Gesetz – Der Begriff des Naturgesetzes im 17. Jahrhundert. In: Karin Hartbecke & Schütte, Christian (Hg.): *Naturgesetze. Historisch-systematische Analysen eines wissenschaftlichen Grundbegriffs.* Paderborn: Mentis, 193–205.

Hüttemann, Andreas (2007): Naturgesetze. In: Andreas Bartels & Manfred Stöckler (Hg.): *Wissenschaftstheorie.* Paderborn: Mentis, S. 135–153.

Hüttemann, Andreas (2013): *Ursachen.* Berlin: De Gruyter.

Hüttemann, Andreas (2014): Ceteris Paribus Laws in Physics. In: *Erkenntnis* 79(10), S. 1715–1728.

Ismael, Jenann (2009): Probability in Deterministic Physics. In: *The Journal of Philosophy* 106, S. 89–108.

Ismael, Jenann (2015): How to be Humean. In: Barry Loewer & Jonathan Schaffer (Hg.): *The Blackwell Companion to David Lewis*. Oxford: Blackwell, S. 188–205.
Jaag, Siegfried (2014): Dispositional Essentialism and the Grounding of Natural Modality. In: *Philosophers' Imprint* 14(34), S. 1–21.
Jaag, Siegfried (2015): *Explaining laws of nature: A metaphysical investigation into the natural principles governing the universe*. Luxembourg: Luxembourg University.
Jaag, Siegfried (2017): Naturgesetze. In: Markus Schrenk (Hg.): *Handbuch Metaphysik*. Stuttgart: Metzler, S. 299–305.
Jaag, Siegfried (unveröffentlichtes Manuskript): A Puzzle about Laws and Explanation.
Jaag, Siegfried & Loew, Christian (2020): Making Best Systems Best for Us. In: *Synthese*. 197 (6), S. 2525–2550.
Jaag, Siegfried & Loew, Christian (im Erscheinen): Why defend Humean Supervenience. In: *The Journal of Philosophy*.
Jaag, Siegfried & Loew, Christian (unveröffentlichtes Manuskript): Humean Governing Laws.
Jacobs, Jonathan D. (2011): Powerful Qualities, Not Pure Powers. In: *The Monist* 94(1), S. 81–102.
Jaster, Romy & Vetter, Barbara (2012): Dispositionen in der Metaphysik der Wissenschaften. In: *Zeitschrift für philosophische Forschung* 66(3), S. 429–447.
Johannson, Lars-Göran (2019): An Empiricist View on Laws, Quantities and Physical Necessity. In: *Theoria* 85(2), S. 69–101.
Johnston, Mark (1992): How to Speak of the Colors. In: *Philosophical Studies* 68(3), S. 221–263.
Kaila, Eino (1942): *Über den Physikalischen Realitätsbegriff. Zweiter Beitrag zum Logischen Empirismus*. Helsinki: Druckerei-A.G. der Finnischen Literaturgesellschaft.
Kant, Immanuel (1781/1990): *Kritik der reinen Vernunft*. 2. Auflage. Hamburg: Meiner.
Kant, Immanuel (1786/1977): *Werke in zwölf Bänden*. Hg. von Wilhelm Weischedel. Frankfurt am Main: Suhrkamp.
Kant, Immanuel (1790/2006): Kritik der Urteilskraft (Critique of Judgement). In: Heiner F. Klemme (Hg.): *Akademie Ausgabe*. Hamburg: Meiner.
Katzav, Joel (2004): Dispositions and the Principle of least Action. In: *Analysis* 64(3), S. 206–214.
Keil, Geert (2012): *Willensfreiheit*. Berlin/Boston: De Gruyter.
Kerferd, G. B. (1981): *The Sophistic Movement*. Cambridge: Cambridge University Press.
Kim, Jaegwon (1988): Explanatory Realism, Causal Realism, and Explanatory Exclusion. In: *Midwest Studies in Philosophy* 12(1), S. 225–239.
Kirchhoff, Gustav (1876): *Vorlesungen über mathematische Physik: Mechanik*. Leipzig: Teubner.
Kowalenko, Robert (2011): The epistemology of hedged laws. In: *Studies in History and Philosophy of Science* 42, S. 445–452.
Krämer, Stephan & Schnieder, Benjamin (2017): Grounding. In: Markus Schrenk (Hg.): *Handbuch Metaphysik*. Stuttgart: J.B. Metzler, S. 278–284.
Kripke, Saul A. (1980): *Naming and Necessity*. Cambridge, MA: Harvard University Press.
Kuhn, Thomas S. (1962): *The Structure of Scientific Revolutions*. Chicago, IL: University of Chicago Press.
Ladyman, James (2002): *Understanding Philosophy of Science*. London/New York: Routledge.
Lange, Marc (1993): Natural Laws and the Problem of Provisos. In: *Erkenntnis*, 38, S. 233–248.

Lange, Marc (2000): *Natural Laws in Scientific Practice.* Oxford: Oxford University Press.
Lange, Marc (2002a): *An Introduction to the Philosophy of Physics.* Oxford: Blackwell's.
Lange, Marc (2002b): Who's afraid of ceteris-paribus laws? Or: How I learned to stop worrying and love them. In: *Erkenntnis* 57(3), S. 407–423.
Lange, Marc (2004): A Note on Scientific Essentialism, Laws of Nature, and Counterfactual Conditionals. In: *Australasian Journal of Philosophy* 82(2), S. 227–241.
Lange, Marc (2005): Laws and their Stability. In: *Synthese* 144(3), S. 415–432.
Lange, Marc (2008): Laws of Nature. In: Stathis Psillos & Martin Curd (Hg.): *The Routledge Companion to Philosophy of Science.* Abingdon: Routledge, S. 203–212.
Lange, Marc (2009a): *Laws and Lawmakers: Science, Metaphysics, and the Laws of Nature.* Oxford: Oxford University Press.
Lange, Marc (2009b): Why Do the Laws Explain Why? In: Toby Handfield (Hg.): *Dispositions and Causes.* Oxford: Oxford University Press, S. 286–321.
Lange, Marc (2009c): Review: Tim Maudlin: The Metaphysics Within Physics. In: *Mind* 118(469), S. 197–200.
Lange, Marc (2011): Meta-Laws of Nature and the Best System Account. In: *Analysis* 71(2), S. 216–222.
Lange, Marc (2013): Grounding, scientific explanation, and Humean laws. In: *Philosophical Studies* 164(1), S. 255–261.
Lange, Marc (2016): Transitivity, Self-Explanation, and the Explanatory Circularity Argument against Humean Accounts of Natural Law. In: *Synthese* (preprint), S. 1–17.
Lange, Marc (2018): Transitivity, Self-Explanation, and the Explanatory Circularity Argument Against Humean Accounts of Natural Law. In: *Synthese* 195(3), S. 1337–1353.
Langton, Rae (1998): *Kantian Humility: Our Ignorance of Things in Themselves.* Oxford: Clarendon Press.
Leibniz, Gottfried W. (1677/1996): Schriften zur Logik und zur philosophischen Grundlegung von Mathematik und Naturwissenschaften. In: Herbert Herring (Hg.): *Philosophische Schriften. – Band 4: Schriften zur Logik und zur philosophischen Grundlegung von Mathematik und Naturwissenschaft. Französisch und deutsch.* Berlin: Suhrkamp.
Leibniz, Gottfried W. (1686/1958): *Metaphysische Abhandlung.* Hamburg: Felix Meiner.
Lewis, David K. (1973a): *Counterfactuals.* Oxford: Blackwell.
Lewis, David K. (1973b). Causation. In: *Journal of Philosophy* 70(17), S. 556–567.
Lewis, David K. (1979): Counterfactual Dependence and Time's Arrow. In: *Noûs* 13(4), S. 455–476.
Lewis, David K. (1980): A Subjectivist's Guide to Objective Chance. In: (Lewis 1986b: 83–132).
Lewis, David K. (1983a): New Work for a Theory of Universals. In: *Australasian Journal of Philosophy* 61, S. 343–377.
Lewis, David K. (1983b): Extrinsic Properties. In: *Philosophical Studies* 44(2), S. 197–200.
Lewis, David K. (1984): Putnam's Paradox. In: *Australasian Journal of Philosophy* 62, S. 221–236.
Lewis, David K. (1986a): *On the Plurality of Worlds.* Malden, MA: Blackwell.
Lewis, David K. (1986b): *Philosophical papers*, Vol. II. Oxford: Oxford University Press.
Lewis, David K. (1988): Statements Partly About Observation. In: *Philosophical Papers* 17(1), S. 1–31.
Lewis, David K. (1994): Humean Supervenience Debugged. In: *Mind* 103(412), S. 473–490.
Lewis, David K. (1997): Finkish Dispositions. In: *Philosophical Quarterly* 47(187), S. 143–158.

Lewis, David K. (1999): *Papers in Metaphysics and Epistemology.* Cambridge, UK: Cambridge University Press.
Lewis, David K. (2009): Ramseyan Humility. In: David Braddon-Mitchell & Robert Nola (Hg.): *Conceptual Analysis and Philosophical Naturalism.* Cambridge, MA: MIT Press, S. 203–222.
Lipton, Peter (1991): *Inference to the Best Explanation.* London: Routledge.
Livanios, Vassilios (2010): Symmetries, Dispositions and Essences. In: *Philosophical Studies* 148(2), S. 295–305.
Loew, Christian (2017): Causation, Physics, and Fit. In: *Synthese* 194(6), S. 1945–1965.
Loew, Christian (2018): Fundamentality and Time's Arrow. In: *Philosophy of Science* 85, S. 483–500.
Loew, Christian & Jaag, Siegfried (2020a): What Humeans Should Say about Tied Best Systems. In: *Analysis* 80(2), S. 273–282.
Loew, Christian & Jaag, Siegfried (2020b): Humean Laws and (Nested) Counterfactuals. In: *The Philosophical Quarterly* 70(278), S. 93–113.
Loew, Christian, Jaag, Siegfried & Hicks, Michael (unveröffentlichtes Manuskript): The normative relevance of laws of nature.
Loewer, Barry (1996): Humean Supervenience. In: *Philosophical Topics* 24(1), S. 101–127.
Loewer, Barry (2007): Laws and Natural Properties. In: *Philosophical Topics* 35(1/2), S. 313–328.
Loewer, Barry (2012): Two Accounts of Laws and Time. In: *Philosophical Studies* 160(1), S. 115–137.
Lowe, Edward J. (2002): A Defence of the Four-Category Ontology. In: Carlos Moulines & Karl-Georg Niebergall (Hg.): *Argument und Analyse. Akten des vierten Internationalen Kongresses der Gesellschaft für Analytische Philosophie.* Paderborn: Mentis, S. 225–240.
Lowe, Edward J. (2006): *The Four-Category Ontology: A Metaphysical Foundation for Natural Science.* Oxford: Oxford University Press.
Lowe, Edward J. (2010): On the Individuation of Powers. In: Anna Marmodoro (Hg.): *The Metaphysics of Powers: Their Grounding and Their Manifestations.* Routledge.
MacBride, Fraser (2019): Truthmakers. In: Edward N. Zalta (Hg.): *The Stanford Encyclopedia of Philosophy*, https://plato.stanford.edu/archives/spr2019/entries/truthmakers/ (zuletzt aufgerufen am 14.05.2019).
Mach, Ernst (1906/1987): *Erkenntnis und Irrtum: Skizzen zur Psychologie der Forschung.* Darmstadt: WBG.
Mackie, John L. (1974): *The Cement of the Universe.* Oxford: Clarendon Press.
Marshall, Dan (2015): Humean Laws and Explanation. In: *Philosophical Studies* 172(12), S. 3145–3165.
Martin, Charles B. (1994): Dispositions and Conditionals. In: *Philosophical Quarterly* 44(174), S. 1–8.
Martin, Charles B. (1997): On the Need for Properties. In: *Synthese* 112(2), S. 193–231.
Martin, Charles B. (2008): *The Mind in Nature.* Oxford: Oxford University Press.
Massimi, Michaela & Breitenbach, Angela (Hg.) (2017): *Kant and the Laws of Nature.* Oxford: Oxford University Press.
Maudlin, Tim (2007): *The Metaphysics Within Physics.* Oxford: Clarendon Press.
McCall, Storrs (1994): *A Model of the Universe.* Oxford: Clarendon Press.

Mellor, David H. (2000): The Semantics and Ontology of Dispositions. In: *Mind* 109(436), S. 757–780.
Mill, John S. (1843/1967): *A System of Logic. Ratiocinative and Inductive. Being a Connected View of the Principles of Evidence and the Methods of Scientific Investigation.* Collected Works VII & VIII. Toronto: Toronto University Press.
Miller, Alex (2010): Kripke's Wittgenstein, Factualism and Meaning. In: Daniel Whiting (Hg.): *The Later Wittgenstein On Language.* Basingstoke: Palgrave Macmillan, S. 213–230.
Miller, Elizabeth (2015): Humean Scientific Explanation. In: *Philosophical Studies* 172(5), S. 1311–1332.
Milton, John R. (1998): Laws of Nature. In: Daniel Garber & Michael Ayers (Hg.): *The Cambridge History of Seventeenth-Century Philosophy.* Cambridge: Cambridge University Press, S. 680–701.
Mittelstaedt, Peter und Weingartner, Paul (2005): *Laws of Nature.* Berlin: Springer.
Molnar, George (2003): *Powers: A Study in Metaphysics.* Oxford: Oxford University Press.
Morton, Adam (2012): *Bounded Thinking: Intellectual Virtues for Limited Agents.* Oxford: Oxford University Press.
Mumford, Stephen (2004): *Laws in Nature.* New York, NY: Routledge.
Mumford, Stephen (2007): *David Armstrong.* Chesham: Acumen.
Mumford, Stephen & Anjum, Rani L. (2011): *Getting Causes From Powers.* Oxford: Oxford University Press.
Mundy, Brent (1987): The Metaphysics of Quantity. In: *Philosophical Studies* 51(1), S. 29–54.
Musgrave, Alan (1980): Wittgensteinian Instrumentalism. In: *Theoria* 46(2–3), S. 65–105.
Nagel, Ernest (1961): *The Structure of Science. Problems in the Logic of Explanation.* New York: Harcourt, Brace & World.
Ott, Walter & Patton, Lydia (Hg.) (2018): *Laws of Nature.* Oxford: Oxford University Press.
Pargetter, Robert (1984): Laws and modal realism. In: *Philosophical Studies*, 46(3), S. 335–347.
Paul, Laurie A. & Hall, Edward J. (2013): *Causation: A User's Guide.* Oxford: Oxford University Press.
Peirce, Charles S. (1910): Note on the Doctrine of Chances. In: *Collected Papers of Charles S. Peirce.* Volume II, Section 408. Cambridge, MA: Harvard University Press.
Penrose, Roger (2004): *Road to Reality.* London: Jonathan Cape.
Perler, Dominik (2006): *Rene Descartes.* München: C.H. Beck.
Perovic, Katarina (2017): Bradley's Regress. In: Edward N. Zalta (Hg.): *The Stanford Encyclopedia of Philosophy*, https://plato.stanford.edu/archives/win2017/entries/bradley-regress/ (zuletzt aufgerufen am 23. 06. 2019).
Pietroski, Paul M. & Rey, Georges (1995): When other Things aren't equal: Saving Ceteris Paribus Laws from Vacuity. In: *British Journal of Philosophy* 46, S. 81–110.
Popper, Karl R. (1934/2002): *The Logic of Scientific Discovery.* New Delhi: Taylor & Francis.
Popper, Karl R. (1957): The Propensity Interpretation of the Calculus of Probability and the Quantum Theory. In: Stephan Körner (Hg.): *The Colston Papers* 9, S. 65–70.
Psillos, Stathis (2002): *Causation and Explanation.* Chesham: Acumen.
Psillos, Stathis (2018): Laws and Powers in the Frame of Nature. In: Walter Ott & Lydia Patton (Hg.): *Laws of nature.* Oxford: Oxford University Press, S. 80–107.
Quine, Willard V. O. (Hg.) (1969): *Ontological Relativity and Other Essays.* New York: Columbia University Press.

Ramsey, Frank P. (1928/1990): Universals of Law and of Fact. In: David H. Mellor (Hg.): *Philosophical Papers*. Cambridge: Cambridge University Press.

Ramsey, Frank P. (1929/1990): General Propositions and Causality. In: David H. Mellor (Hg.): *Philosophical Papers*. Cambridge: Cambridge University Press.

Raven, Michael J. (2015): Ground. In: *Philosophy Compass* 10(5), S. 322–333.

Reichenbach, Hans (1947): *Elements of symbolic logic*. New York: Macmillan Co.

Reutlinger, Alexander (2013): *A Theory of Causation in the Social and Biological Sciences*. New York: Palgrave Macmillan.

Reutlinger, Alexander und Unterhuber, Matthias (Hg.) (2014): Ceteris Paribus Laws Revisited. In: *Erkenntnis* 79(10) (Sonderband).

Reutlinger, Alexander, Schurz, Gerhard, Hüttemann, Andreas & Jaag, Siegfried (2019): Ceteris Paribus Laws. In: Edward N. Zalta (Hg.): *The Stanford Encyclopedia of Philosophy (Winter 2019 Edition)*, http://plato.stanford.edu/entries/ceteris-paribus/ (zuletzt aufgerufen am 10.01.20).

Roberts, John T. (2008): *The Law-Governed Universe*. Oxford: Oxford University Press.

Roberts, John T. (2013): Measurements, Laws, and Counterfactuals. In: Stephen Mumford & Matthew Tugby (Hg.): *Metaphysics and Science*. Oxford: Oxford University Press, S. 29–47.

Roberts, John T. (2014): *Towards a Unified Normativist Theory of the Natural Modalities*. Unveröffentlichtes Manuskript, http://philosophy.unc.edu/files/2013/10/Towards-a-Unified-Normativist-Theory-of-the-Natural-Modalities.pdf„l-Modalities.pdf (zuletzt aufgerufen am 14.05.2019).

Ruben, David-Hillel (1990): *Explaining Explanation*. London/New York: Routledge.

Ruby, Jane E. (1986): The Origins of Scientific 'Law'. In: *Journal of the History of Ideas* 47(3), S. 341–359.

Russell, Bertrand (1925/2009): *ABC of relativity*. London: Routledge.

Russell, Bertrand (1910): Knowledge by Acquaintance and Knowledge by Description. In: *Proceedings of the Aristotelian Society* 11(5), S. 108–128.

Russell, Bertrand (1919): The Philosophy of Logical Atomism. In: *The Monist* 29(1), S. 32–63

Ryle, Gilbert (1949/2000): *The Concept of Mind*. London: Hutchinson and Co.

Sankey, Howard (1997): Induction and Natural Kinds. In: *Principia* 1(2), S. 239–254.

Sartenaer, Olivier (2019): Humeanism, Best System Laws, and Emergence. *Philosophy of Science* 86(4), S. 719–738.

Schaffer, Jonathan (2005): Quiddistic Knowledge. In: *Philosophical Studies* 123(1–2), S. 1–32.

Schaffer, Jonathan (2008): Causation and Laws of Nature: Reductionism. In: Theodore Sider, John Hawthorne & Dean W. Zimmerman (Hg.): *Contemporary Debates in Metaphysics*. Oxford: Blackwell, S. 82–107.

Schaffer, Jonathan (2009): On What Grounds What. In: Manley, David, Chalmers, David & Wasserman, Ryan (Hg.): *Metametaphysics: New Essays on the Foundations of Ontology*, Oxford: Oxford University Press, S. 347–383.

Schaffer, Jonathan (2016): It is the Business of Laws to Govern. In: *Dialectica* 70, S. 577–588.

Schlick, Moritz & Rynin, David (1961): Causality in Contemporary Physics (I). In: *British Journal for the Philosophy of Science* 12(47), S. 177–193.

Schnepf, Robert (2006): Gottes Handeln und der Lauf der Natur: Probleme und Perspektiven der theologischen Vorgeschichte des neuzeitlichen Naturgesetzbegriffs im Mittelalter. In:

Karin Hartbecke & Schütte, Christian (Hg.): *Naturgesetze. Historisch-systematische Analysen eines wissenschaftlichen Grundbegriffs*. Paderborn: Mentis, S. 85–114.

Scholz, Oliver R. (2018): Induktive Metaphysik – Ein vergessenes Kapitel der Metaphysikgeschichte. In: David Hommen & Dennis Sölch (Hg.): *Philosophische Sprache zwischen Tradition und Innovation*. Frankfurt am Main: Peter Lang.

Schramm, Matthias (1981): Roger Bacons Begriff vom Naturgesetz. In: Peter Weimar (Hg.): *Die Renaissance der Wissenschaften im 12. Jahrhundert*. Zürich: Artemis, S. 197–209.

Schrenk, Markus (2004): Galileo vs. Aristotle on free falling Bodies. In: *Logical Analysis and History of Philosophy* 7, S. 81–89.

Schrenk, Markus (2007): *The Metaphysics of Ceteris Paribus Laws*. Frankfurt: Ontos.

Schrenk, Markus (2008): A Lewisian Theory for Special Science Laws. In: Helen Bohse und Sven Walter (Hg.): *Selected Contributions to GAP.6, Sixth International Conference of the Society for Analytical Philosophy*, Berlin, 11–14 September 2006. Paderborn: Mentis.

Schrenk, Markus (2010): The Powerlessness of Necessity. In: *Noûs* 44(4), S. 725–739.

Schrenk, Markus (2011): Interfering with Nomological Necessity. In: *The Philosophical Quarterly* Vol. 61, 577–597.

Schrenk, Markus (2014a): Die Erfahrung der Widerständigkeit der Welt als Wahrnehmung kausaler Kraft. In: Anne S. Spann & Daniel Wehinger (Hg.): *Vermögen und Handlung. Der dispositionale Realismus und unser Selbstverständnis als Handelnde*. Münster: Mentis, S. 23–62.

Schrenk, Markus (2014b): Better Best Systems and the Issue of cp-law. In: *Erkenntnis* 79, S. 1787–1799.

Schrenk, Markus (2016): *Metaphysics of Science. A Systematic and Historical Introduction*. London: Routledge.

Schrenk, Markus (Hg.) (2017a): *Handbuch Metaphysik*. Stuttgart: J.B. Metzler.

Schrenk, Markus (2017b): The Emergence of Better Best System Laws. In: *Journal for General Philosophy of Science* 48(4), S. 469–483.

Schrenk, Markus (unter Vertrag): Properties for and of Better Best Systems. In: Michael T. Hicks, Siegfried Jaag & Christian Loew (Hg.): *Humean Laws for Human agents*. Oxford: Oxford University Press.

Schrödinger, Erwin (2012): Was ist ein Naturgesetz? Beiträge zum naturwissenschaftlichen Weltbild. München: R. Oldenbourg Verlag.

Schurz, Gerhard (2001): What is 'Normal'? An Evolution-Theoretic Foundation for Normic Laws and Their Relation to Statistical Normality. In *Philosophy of Science* 68, S. 476–497.

Schurz, Gerhard (2002): *Ceteris Paribus* Laws: Classification and Deconstruction. In: (Earman et al. 2002a: 351–372).

Schurz, Gerhard (2014): *Philosophy of Science. A Unified Approach*. New York: Routledge.

Schurz, Gerhard (2015): *Wahrscheinlichkeit*. Berlin/Boston: De Gruyter.

Schütte, Christian (2006): Physikalisierung und Naturgesetze in der frühneuzeitlichen Astronomie. In: Karin Hartbecke & Schütte, Christian (Hg.): *Naturgesetze. Historisch-systematische Analysen eines wissenschaftlichen Grundbegriffs*. Paderborn: Mentis, S. 139–174.

Schwarz, Wolfgang (2012). Models of laws. Wo's Weblog, http://www.umsu.de/wo/2012/585 (zuletzt aufgerufen am 24.06.2019).

Shoemaker, Sydney (1980): Causality and Properties. In: Peter van Inwagen (Hg.): *Time and Cause*. Dordrecht: Reidel, S. 109–135.

Shoemaker, Sydney (1998): Causal and Metaphysical Necessity. In: *Pacific Philosophical Quarterly* 79(1), S. 59 – 77.

Sider, Theodore (1992): Tooley's Solution to the Inference Problem. In: *Philosophical Studies* 67(3), S. 261 – 275.

Sider, Theodore & Conee, Earl (2005): *Riddles of Existence: A Guided Tour of Metaphysics.* Oxford: Oxford University Press.

Smith, A. David (1977): Dispositional Properties. In: *Mind* 86(343), S. 439 – 445.

Smolin, Lee (1997): *The Life of the Cosmos.* Oxford: Oxford University Press.

Sober, Elliott (1975): *Simplicity.* Oxford: Clarendon Press.

Sober, Elliott (1984): *The Nature of Selection: Evolutionary Theory in Philosophical Focus.* Chicago: University of Chicago Press.

Spinoza, Baruch de (1677/1985): Ethics. In: Edwin M. Curley (Übers.): *The Collected Writings of Spinoza*, Vol. 1. Princeton: Princeton University Press.

Spohn, Wolfgang (2002): Laws, Ceteris Paribus Conditions, and the Dynamics of Belief. In: (Earman et al. 2002a: 373 – 394).

Spohn, Wolfgang (2012): *The Laws of Belief: Ranking Theory and Its Philosophical Applications.* Oxford: Oxford University Press.

Stalnaker, Robert (1968): A Theory of Conditionals. In: *American Philosophical Quarterly Monographs* 2 (Studies in Logical Theory), S. 98 – 112.

Starr, Will (2019): Counterfactuals. In: Edward N. Zalta (Hg.): *The Stanford Encyclopedia of Philosophy.* https://plato.stanford.edu/archives/fall2019/entries/counterfactuals/ (zuletzt aufgerufen am 14. 12. 2019).

Stoljar, Daniel (2017): Physicalism. In: Edward N. Zalta (Hg.): *The Stanford Encyclopedia of Philosophy*, https://plato.stanford.edu/archives/win2017/entries/physicalism/ (zuletzt aufgerufen am 14. 05. 2019).

Strawson, Peter F. (1952): *Introduction to Logical Theory.* New York: Wiley.

Strawson, Galen (2008): The Identity of the Categorical and the Dispositional. In: *Analysis* 68(4), S. 271 – 282.

Susskind, Leonard (2005): *The Cosmic Landscape: String Theory and the Illusion of Intelligent Design.* New York: Little, Brown and Company.

Swoyer, Chris (1982): The Nature of Natural Laws. In: *Australasian Journal of Philosophy* 60(3), S. 203 – 223.

Taylor, Barry (1993): On natural properties in metaphysics. In: *Mind* 102, S. 81 – 100 [Reprinted in The Philosopher's Annual, XVI, 185 – 204, 1993]

Thagard, Paul (1978): The Best Explanation: Criteria for Theory Choice. In: *The Journal of Philosophy* 75(2), S. 76 – 92.

Thomas von Aquin (1939): *The Letter of Saint Thomas Aquinas De operationibus occultis naturae ad quemdam militem ultramontanum.* Übersetzung von J.B. McAllister. Washington DC: Catholic University of America Press. (Das lateinische Original ist nachzulesen auf: http://www.corpusthomisticum.org/opo.html.)

Tooley, Michael (1977): The Nature of Laws. In: *Canadian Journal of Philosophy* 7(4), S. 667 – 698.

Tooley, Michael (1987): *Causation: A Realist Approach.* Oxford: Oxford University Press.

Toulmin, Stephen E. (1953): *The Philosophy of Science: An Introduction.* London: Hutchinson's University Library.

Tugby, Matthew (2012): Rescuing Dispositionalism from the Ultimate Problem: Reply to Barker and Smart. In: *Analysis* 72(4), S. 723 – 731.
Tugby, Matthew (2013): Platonic Dispositionalism. In: *Mind* 122(486), S. 451 – 480.
Tweedale, Martin M. (1984): Armstrong on Determinable and Substantival Universals. In: Radu Bogdan (Hg.): *D. M. Armstrong.* Dordrecht: Reidel, S. 171 – 189.
Van Fraassen, Bas C. (1989): *Laws and Symmetry.* Oxford: Oxford University Press, S. 408 – 410.
Van Fraassen, Bas C. (1993): Armstrong, Cartwright, and Earman on Laws and Symmetry. In: *Philosophy and Phenomenological Research* 53(2), S. 431 – 444.
Vallentyne, Peter (1988): Explicating Lawhood. In: *Philosophy of Science* 55(4), S. 598 – 613.
Vetter, Barbara (2009): Nature's Metaphysics: Laws and Properties. In: *Logical Analysis and History of Philosophy* 12, S. 320 – 328.
Vetter, Barbara (2012): Dispositional Essentialism and the Laws of Nature. In: Alexander Bird, Brian Ellis, & Howard Sankey (Hg.): *Properties, Powers and Structures. Issues in the Metaphysics of Realism.* London: Routledge, S. 201 – 216.
Vetter, Barbara (2015): *Potentiality. From Dispositions to Modality.* Oxford: Oxford University Press.
Vollmer, Gerhard (2000): Was sind und warum gelten Naturgesetze? In: *Philosophia Naturalis* 37(2), S. 205 – 239.
Waismann, Friedrich (1930): Logische Analyse des Wahrscheinlichkeitsbegriffs. In: *Erkenntnis* 1(1), S. 228 – 248.
Waschkies, Hans-Joachim (2006): Antike Ursprünge von Descartes' Naturgesetzbegriff. In: Karin Hartbecke & Christian Schütte (Hg.): *Naturgesetze. Historisch-systematische Analysen eines wissenschaftlichen Grundbegriffs.* Paderborn: Mentis, S. 175 – 191.
Wedberg, Anders (1942): Review: Eino Kaila, Human Knowledge, What it is and What it is Not; Eino Kaila, übersetzt von G. H. von Wright, Den Manskliga Kunskapen, vad den ar och vad den icke ar. In: *Journal of Symbolic Logic* 7(1), S. 43 – 44.
Weinberg, Steven (1992): *Dreams Of A Final Theory. The Search for the Fundamental Laws of Nature.* New York: Pantheon.
Weslake, Brad (2014): Statistical Mechanical Imperialism. In: Alastair Wilson (Hg.): *Chance and Temporal Asymmetry.* Oxford: Oxford University Press, S. 241 – 257.
Whittle, Ann (2009): Causal Nominalism. In: T. Handfield (Hg.): *Dispositions and Causes*, Oxford: Oxford University Press, S. 242 – 285.
Williamson, Timothy (2016): Abductive Philosophy. In: *Philosophical Forum* 47(3 – 4), 263 – 280.
Wilson, Alastair (2013): Schaffer on Laws of Nature. In: *Philosophical Studies* 164(3), S. 653 – 667.
Wilson, Alastair (Hg.) (2014): *Chance and Temporal Asymmetry.* Oxford: Oxford University Press.
Wilson, Jessica M. (2010): What is Hume's Dictum, and why believe it? In: *Philosophy and Phenomenological Research* 80(3), S. 595 – 637.
Wilson, Jessica M. (2012): Fundamental Determinables. In: *Philosophers' Imprint* 12(4), S. 1 – 17.
Wilson, Jessica M. (2017): Determinables and Determinates. In: Edward N. Zalta (Hg): *The Stanford Encyclopedia of Philosophy*, https://plato.stanford.edu/archives/spr2017/entries/determinate-determinables (zuletzt aufgerufen am 25.05.2019).

Wittgenstein, Ludwig (1921/2001): Tractatus logico-philosophicus. In: Wilhelm Ostwald (Hg.), *Annalen der Naturphilosophie*. Bd. 14. London: Routledge Classics, S. 185–262.
Woodward, James (1992): Realism about Laws. In: *Erkenntnis* 36(2), S. 181–218.
Woodward, James (2003): *Making Things Happen*. A Theory of Causal Explanation. Oxford: Oxford University Press.
Woodward, James & Hitchcock, Christopher (2003): Explanatory Generalizations, Part I: A Counterfactual Account. In: *Noûs* 37(1), S. 1–24.
Woodward, James (2014): Simplicity in the Best Systems Account of Laws of Nature. In: *British Journal for the Philosophy of Science* 65, S. 91–123.
Zilsel, Edgar (1942): The Genesis of the Concept of Physical Law. In: *Philosophical Review* 51(3), S. 245–279.

Personenregister

https://doi.org/10.1515/9783110517842-000

Sachregister

https://doi.org/10.1515/9783110517842-000